U0516017

国家社科基金
后期资助项目
GUOJIA SHEKE JIJIN HOUQI ZIZHU XIANGMU

商业银行非利息业务的发展、影响与协调研究

申　创　著

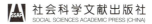

社会科学文献出版社
SOCIAL SCIENCES ACADEMIC PRESS (CHINA)

图书在版编目（CIP）数据

商业银行非利息业务的发展、影响与协调研究／申
创著.－－北京：社会科学文献出版社，2025.1
国家社科基金后期资助项目
ISBN 978 - 7 - 5228 - 3244 - 9

Ⅰ.①商… Ⅱ.①申… Ⅲ.①商业银行 - 银行业务 -
研究 - 中国 Ⅳ.①F832.33

中国国家版本馆 CIP 数据核字（2024）第 030489 号

国家社科基金后期资助项目
商业银行非利息业务的发展、影响与协调研究

著　　者／申　创

出　版　人／冀祥德
组稿编辑／恽　薇
责任编辑／孔庆梅
文稿编辑／陈丽丽
责任印制／王京美

出　　版／社会科学文献出版社·经济与管理分社（010）59367226
　　　　　　地址：北京市北三环中路甲 29 号院华龙大厦　邮编：100029
　　　　　　网址：www.ssap.com.cn
发　　行／社会科学文献出版社（010）59367028
印　　装／三河市龙林印务有限公司

规　　格／开　本：787mm × 1092mm　1/16
　　　　　　印　张：25.25　字　数：399 千字
版　　次／2025 年 1 月第 1 版　2025 年 1 月第 1 次印刷
书　　号／ISBN 978 - 7 - 5228 - 3244 - 9
定　　价／138.00 元

读者服务电话：4008918866

国家社科基金后期资助项目
出版说明

后期资助项目是国家社科基金设立的一类重要项目，旨在鼓励广大社科研究者潜心治学，支持基础研究多出优秀成果。它是经过严格评审，从接近完成的科研成果中遴选立项的。为扩大后期资助项目的影响，更好地推动学术发展，促进成果转化，全国哲学社会科学工作办公室按照"统一设计、统一标识、统一版式、形成系列"的总体要求，组织出版国家社科基金后期资助项目成果。

全国哲学社会科学工作办公室

前　言

近年来，随着利率市场化进程的不断推进、互联网金融的迅速发展和民营银行体系的逐步建立，我国银行业的市场竞争日趋激烈，商业银行开始改变自身的经营模式，大力发展非利息业务，多元化经营策略渐成潮流。随着非利息收入占营业收入比重的迅速提升，非利息业务开始成为竞争焦点，对商业银行的发展具有至关重要的意义。基于这一现实背景，本书遵循从规范到实证的基本范式，贯穿发展、影响和协调三个维度，涵盖微观、中观、宏观及综合四重视角，对我国商业银行的非利息业务进行全面系统的深入研究。

本书由十三章构成。第一至三章为研究基础；第四、第五章针对非利息业务的发展维度进行研究；第六至十一章针对非利息业务的影响维度进行研究，其中第六至九章为微观视角分析，第十至十一章为宏观视角分析；第十二章针对非利息业务的协调维度进行研究；第十三章为结论、建议及展望。

具体而言，第一章为绪论，梳理我国商业银行的发展历程与业务结构演变情况，介绍本书的研究背景、目的与意义，阐述研究方法、内容与框架，以及创新点与局限性。第二章为研究回顾，主要从非利息业务发展动因、宏微观视角下非利息业务的影响、银行业市场竞争环境的宏微观影响三个方面归纳梳理相关研究文献并进行评述。第三章为概念界定与理论基础，首先界定非利息业务的概念并辨析其与中间业务和表外业务的关系，同时还界定了其他相关概念，进而介绍了非利息业务和市场竞争方面的经典理论基础，最后构建业务多元化条件下的商业银行最优综合经营决策模型，作为全书的基本理论框架。

第四章和第五章开始进入本书的主体部分，研究了市场竞争环境下商业银行非利息业务的发展。其中，第四章研究商业银行非利息业务的发展历程、现状和问题。结果表明，在发展历程方面，主要包括萌芽期、停滞期、过渡期、快速发展期和高质量发展期五个阶段；在发展现状方面，表现出规模增速快、各类业务及各类银行间存在异质性、与国际银行业存在差异性等特点；在问题方面，存在结构失衡、种类较少、风控不足、战略模糊和法律法规不完善等问题。

第五章基于市场竞争视角分析了商业银行非利息业务的发展动因。现有研究多从宏观和微观视角进行分析，而第五章则主要从行业竞争这一中观视角出发，在构建业务多元化条件下的商业银行最优综合经营决策模型进行理论分析的基础上，利用我国 166 家商业银行 2007～2021 年的数据，分析市场竞争度对商业银行非利息业务发展的影响。研究结果表明，首先，从总体非利息业务层面来看，市场竞争度的提升促进了商业银行非利息业务的发展。与国有及股份制商业银行相比，地方性商业银行受到的影响更大。其次，从分类非利息业务层面来看，对于全部银行样本，市场竞争度的提升同时促进了手续费及佣金业务的发展和交易性业务的发展；对于国有及股份制商业银行，市场竞争度的提升促进了手续费及佣金业务的发展，但对交易性业务发展的影响效果相对较弱；而对于地方性商业银行，市场竞争度的提升促进了交易性业务的发展，但对手续费及佣金业务的影响并不显著。另外，制度环境以及数字金融发展也是影响银行非利息业务发展的重要因素。

第六至十一章研究了市场竞争环境下非利息业务产生的影响。其中，第六至九章从微观视角出发，分别研究了市场竞争环境下非利息业务对商业银行净息差、总收益、个体风险和效率水平的影响；在微观分析的基础上，第十至十一章从宏观视角出发，分别研究了市场竞争环境下非利息业务对金融系统稳定和货币政策信贷传导效果的影响。

第六章分析了市场竞争环境下非利息业务对商业银行净息差的影响。该章基于经典的做市商模型，并融合商业银行经营决策模型的部分设定，引入市场竞争因素进行理论分析，进而利用我国 166 家商业银行 2007～2021 年的数据，采用动态面板系统 GMM 估计方法进行实证分析。研究结果表明，首先，非利息业务对商业银行净息差产生了显著的负向影响，而且随着市场竞争度的提升，其负面影响效果进一步增强。手续费及佣金业务的主要影响路径是"交叉补贴效应"，而交易性业务的主要影响路径则是"资源替代效应"。其次，对于国有及股份制商业银行，手续费及佣金业务对其净息差产生了显著的负向影响，但交易性业务的影响效果微弱；对于地方性商业银行，交易性业务对其净息差产生了显著的负向影响，但手续费及佣金业务的影响并不显著。同时，各类手续费及佣金业务对银行净息差的影响也存在差异。最后，市场竞争环境的调节效应主要表现在地方性商业银行中。另外，市场竞争度对银行净息差也产生了显著的负向影响，但各类银行受到的冲击程度并不一致。

第七章分析了市场竞争环境下非利息业务对商业银行总收益的影响。研究结果表明，首先，从总体层面来看，非利息业务的发展提高了我国各类商业银行的收益水平，但随着市场竞争度的提升，这一积极影响将会逐步减弱。其次，从分类银行样本来看，对于国有及股份制商业银行，手续费及佣金业务的发展明显提高了其收益，但交易性业务的影响并不显著，如果单从系数符号来看则降低了其收益；对于地方性商业银行，交易性业务的发展明显提高了其收益，但手续费及佣金业务的影响并不显著。随着市场竞争度的提升，以上影响都更趋向于负面。最后，市场竞争度对商业银行的总收益产生了显著的负面影响，而且地方性商业银行受到的冲击最大。另外，各类手续费及佣金业务对银行收益的影响也存在差异。

第八章分析了市场竞争环境下非利息业务对商业银行风险的影响。结果表明，首先，非利息业务对商业银行风险的影响并不显著，但是如果仅从系数符号来看则提升了其风险水平。其次，不同种类的非利息业务对不同类型银行的风险水平产生了差异化影响。对于国有及股份制商业银行，手续费及佣金业务对其风险的影响并不显著，交易性业务的发展则明显提升了其风险。对于地方性商业银行，手续费及佣金业务的发展显著降低了其风险，交易性业务的影响却并不显著。同时，各类手续费及佣金业务对商业银行风险的影响存在差异。最后，随着市场竞争度的提升，以上分析中的影响效果均更趋向于负面。另外，市场竞争的加剧提升了商业银行的风险。

第九章分析了市场竞争环境下非利息业务对商业银行效率的影响。在理论分析的基础上，该章利用SFA方法测度了商业银行的利润效率和成本效率，并进行实证分析。研究结果表明，首先，对于全部商业银行，总体非利息业务与手续费及佣金业务的发展提高了其利润效率和成本效率，但随着市场竞争度的提升，其效果越来越弱；交易性业务的发展明显降低了银行的利润效率，但对成本效率的影响并不显著。其次，对于国有及股份制商业银行，手续费及佣金业务的发展明显提高了其利润效率和成本效率，交易性业务的发展则明显降低了其利润效率和成本效率。最后，对于地方性商业银行，手续费及佣金业务的发展明显提高了其利润效率和成本效率，但效果弱于国有及股份制商业银行；交易性业务的发展则明显提高了地方性商业银行的利润效率，但对其成本效率的影响并不显著。同时，随着市场竞争度的提升，非利息业务对地方性商业银行的积极影响效果将会逐步削弱。

第十章基于周期性视角分析了非利息业务对金融系统稳定的影响。研究结果表明，从总体层面来看，非利息业务的发展降低了商业银行系统性风险，同时还削弱了商业银行收益及系统性风险的顺周期性，但对个体风险顺周期性的影响并不显著。综合而言，非利息业务的发展在一定程度上促进了金融系统稳定。但从分类层面来看，以上影响在各类业务之间及各类银行之间存在异质性。首先，对于国有及股份制商业银行，手续费及佣金业务的发展在一定程度上削弱了其收益的顺周期性，但交易性业务的影响并不显著，并未表现出明显的削弱效果；对于地方性商业银行，两类非利息业务的发展都削弱了其收益的顺周期性。其次，手续费及佣金业务的发展明显削弱了国有及股份制商业银行风险的顺周期性，而交易性业务的发展则显著增强了其风险的顺周期性；交易性业务的发展显著增强了地方性商业银行风险的顺周期性，手续费及佣金业务的影响则并不显著。最后，手续费及佣金业务的发展降低了商业银行的系统性风险，但交易性业务的影响并不显著。同时，手续费及佣金业务的发展削弱了商业银行系统性风险的顺周期性，交易性业务的发展则在一定程度上增强了商业银行系统性风险的顺周期性。

第十一章分析了市场竞争环境下非利息业务对货币政策信贷传导效果的影响。结果表明，首先，我国的货币政策信贷传导渠道确实存在，并发挥着重要作用，而且具有一定的非对称性，具体表现为扩张性货币政策比紧缩性货币政策更加有效。其次，在非利息业务对货币政策信贷传导效果的影响方面，手续费及佣金业务通过"联动效应"增强了货币政策的信贷传导效果，而交易性业务则通过"资金占用效应"和"渠道替代效应"明显削弱了货币政策的信贷传导效果。综合作用下，总体非利息业务的发展削弱了货币政策的信贷传导效果。再次，与国有及股份制商业银行相比，总体及分类非利息业务对货币政策信贷传导效果的影响在地方性商业银行中更加明显。另外，非利息业务对货币政策信贷传导效果的影响在不同政策时期也存在非对称性。最后，随着市场竞争度的提升，手续费及佣金业务和交易性业务对货币政策信贷传导效果的影响程度都进一步增强。

第十二章研究了非利息业务发展过程中的宏微观综合协调机制。首先，从微观视角来看，非利息业务对商业银行的收益、风险和效率产生了多维度影响，商业银行主要在以上经营目标的基础上构建微观协调机制。其次，从宏观视角来看，非利息业务对银行综合经营、金融系统稳定和货币政策信贷传导效果产生了多维度影响，监管当局主要在以上监管目标的基础上构建宏观协调机制。最后，从综合视角来看，商业银行的经营目标和监管当局的监管目标之间存在非一致性，需要构建综合协调机制。在问卷调查和专家访谈的基础上，该章厘清博弈双方对各项指标的重视程度，构建综合协调层面的效用指标并进行实证分析，研究发现，综合协调视角下我国银行业非利息收入占营业收入比重的合理范围为 22.20% ~ 25.17%。当然，该区间仅是总体层面的估算结果，在实际应用过程中需要结合各商业银行的实际情况进行再评估。另外，从制度层面来看，需要从宏微观协调、指标体系协调和监管机构协调三个方面完善综合协调机制。

第十三章为结论、建议及展望，总结市场竞争环境下商业银行非利息业务发展、影响和协调的相关结论，提出合理化政策建议，并对未来的研究方向进行展望。

本书基于银行业市场竞争日趋激烈和业务多元化转型的现实背景，从发展、影响和协调三个维度，以及宏观、中观、微观与综合四重视角出发，为我国商业银行的非利息业务提供了一个全方位的诠释。总体而言，本书对丰富商业银行多元化经营、业务发展与监管协调等领域的研究体系具有重要的理论意义，同时对我国商业银行的良好发展、监管当局的有效监管以及政府相关部门的科学决策具有重要的实践意义。

目　录

图目录

表目录

第一章　绪论

第一节　我国商业银行发展历程及业务结构演变

　　长期以来，我国的融资体系都是以间接融资为主，银行业在我国金融体系中也一直处于主导地位。改革开放 40 余年来，我国银行业的发展十分迅速，无论是银行数量还是资产规模都发生了巨大变化，尤其是商业银行的发展更是日新月异。1984 年，我国确立了二元制的银行体系，当时的银行业仅有中国农业银行、中国银行、中国建设银行和中国工商银行四家专业银行，但是这四家银行都带有很强的政策属性，并非真正意义上的商业银行。1993 年，《国务院关于金融体制改革的决定》进一步明确指出，要将我国的专业银行转化为真正意义上的商业银行。1994 年，我国又先后成立了三家政策性银行，即国家开发银行、中国进出口银行和中国农业发展银行。这三大政策性银行分别接管了中国建设银行、中国银行和中国农业银行在基础设施建设、进出口和农业发展方面的政策性业务，为四家专业银行向商业银行的转型创造了重要条件。1995 年，《中华人民共和国商业银行法》明确指出，四家专业银行为"国有独资商业银行"。在四家专业银行向商业银行转型的时期，我国还成立了交通银行、深圳招商银行和中国光大银行等多家股份制商业银行。1996 年，中国民生银行成立，这是我国第一家由民营企业发起设立的全国性股份制商业银行，标志着我国商业银行的发展又步入了一个新的阶段。2003 年，为了从根本上解决国有独资银行在资本结构、管理水平和经营机制等方面存在的问题，同时为了使国有银行能够在入世保护期结束之前尽快与国际金融体系接轨，并适应市场竞争环境，我国政府开始对国有独资商业银行进行股份制改革。截至 2010 年 7 月，中国工商银行、中国银行、中国建设银行和中国农业银行全部实现"A + H 股"上市，这标志着国有银行的股份制改革基本完成。

　　此后，我国商业银行的发展势头依然强劲，在整个金融行业中处于绝对的核心地位。图 1.1 刻画了我国商业银行数目、银行员工数目和银行资产规模及其占比的变化趋势。从中可以看出，我国商业银行数目的增长速度十分惊人。2007 年我国仅有 5 家国有商业银行、12 家股份制商业银行和 141 家地方性商业银行①，共计 158 家商业银行。截至 2022 年底，我国已经拥有 6 家国有商业银行、12 家股份制商业银行和 1731 家地方性商业银行，共计 1749 家商业银行。可以看出，商业银行数目的增加主要来自地方性商业银行的增加，而这些地方性商业银行大多由以往的城市信用社或者农村信用社改制而来。从商业银行员工数目来看，2007 年商业银行员工总数目仅为 1770675 人，2022 年则达到了 3739849 人，增长率高达 111.21%。从分类银行的具体情况来看，地方性商业银行员工数目增长最快，股份制商业银行次之，国有商业银行增长最慢。

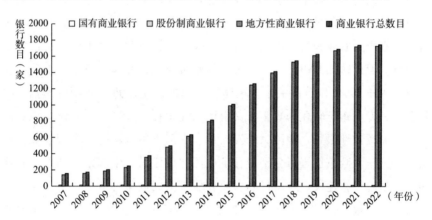

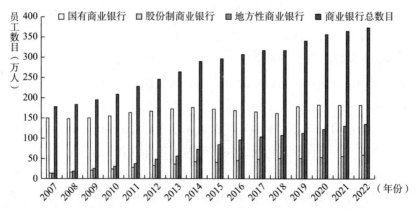

---

① 由于许多城市商业银行和农村商业银行在建立方式、资产规模、客户基数、区域范围和经营模式等方面存在一定的相似之处，所以本书借鉴刘莉亚等（2014）的做法，将城市商业银行和农村商业银行合并为地方性商业银行进行研究。

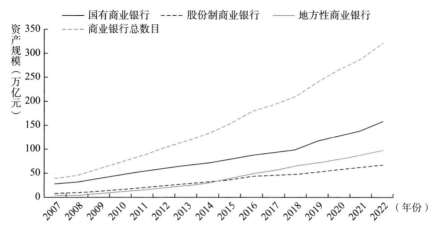

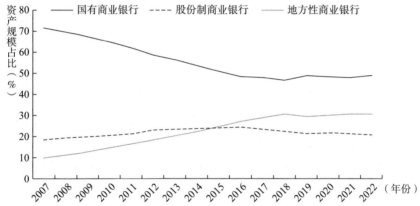

图 1.1　2007~2022 年商业银行发展概况

资料来源：2007~2017 年数据来源于中国银行业监督管理委员会年报，2018~
2022 年数据整理自中国银保监会（现为国家金融监督管理总局）官网。

从商业银行的资产规模来看，2007 年我国商业银行的资产规模为
39.21 万亿元，2022 年则已经达到了 319.81 万亿元，增长率高达
715.63%。从分类银行的具体情况来看，依然是地方性商业银行的资产
规模增长最快，股份制商业银行次之，国有商业银行的资产规模增长最
慢。从各类商业银行的资产规模占比来看，2007 年国有商业银行、股份制
商业银行和地方性商业银行的占比分别为 71.44%、18.49% 和 10.07%，
但 2022 年各自的占比变为 48.86%、20.78% 和 30.36%。从具体趋势来
看，国有商业银行的资产规模占比呈下降趋势，2017 年之后才趋于平

缓；股份制商业银行的资产规模占比从 2007 年开始一直呈上升趋势并在 2016 年达到峰值，之后开始逐步下降；地方性商业银行的资产规模占比在 2007 ~ 2018 年持续上升，之后则趋于平稳。以上趋势表明，虽然国有商业银行的资产规模占比在 2022 年依然接近 50%，但其市场势力呈现下滑趋势，股份制商业银行和地方性商业银行后来居上，扩张速度较快。由此可见，从银行业内部改革和迅速发展的角度来说，我国商业银行之间的竞争日趋激烈。

除大力建设商业银行和进行股份制改革之外，我国政府为了提升银行业的市场化经营水平，近年来还在不断推动利率市场化改革进程。从改革开放至 20 世纪 90 年代初，我国政府始终使用强制性利率管制手段来决定银行的利率水平，各家银行在资金价格方面基本没有自主决定权。1993 年，《国务院关于金融体制改革的决定》提出，要建立市场化的利率水平决定机制。1996 年，中国人民银行（央行）放开了银行间同业拆借利率。1997 ~ 1999 年，银行间债券回购利率、国债利率、银行的贴现率和转贴现率进一步放开。2000 ~ 2003 年，央行完全放开大额外币存款的利率管制。2004 年，中国人民银行取消了贷款利率的浮动上限和存款利率的浮动下限，同时还将贷款利率的浮动下限设定为基准利率的 0.9 倍。2006 ~ 2008 年，央行将个人房贷利率的浮动下限调整为基准利率的 0.7 倍。从 2012 年开始，利率市场化改革进入加速期。2012 年，央行开始放松存款利率浮动上限和贷款利率浮动下限。2013 年，央行彻底取消了贷款利率管制。2014 年，中国人民银行再次放松存款利率浮动上限。2015 年，中国人民银行取消存款利率浮动上限，这标志着我国的利率市场化改革进入新阶段。2018 年，中国人民银行在《2018 年第一季度中国货币政策执行报告》中指出，将继续推进利率市场化改革，推动利率"两轨并一轨"。2019 年，我国从报价原则、形成方式等多个方面进一步完善了贷款市场报价利率（LPR）形成机制，贷款利率市场化程度进一步提升。2021 年，中国人民银行指导市场利率定价自律机制将存款利率上限的形成方式由原本的倍数模式改为加点模式。2022 年，中国人民银行指导市场利率定价自律机制建立了存款利率市场化调整机制，参考以国债收益率及 LPR 为代表的市场利率来调整存款利率。

　　在商业银行蓬勃发展和利率市场化改革不断推进的过程中，伴随信息科学技术的不断发展，"互联网＋"逐步成为社会关注的焦点问题，我国的互联网金融也开始在市场中崭露头角。2005年以前，信息网络在我国尚未大面积普及，所以此时互联网金融的发展较为缓慢。2005～2011年，网络借贷逐渐兴起，第三方支付机构不断增加。其中最为突出的当数浙江支付宝网络科技有限公司，即后来为大家所熟知的"支付宝"。"支付宝"在这一阶段急速扩张，逐步成为最大的第三方支付平台。2011年，央行开始发放第三方支付牌照，将第三方支付机构纳入规范化管理渠道。2013年，互联网金融"全面开花"，第一家专业网络保险公司获得批准，各种互联网金融理财产品爆发式增长，P2P网络借贷迅速发展，众筹融资平台开始进入人们的视线，各大银行和券商也纷纷利用信息技术改进自身的业务模式，因此也有许多学者将该年称为"互联网金融元年"。值得一提的是，对互联网金融影响最大的理财产品"余额宝"就是在2013年6月上线的。该理财产品增长势头十分强劲，资金规模在两年半的时间内从66亿元扩张至6207亿元①，增长接近100倍。2015年，中国人民银行等十部门联合发布了《关于促进互联网金融健康发展的指导意见》，提出要在推动互联网金融创新发展的同时规范市场秩序。2016～2017年，针对互联网金融行业的潜在风险，国务院、中国人民银行等部门发布了《互联网金融风险专项整治工作实施方案》和《关于进一步做好互联网金融风险专项整治清理整顿工作的通知》等文件对互联网金融行业进行规范。2018年，整治工作基本完成，这标志着我国互联网金融进入监管革新阶段。2019年，央行印发《金融科技（FinTech）发展规划（2019—2021年）》，为金融科技发展指明方向。2021年，国家发改委等多部门共同发布《关于推动平台经济规范健康持续发展的若干意见》，进一步完善金融领域监管规则体系。总体而言，我国金融服务与信息技术的融合大致经历了互联网金融、金融科技、数字金融几个阶段，正逐步走向规范化发展的道路。

　　另外，为了进一步提升银行业的市场活力，我国政府不断引导民间资本进入银行业，民营银行体系开始逐步建立。2013年7月，国务院办

---

　　①　数据来源：中文互联网数据研究资讯中心。

公厅发布《关于金融支持经济结构调整和转型升级的指导意见》，提出要尝试由民间资本发起设立自担风险的民营银行等金融机构。同年11月，《中共中央关于全面深化改革若干重大问题的决定》再次表明了政府对设立民营银行的积极态度。2014年3月，中国银监会选择了一批民营资本来共同参加第一批民营银行的试点工作，地点分别在深圳、天津、浙江和上海。同年7月至9月，前海微众银行等5家民营银行的筹建申请全部获得中国银监会的批准。2015年5月底，这5家民营银行全部开业，标志着我国的民营银行建设步入了新的阶段。同年6月，中国银监会发布《关于促进民营银行发展的指导意见》，明确指出发展民营银行是深化金融体制改革、激发金融市场活力、优化金融机构体系的具体举措，再次强调了民营银行在金融体系中的重要作用。2016年12月，中国银监会印发《关于民营银行监管的指导意见》，针对民营银行的具体经营提出各项要求。2019年，中共中央办公厅、国务院办公厅印发《关于加强金融服务民营企业的若干意见》，再次强调要支持民营银行发展。同年，中国银保监会发布《关于推动银行业和保险业高质量发展的指导意见》，明确提出要"继续推动符合条件的民营银行发起设立"。

商业银行的数量和规模不断增大，利率市场化进程不断推进，互联网金融迅速发展，民营银行体系逐步建立，这些因素对我国银行业的市场竞争环境和业务模式都产生了重要影响。在市场竞争环境方面，我国银行业的竞争水平已今非昔比。在1995年以前，我国的银行体系中仅有几家专业银行，业务交叉较少，再加上各银行的利率水平受到严格管制，所以当时的市场竞争水平极其低下。此后，随着政府对银行定位的改变和商业银行数量的不断增多，我国银行业的竞争水平得到了初步提升，但是由于利率管制程度较高，银行业的市场竞争程度依然不够高。2005~2012年，我国的利率市场化进程稳步推进，商业银行的自主定价权逐步提升，再加上国有银行的股权结构改革、大量外资银行的进入和银行部分业务限制的放开，银行业的竞争开始日趋激烈。2012年之后，利率市场化进程进入加速阶段，互联网金融的发展步入鼎盛时期，民营银行开始成为银行业的新生力量，我国银行业的市场竞争开始步入白热化阶段。

在商业银行的业务模式方面，由于银行利率逐步趋向于市场化水平，再加上互联网金融产品的蓬勃发展和"金融脱媒"① 程度的不断深化，商业银行以利差收入为主的传统经营模式受到了前所未有的冲击。为了在新形势下保持经营绩效并稳定市场地位，商业银行纷纷开始调整自身的经营战略，改变现有的资源配置，大力发展非利息业务，非利息收入占营业收入的比重不断上升。截至 2022 年末，国有商业银行的非利息收入占营业收入比重的均值约为 20.27%，股份制商业银行的非利息收入占比均值则高达 26.17%，地方性商业银行的非利息收入占比均值也接近 20%。② 虽然这一比重与美国、德国、日本、英国和瑞士等发达国家 40% 左右的水平相比依然较低，但是相对于我国银行业 2007 年以前 10% 左右的比重而言，增长已十分明显。我国银行业的非利息收入主要包括手续费及佣金收入、投资收益、汇兑损益、公允价值变动损益和其他收入。其中，手续费及佣金收入占总体非利息收入的比重达到 70% 左右，远超其他类型的非利息收入。

总体而言，我国银行业的非利息业务发展非常迅速。但是在此过程中也呈现出典型的结构性特征，各类银行之间的发展状况可能存在较大差异。另外，商业银行发展非利息业务的动因较多，其影响因素既包括宏观层面的经济繁荣程度和通货膨胀水平，也包括商业银行内部层面的资产规模、资产质量、流动性水平等指标，同时还包括市场竞争环境这一重要指标，但现有研究均忽略了这一行业因素的影响。

同时，市场竞争状况和非利息业务发展水平的变化，必然会改变商业银行的生存环境、管理水平、创新能力、经营模式和决策机制。从微观视角来看，以上因素的改变必然会影响商业银行的净息差、收益、风险和效率水平；从宏观视角来看，以上因素的改变则会影响金融系统的稳定状况和货币政策信贷渠道的传导效果。但是，以上影响究竟是积极影响还是消极影响呢？市场竞争环境的变化是否会改变其影响呢？现有研究更多从微观视角出发，针对收益和风险层面做出了一定的分析，但关于效率层面的分析以及宏观视角层面的分析极少。而且现有关于收益和风险层面的研究结论也存在较大差异。部分学者

---

① "金融脱媒"（Financial Disintermediation）是指在金融管制的情况下，资金的供给方绕开商业银行体系，通过其他方式将资金直接输送给需求方，完成资金的体外循环。

② 资料来源：根据 BankFocus 数据库的相关数据整理所得。

认为，发展非利息业务能够产生多元化经济效应，从而对商业银行的收益和风险产生积极影响；但是也有很多学者认为，由于部分非利息业务带来的收益并不稳定，而且是新兴业务，所以有可能对商业银行产生消极影响。

进一步地，商业银行更多地从微观视角进行决策，其逐利动机相对更强，对收益和效率的重视程度相对较高，对风险的重视程度略有不足；而监管当局则更多地从宏观经济政策实施、金融系统稳定和服务实体经济效率等宏观视角进行综合考虑，因此商业银行和监管当局之间在一定程度上存在目标非一致性。那么，商业银行在发展非利息业务的过程中如何在其收益、风险和效率之间构建相应的微观协调机制，监管当局在监管商业银行非利息业务发展的过程中如何在银行综合经营、金融系统稳定和宏观经济政策效果之间构建相应的宏观协调机制，商业银行和监管当局如何在协调多方利益的基础上构建相应的综合协调机制，均是亟待解决的重要问题。

另外，我国的商业银行体系分为国有商业银行、股份制商业银行、城市商业银行和农村商业银行，而且各类银行在资产规模、网点数量、客户基数、成立时间、政策扶持和技术水平方面都存在很大差异，所以不同类型银行在非利息业务发展现状和发展动因上可能存在一定的区别；同时，无论从微观角度还是宏观角度来看，市场竞争环境和非利息业务对不同类型的银行都可能产生不同的影响。基于以上背景，本书深入分析了在市场竞争环境下非利息业务的发展现状与发展动因、非利息业务对商业银行的影响以及相应的宏微观综合协调机制构建等问题，以期能够为商业银行的健康发展和监管当局实施有效的监管措施提供一些有益的参考。

第二节　研究目的、意义与方法

一　研究目的

本书的第一个研究目的是对市场竞争环境下商业银行非利息业务的发展、影响与协调的理论和文献做出系统性梳理，从而把握学术界的理论前沿和研究趋势，并在此基础上丰富和深化相关理论体系。商业银行发展非利息业务的动因是什么？在微观层面和宏观层面，非利息业务对商业银行分别有何种影响？如何构建非利息业务发展过程中的宏微观综合协调机制？现有文献针对以上问题的研究并不完整，而且研究结论也并不一致。虽然部分研究者也针对非利息业务领域的相关问题和结论做出了相应的文献整理，但尚不够系统和完整。所以，本书将更进一步地对现有文献和理论进行系统性梳理和分类，以期能够在此基础上做出进一步的深化，并提出自己的观点，拓展非利息业务领域的研究范畴，为后续研究者提供便利。

本书的第二个研究目的是对我国商业银行非利息业务发展的现状、趋势和动因进行详细分析。自改革开放以来，我国对银行业进行了多次改革，市场竞争程度不断提升。在这一过程中，传统利息业务遭受冲击，商业银行开始调整经营战略，多元化经营逐渐成为潮流，非利息收入占营业收入的比重不断提升。在研究市场竞争度和非利息业务对商业银行的影响之前，必须深入了解我国银行业的市场竞争水平、非利息业务发展现状和发展趋势，并与国际银行业进行纵横对比分析。同时，市场竞争环境是促进商业银行非利息业务发展的重要因素，但现有文献对这一因素的重视不足。因此，本书还将从市场竞争的视角出发，深入分析商业银行非利息业务的发展动因。

本书的第三个研究目的是从微观角度出发，通过理论分析和实证分析来探究市场竞争环境下非利息业务对我国商业银行净息差、总收益、风险水平和经营效率的影响。虽然许多学者都研究了非利息业务对商业银行的影响，但研究内容大多较为片面，不具备系统性和完整性，而且研究结论也并不一致。部分学者认为该影响是正面的，但其他一些学者认为该影响是不明显的或负面的。那么，对于我国银行业而言，市场竞争度和非利息业务究竟会对商业银行的收益、风险和效率产生什么影响呢？随着市场竞争度的变化，非利息业务对商业银行的影响又会发生何种变化呢？对于不同类型的银行，非利息业务的影响效果是否一致呢？不同种类的非利息业务对不同类型银行的影响是否一致呢？本书将通过理论分析和实证分析给出答案。

本书的第四个研究目的是从宏观角度出发，探究市场竞争环境下非利息业务对金融系统稳定和货币政策信贷传导效果的影响。非利息业务不仅会在微观层面对商业银行个体产生一定的作用，而且会进一步传导至宏观层面，例如改变商业银行的系统性风险溢出和货币政策信贷渠道的传导效果。本书将采用理论分析和实证分析相结合的方式，探究非利息业务对金融系统稳定和货币政策信贷传导效果的影响及作用机制，以及市场竞争环境的调节效应。

本书的第五个研究目的是在目标非一致性条件下，从多方共赢的角度构建非利息业务发展过程中的宏微观综合协调机制，进而根据我国银行业的具体状况，为商业银行的良好发展和监管当局的有效监管建言献策，同时为政府及相关部门提升银行业市场化经营程度、深化金融供给侧结构性改革、推动金融与实体经济深度融合、实现稳定与发展的动态平衡提供有益参考。

二 研究意义

随着我国银行业市场竞争日趋激烈，商业银行非利息业务蓬勃发展，传统利息业务份额逐步降低。伴随商业银行业务结构的不断调整，非利息业务已经成为商业银行未来发展的关键所在。在此背景下，探索我国商业银行非利息业务的发展现状与发展动因，以及其在微观层面和宏观层面的影响，并以此为基础进一步构建非利息业务发展过程中的宏微观综合协调机制，对学术界和实践界都具有重要意义。

从理论意义层面来看，本书进一步拓展了非利息业务领域的研究范围，丰富了现有的研究体系。本书在经典理论模型框架中进一步融入非利息业务这一重要因素，并完善商业银行的目标函数，构建业务多元化条件下的商业银行最优综合经营决策模型，在此基础上从市场竞争这一中观视角来探索非利息业务的发展动因，从微观视角探索非利息业务对商业银行净息差、总收益、风险水平和经营效率的影响，从宏观视角探索非利息业务对金融系统稳定和货币政策信贷传导效果的影响，进而从宏微观综合视角进一步研究如何构建微观协调机制、宏观协调机制和综合协调机制。以上研究是对非利息业务领域的进一步探索和挖掘，对商业银行非利息业务理论体系进行了拓展和完善。

从现实意义层面来看，首先，本书能够为商业银行发展非利息业务提供合理化建议。本书将综合分析非利息业务对商业银行的多维度影响，以及各类商业银行之间存在的异质性，并基于多重经营目标构建相应的微观协调机制，使商业银行能够把握自身优势和劣势，在保持风险可控的前提下合理发展非利息业务。非利息业务是商业银行未来经营的关键所在，本书为商业银行此类业务的高质量发展提供建议，能够提升商业银行的竞争力和国际化水平，以使其在金融业改革开放和拓展海外市场的过程中立于不败之地。

其次，本书有助于监管当局在监管商业银行的过程中实施更为有效的监管措施和引导措施。本书将从微观视角厘清非利息业务对各类商业银行的影响机理，使监管当局能够结合各类银行的资源禀赋和发展特点，在现有政策的基础上进一步完善监管规则体系。同时，本书还将构建宏观协调机制和综合协调机制，使监管当局能够从单一的"风险控制"视角逐步转化为"风控为主，适当权衡"的视角。

再次，本书能够为我国金融系统的稳定提供助力。本书系统研究了非利息业务对商业银行收益顺周期性、个体风险顺周期性、系统性风险溢出及其顺周期性的影响效果和作用机制，使监管当局能够更加深入地了解该业务对金融系统稳定的重要作用，从而在制定措施的过程中充分考虑这一因素。

复次，本书还有利于我国货币政策传导机制的疏通。非利息业务的发展在一定程度上对商业银行的传统业务尤其是信贷业务产生了重要影响，进而影响到货币政策信贷渠道的传导效果。本书将深入分析总体非利息业务、手续费及佣金业务和交易性业务对货币政策信贷渠道传导效果的具体影响和作用机制，为进一步疏通我国货币政策的传导机制提供坚实的理论基础和客观的现实依据。

最后，现阶段我国正处于从高速发展转向高质量发展的关键时期，本书能够为政府及相关部门提升银行业市场化经营程度、深化金融供给侧结构性改革、推动金融与实体经济深度融合、实现稳定与发展的动态平衡提供助力。

三　研究方法

本书基于市场竞争日趋激烈和非利息业务迅速发展的现实背景，全面系统地分析了我国商业银行非利息业务的发展、影响与协调问题。为了提升研究结果的准确性，本书力求从多视角、多方法和多维度进行分析。本书主要采用的研究方法可归纳如下。

（1）规范分析与实证分析相结合。本书系统梳理了国内外关于非利息业务发展、影响与协调的大量文献，对相关问题及其研究结论进行归纳总结，在结合我国银行业实际发展情况的基础上，构建业务多元化条件下的商业银行最优综合经营决策模型，通过模型推导和逻辑演绎等方法对我国商业银行非利息业务的发展动因、非利息业务的微观影响和宏观影响、非利息业务发展过程中的宏微观综合协调进行规范分析，并提出相应的理论假设。在理论分析的基础上，本书通过各银行官网、Wind金融数据库和 BankFocus 数据库等多个渠道收集和整理了 2007～2021 年166 家商业银行的相关数据，综合运用多种方法进行了实证分析，验证了相关理论假设，实现了规范分析和实证分析的统一。

（2）定性分析与定量分析相结合。本书定性分析方法的使用主要体现在通过绘制银行发展状况图和描述典型事实来分析我国市场竞争的激烈程度，通过绘制时间趋势图初步分析市场竞争度与非利息业务的关系以及非利息业务对银行净息差的影响。定量分析方法的使用则主要体现在利用相关模型测度市场竞争度、商业银行个体风险和系统性风险、成本效率与利润效率，通过构建计量模型分析非利息业务发展动因、非利息业务对商业银行的影响，并通过构建模型分析如何进行初步的宏微观综合协调。

（3）微观层面分析与宏观层面分析相结合。非利息业务的发展主体是商业银行，其直接影响也将作用于微观层面的个体商业银行。本书首先采用银行微观层面数据，分析了非利息业务对商业银行净息差、总收益、个体风险和经营效率的微观影响效果和作用机理。但是，由于商业银行在我国金融体系中占据重要地位，而且我国货币政策的传导渠道在很长时期内都以银行信贷渠道为主，再加上商业银行之间具有较强的关联性，因此，非利息业务必然会通过银行这一微观主体影响到宏观层面。基于此，本书进一步分析了非利息业务对金融系统稳定和货币政策信贷传导效果的影响，实现了微观层面分析和宏观层面分析的结合。

（4）纵向分析与横向比较相结合。本书通过分析相关指标的时间趋势和描述典型事实，利用纵向分析方法研究了我国银行业的非利息业务发展历程和趋势，以及商业银行净息差、总收益、风险水平和经营效率等具体指标的变化趋势。另外，我国商业银行业形成了国有商业银行、股份制商业银行和地方性商业银行等多个类别的银行群体，所以本书利用横向比较方法分析了各类商业银行在非利息业务发展现状与动因方面的差异，以及非利息业务对各类商业银行产生的差异化影响效果和作用机理。同时，本书进一步将非利息业务分为手续费及佣金业务和交易性业务两类，利用横向比较方法分析了商业银行在发展各类非利息业务方面的差异，以及各类非利息业务产生的差异化影响。此外，本书还利用纵向分析与横向比较相结合的方法分析了我国银行业与国外银行业在非利息业务发展方面存在的差异。

（5）多种测度方法和计量方法的综合使用。在具体指标的测度方面，本书采用了多种测度方法。另外，基于提高研究结果可信度和准确性的考虑，本书采用了多种模型和计量方法来研究各个问题。具体而言，本书利用 Boone 指数法和经效率调整的 Lerner 指数法测度银行业市场竞争度，利用 Z 值模型测度银行个体风险，利用随机前沿分析法（SFA）测度成本效率和利润效率，利用 HP 滤波方法测度宏观经济波动周期，利用 ΔCoVaR 方法测度商业银行系统性风险贡献，利用"三步法"测度货币政策传导效果，利用最小二乘法（OLS）、静态面板估计方法、双重差分模型（DID）、动态面板系统广义矩估计方法（SYS-GMM）、分位数回归法等进行回归分析。同时，本书还使用层次分析法、面板门槛模型、效用函数模型以及静态和动态博弈模型来分析宏微观综合协调机制。

第三节　研究内容与框架

本书遵循从规范到实证的基本思路，贯穿发展、影响和协调三个维度，涵盖微观、中观、宏观及综合四重视角，对我国商业银行的非利息业务进行了深入研究。首先，本书分析了我国银行业的发展概况和市场竞争环境，并归纳梳理了国内外相关研究文献。其次，在界定非利息业务等相关概念的基础上，本书阐述了非利息业务和市场竞争的经典理论基础，并构建业务多元化条件下的商业银行最优综合经营决策模型作为全书的基本理论框架。再次，在理论分析和提出假设的基础上，本书收集数据并构建实证模型，针对我国商业银行非利息业务的发展现状和发展动因、非利息业务的微观影响和宏观影响、非利息业务发展过程中的宏微观综合协调进行实证分析。最后，总结研究结论、提出政策建议，并针对未来的研究方向做出展望。本书总体研究框架如图1.2所示。

本书具体章节的研究内容安排如下：第一至三章为研究基础；第四、第五章针对非利息业务的发展维度进行研究；第六至十一章针对非利息业务的影响维度进行研究，其中第六至九章为微观视角分析，第十至十一章为宏观视角分析；第十二章针对非利息业务的协调维度进行研究；第十三章是结论、建议及展望。

第一章是绪论。主要对全书进行总体概述，首先梳理我国商业银行的发展历程与业务结构演变情况，随后阐明本书的研究目的、意义与方法，进而详细介绍研究内容与框架，并在此基础上明确研究的创新点与局限性。

第二章是商业银行非利息业务及市场竞争问题研究回顾。分别从商业银行非利息业务发展动因、非利息业务的宏微观影响、银行业市场竞争环境的宏微观影响三个方面出发，综合梳理国内外相关研究文献，并对国内外的研究现状和研究结论进行总结和评述。

第三章是概念界定与理论基础。首先，界定非利息业务的概念并具体分析非利息业务与中间业务和表外业务的联系和区别，同时进一步界定市场竞争度及商业银行收益、风险和效率等相关概念。其次，介绍商业银行非利息业务方面的经典理论基础，包括协同效应、企业多元化等多种理论。再次，介绍市场竞争方面的经典理论基础，包括特许权价值、信息不对称等多种理论。在每一种经典理论中，本书都结合该理论初步分析了非利息业务或者市场竞争对商业银行的影响机制。最后，在借鉴经典理论模型的基础上进一步融入非利息业务这一重要因素，并完善商业银行的目标函数，构建业务多元化条件下的商业银行最优综合经营决策模型，作为全书的基本理论框架。

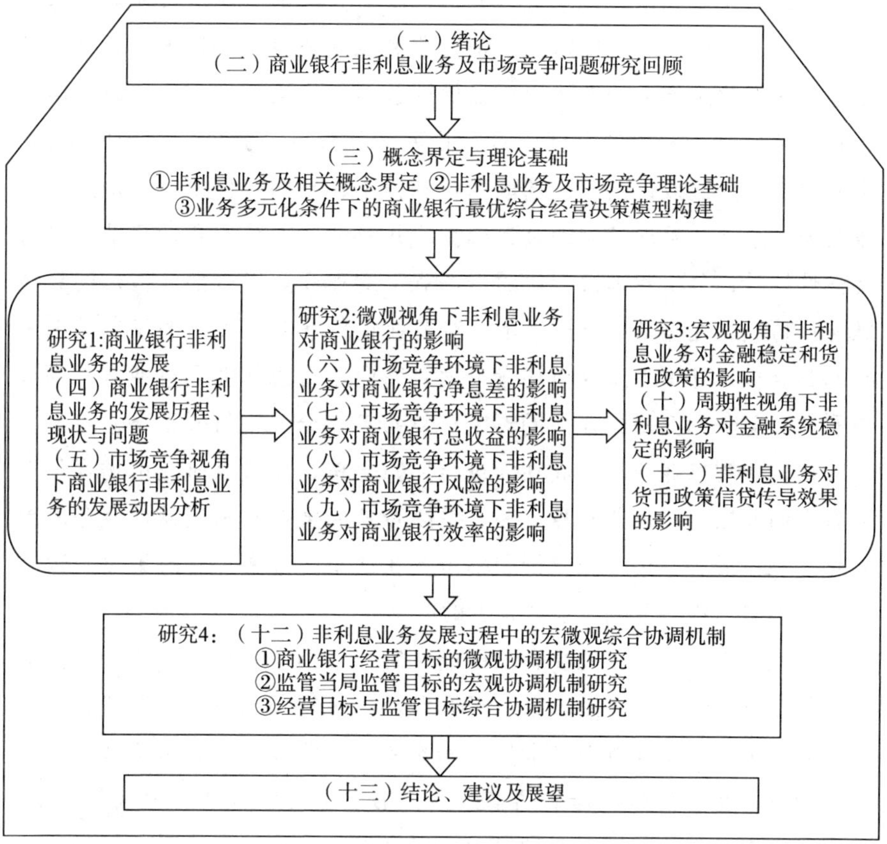

```
┌─────────────────────────────────────────────────────────┐
│              （一）绪论                                     │
│  （二）商业银行非利息业务及市场竞争问题研究回顾               │
└─────────────────────────────────────────────────────────┘
                          ↓
┌─────────────────────────────────────────────────────────┐
│              （三）概念界定与理论基础                        │
│  ①非利息业务及相关概念界定  ②非利息业务及市场竞争理论基础      │
│     ③业务多元化条件下的商业银行最优综合经营决策模型构建         │
└─────────────────────────────────────────────────────────┘
                          ↓
┌──────────────┐  ┌──────────────────┐  ┌──────────────────┐
│研究1:商业银行非利│  │研究2:微观视角下非利息业务│  │研究3:宏观视角下非利│
│息业务的发展      │  │对商业银行的影响          │  │息业务对金融稳定和货│
│（四）商业银行非利│  │（六）市场竞争环境下非利息│  │币政策的影响        │
│息业务的发展历程、 │→ │业务对商业银行净息差的影响│→ │（十）周期性视角下非│
│现状与问题        │  │（七）市场竞争环境下非利息│  │利息业务对金融系统稳│
│（五）市场竞争视角│  │业务对商业银行总收益的影响│  │定的影响            │
│下商业银行非利息业│  │（八）市场竞争环境下非利息│  │（十一）非利息业务对│
│务的发展动因分析  │  │业务对商业银行风险的影响  │  │货币政策信贷传导效果│
│                │  │（九）市场竞争环境下非利息│  │的影响              │
│                │  │业务对商业银行效率的影响  │  │                  │
└──────────────┘  └──────────────────┘  └──────────────────┘
                          ↓
┌─────────────────────────────────────────────────────────┐
│  研究4:（十二）非利息业务发展过程中的宏微观综合协调机制        │
│       ①商业银行经营目标的微观协调机制研究                    │
│       ②监管当局监管目标的宏观协调机制研究                    │
│       ③经营目标与监管目标综合协调机制研究                    │
└─────────────────────────────────────────────────────────┘
                          ↓
┌─────────────────────────────────────────────────────────┐
│              （十三）结论、建议及展望                        │
└─────────────────────────────────────────────────────────┘
```

图 1.2　研究框架

第四章开始进入本书的主体部分。其中，第四至五章主要关注发展维度，研究了市场竞争环境下我国商业银行非利息业务的发展历程、现状与问题以及发展动因。

第四章是商业银行非利息业务的发展历程、现状与问题。首先，根据我国的监管状况和非利息业务的实际发展情况，对非利息业务的发展历程进行阶段式研究；其次，从总体非利息业务和分类非利息业务两个维度，分析我国商业银行非利息业务的发展现状，并与欧美等发达国家以及金砖国家银行业的发展现状进行比较分析，归纳总结我国商业银行非利息业务的发展特点；最后，基于以上分析，厘清我国银行业非利息业务发展所存在的问题。

第五章是市场竞争视角下商业银行非利息业务的发展动因分析。现有研究多从宏观和微观视角进行分析，而第五章则主要从行业竞争这一中观视角分析市场竞争度对商业银行非利息业务发展的影响。首先，基于业务多元化条件下的商业银行最优综合经营决策模型，梳理影响商业银行非利息业务发展的具体因素，并重点分析市场竞争度的影响机制，据此提出研究假设；其次，选取变量和样本，阐明数据来源，构建商业银行非利息业务发展动因的计量模型，并根据样本数据和计算结果进行描述性统计，分析我国银行业的市场竞争度和商业银行部分指标的具体状况；再次，在全部银行样本下，对商业银行非利息业务的发展动因进行回归分析，并重点研究市场竞争度对商业银行总体非利息业务、手续费及佣金业务和交易性业务的影响；复次，在分类银行样本下，对各类商业银行非利息业务的发展动因进行回归分析，并重点研究市场竞争度对各类商业银行总体非利息业务、手续费及佣金业务和交易性业务的差异化影响；最后，进一步分析利率市场化改革、金融监管政策以及数字金融等因素对银行非利息业务发展的影响。

第六至十一章主要关注影响层面，研究市场竞争环境下非利息业务产生的宏微观影响。其中，第六至九章从微观视角出发，分别研究市场竞争环境下非利息业务对商业银行净息差、总收益、个体风险和效率水平的影响；在分析微观影响的基础上，第十至十一章从宏观视角出发，分别研究市场竞争环境下非利息业务对金融系统稳定和货币政策信贷传导效果的影响。

第六章是市场竞争环境下非利息业务对商业银行净息差的影响。首先，在前文理论框架的基础上，对经典的做市商模型进行改进并融合商业银行经营决策模型的部分设定，引入市场竞争度因素，分析市场竞争环境下非利息业务对商业银行净息差的影响机制，并提出研究假设；其次，选取变量和样本，构建计量模型，并根据样本数据和计算结果进行描述性统计，分析商业银行净息差等指标的变化趋势和具体现状；再次，在全部银行样本下进行回归并分析估计结果，重点研究总体非利息业务、手续费及佣金业务和交易性业务对商业银行净息差的影响，并利用实证结果验证手续费及佣金业务和交易性业务的差异化影响路径；最后，在分类银行样本下对基准模型进行回归并分析估计结果，重点研究总体非利息业务、手续费及佣金业务和交易性业务对各类商业银行净息差的差异化影响。另外，第六章还研究了市场竞争环境的独立影响及调节效应。其中，调节效应是指随着市场竞争度的变化，非利息业务对商业银行净息差的影响效果会产生何种变化。

第七章是市场竞争环境下非利息业务对商业银行总收益的影响。首先，基于业务多元化条件下的商业银行最优综合经营决策模型，分析市场竞争环境下非利息业务对商业银行总收益的影响机制，并提出研究假设；其次，选取变量和样本，构建计量模型，并根据样本数据和计算结果进行描述性统计，分析商业银行总收益水平的变化趋势和具体现状；再次，在全部银行样本下对基准模型进行回归并分析估计结果，重点研究总体非利息业务、手续费及佣金业务和交易性业务对商业银行总收益的影响；最后，在分类银行样本下进行回归并分析估计结果，重点研究总体非利息业务、手续费及佣金业务和交易性业务对各类商业银行总收益的差异化影响。另外，第七章还研究了市场竞争环境的独立影响及调节效应。

第八章是市场竞争环境下非利息业务对商业银行风险的影响。首先，基于业务多元化条件下的商业银行最优综合经营决策模型，分析市场竞争环境下非利息业务对商业银行个体风险的影响机制，并提出研究假设；其次，选取变量和样本，构建计量模型，并根据样本数据和计算结果进行描述性统计，分析商业银行风险水平的变化趋势和具体现状；再次，在全部银行样本下对基准模型进行回归并分析估计结果，重点研究总体非利息业务、手续费及佣金业务和交易性业务对商业银行风险的影响；最后，在分类银行样本下进行回归并分析估计结果，重点研究总体非利息业务、手续费及佣金业务和交易性业务对各类商业银行风险的差异化影响。另外，第八章还研究了市场竞争环境的独立影响及调节效应。

第九章是市场竞争环境下非利息业务对商业银行效率的影响。首先，基于业务多元化条件下的商业银行最优综合经营决策模型，分析市场竞争环境下非利息业务对商业银行效率的影响机制，并提出研究假设；其次，利用 SFA 模型测度我国商业银行的成本效率和利润效率，分析其变化趋势和具体现状；再次，在全部银行样本下对基准模型进行回归并分析估计结果，重点研究总体非利息业务、手续费及佣金业务和交易性业务对商业银行成本效率和利润效率的影响；最后，在分类银行样本下进行回归并分析估计结果，重点研究总体非利息业务、手续费及佣金业务和交易性业务对各类商业银行成本效率和利润效率的差异化影响。另外，第九章同样研究了市场竞争环境的独立影响及调节效应。

第十章是周期性视角下非利息业务对金融系统稳定的影响。与现有研究不同的是，该章将从周期性视角对这一问题进行分析。首先，再次梳理市场竞争环境下非利息业务对金融系统稳定的影响机制，并提出研究假设；其次，测度我国商业银行的系统性风险溢出水平，分析其变化趋势和现状；再次，分别在全部银行样本和分类银行样本下，对商业银行收益顺周期性模型进行回归并分析估计结果，重点研究总体非利息业务、手续费及佣金业务和交易性业务对商业银行收益顺周期性的影响，以及在各类银行之间存在的异质性；复次，分别在全部银行样本和分类银行样本下，对商业银行个体风险顺周期性模型进行回归并分析估计结果，重点研究总体非利息业务、手续费及佣金业务和交易性业务对商业银行个体风险顺周期性的影响，以及在各类银行和各类非利息业务之间存在的异质性；最后，分别在全部银行样本和分类银行样本下，对商业银行系统性风险溢出及其顺周期性模型进行回归并分析估计结果，重点研究总体非利息业务、手续费及佣金业务和交易性业务对商业银行系统性风险溢出及其顺周期性的影响，以及在各类银行和各类非利息业务之间存在的异质性。

第十一章是非利息业务对货币政策信贷传导效果的影响。首先，再次梳理市场竞争环境下非利息业务对货币政策信贷传导效果的影响机制，并提出研究假设。其次，选取变量和样本，构建计量模型，分别在全部银行样本和分类银行样本下对基准模型进行回归并分析估计结果，研究我国货币政策信贷渠道的存在性和非对称性。再次，在全部银行样本下对交互项扩展模型进行回归并分析估计结果，研究非利息业务对货币政策信贷传导效果的影响；同时，在分类银行样本下对交互项扩展模型进行回归并分析估计结果，研究非利息业务对货币政策信贷传导效果的影响在各类银行间是否存在异质性。最后，进一步探究非利息业务的影响效果在扩张性货币政策和紧缩性货币政策两种情况下是否存在非对称性，并分析市场竞争环境的调节效应。

第十二章主要关注协调层面，研究了非利息业务发展过程中的宏微观综合协调机制。首先，针对多目标决策与协调进行理论分析；其次，从微观视角出发，综合分析非利息业务发展对商业银行收益、风险和效率的多维度影响，结合理论分析与实际调查，把握商业银行对收益、风险和效率三个方面的重视程度，初步探索非利息业务发展的最优规模或者最优规模区间，以构建非利息业务发展过程中商业银行经营目标的微观协调机制；再次，从宏观视角出发，综合分析非利息业务发展对银行综合经营、金融系统稳定和货币政策信贷传导效果的多维度影响，结合理论分析与实际调查，把握监管当局对以上三个方面的重视程度，构建监管当局的综合监管效用指标，探索非利息业务发展的合理区间，以构建非利息业务发展过程中监管目标的宏观协调机制；最后，从综合视角出发，构建静态与动态博弈模型以刻画商业银行和监管当局在目标非一致性条件下的策略选择，进而结合调研结果探索综合视角下商业银行发展非利息业务的合理范围，以构建商业银行和监管当局的综合协调机制。

第十三章是结论、建议及展望。总结市场竞争环境下商业银行非利息业务发展、影响和协调的相关结论，进而提出政策建议，并对未来的研究方向进行展望。

第四节　研究创新点与局限性

一　研究创新点

本书基于市场竞争日趋激烈和非利息业务迅速发展的现实背景，对商业银行非利息业务的发展、影响和协调等问题做出了一个全方位的诠释。本书可能的创新点主要体现在以下几个方面。

首先，研究维度和视角的创新。第一，在非利息业务的发展维度，现有文献主要是从宏观视角和微观视角分析非利息业务的发展动因，而本书则在现有研究的基础上进一步从中观视角出发，分析市场竞争环境这一重要因素对商业银行非利息业务发展的影响；第二，在非利息业务的影响维度，现有研究多从微观视角进行分析，而本书则同时从微观视角和宏观视角出发，不仅在微观领域进一步分析了非利息业务对商业银行效率的影响，而且在宏观领域进一步挖掘了非利息业务对金融系统稳定和货币政策信贷传导效果的影响；第三，在非利息业务的协调维度，现有文献并未对此维度进行研究，而本书则从宏微观综合视角出发，进一步探索如何在非利息业务发展过程中构建相应的宏微观综合协调机制。综上，本书的研究贯穿发展、影响和协调三大维度，涵盖微观、中观、宏观和综合四重视角，具有一定的独特性。

其次，理论层面的创新。第一，本书在经典理论模型的基础上进一步融入非利息业务这一重要因素，并完善商业银行的目标函数，从而构建业务多元化条件下的商业银行最优综合经营决策模型，使全书的理论框架能够更准确地刻画银行的实际经营状况和决策过程；第二，本书在分析非利息业务对商业银行净息差的影响时，根据中国的实际情况，将传统的做市商模型与银行最优决策模型适度融合，并引入市场竞争环境这一重要因素，完善了现有的理论框架；第三，本书在理论分析非利息业务发展过程中商业银行和监管当局的目标非一致性时，引入动态博弈模型准确刻画了主体之间的动态博弈过程；第四，本书从理论角度探索了非利息业务对宏观层面的影响以及非利息业务发展过程中多方主体的目标非一致性及其协调机制，进一步拓展了非利息业务研究领域的理论范围。综上，本书进一步丰富了现有的理论体系，在理论层面具有一定程度的创新性。

再次，研究内容的创新。第一，现有文献在研究商业银行非利息业务发展动因时往往忽略市场竞争环境的影响，而本书则重点分析了这一因素对非利息业务发展的影响，同时还分析了利率市场化改革、金融监管政策以及数字金融等因素的影响；第二，在非利息业务对商业银行的微观影响部分，现有研究主要局限于非利息业务对商业银行净息差、总收益和风险的影响，而本书则进一步探究非利息业务对商业银行成本效率和利润效率的影响；第三，在非利息业务对商业银行的宏观影响部分，现有研究较少涉及这一领域，而本书则深入分析了非利息业务对金融系统稳定和货币政策信贷传导效果的影响，其中金融系统稳定部分又细分为收益顺周期性、风险顺周期性、系统性风险溢出及其顺周期性三个方面，货币政策信贷传导效果部分又细分为存在性和非对称性两个方面；第四，在研究非利息业务的影响时，本书进一步分析了市场竞争环境的调节效应，即随着市场竞争度的变化，其影响效果会发生何种变化；第五,在以上研究过程中,本书不仅将商业银行按股权性质进行分类,还将非利息业务分为手续费及佣金业务和交易性业务两类,并进一步对其中的手续费及佣金业务进行分类,深入分析了各类银行以及各类非利息业务之间的异质性问题;第六,现有研究并未分析非利息业务发展过程中的协调机制,而本书则探究了商业银行如何构建经营目标的微观协调机制、监管当局如何构建监管目标的宏观协调机制,以及在此基础上如何构建目标非一致性条件下的综合协调机制。综上,本书从多重视角出发,结合各类商业银行和各类非利息业务的具体差异,全面系统地分析市场竞争环境下商业银行非利息业务的发展、影响和协调问题,研究内容具有一定的创新性。

最后,研究方法的创新。第一,在部分指标的测度方面,本书使用了较为新颖的测度方法以提高其准确性。例如,在市场竞争度指标方面,本书详细区分了市场竞争度和市场集中度的差异,进而采用 Boone 指数法和经效率调整的 Lerner 指数法进行测度。再如,针对协调维度构建综合效用指标时,本书创新性地采用"三步法"来测度各商业银行对历年货币政策的传导效果。第二,本书综合运用最小二乘法(OLS)、静态面板估计方法、双重差分模型(DID)、动态面板系统广义矩估计方法(SYS-GMM)、分位数回归法等多种计量方法进行实证分析,在一定程度上克服了模型中可能存在的自相关、异方差和内生性等问题,提高了实证结果的准确性。第三,本书还进一步采用层次分析法、面板门槛模型、效用函数模型、静态博弈和动态博弈模型等方法来分析宏微观综合协调机制。综上,本书在研究方法的应用方面也具有一定的新颖性。

二 研究局限性

本书虽然针对市场竞争环境下商业银行非利息业务的发展、影响和协调进行了深入研究,但是也存在一定的局限性,主要包括以下几个方面。

第一,数据上的局限性。针对总体及大类的非利息业务,本书使用 2007~2021 年 166 家商业银行的数据进行研究,较为全面。但在进一步分析过程中,我们又将手续费及佣金业务分为七类。针对这些细分的业务类型,许多商业银行尤其是城商行和农商行并未披露相关数据。同时,其他部分银行虽然披露了此类数据，但分类标准和统计口径也存在一定差异。囿于上述限制，我们仅整理了 16 家较早上市的银行 2015～2021 年的数据，对分类的手续费及佣金业务进行研究。

第二，地域上的局限性。本书虽然同时从多个维度和视角对商业银行非利息业务的发展、影响和协调进行了分析，但除发展现状以外，都是局限于国内框架进行的研究，并未涉及开放市场的情况。其实，非利息业务中的部分业务类型与国际金融市场密不可分，例如汇兑业务和海外投资业务等。

第三，内容上的局限性。在非利息业务产生的宏观影响方面，本书主要研究了与非利息业务关联较为紧密的部分，例如对金融系统稳定和货币政策信贷传导效果的影响。但依然存在进一步拓展的空间，例如可继续分析非利息业务对货币政策各渠道传导效果的影响等。

第二章 商业银行非利息业务及市场竞争问题研究回顾

第一节 商业银行非利息业务发展动因的研究回顾

国外关于非利息业务发展动因方面的研究主要集中在早期。Diamond（1984）对银行等金融机构的业务多元化展开研究，并分析借贷双方信息不对称所导致的激励问题，发现业务范围的拓展有助于降低经营主体的成本。Sinkey 和 Carter（1994）以 1989～1993 年美国银行业为样本，研究发现，银行的资产规模与非利息收入呈显著正相关，而传统利息收入、核心存款额度则与非利息收入呈显著负相关。DeYoung 和 Rice（2004）利用美国 1989～2001 年的数据研究发现，资产规模、市场优势、关系型业务都对商业银行的非利息收入具有正向影响，而且管理能力较差的商业银行对非利息收入具有较强的依赖性。

国内研究者主要从非利息收入的决定因素角度出发，分析非利息业务的发展动因。郑荣年和牛慕鸿（2007）利用 14 家商业银行的数据，研究了非利息收入的决定因素。研究结果表明，银行资产规模、人员规模、资本比率、净息差和贷款损失准备金率与非利息收入均存在负相关关系，存贷比与非利息收入则不具有显著关系。朱宏泉等（2011）选择我国 12 家商业银行作为样本，研究发现，在银行规模较大、存款资产比较高、员工数目与存款比值较高的商业银行中，非利息收入占比更大，但传统利息业务的收益水平并未对非利息收入占比产生显著影响。上述文献从多个方面探讨了我国非利息业务的影响因素，为该领域的研究奠定了良好的基础，但也存在样本量过少、未深入分析银行间的异质性等问题。朱卫东和陈龙（2013）则从异质性视角出发，针对国有银行和股份制银行的非利息收入决定因素进行比较分析，研究结果表明，两类银行的非利息收入的决定因素存在明显差异。刘莉亚等（2014）分析了净息差水平与银行非利息收入之间的关联性。结果表明，总体上净息差与非利息收入之间呈现明显的负相关关系，但在国有银行、股份制银行和地方性商业银行之间表现出明显的异质性。赵红等（2021）利用我国 2002 ~ 2020 年 48 家在异省无分支机构的城商行的数据，研究发现，区域经济与银行非利息业务发展之间存在明显的"正 U"形关系，但在不同地区之间存在异质性。

第二节　宏微观视角下非利息业务影响的研究回顾

一　微观视角下非利息业务影响的研究回顾

（一）非利息业务对银行净息差影响的研究回顾

在非利息业务对银行净息差的影响方面，国外的研究者大多认为非利息业务对净息差具有负向影响。究其原因，较为常见的一种解释是"交叉补贴"策略的存在。这一策略的具体含义为：商业银行在面临竞争时会有意识地降低一种产品的定价，从而达到销售更多相关产品的目的。而在实际经营活动中，银行往往会选择降低传统业务产品尤其是贷款业务产品的价格，进而通过提高非利息收入来弥补相应损失（Petersen and Rajan，1995；Lepetit et al.，2008）。例如，Lepetit 等（2008）选取欧洲银行业样本进行分析，发现手续费及佣金收入越高的商业银行，其贷款信用风险定价越低。Maudos 和 Solís（2009）利用墨西哥 43 家商业银行 1993 ~ 2005 年的面板数据，采用面板协整方法研究发现，非利息收入对净息差的影响为负；从分类角度来看，手续费收入与净息差呈显著负相关，但交易性收入与净息差的关系并不显著。Nguyen（2012）对 28 个国家的银行业进行研究，发现非利息收入与净息差的关系在 1997 ~ 2002 年为显著负相关，在 2003 ~ 2004 年为正相关但并不显著。Entrop 等（2015）利用 2000 ~ 2009 年的德国银行业数据，并以净手续费与总生息资产比值作为非利息收入衡量指标进行研究，发现非利息收入对传统利息收入具有替代性。Gerek（2022）将银行非利息收入归类为贷款交易的强制性和补充部分，并通过分析 14 个欧洲国家的银行净息差的决定因素，验证了净息差与这两个由非利息收入构成的贷款捆绑部分之间存在负相关关系。另外，还有许多学者的研究支持了非利息收入与银行净息差具有负相关关系的结论（Saunders and Schumacher，2000；Smith et al.，2003）。

但是，也有部分学者认为非利息业务和传统利息业务之间存在"协同效应"，即非利息业务的发展能够促进传统利息业务的共同发展，因此非利息收入和银行净息差之间存在正相关关系。例如，Davis 和 Tuori（2000）对 28 个 OECD 国家的银行业进行研究，发现大多数国家的非利息收入和净息差存在正相关关系。DeYoung 和 Rice（2004）利用美国 4712 家银行进行研究，发现非利息收入与利息收入之间存在明显的协同关系。Stiroh（2004）利用美国银行业 1984～2001 年的数据进行研究，发现净息差增长率和非利息收入增长率呈显著正相关。

另外，还有部分学者认为非利息业务对银行净息差没有显著影响（Valverde and Fernández，2007；Heffernan and Fu，2010）。

在非利息业务对银行净息差的影响方面，国内研究者大多认为与之对应的非利息收入与银行净息差之间存在负相关关系。例如，郑荣年和牛慕鸿（2007）、张羽和李黎（2010）利用我国银行业的相关数据进行分析，均得到了二者之间存在负相关关系的结论。程茂勇和赵红（2010）以我国 1999～2008 年 14 家上市银行为样本，研究发现，手续费及佣金收入对银行净息差具有显著的负向影响，而其他非利息收入对净息差的影响则并不显著。刘莉亚等（2014）利用我国 90 家银行 1998～2012 年的数据，构建利率管制下净息差与非利息收入关系的理论模型，研究发现，总体上净息差与非利息收入之间存在明显的负向替代关系；但在不同类型的银行中，二者的关系并不一致。申创等（2020）的研究结论同样表明，总体及分类非利息收入都对银行净息差产生了显著的负向影响。另外，还有一些文献的研究结果也支持了这一结论（程茂勇、赵红，2012；李明辉等，2014；王瑞雪、张桥云，2016）。

但也有部分学者认为，非利息业务对银行净息差具有正向影响或者没有显著影响。例如，赵旭（2009）利用我国 15 家银行的数据进行研究，发现中间业务收入与净息差之间不具有因果关系。周好文和王菁（2009）利用我国 14 家银行的面板数据进行分析，发现非利息收入与利息收入之间的相关性为正。

综上可知，在非利息业务对银行净息差的影响方面，相关文献在系统性和完整性方面仍略显不足。此外，现有文献也并未分析市场竞争这一因素的重要作用，以及不同类型非利息收入产生影响的路径是否一致。

（二）非利息业务对银行总收益影响的研究回顾

在国外关于非利息业务对银行总收益影响的研究中，部分学者认为非利息业务的开展能够削减成本、产生规模经济和范围经济效应，所以能够提高银行的收益水平。Gallo 等（1996）利用美国 1987～1994 年的数据对非利息业务中的共同基金业务进行研究，发现这一业务的开展促进了商业银行收益的提高。Cornett 等（2002）、Deng 等（2007）认为，非利息业务的开展能够降低商业银行的负债业务成本，从而提升其利润水平。Mester（2010）认为，商业银行通过发展非利息业务形成多样化的业务组合，能够在一定程度上产生范围经济效应，提高商业银行的利润水平。这也正是商业银行发展非利息业务的动机所在。Apergis（2014）利用美国 2000～2013 年 1725 家金融机构的数据进行研究，发现非利息业务的开展提高了商业银行收益。Sudrajad 和 Hubner（2019）以 2002～2015 年 6 个东盟国家的银行业为样本进行研究，同样发现非利息业务的开展有助于提高银行收益。

而另外一些学者则认为，非利息业务会对传统利息业务产生"挤出效应"，从而降低银行收益。Stiroh（2004）利用美国银行控股公司1997～2002 年的季度数据进行研究，发现业务多元化非但不能提升银行的收益水平，反而在一定程度上具有负面作用。Laeven 和 Levine（2007）认为，非利息业务并没有为银行带来利益。虽然该业务能够产生一些规模经济效应和范围经济效应，但是会使股东与经理人之间的代理问题更加严重，从长期来看，非利息业务的发展将会降低银行的收益水平和总体价值。Schmid 和 Walter（2009）认为，银行在发展非利息业务的过程中降低了自身的主要价值。DeYoung 和 Torna（2013）以处于经济危机中的美国银行业为样本，发现纯收费类非利息业务显著降低了问题银行的收益水平。Acharya 等（2013）以意大利银行业为样本，研究发现，商业银行在发展非利息业务的过程中产生了明显的范围不经济。Smith 等（2003）、Mercieca 等（2007）、Nguyen（2012）的研究结论也都支持了非利息收入降低银行收益这一观点。另外，还有部分学者认为非利息业务对商业银行的收益没有显著影响（Kwan，1998；Pilloff and Rhoades，2000）。

国内关于非利息业务对银行总收益影响的研究也得出了不同的结论。魏成龙和刘建莉（2007）研究发现，非利息业务发展提高了银行收益，但影响系数较小。该影响效果对国有银行较为显著，但对股份制银行作用甚微。孙浦阳等（2011）以经合组织中 7 个国家 359 家商业银行为样本进行研究，发现非利息收入的增长降低了商业银行的收益水平。刘孟飞等（2012）运用我国 19 家商业银行 2000～2010 年的面板数据，以赫芬达尔指数衡量银行的业务多元化程度，研究发现，非利息收入的增加不能明显提高银行的整体收益水平。李明辉等（2014）以我国 114 家银行为样本，研究发现，非利息收入对传统利息收入产生了"替代效应"，即非利息收入的增加减少了传统利息收入，总体上非利息业务的开展对商业银行收益并没有显著影响。赵胜民和申创（2016a）利用我国 49 家商业银行的数据进行研究，发现非利息业务的发展提高了商业银行的收益水平以及经风险调整后的收益水平，但对银行风险的影响并不显著。尚妍等（2016）基于异质性分析视角研究发现，非利息业务对大型和小型商业银行的绩效水平分别产生了显著的正向影响和负向影响。李宁果（2021）的研究则表明，非利息业务发展对银行净资产收益率产生了积极作用。

（三）非利息业务对银行风险影响的研究回顾

关于非利息业务对银行风险的影响，国外学者在长期的研究过程中也得出了不同的结论。早期许多研究者认为，非利息业务的发展能够降低银行的风险水平。这主要是由于银行在发展非利息业务的过程中会产生业务协同效应，在一定程度上表现出规模经济和范围经济优势，从而为银行提供更多利润和资本缓冲；同时，根据资产组合理论，非利息业务还能与传统业务形成资产组合，从而起到分散风险的作用。Santomero 和 Chung（1993）认为，商业银行至少能够在多元化经营的早期获得收入波动性降低的益处。Hassan 和 Sackley（1994）同样是以美国银行业为样本，研究发现，新业务的开展能够降低单个银行的风险水平，但是对系统性风险的影响却并不显著。Gallo 等（1996）则认为，商业银行通过发展共同基金业务能够提升其稳定性。Allen 和 Jagtiani（2000）研究发现，银行控股公司在发展非利息业务尤其是证券业务和保险业务的过程中，其稳定性得到进一步增强。

但是随着银行业非利息业务的不断发展和相关研究的不断深入，很多学者在研究过程中发现非利息业务的发展会提高银行的风险水平。Kwan（1998）以美国 20 家银行分公司为样本，研究发现，银行在开展证券业务的过程中，其风险水平不断上升。Stiroh 和 Rumble（2006）研究发现，虽然非利息业务能够与传统业务形成资产组合并发挥"风险分散效应"，但是由于其本身也会导致银行收益波动性的提高，所以抵消了风险分散的积极影响。De Jonghe（2010）认为，非利息业务使银行更容易受到来自市场和宏观经济的冲击，而且此类业务的发展不仅会降低金融系统的稳定性，还会降低实体经济行业的稳定性。Hidayat 等（2012）发现，非利息业务发展对印度尼西亚银行业的不同类型银行产生了差异化影响。小型银行通过发展非利息业务显著降低了自身的风险水平，但大型银行的非利息业务发展程度与风险水平之间并不存在显著的相关性。Gambacorta 和 Rixtel（2013）认为，非利息业务的发展并没有降低银行的风险水平，这一业务是否能够为商业银行提供附加价值还有待商榷。DeYoung 和 Torna（2013）则认为，手续费等相关非利息业务的开展对正常银行的总体价值并不会产生负面影响，但是对问题金融机构的总体价值则会产生显著的负面影响。Apergis（2014）利用 1725 家金融机构 2000~2013 年的非平衡面板数据进行研究，发现非利息业务的发展明显提升了金融机构的风险水平，而且这种影响效果在金融危机时期会更加明显。Williams（2016）发现，非利息业务发展提升了澳大利亚银行业的风险水平。Tran（2020）认为，流动性创造能力较低的商业银行的非利息收入杠杆更高，会引致更强的不稳定性。另外，Stiroh（2004）、Lepetit 等（2008）、Demirgüç-Kunt 和 Huizinga（2011）也都认为非利息业务的发展会提高银行的风险水平。

除了以上两种理论，还有一些研究者认为非利息业务与银行风险之间的关系并非简单的正相关或者负相关，而是一种非线性关系。在银行进行多元化经营的初始阶段，非利息业务的发展将会降低银行的风险水平；但是一旦超过临界值，非利息业务的发展将会提升银行的风险水平，所以银行对非利息业务的拓展存在一个最优规模（DeYoung and Rice，

2004；Baele et al.，2007）。

国内学者关于非利息业务与银行风险关联性的研究结论也存在分歧。黄隽和章艳红（2010）以 2000 ~ 2008 年美国 6277 家银行为样本，研究发现，非利息业务虽然能够为商业银行带来更多的利润，但也提升了商业银行的风险水平。张羽和李黎（2010）利用我国 15 家商业银行的数据进行研究，发现非利息业务的发展在一定程度上降低了银行的风险水平。但是非利息收入本身的高波动性将会导致风险分散效应减弱。周开国和李琳（2011）利用我国 14 家商业银行 1997 ~ 2008 年的面板数据进行研究，发现多元化经营对商业银行风险水平的影响并不显著，银行风险水平的降低主要来自利息收入波动性的降低，非利息收入反而提升了银行收益的波动性。刘孟飞等（2012）利用我国 19 家商业银行 2000 ~ 2010 年的数据进行研究，发现商业银行通过发展非利息业务与传统利息业务形成了资产组合，多元化经营确实降低了我国商业银行的风险水平。李志辉和李梦雨（2014）研究发现，在发展非利息业务的过程中，大型商业银行的风险水平有所降低，但小型商业银行的风险水平却有所提高。李明辉等（2014）基于我国 114 家银行的面板数据，研究发现，非利息业务发展降低了商业银行的信用风险和破产风险。孙秀峰等（2018）利用面板门限回归模型对我国 65 家商业银行进行分析，研究发现，非利息业务的发展能够降低大银行风险，却提升了中小银行风险。

（四）非利息业务对银行效率影响的研究回顾

在非利息业务对银行效率的影响方面，现有研究相对较少，且观点并不一致。Fu 和 Heffernan（2007）以中国银行业为样本，并采用两阶段 SFA 方法测算了其 X 效率水平，我国股份制银行的效率高于国有商业银行；进一步的实证分析结果表明，非利息业务发展对商业银行效率的影响并不明显。Ariff 和 Can（2008）使用非参数数据包络分析方法（DEA）测度中国商业银行的成本效率和利润效率，发现股份制商业银行、城商行和国有商业银行的效率依次降低；进一步的实证分析表明，非利息业务与商业银行利润效率之间存在显著的正相关关系，但与成本效率之间的关联性并不明显。Akhigbe 和 Stevenson（2010）针对美国银行业进行分析，研究结果表明，非利息业务发展对银行控股公司的利润效率产生了一定程度的消极影响。

国内关于非利息业务与商业银行效率之间关联性的研究也较少，程茂勇（2015）基于我国银行业 2000~2012 年的面板数据进行分析，发现非利息业务与商业银行效率之间存在显著的负相关关系。进一步的分类研究表明，手续费及佣金业务与银行利润效率呈显著正相关，但与成本效率之间的关联性并不明显；交易性业务则与商业银行利润效率和成本效率都存在明显的负相关关系。赫国胜和马妍妮（2020）研究发现，无论是从总体规模还是业务结构来看，非利息业务对商业银行效率水平都存在显著的正向影响。

二　宏观视角下非利息业务影响的研究回顾

关于非利息业务所产生的宏观影响，现有研究主要局限于非利息业务对金融系统稳定的影响方面，而且国内外学者研究的主要内容是非利息业务对商业银行系统性风险的影响。

在国外的相关研究中，传统的经典理论认为，由于资产组合多样化能够分散风险，所以商业银行发展非利息业务有利于金融体系的稳定。但 Wagner（2010）研究发现，多元化经营虽然会降低个体金融机构的风险水平，但由于其提升了各金融机构之间的资产同质性，因此会提升危机发生的概率。Raffestin（2014）认为，商业银行通过发展非利息业务能够使投资组合更加多样化，从而使投资者个人更安全，降低了银行个体风险。但商业银行在多元化经营的过程中持有的资产具有一定的同质性，创造了"内生协方差"，并通过在系统中迅速传播来提升系统性风险。De Jonghe 等（2015）从异质性视角出发，研究发现，非利息业务的发展降低了大银行的系统性风险，却提升了小银行的系统性风险。Saunders 等（2020）利用 12000 多家美国银行的数据集进行研究，发现非利息业务的份额扩张并未导致系统性风险的明显提升。

在国内的相关研究中，张晓玫和毛亚琪（2014）针对我国银行业进行分析，研究发现，非利息业务与商业银行系统性风险之间存在显著的负相关关系。其中，手续费及佣金业务与系统性风险呈显著负相关，而其他非利息业务则与系统性风险呈显著正相关。他们还利用美国银行业进行对比分析，发现非利息业务与商业银行系统性风险间存在非线性的"U"形关系。朱波等（2016）利用我国 14 家上市商业银行 2008~2014

年的数据，采用 CES 方法测度商业银行系统性风险水平，研究发现，非利息业务与系统性风险之间的关系存在异质性。对于规模较大的银行，非利息业务的发展降低了系统性风险，而规模较小的银行则相反。其核心原因在于信息披露质量的差异。刘傲琼和刘新宇（2017）研究发现，非利息业务对国有及股份制商业银行的系统性风险产生了显著的负向影响，但对地方性商业银行的系统性风险则产生了正向影响。李久林（2019）基于中国 14 家上市商业银行日收益率数据进行研究，发现非利息业务发展在总体层面提升了银行系统性风险，但影响程度在大小银行之间存在异质性。值得关注的是，上述研究主要分析了非利息业务与商业银行系统性风险敞口的关系，并未分析与商业银行系统性风险贡献之间的关联性。

第三节　银行业市场竞争环境宏微观影响的研究回顾

一　银行业市场竞争环境微观影响的研究回顾

（一）市场竞争度对银行收益影响的研究回顾

在国外关于市场竞争度对银行收益影响的研究中，部分学者认为竞争度的提高会降低银行收益。根据传统的"结构—行为—绩效"（SCP）范式，在集中度较高而竞争度较低的银行业市场中存在"垄断租金"（又称特许权价值，Franchise Value），所以较低的市场竞争度有利于银行获得更多利润。这一理论又被称为"市场势力假说"。Allen 和 Gale（2004）研究发现，在竞争不足的市场中，商业银行确实能够获取更多的"特许权价值"以提升利润水平。Chirwa（2003）利用马拉维 1970～1994 年的商业银行数据，并利用 Engle-Granger 协整方法进行研究，发现银行业竞争度与银行收益之间存在负相关的长期均衡关系。Diamond（1984）、Méon 和 Weill（2005）认为，在竞争度较低的银行业中，银行规模一般较大，能够产生规模经济和范围经济效应；而且大银行能够更好地优化资产组合的配置情况，从而提高自身盈利能力。另外，Samad（2005）、Lee 和 Hsieh（2013）也都认为市场竞争度的提高会降低银行的收益水平。

　　不同于"市场势力假说",部分学者认为大银行之所以能取得较高的市场份额和收益水平,并不是由垄断导致的,而是因为这类银行自身效率比较高,从而获得了较大的市场份额并进一步获取了较高的收益。所以,"市场势力假说"不能成立,市场竞争度对银行收益没有显著影响。这一理论又被称为"效率结构假说"(Smirlock,1985;Athanasoglou et al.,2008)。Hsieh 和 Lee(2010)利用 1992~2006 年 61 个国家的跨国银行面板数据,并采用动态面板广义矩估计(GMM)方法,研究结果支持"效率结构假说"。Davidovic 等(2019)利用克罗地亚 2006~2015 年的银行数据进行研究,研究结果表明,市场领导者比边缘竞争者效率更高,规模最大的银行是效率最高的银行,这同样符合"效率结构假说"。

　　另外,还有部分学者认为竞争度的提高会提升银行的经营水平,从而增加银行收益。Smirlock(1985)通过构建模型分析了两类不同的经济体,即金融系统竞争程度较高的经济体和金融系统垄断程度较高的经济体,发现垄断程度的提高对银行的资本积累产生了负面影响,从而减少了银行收益。Cuñat 和 Guadalupe(2009)以 1992~2002 年的美国银行业为样本,研究发现,竞争度的提升有利于提高高管薪酬的绩效敏感度,从而能够激励高管更加合理地对银行进行管理,提高银行的收益。García-Herrero 等(2009)针对中国银行业进行研究,发现市场竞争度与银行利润之间呈显著正相关,国有银行是提高中国银行业利润水平的最大障碍,而且政府介入对银行业利润产生了消极影响。

　　国内学者在研究市场竞争与银行收益关系的过程中也存在结论分歧。赵旭等(2001)对我国四家国有银行进行研究,发现银行的利润率和市场竞争度之间存在显著的正相关关系。谭鹏万(2006)利用 1997~2004年我国 33 家商业银行的数据,研究发现,竞争度的提高对四家国有银行的收益没有显著影响,但是降低了股份制银行和城市商业银行的收益。齐树天(2008)以 1994~2005 年我国 16 家商业银行为样本,研究发现,竞争度的提升能提高我国银行的成本效率,但商业银行并没有将这种成本优势转化为收益的提高。李北伟和耿爽(2020)研究发现,市场竞争度提升对银行收益及风险产生的消极效应明显强于积极效应。

(二) 市场竞争度对银行风险影响的研究回顾

　　关于市场竞争度对银行风险的影响,国外的相关文献在研究结论上存在较大差异，具体可以分为"竞争—脆弱"理论、"竞争—稳定"理论以及竞争与风险的"非线性关系"理论。

"竞争—脆弱"理论的支持者认为，市场竞争度的提高会提升银行的风险水平。因为在竞争度比较低的市场中，银行能够获得更多的"特许权价值"和信息租金，而且规模经济和范围经济的效果也更加明显，所以商业银行拥有更多的资本缓冲（Boot and Thakor，2000；Allen and Gale，2004；Boyd and De Nicoló，2005；尚妍等，2016），风险水平相对较低。与之相反，竞争度的提高则会降低银行收益，促使其从事更多高风险的业务，风险水平将会上升。另外，在竞争度提高的过程中，借款人出现道德风险问题的概率将会提高，银行业整体贷款组合的风险也会上升（Broecker，1990；Nakamura，1993）。Broecker（1990）认为，随着市场上银行数量的增加，风险较高的"低质量"借款人在每家银行获得贷款的概率都会增加，这就导致整个银行业贷款组合的平均质量下降，从而增大银行总体风险。Hellmann 等（2000）研究发现，在竞争度较低的市场中银行拥有更高的收益水平和更多的资本缓冲，所以商业银行会因机会成本较高而去从事风险较低的业务。Allen 和 Gale（2004）研究发现，在市场竞争度较高的市场中，管理者为了谋求更高的利润水平，更倾向于涉足高风险型业务。Berger 等（2009）利用 23 个国家 8235 家银行的数据进行研究，发现随着市场竞争度的提高，商业银行的破产风险也在逐步提高。Saif-Alyousfi 等（2020）的研究同样表明，市场竞争程度越高，商业银行的风险水平就越高。

与之相反，"竞争—稳定"理论的支持者则认为市场竞争度与商业银行风险之间存在负相关关系，其原因有以下三点。首先，银行业的市场竞争度越低，"大而不能倒"现象出现的概率就会越大。一般来说，政府或者监管当局更倾向于维持金融业以及实体经济行业的稳定发展。而大银行对整体经济的稳定运行会产生更为重要的影响，所以政府与监管当局会给予此类银行较多的显性或者隐性福利以及保护措施（Mishkin，2006；Barth et al.，2012）。竞争度较低的市场更容易产生大型银行，而许多大型银行会在"大而不能倒"因素的影响下产生道德风险问题，从事较多风险更高的业务（De Nicoló，2003；Kane，2010；Rosenblum，2011）。其次，竞争度的提高将会降低借款人道德风险问题的出现概率。在竞争度较低的市场中，银行依托自身的相对优势，将会提高贷款利率水平，这就会引发借款人隐瞒信贷状况、还款能力不足以及选择高风险投资项目等道德风险问题（Berger et al.，2009）。随着竞争度的提高，银行业的利率水平将会降低，道德风险发生的可能性也会降低（Boyd and De Nicoló，2005）。最后，在竞争度较低的市场中容易产生中小型银行，其组织结构相对简单，所以管理难度较小，风险水平也会随之降低（Cetorelli et al.，2007）。

Boyd 和 De Nicoló（2005）对 Allen 和 Gale（2004）的模型做了进一步修正，分析市场竞争与借款人道德风险之间的关联性，发现在市场竞争度较低的情况下，规模较大的银行会倚仗自身的垄断地位，向客户索要更高的贷款利率价格，所以客户出现道德风险问题的概率将会增加。Cetorelli 等（2007）认为，随着银行规模的扩大，竞争会牵涉多个地域的市场和多条商业线，导致银行边际效率降低，而且不利于集团性控制，给管理带来很大难度。相比之下，小银行则更便于管理。Barth 等（2012）研究发现，"大而不能倒"的现象普遍存在，大型商业银行由于受到政府较多的隐性保护，所以在经营过程中对风险问题的重视程度相对较低。Guidi（2021）通过研究东南亚国家的银行业发展，发现较低的市场竞争度降低了银行的不良贷款率和风险水平。

另外，还有一些研究者认为市场竞争度与商业银行风险之间存在非线性关系。Martinez-Miera 和 Repullo（2010）认为，在市场竞争度提高的过程中，商业银行的市场势力将会逐步减弱，贷款利率水平也会有所下降，所以有助于提高客户的还款能力；但是，利率下降也会引致银行收入下降，而且该效果随着市场竞争的加剧而增强。在综合影响下，市场竞争与银行风险之间的关系是非线性的"U"形关系。Edirisuriya 等（2015）利用南非银行业 1999～2012 年的数据进行研究，发现银行业务多元化在初级阶段能够提升银行的偿付能力并降低风险水平，但是在多元化程度超过界限之后将会降低银行的偿付能力并提升风险水平。Kristo 和 Gruda（2010）、Jiménez 等（2013）、Abdesslem 等（2022）在研究过程中也都发现市场竞争度与银行风险之间存在非线性关系。

在国内文献方面，不同研究者在研究市场竞争度对银行风险的影响这一问题时也得出了不同的结论。一些研究者的研究结论支持了"竞争—脆弱"理论，即市场竞争度的提高会提升商业银行风险水平。例如，殷孟波和石琴（2009）选择我国 1999～2008 年 16 家商业银行为样本，利用 Panzar-Rosse 模型计算 H 统计量作为银行业竞争度衡量指标，研究发现，竞争度的提高使银行更倾向于经营高风险的业务。杨天宇和钟宇平（2013）利用我国 125 家银行的面板数据，以 HHI 指数衡量集中度，以 Lerner 指数衡量竞争度，并将其同时纳入回归方程进行研究，结论同时支持"集中—脆弱"理论和"竞争—脆弱"理论。周凡（2019）研究发现，在表内和表外两个维度，银行竞争对风险的影响分别符合"竞争—脆弱"理论和"竞争—稳定"理论。也有一些研究者的研究结论支持了"竞争—稳定"理论，即市场竞争度的提高会降低商业银行风险水平。例如，欧朝敏（2007）同时以 HHI 指数和 H 统计量作为衡量市场竞争度的指标，研究发现，市场竞争度的提高不仅提升了我国主要商业银行的稳定性，而且提升了整个银行体系的稳定性。还有部分学者研究发现，市场竞争度与银行风险之间存在非线性关系。胡题和谢赤（2013）利用我国 2000～2012 年 14 家商业银行的数据，以 HHI 指数和 CR_n 指数衡量银行业竞争度，采用动态 GMM 方法进行研究，结果表明，银行业竞争度和银行风险之间存在非线性"U"形关系。张晓玫和李梦渝（2013）以我国银行业 2003～2010 年 26 家商业银行为样本，并以 HHI 指数来衡量银行业竞争度，研究结果同样是银行业竞争度和银行风险之间存在非线性"U"形关系。另外，还有部分学者发现，市场竞争度的改变对银行不同类型的风险指标产生了不同的影响。张宇驰和揭月慧（2011）利用 H 统计量衡量竞争度，研究结果表明，市场竞争度的提升提高了商业银行的信用风险水平，但降低了流动性风险水平。

（三）市场竞争度对银行效率影响的研究回顾

关于市场竞争度对银行效率的影响，研究理论主要包括"竞争—效率"理论、"竞争—非效率"理论以及竞争与效率不相关理论。

"竞争—效率"理论的支持者认为，根据"平静生活假说"（Quiet Life Hypothesis，QLH），在市场竞争不足的环境中，银行得益于其市场势力能够获得特许权价值，竞争意识普遍较弱，降低了其经营效率。而市场竞争的加剧将通过"鲇鱼效应"倒逼银行效率提升。同时，市场竞争的加剧还会增强银行的专业化经营能力，对其经营效率产生积极作用。

Andrieş 和 Căpraru（2014）选择欧盟 27 个国家的 783 家银行作为样本，对样本银行 2004～2010 年的效率进行了测量，并研究市场竞争度和银行效率的关系，结果表明，市场竞争对商业银行效率产生了显著的正向影响，符合"竞争—效率"理论。Haghnejad 等（2020）选择 2002～2014 年的伊朗银行业为样本，探讨了市场力量与成本效率之间的因果关系，发现其同样符合"竞争—效率"理论。

"竞争—非效率"理论的支持者则认为，根据"银行特质理论"，银行业是具有特殊性质的行业，需要通过"垄断租金"来维持稳定，市场竞争的加剧对银行收益和风险都会产生消极影响，并降低其经营效率。同时，商业银行在长期经营的过程中会形成较为稳定的"关系型客户"，而市场竞争度的提高将会打破这种均衡关系，降低客户的忠诚度，导致更加严重的信息不对称，并提高银行的监督成本，对银行的效率造成负面影响。Maudos 和 Guevara（2007）利用欧盟 15 个国家 1993～2002 年银行业的数据进行研究，发现市场竞争度的提高降低了银行的成本效率，并不符合"平静生活假说"。Aiello 和 Bonanno（2016）利用意大利银行业 2006～2011 年的数据进行研究，得出了市场竞争度与银行效率呈显著负相关的结论。Yin（2022）利用 1995～2015 年 148 个国家的综合数据集，研究发现，银行竞争不利于成本效率提升，这同样与直观的"平静生活假说"不符。

其他部分研究者则认为市场竞争度对银行的利润效率和成本效率会产生不同影响。Ariss（2010）利用 60 个国家 821 家银行的数据进行研究，发现市场力量的增强对商业银行的稳定性和利润效率产生了显著的正向影响，但对成本效率产生了负向影响。Koetter 和 Spierdijk（2012）基于美国银行业 1976～2007 年的数据进行分析，发现市场竞争与银行成本效率呈正相关，但与利润效率呈负相关。

另外一些研究则表明二者之间不存在显著的相关性。Duygun 等（2013）采用平均商标数量作为市场竞争度衡量指标，并利用随机前沿模型（SFA）对 2001～2012 年英国银行业的数据进行研究，发现市场竞争度对银行效率的影响并不明显。Fungáčová 等（2013）利用 2002～2011 年中国银行业的面板数据进行研究，发现市场竞争度与银行成本效率不相关。

与国外研究类似，在国内关于市场竞争度对银行效率影响的研究文献中，不同研究者的结论也并不一致。黄隽和汤珂（2008）对韩国、中国台湾和中国大陆进行对比分析，研究发现，经历自由化和国际化后，其银行业市场竞争与效率的关系由负相关分别转变为正相关、负相关和正相关。程茂勇和赵红（2010）利用我国 64 家商业银行 2000~2009 年的数据，研究发现，市场势力与商业银行的成本效率之间存在显著的负相关关系，但与商业银行的利润效率之间存在显著的正相关关系。侯晓辉等（2011）认为，市场竞争度与银行的全要素生产率呈显著正相关。李炫榆等（2019）研究发现，信息不对称是导致市场竞争与银行效率间存在负相关关系的重要原因。

二　银行业市场竞争环境宏观影响的研究回顾

（一）银行业市场竞争度对金融系统稳定影响的研究回顾

关于银行业市场竞争度对金融系统稳定的影响，早期学者大多通过研究市场竞争度对银行个体风险的影响，进而从理论上分析其对金融系统稳定的影响。在后续过程中，许多研究者开始探索市场竞争对银行系统性风险的直接影响。

国外关于此问题的研究相对较少，而且其实质依然是通过研究市场竞争度对个体商业银行风险的影响，进而推导出市场竞争度对系统性风险的影响效果。例如，Boyd 和 De Nicoló（2005）认为，贷款市场竞争的加剧将会降低市场贷款利率，从而对借款者产生积极影响，降低借款者违约概率和银行系统性风险。国内学者对该问题做出了一些较有针对性的研究。余道先和胡惠敏（2018）利用我国银行业 2010~2016 年的数据，研究发现，在利率市场化改革进程中，银行业集中度提高引致市场竞争度上升，从而提升了银行业的系统性风险；在利率市场化改革完成后，银行业集中度的提高促使市场竞争度出现下降，进而降低了银行业的系统性风险。总体而言，市场竞争对银行业系统性风险产生了一定的正向影响。吴成颂和汪翔宇（2019）采用 ΔCoVaR 方法测度商业银行系统性风险水平，并通过实证分析发现，市场竞争对商业银行的金融创新水平和系统性风险的影响均呈现倒"U"形趋势，而且在抑制阶段，金融创新水平发挥了明显的中介效应。

（二）银行业市场竞争度对货币政策信贷传导效果影响的研究回顾

关于银行业市场竞争度对货币政策信贷传导效果的影响，国外学者的研究结论存在分歧。Athanasoglou 等（2008）、Olivero 等（2011）、Yang 和 Shao（2016）认为，由于敏感性效应、成本转移效应和资金来源效应的影响，市场竞争度的提升将会削弱货币政策信贷传导效果。Rakshit 和 Bardhan（2023）对 1997～2017 年的印度银行业进行研究，发现市场竞争程度越高，货币政策传导效果越差。与之不同，Aurelien（2014）则认为，市场竞争度的提升将会增强货币政策信贷传导效果。

国内关于这一问题的研究结论也并不一致。宋长青（2019）利用我国 17 家商业银行 2006～2017 年的面板数据，研究发现，在银行业集中度较高时，集中度与货币政策信贷传导有效性呈正相关；在集中度较低时，二者之间存在负相关关系；集中度越低，市场竞争越强，货币政策信贷传导越有效。周安（2019）研究发现，中国银行业市场竞争度不断提升，促使影子银行业务迅速发展，而影子银行对货币政策的传导效果有实质性影响，起到了一定的缓释作用。张娜（2019）在改进 Monti-Klein 模型的基础上进行分析，研究发现，随着商业银行市场势力的增强，即市场竞争程度的降低，利率变动的效果会下降，进而削弱货币政策对商业银行贷款规模的影响。

第四节　相关问题研究评述

综上可知，国内外学者针对商业银行非利息业务领域以及市场竞争环境领域做出了大量研究，为后续研究者提供了丰富的参考和借鉴，奠定了坚实的研究基础。但是现有研究也存在一些不足之处，主要表现在以下几个方面。

首先，在非利息业务发展维度存在不足。在现有关于非利息业务发展动因的文献中，研究者主要从微观视角分析资产规模、资产质量、收益水平和成本状况等因素对非利息业务的影响，或者从宏观视角分析经济增长水平、货币政策状况和物价水平等因素对非利息业务的影响，却忽略了极其重要的银行业市场竞争环境这一因素的影响。其实，商业银行发展非利息业务的主要原因之一就是市场竞争日趋激烈。市场竞争度的提升使传统业务收益不断下降，因此商业银行亟须找到新的利润增长点，而发展非利息业务正是其保持甚至提升盈利能力的重要途径。

其次，在非利息业务影响维度存在不足。在非利息业务对商业银行的微观影响层面，存在以下几点不足。第一，现有文献的研究主要局限于分析非利息业务对商业银行净息差、总收益和个体风险的影响，却少有文献探索非利息业务对商业银行成本效率和利润效率的影响；第二，在非利息业务对商业银行净息差的影响方面，现有研究并未探究手续费及佣金业务和交易性业务在影响银行净息差的路径方面有何差异；第三，根据资产组合理论，风险和收益之间具有重要联系，一般情况下高收益与高风险是并存的，但国内文献在研究非利息业务对商业银行收益的影响时往往忽略了风险因素；第四，在以上几个方面的研究中，现有研究虽然也在对商业银行或者非利息业务做出分类的基础上进行了一定的异质性分析，但是囿于数据或者样本不足，少有文献能够同时包含全部的商业银行分类样本和非利息业务分类样本，因此其研究内容有待进一步丰富，研究精度有待进一步提高。本书则广泛收集样本与数据，在对商业银行和非利息业务都进行详细分类的基础上，探究各类非利息业务对不同类型银行的差异化影响，以期对非利息业务的微观影响进行全面系统的研究。

在非利息业务对商业银行的宏观影响层面，存在以下几点不足。第一，在这一层面，现有研究主要局限于非利息业务对金融系统稳定的影响，未曾探究非利息业务对货币政策信贷传导效果的影响；第二，虽然现有文献分析了非利息业务对金融系统稳定的影响，但主要局限于非利息业务对商业银行系统性风险的影响，并未从周期性的角度分析非利息业务对商业银行收益、个体风险和系统性风险顺周期性的影响；第三，虽然现有文献研究了非利息业务对银行系统性风险的影响，但局限于系统性风险敞口的范畴，并未涉及系统性风险贡献。而且现有文献在考察各类银行以及各类非利息业务间的异质性方面，也存在进一步改进的空间。

再次，在非利息业务协调维度存在不足。第一，现有研究虽然从非利息业务的发展和影响两个维度都进行了大量研究，但并未从协调维度进行分析；第二，非利息业务对商业银行的收益、风险和效率都会产生影响，因此银行有必要构建相应的微观协调机制，界定发展非利息业务的最优规模区间，协调各部门之间的发展战略，但现有文献均未从这一视角进行分析；第三，非利息业务的发展不仅会对银行个体产生微观影响，还会对金融系统稳定和货币政策信贷传导效果产生宏观影响，因此，监管当局有必要构建相应的宏观协调机制，但现有文献均未从这一视角进行分析；第四，在非利息业务的发展过程中，商业银行和监管当局之间存在目标非一致性，所以有必要构建相应的综合协调机制，但现有文献也并未从这一视角进行分析。

最后，在市场竞争环境的影响方面存在不足。第一，现有关于市场竞争环境影响的文献中，大多数学者并没有对市场集中度和市场竞争度的概念进行详细区分，而是将两者混为一谈，这与现今学术界和实业界的最新理论和实践并不一致。事实上，市场集中度与市场竞争度之间并非严格的反向关系，还受到行业壁垒、个体行为等多重因素的影响，因此本书在概念界定、理论分析和实证分析部分都对这一问题进行了详细的理论和指标区分。第二，现有研究虽然在非利息业务和市场竞争度的单独影响方面做出了大量研究，但是并未进一步深入分析二者的共同影响。实际上，市场竞争度对商业银行非利息业务的发展具有重要影响，而非利息业务产生的微观影响效果和宏观影响效果也必然随着市场竞争度的变化而发生变化，但现有研究均忽略了这一重要因素。

第三章 概念界定与理论基础

第一节 相关概念界定与辨析

一 非利息业务、中间业务与表外业务

（一）非利息业务与非利息收入

非利息业务主要是指与银行非利息收入相对应的各类业务。银行的营业收入主要分为利息收入和非利息收入两类。利息收入是指商业银行通过发放贷款、与其他金融机构资金往来等业务所获得的收入，主要包括客户贷款和垫款利息收入、存放中央银行款项利息收入、存放同业款项及拆出资金利息收入、债券投资利息收入和买入返售金融资产利息收入。银行净利息收入等于总利息收入与利息费用之差。非利息收入则是指商业银行除利差之外的营业收入。从这一定义中可以看出，非利息收入等于营业收入减去净利息收入。

关于非利息收入的分类，各个国家和地区存在一定的差异。欧洲央行下的银行监管委员会曾将其分为手续费及佣金、财务经营结果、证券收入和其他经营收入。美国联邦存款保险公司将其分为托管收入、存款账户服务收入、交易账户盈亏和附加非利息收入。我国早期对非利息收入的界定较为模糊，各银行在年报中的分类也比较混乱。2006年，财政部发布新会计准则，明确将非利息收入分为手续费及佣金收入、投资收益、汇兑损益、公允价值变动损益和其他收入五类。

其中，手续费及佣金收入是指银行在为客户办理结算业务、代理业务和提供其他相关服务时所收取的手续费和佣金。投资收益则是指银行在资本市场和货币市场中利用交易性金融资产、可供出售金融资产和金融衍生工具等进行投资所获得的收益的统称。汇兑损益是指商业银行在经营过程中由货币兑换和汇率变动等原因造成的收益或者损失。公允价

值变动损益是指商业银行资产由于公允价值变动而形成的应计入当期损益的利得或损失。其他收入则是指除以上所列的几类收入之外的非利息收入。在参考银行业具体实践和陈芙（2015）、周正清（2017）等相关文献的基础上，本章对非利息收入进行了更加详细的分类，具体如表3.1所示。

表 3.1　非利息收入分类

分类	含义
手续费及佣金收入	咨询业务收入、结算及清算业务收入、银行卡业务收入、个人及对公理财业务收入、私人银行业务收入、资产托管业务收入、担保及承诺业务收入、代理收付及委托业务收入和代理承销证券、基金及保险业务收入、顾问业务收入等
投资收益	债券交易已实现损益、股权投资收益、对联营及合营公司的投资收益
汇兑损益	与自营外汇业务相关的汇差收入、外汇衍生金融工具收益、外币货币性资产和负债折算产生的汇兑损益
公允价值变动损益	以公允价值计量且其变动计入当期损益的金融资产的价值变动
其他	租赁收入、出售抵债资产及设备收入、贵金属销售收益等

在具体研究过程中，许多学者基于业务之间的性质差异、规模差异以及商业银行实际经营过程中的统计口径等因素，对上述业务进行了再归类。一般情况下，现有研究多将其分为手续费及佣金业务和交易性业务两类（Maudos and Solís，2009；周晔、郑军丽，2014；程茂勇，2015；耿宏艳等，2018；申创、赵胜民，2017b；Cheng et al.，2020；申创等，2020）。首先，从业务性质来看，手续费及佣金业务主要通过为客户提供咨询、结算清算、代理、顾问等服务获取收益，具有较强的客户服务属性，因此一般将其单独归为一类。而在其他几类非利息业务中，投资业务占据核心地位。投资业务主要是通过在资本市场和货币市场中利用交易性金融资产、可供出售金融资产和金融衍生工具等进行投资获益，具有较强的市场交易性质。另外，汇兑损益及公允价值变动损益同样与市场关系较为紧密，其本身所对应的金融资产也具有一定的市场交易特征。同时，贵金属销售、出售抵债资产及设备等其他非利息业务也具有一定的市场交易性质。因此，国内许多学者在研究过程中均将另外几种非利

息业务归类为交易性业务。其次，从业务规模来看，我国商业银行在手续费及佣金业务方面起步较早，发展相对成熟，因此其业务规模占比始终较高。例如，在本书研究的 2007~2021 年，手续费及佣金收入占非利息收入的比重均值高达 70% 左右。与之不同，我国银行业在其他几类非利息业务方面起步相对较晚，例如国内外投资业务、外汇市场业务、金融衍生品业务等，其收入并不稳定且占比相对较低。所以，许多学者在研究过程中基于规模差异的考量，也倾向于将我国商业银行的非利息业务划分为手续费及佣金业务和交易性业务两大类。最后，在现实经营过程中，商业银行对非利息业务的统计口径并不一致。部分银行在其年报中详细披露了各类非利息业务的具体状况，但许多银行尤其是城商行和农商行仅披露手续费及佣金业务和其他非利息业务两大类业务的收入规模。因此，为了统一口径，许多学者在研究过程中也按照这一标准进行分类。

（二）非利息业务与中间业务、表外业务的关系

2001 年 6 月，中国人民银行发布了《商业银行中间业务暂行规定》，对我国商业银行的中间业务进行了明确和规范。2002 年 4 月，中国人民银行又发布了《关于落实〈商业银行中间业务暂行规定〉有关问题的通知》。虽然中国人民银行在 2007 年和 2008 年通过相关文件废止了关于中间业务的规定和通知，但学术界和实践界对中间业务的概念依然沿用 2001 年规定和 2002 年通知的相关内容。根据该规定，中间业务是指不构成商业银行表内资产、表内负债，形成银行非利息收入的业务。具体而言，中间业务可分为支付结算类、银行卡类、代理类、担保类、承诺类、交易类、基金托管类、咨询顾问类、其他中间业务等 9 种业务类型。

2000 年 11 月，中国人民银行发布《商业银行表外业务风险管理指引》，指出表外业务为商业银行所从事的，按照现行的会计准则不计入资产负债表内，不形成现实资产负债，但能改变损益的业务。其具体包括担保类、承诺类和金融衍生交易类三种类型的业务。2011 年 3 月，中国银监会发布修订后的《商业银行表外业务风险管理指引》，在概念方面继续沿用了 2000 年的定义，但是将业务类型改为担保类和承诺类两种。在后续研究过程中，部分学者将包含三类业务的表外业务称为广义表外业务，将包含两类业务的表外业务称为狭义表外业务（陈芙，2015）。

从上述概念界定可见，广义表外业务基本等同于中间业务，比狭义表外业务多了金融衍生交易类业务。由于非利息业务可视为"商业银行经营业务中扣除产生利息收入的其他业务总和"（周正清，2017），所以非利息业务应该包含中间业务或者广义的表外业务。从具体的概念来看，中间业务或者广义的表外业务基本等同于手续费及佣金业务（陈芙，2015）。因此，三者之间的具体关系为：非利息业务包含中间业务，中间业务包含狭义的表外业务（见图 3.1）。

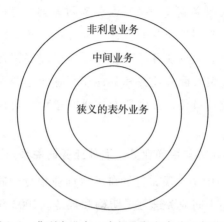

非利息业务

中间业务

狭义的表外业务

图 3.1   非利息业务、中间业务和表外业务关系

二   商业银行及市场竞争相关概念界定

（一）商业银行其他相关概念界定

商业银行净息差是指银行净利息收入与银行全部生息资产的比值，商业银行收益则是指商业银行通过经营各类业务所获得的盈利。

商业银行的风险是指商业银行在经营过程中由于各种内在的和外在的因素而导致经济损失的可能性。巴塞尔银行监管委员会（BCBS）根据商业银行的业务特征和诱发风险的原因，在《巴塞尔协议Ⅱ》中将商业银行风险分为信用风险、市场风险、操作风险、流动性风险、声誉风险、法律风险、国家风险和战略风险等八种类型。国际金融危机之后，巴塞尔银行监管委员会进一步调整商业银行监管框架，在 2010 年发布的《巴塞尔协议Ⅲ》中对银行风险类型做出了进一步的补充。

虽然对商业银行风险进行分类后能够更加深入地研究各类风险的实

际水平，但也存在不能反映银行整体风险水平的问题。而商业银行的破产风险则是银行风险的一种综合化的表征，在一定程度上能够反映出其总体风险水平。虽然我国银行业尚没有破产事件发生，但这主要是由于我国在过去的发展中没有建立起完善的银行破产制度。近年来，随着银行业改革进程的加快，我国的银行破产制度正在逐渐完善。国务院 2015 年 2 月发布的《存款保险条例》是该领域的标志性文件之一。其明确要求商业银行等吸收存款的银行业金融机构必须投保存款保险。《存款保险条例》还指出，存款保险实行限额偿付，最高偿付限额为 50 万元。这一条例的颁布标志着我国银行业破产制度的正式建立，对商业银行的经营模式和风控策略都具有重大影响。破产风险这一综合性指标必然会成为商业银行的重点关注指标。

金融系统性风险是指部分金融机构的失败将通过相互关联效应引起其他金融机构的失败，进而对经济系统产生实质性的负面效果的可能性（李志辉等，2016）。具体到商业银行领域，系统性风险主要包括系统性风险贡献与系统性风险敞口两个方面，二者反映了系统性风险在银行和系统之间传导的两个方向：系统重要性和系统脆弱性（李政等，2019）。具体而言，系统性风险贡献（Systemic Risk Contribution）表示单个商业银行陷入困境对整个金融体系危机发生概率的影响程度，反映了银行在系统中的重要性；系统性风险敞口（Systemic Risk Exposure）则表示系统性金融危机发生时单个商业银行面临的风险大小，反映了银行在面临危机时的脆弱性。其中，系统性风险敞口的代表性度量方法为 MES，而系统性风险贡献的代表性度量方法则为 ΔCoVaR。

效率的概念主要源于资源的稀缺性。正是由于资源的这一特征，所以才需要个人和社会对资源进行选择和分配。资源配置所达到的优化程度，便是效率。具体到商业银行领域，其效率包括宏微观两个层面的含义。从微观层面来说，商业银行的效率是指银行在实际经营过程中实现最优投入或者产出组合的能力，是银行管理水平、技术状况和资源配置能力的综合体现。从宏观层面来说，商业银行在经营过程中给国民经济和社会带来的贡献程度的大小，即为商业银行的效率。本书所研究的均是微观层面下的商业银行效率。

部分学者在研究过程中将商业银行的全要素生产率（Total Factor

Productivity，TFP）等同于银行的效率，并且从效率变化决定因素的角度进行了分类。全要素生产率是指产量与全部要素投入量之比，又被称为"索洛余项"。在资源充分利用的条件下，索洛将这一余项等同于技术进步。但是由于索洛并未考虑到生产能力的改变，所以后续的研究者对此进行了改进。由于经济增长主要来源于规模报酬变化、技术进步和生产能力改善三个方面，所以后续研究者将全要素生产率分为以下三个部分。①规模效率。规模效率是指受资产规模影响的商业银行的生产效率。商业银行的规模并非越大越有利，所以盲目扩大规模并不一定必然提升其效率水平，规模效率反映的就是商业银行的实际规模和最优规模之间的差异化程度。②技术进步效率。技术进步效率是指受技术革新影响的商业银行的生产效率，例如信息技术的使用就大大提升了银行的效率水平。③纯技术效率。纯技术效率是指在现有的技术水平下受管理和制度因素影响的商业银行的生产效率。这一效率与技术进步效率并不相同，因为纯技术效率的前提假设就是技术水平已经确定。在这一分类的基础上，Kumbhakar 等（2000）又提出了新的 TFP 分解模型，将全要素生产率分解为规模效率、技术进步效率、纯技术效率和要素配置效率四个方面。要素配置效率主要是指在结构调整和改革的过程中，受要素配置合理性影响的商业银行的生产效率。在许多国家的银行业中，要素市场的相关制度并不完善，再加上经营水平的影响，要素配置并不合理，所以考虑这一因素也具有十分重要的意义。

此外，依据不同的角度和标准，可以将商业银行效率划分为不同的类型。从银行组织职能的角度来看，可以将商业银行的效率分为内部组织效率和外部组织效率（赵玉龙，2009）。从生产要素的角度来看，可以将商业银行的效率分为资金效率、劳动效率和资本效率。从收入和支出的角度来看，可以将商业银行的效率分为利润效率和成本效率。利润效率是指在固定投入的情况下，商业银行的实际利润接近最大利润的程度。成本效率是指在固定产出的情况下，商业银行的实际成本接近最优成本的程度。

（二）市场竞争度概念界定

"竞争"这一词语有着丰富的内涵，在现实世界中也存在各个方面的竞争，例如政治竞争、军事竞争、体育竞争和文化竞争等。而市场竞争则主要应用于经济领域，其内涵是企业为取得更好的产销条件和市场资源以实现自身利益最大化目标，在投资、生产、销售、管理、技术、服务等多方面进行角逐的行为。具体到银行领域，市场竞争则是指各银行为赢得更多客户和占有更多市场份额而进行的竞赛和争夺（夏德海，1998），其激烈程度即为银行业市场竞争度。

与市场竞争度关联性较强的另一概念是"市场集中度"。市场集中度是测度行业市场结构的重要指标，主要用来衡量市场中企业数量和相对规模的差异。在早期的市场竞争度相关理论中，根据"结构—行为—绩效"范式，市场结构决定了市场竞争度水平，二者之间存在必然的反向关系，所以这一时期多使用结构性指标 CR_n 指数和赫芬达尔指数（HHI）来衡量市场竞争度。

但是随着"新产业组织理论"（NIO）的出现，传统理论中的集中度和竞争度完全呈负相关这一观点开始受到普遍质疑。"新产业组织理论"认为，厂商之间的竞争行为才是决定市场竞争程度的最重要因素，在市场结构不变的情况下，市场竞争程度也可能由于厂商行为的改变而改变（Schmalensee，1982）。尤其是在银行业，这一特点更加明显，因为银行业的产业组织特征与一般的生产型企业存在很大不同。首先，相对于一般企业而言，银行间的信息不对称问题更加严重。一般的生产型企业所面临的消费者大多在一定程度上具有同质性，对于个人隐私牵涉较少，而且消费者的消费偏好等各类数据也很容易通过市场调查和分析产品销量而得到。但是，银行业中许多客户都具有各自的特点，而且客户所办理的存贷款、私人银行等多种业务具有更强的隐私性，所以存在较为严重的信息不对称问题。其次，银行业作为知识型服务行业，所面临的资源条件和消费群体具有典型的多样性和地域分散性特点，所以银行的产品类型相对较多，而且普遍拥有许多分支机构（傅利福等，2015）。银行作为社会资金的重要中介，其吸收存款的能力决定了自身的运营规模。而社会资金的分布本身就处于零散的状态，而且具有强烈的地域性特征，所以银行必须通过开设分支机构来吸收当地的资金。同理，商业银行的每一笔贷款业务在贷款金额、期限长短和资金使用方向上也都存在各种差异，所以银行必须通过在当地设立分支机构来详细调查借款者的各类信息，以降低自身的信贷风险。最后，银行业受到的管制相对较大。商业银行的稳定性对整体金融业乃至国民经济都十分重要，所以许多国家都会针对商业银行设置各种监管指标进行监管，部分国家在某些时期还会进行利率管制和设置行业壁垒。例如，在监管指标方面，中国银监会在 2011 年 5 月颁布《中国银行业实施新监管标准的指导意见》，对商业银行的核心一级资本充足率、一级资本充足率、资本充足率、贷款拨备率和拨备覆盖率等多项指标进行监管。在利率管制和行业壁垒方面，我国在 2015 年才放开利率管制和批准民营银行建设。

正是由于银行业具有以上特点，所以更不能将传统的 SCP 范式简单地套用在银行业市场竞争度的测度上，因为一家银行的真实行为以及所面临的竞争程度除了与市场结构有关，还与外资银行的参与、市场准入限制、业务范围限制和利率管制程度等因素具有重要联系（Claessens and Laeven，2004；Beck，2008；Berger et al.，2009）。因此，在"新产业组织理论"的基础上，许多学者开始使用非结构性指标来衡量市场竞争度水平。现实情况也证明了市场结构并不能完全决定市场竞争度水平。例如，在 20 世纪 80 年代和 90 年代，欧洲银行业的利率管制得到放开，同时兴起了合并化浪潮，银行数目不断减少，集中程度大大降低，但是其市场竞争水平却呈现明显的上升趋势。另外一些学者在同时使用结构性指标和非结构性指标来衡量市场竞争度水平时，发现这两项指标之间存在很大差异，集中度和竞争度之间并不存在必然的反向关系（Bikker and Haaf，2002；Jiménez et al.，2013）。

第二节　非利息业务和市场竞争方面的经典理论基础

一　非利息业务领域的经典理论基础

（一）协同效应理论

简单地说，协同效应就是"1 + 1 > 2"的效应，可分为外部协同效应和内部协同效应两类。外部协同效应是指各独立主体通过合作或者共享资源，获得高于单独经营状态下的收益的一种效果。内部协同效应则是指企业在内部的生产、营销和管理过程中通过共享资源而产生额外经济收益的一种现象。本书所研究的对象主要是内部协同效应。在企业的实际经营过程中，协同效应主要表现为范围经济效应和规模经济效应。

Teece（1980）在《范围经济与企业的经营范围》一文中对美国石油行业的多元化经营进行研究，提出了范围经济（Economies of Scope）的概念。之后，经过多位学者的进一步完善，范围经济被界定为企业产品、业务、销售等维度的扩张所带来的经济利益。范围经济的产生主要源于企业在生产多种产品后对剩余资源或者闲置资源的充分利用。当然，这种资源不仅包括房屋、设备和中间品等有形资源，还包括管理能力、技术知识和企业信誉等无形资源。范围经济已经在实际生产中得到了广泛验证，是许多企业实施多元化经营策略的主要动机。由此可见，只要两种或更多产品合并化生产之后的成本比单独产品生产的成本低，就会存在范围经济。在图 3.2 中，我们绘制了范围经济理论的成本优势图，对此进行更加直观的解释。图中的 X 和 Y 分别代表两种产品，C_X 和 C_Y 分别代表单独生产 X 和单独生产 Y 时的成本。$C_{(X,Y)}$ 则代表同时生产 X 和 Y 时的总成本。那么，范围经济效应可以表示为：

$$C_{(X,Y)} < C_X + C_Y \qquad\qquad (3.1)$$

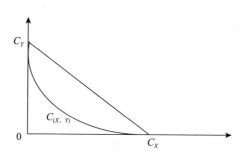

图 3.2　范围经济理论的成本优势

具体到金融行业，范围经济是指金融机构在提供多种金融产品和服务的过程中所产生的协同效应。金融机构如果能够通过扩大产品和业务范围达到降低单位成本或者提高单位收益的效果，则证明存在范围经济；若在扩大产品和业务范围后反而提高了单位成本或者降低了单位收益，则证明存在范围不经济。

商业银行通过开展非利息业务，拓展了自身的业务范围，提供了更多产品。部分非利息业务与传统利息业务可以在一定程度上共享原有的各种资源，有可能产生范围经济效应。具体而言，商业银行在开展非利息业务的过程中能够通过以下几个途径产生范围经济。①成本摊销。商业银行在早期以利息业务为主要业务，投入了较多资源。而许多非利息业务与传统利息业务紧密相关，所以能够与其共享资源，从而摊销相应的成本。②差异化战略。差异化战略是指企业向客户提供个性化的产品和服务，在质量、功能、品种和规格等方面均与竞争对手存在明显区别，从而获得优势竞争地位和提高利润水平的一种经营策略。商业银行通过发展不同种类的非利息业务，能够满足客户日趋多样化的金融需求，所以更能与竞争对手之间形成明显的差异性。③市场营销。随着利率市场化进程的不断推进和金融市场的不断发展，商业银行相对于客户的优势地位越来越弱，消费者的议价权越来越大。由于整个行业越来越倾向于买方市场，所以商业银行必须通过市场营销来获得更多的客户资源。商业银行通过发展非利息业务就能更好地满足客户的相关需求，从而建立自己特有的品牌，赢得市场营销优势。④技术创新。商业银行涉足较为新颖的非利息业务，必然要学习新的技术知识。而且非利息业务的创新空间一般比较大，所以商业银行在所学技术知识的基础上又能结合自身实际情况和客户的实际需求来创造更多新的产品。同时，部分新技术的获取不仅能为非利息业务的发展打下良好基础，而且能产生一定的溢出效应，有利于传统业务的发展。例如，商业银行通过开发电子银行和 ATM 机业务，不仅能够开展转账、网上支付等非利息业务，而且能使传统的存款业务更加方便快捷。可以看出，商业银行的非利息业务有可能通过成本摊销、差异化战略、市场营销和技术创新等途径产生范围经济效应，从而对商业银行的收益、风险和效率水平产生积极影响。

与范围经济不同的是，规模经济是企业因扩大产品的生产规模而获得的一种经济效益。Eatwell 等（2008）将其定义为：在给定技术的条件下，对于某一产品，如果在某一产量范围内平均成本是下降（或上升）的，我们就认为存在规模经济（或规模不经济）。由此可见，规模经济与边际成本理论密切相关。规模经济效应的产生主要源于以下几个途径。①学习效应。随着企业产品产量的增加，工人在长期工作中会更加熟练，劳动效率将会提高，从而为企业带来更多收益。②研发费用的有效承担。产量或者规模更大的企业更有能力而且更有意愿去从事创新和研发活动，从而提升企业的生产能力和生产效率。而且随着产品产量的增加，相应的研发费用将会被分担，从而降低企业单位产量的研发成本。③采购和运输原材料的经济性。企业在提高产量的过程中必然需要向要素供应商采购更多的原材料，成为供应商的"大客户"。在采购的过程中，企业能够向供应商索取更多的价格折扣，从而降低产品原材料的单位成本。同时，与小规模运输相比，大规模运输也能降低原材料的运输成本。④销售网络的建立。企业在提高产量的同时也会建立更多的销售机构，从而形成庞大的销售网络，更有效率地吸引消费者和占领市场。⑤议价能力的提升。由于产量和市场份额的提高，企业相对于消费者的议价能力也得以提升。

从以上分析可以看出，提高产品产量可以在一定程度上对企业产生积极效应。但值得注意的是，这种积极效应存在限制。当企业产量超过某一临界值之后，内部经营结构更趋复杂，可能会消耗内部资源，导致成本不降反升，收益下滑，产生规模不经济效应。简而言之，企业的生产规模存在最优规模，这与长期平均成本曲线的"U"形特征具有一致性。我们在图 3.3 中绘制了一般企业的长期平均成本曲线。其中，横轴代表产量（Q），纵轴代表平均成本（AC），LAC 即为长期平均成本曲线。从图中可以看出，在初始阶段产量未达到 Q_2 时，随着产量的不断提高，平均成本呈现不断下降的趋势，这一段曲线所对应的就是企业的规模经济阶段（如 A 点）；当产量超过 Q_2 之后，平均成本开始呈现持续上升的趋势，这一段曲线所对应的则是企业的规模不经济阶段。Q_2 即为企业的最优生产规模。

与之相对应的是，商业银行在经营各类金融产品和服务的过程中也会产生规模经济或规模不经济效应。我国银行业利息业务的发展已经较为成熟，而非利息业务则是一种较为新颖的业务，许多商业银行仍处于初级发展阶段。如果按照图 3.3 中的阶段进行划分，非利息业务产品的规模更有可能处于 Q_2 之前的规模经济阶段。因此，现阶段我国银行业大力发展非利息业务将会产生明显的规模经济效应，从而对商业银行的收益、风险和效率水平产生积极影响。但是，我们也应当注意到这种积极效应并非始终如一，在非利息业务超过最优规模后将有可能产生规模不经济效应。

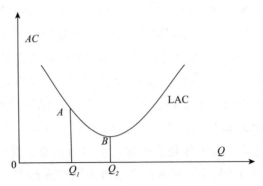

图 3.3　企业长期平均成本曲线

（二）企业多元化理论

企业多元化理论又被称为企业多角化理论，最早由 Ansoff（1957）提出。Ansoff（1957）认为，产品开发是指在原有的市场中开发出新的产品，市场开发则是指利用原有的产品去开发新的市场，多元化则是两者的结合，即利用新的产品去开发新的市场。后续的研究者在其基础上对多元化理论的概念进行了完善。Gort（1962）在其基础上对多元化理论的概念进行了完善，将其定义为"企业产品的市场异质性的增强"，突出了产品的多样化和异质性特征。

根据具体内容，可以将多元化分为产品多元化、行业多元化和区域多元化。产品多元化是指企业同时生产和经营多种产品。行业多元化是指企业的生产经营并不局限于某一个行业，而是同时跨越多个行业来形成集团式经营。区域多元化是指企业的生产经营不是局限于某一区域，而是设立相关分支机构，同时向多个区域扩张。例如，许多公司不仅在国内市场经营良好，而且逐步向国际市场甚至是全球市场进行扩张。

根据企业选择多元化战略的具体模式，可以将多元化分为同心多元化、垂直多元化、水平多元化和整体多元化四类。同心多元化是指企业利用自身现有的条件生产新产品。同心多元化的主要特点是以原有的产品为圆心向外扩展，新产品与原有产品在技术方面具有较强的相关性。垂直多元化是指企业在生产现有产品的基础上进入上游或者下游产业，从而实现产供销一体化经营。根据进入产业性质的不同，垂直多元化又可以分为向前一体多元化和向后一体多元化。向前一体多元化是指企业在现有产品的基础上向下游产业发展所形成的多元化模式，例如原料生产行业向下游产品加工行业发展所形成的一体化。向后一体多元化是指企业在现有产品的基础上向上游产业发展所形成的多元化模式，例如电子产品组装行业向上游零件生产行业发展所形成的一体化。垂直多元化的主要特点是新产品与原有产品之间具有较强的顺序性和相关性。水平多元化是指企业针对原有客户群体的新需求，利用新的技术和设备来生产新的产品或者服务所形成的经营模式。水平多元化的主要特点是以原有客户群体为中心，新产品与原有产品在销售方面具有较强的相关性。整体多元化是企业对以上几种多元化方式的有效结合，即立体式拓展自身的生产经营范围。例如，恒大集团早期仅仅经营房地产行业，但在后续的发展中逐步将经营业务扩展至动漫产业、排球俱乐部、足球俱乐部、影视公司等多个领域。以上四类多元化模式之间并没有绝对的优劣之分，企业应当根据自身的经营特点和特有优势选择合适的模式进行发展。

企业通过多元化发展战略能够充分利用现有资源和满足客户的多元化需求，同时还能在原有品牌的基础上获得附加收益，所以会给企业带来积极影响。但值得注意的是，多元化战略的实施也有可能对企业产生消极影响，这一现象被称为"多元化折价"效应，其主要是由以下几个原因导致的。①企业生产新的产品或者进入新的行业必然会造成资金的分散，将会在一定程度上削弱企业对原产品或原行业的经营能力。②企业生产新产品或者进入新的行业需要学习新技术和购买新设备，还需要对员工进行培训，将会增加相关投入。③经营过程中将会产生新的内部整合问题。新投资的产品或者行业将会使企业的内部结构变得更为复杂，在管理层进行内部整合的过程中有可能出现较多管理问题，对企业的经营状况产生不利影响。

在金融行业中，多元化发展战略也得到了广泛应用。在经营传统利息业务的基础上，商业银行通过发展非利息业务可以形成多种模式的多元化发展。例如，商业银行在传统贷款业务的基础上发展资产证券化业务，即为同心多元化经营模式；商业银行在传统存款业务的基础上发展转账业务，即为水平多元化经营模式；商业银行利用集团化控股经营的模式来发展信托、保险、基金和租赁等业务，即为整体多元化经营模式。同样，商业银行通过多元化发展能够在一定程度上充分利用现有资源和满足客户的多元化需求，从而对其收益、风险和效率水平产生积极影响。但是，由于部分非利息业务是新兴业务，所以商业银行在发展此类业务的过程中也有可能产生"多元化折价"效应（程茂勇，2015），对其收益、风险和效率水平产生消极影响。

（三）金融创新理论

金融创新主要是指在金融系统内部通过各种要素的重新组合和变革所创造的一系列新事物的统称。根据具体内容，可以将金融创新分为金融制度创新、金融市场创新、金融产品创新、金融机构创新、金融资源创新、金融技术创新和金融管理创新等多种类型。其中，金融产品和金融技术创新与商业银行业务多元化的联系最为紧密。另外，金融管理创新与本书的研究内容也息息相关。金融管理创新包括宏观和微观两个层面的含义。从宏观层面来看，金融管理创新是指国家监管机构通过直接或者间接的手段对其管理方式所进行的创造性革新，其目标在于稳定金融行业和促进其良好发展。从微观层面来看，金融管理创新是指金融机构对其内部管理机制做出的创造性革新，其目标在于完善内控机制，提高自身的经营效率。

在金融创新理论发展的过程中，由于不同研究者对金融创新动机的认识产生了分歧，所以形成了以下几个不同的理论。①技术推进理论。该理论认为，科学技术尤其是电子信息技术的发展以及这些技术在金融行业的应用是推动金融创新的最重要的因素（Hannan and McDowell，1984）。②制度改革理论。该理论认为，经济制度改革才是促进金融创新的主要原因。③约束诱导理论。该理论认为，金融创新是金融机构面对内外金融压制所采取的一种"自卫"行为（Silber，1983）。其中，内部金融压制是指金融机构内部所形成的一系列管理制度，外部金融压制则是指政府的控制和管理。金融机构在这两种压制下将会积极寻求创新，以摆脱压制和达到利润最大化的目标。④规避管制理论。该理论认为，金融机构进行创新的目的是规避各种规章制度的限制。当然，金融监管部门面对金融创新将会推出新的管制措施。它们均不断调整自身策略，形成"管制—创新—再管制—再创新"的动态博弈过程（Kane，1981）。⑤货币促进理论。该理论认为，货币因素的变化才是促进金融创新的主因。20 世纪 70 年代，通货膨胀率、利率和汇率长期处于无规则波动的状态，金融机构为了抵制相关风险而进行金融创新。⑥财富增长理论。该理论认为，在财富增长的过程中，人们的避险需求提升，进而导致金融发展和金融创新。⑦交易成本理论。该理论认为，金融创新与降低交易成本紧密相关。其具体包含两层含义：第一，金融主体进行金融创新的首要目的就是降低交易成本，这决定了金融创新是否具有实质性意义；第二，在科技进步过程中交易成本可能会下降，而金融创新则是对该现象的一种反应。

从上述相关理论中可以看出，无论是从金融机构与政府或者市场进行博弈的角度出发，还是从金融机构本身追求利润的角度出发，都说明金融创新能够在一定程度上给金融机构带来一些利益。从20世纪70年代开始，随着科学技术的迅猛发展和金融自由化浪潮的兴起，银行业的经营范围逐步拓展，各类金融创新层出不穷。其中，商业银行大力发展的非利息业务，不但包括金融产品方面的创新，同时还包括金融市场、金融资源、金融技术和金融管理方面的创新。例如，资产管理产品、自营理财产品和资产证券化产品等多种新型产品的出现，即金融产品方面的创新；商业银行的业务不再仅仅局限于传统的银行业市场，而是逐步扩展至信托、保险、租赁、基金等行业，即金融市场方面的创新；商业银行发行理财产品，不再仅仅靠吸收存款来获取资金，即金融资源方面的创新；商业银行通过信息技术开展多种电子银行业务，即金融技术方面的创新。非利息业务的发展能够在一定程度上放松内部和外部管制并降低交易成本，同时还能满足客户随着财富增加而日益增长的金融需求，所以可能对商业银行的收益、风险和效率水平产生积极影响。但是，我们也应当注意到，非利息业务是一种金融创新，而金融创新必然会伴随相应的风险。当金融创新超过了一定限度之后，就会对整个金融系统造成毁灭性打击。例如，2008年美国次贷危机的爆发，在很大程度上就要归因于过度创新。为了追求利润最大化，美国的许多金融机构尤其是商业银行在次级抵押贷款的基础上创造了过多的金融衍生品，将多个利益主体进行捆绑，从而使风险迅速蔓延，最终导致整体危机的爆发。由此可见，部分金融创新产品所带来的收益并不稳定，在某些情况下有可能会给金融机构带来巨大损失。因此，从这一角度来看，非利息业务虽然是一种金融创新，但是也有可能对商业银行的收益、风险和效率水平产生消极影响。

(四) 资产组合理论

资产组合理论的基础是 Hicks (1935) 提出的"风险分散理论"。Hicks (1935) 认为，同时对多项业务进行投资所承担的总体风险，并不等于单独投资各项业务所承担风险的简单相加。Markowitz (1952) 对风险分散理论进行整合与发展，提出了著名的"资产组合理论"[1]。资产组合理论主要研究了投资者在面临多种资产时如何进行选择和组合的问题。该理论的具体模型为：

$$E(r) = \sum w_i r_i \tag{3.2}$$

$$\min \sigma^2(r) = \sum w_i w_j \mathrm{cov}(r_i, r_j) = \sum w_i w_j \rho_{ij} \sigma_i \sigma_j \tag{3.3}$$

其中，i 和 j 代表资产类别，r、w、ρ 和 $\mathrm{cov}(r_i, r_j)$ 分别代表收益率、资产权重、资产间的相关系数和协方差。$\sigma^2(r)$ 代表资产组合方差，其具体含义为资产组合的总体风险。最优投资组合即是风险既定情况下的收益最大组合，或者收益既定情况下的风险最小组合。

从以上模型可以看出，不同资产的收益率对资产组合收益率的影响是线性的，单个资产收益率的提高将增大资产组合收益率。但在风险方面，组合风险不仅与单个资产风险相关，而且还受到资产间相关性的影响。当相关系数为 1 时，资产组合并不能分散投资风险；当相关系数在 0 和 1 之间变动时，资产组合能够在一定程度上分散投资风险，而且各类资产的相关程度越低 (相关系数越小)，这种分散效果就越强；当相关系数在 -1 和 0 之间变动时，资产组合同样能够在一定程度上分散投资风险，而且相关系数越小，这种分散效果就越强；当相关系数为 -1 时，风险分散效果最好。

根据以上理论，商业银行在开展非利息业务的过程中能够与传统的利息业务形成资产组合。在收益方面，如果非利息业务能够提供额外收

---

① 资产组合理论有狭义和广义之分，此处为狭义概念。狭义的资产组合理论仅指 Markowitz (1952) 的资产组合理论，广义的资产组合理论还包括在此基础上发展起来的资本资产定价理论和有效市场理论等多种理论。由于传统的有效市场理论不能解释市场异常现象，所以行为金融理论便应运而生。

益，或者其收益率高于传统业务，那么资产组合收益率将会增大，即银行通过发展非利息业务能够提高其收益水平。但是，在实际经营过程中，部分非利息业务有可能会占用原有资源，而且其收益率并不能保证一定高于利息业务的收益率，所以这一部分非利息业务有可能会对商业银行的收益产生负面影响。在风险方面，如果非利息业务与利息业务之间并非完全相关，那么就可以在一定程度上起到分散风险的作用。这就在银行内部建立了一个"缓冲带"，避免某一类业务的失误造成全盘崩溃，即"不能把鸡蛋放在同一个篮子里"。但是，我们也应当注意到，资产组合风险与单个资产的风险水平之间紧密相连，如果新增资产的风险水平过高的话，资产组合的总体风险也很有可能随之上升。商业银行的部分非利息业务具有较高的风险，所以发展此类非利息业务也有可能提高商业银行的风险水平。

（五）代理理论

代理理论最初是由 Jensen 和 Meckling（1976）提出的，其研究对象主要是企业资源的提供者和使用者之间的契约关系。其中，企业资源的提供者是委托人，其使用者则是经理人。在早期的企业结构中，资源的提供者和使用者往往是同一个主体，即"自己为自己工作"，所以经理人将会努力工作，代理问题并不存在。但是，随着社会的不断发展，企业结构发生了较大变化，企业的所有权和经营权逐步分离，资源的提供者和使用者不再是同一个主体，代理问题也随之产生。由于经理人直接管理和经营整个企业，所以拥有更多信息；委托人则不能充分了解企业的实际经营信息，属于信息劣势方。此时就会产生我们在上文中所阐述的信息不对称问题。同时，委托人和代理人可能存在利益的非一致性。代理人出于自我寻利的动机，将会利用自身的信息优势尽可能最大化其效用水平，其部分行为有可能会损害委托人的相关利益。例如，代理人有可能会为了自己的享受而修建豪华的办公室，消极怠工，还有可能为了提升自身奖金而从事高风险业务等。总体而言，代理成本主要包括监督成本、守约成本和剩余损失三个方面（Jensen and Meckling，1976）。其中，守约成本是指代理人为证明自身遵守约定而实施一些措施所带来的成本。另外，与代理理论具有密切关系的后续理论是契约成本理论。该理论与代理理论的原理基本一致，但其覆盖范围更加广泛，包括一系列的契约关系。

在商业银行的经营过程中，由于所有权和经营权的分离，代理问题同样随之产生。例如，在 20 世纪 80 年代，我国仅有 4 家国有银行。由于银行的所有权属于国家，再加上监督机制并不完善，所以产生了严重的代理问题，各银行的经营效率十分低下。随着后续多项改革的进行，这一问题才得到了明显改善。

委托人和代理人之间的代理问题与双方信息不对称的程度紧密相连。在商业银行长期发展和监督者不断完善监督规则的过程中，传统利息业务的相关信息基本可以在资产负债表、现金流量表和利润表等各项财务报表中得到体现，而且其明细科目也十分清晰，因此能使委托人对银行的经营状况有充分了解。由于银行业利息业务的发展已经较为成熟，相关专业技术人才也比较多，所以委托人能够更有效率地监督代理人的经营策略。与之相反，我国商业银行在发展非利息业务方面尚处于初级阶段，其业务信息在现有的财务报表中并不能得到充分体现。许多银行发展非利息业务的一个重要动机就是将其部分资产从资产负债表内移到资产负债表外。而且由于非利息业务较为新颖，所以现有的监督体系尚未对其进行统一化管理，许多银行在其财务报表和年度报告中并未将明细科目一一列出，导致委托人无法充分了解相关信息。另外，与传统的利息业务相比，部分非利息业务如投资业务和资产证券化业务等具有更高的技术含量，再加上发展年限较短，所以相关专业技术人才比较少，这也从侧面提高了委托人的监督成本。从以上分析可以看出，商业银行在发展非利息业务的过程中会带来更多的契约行为，信息不对称现象更加严重，提高了相应的代理成本，可能会对商业银行的收益、风险和效率水平产生消极影响。

二　市场竞争领域的经典理论基础

（一）特许权价值理论

"特许权价值"是指商业银行拥有金融特许营业牌照，凭借自身的市场地位和特权所获得的一种超额收益。其本质是一种"垄断租金"（Boot and Thakor，2000；Allen and Gale，2004）。这种价值需要商业银行经过长期的经营才能获得，其实质相当于给予商业银行一种长期股本。

特许权价值会受到许多因素的影响。首先,特许权价值会受到银行业准入门槛的影响。当政府对银行业设置进入壁垒时,就会使这一行业具有一定的垄断性特征,商业银行所受到的潜在威胁很小,从而获得垄断利润,特许权价值也会升高。其次,特许权价值会受到保护性措施的影响。例如,我国长期以来实行存款利率管制,使商业银行能够以较低的价格获得资金,这便是一种保护性措施,也会提高银行的特许权价值。最后,特许权价值还会受到市场势力的影响。例如,当一家商业银行具有较庞大的市场势力时,它可能会向客户索取更高的资金价格,获得更高的特许权价值。由此可见,商业银行的特许权价值与行业竞争状况之间存在密切关系。

在市场竞争度较低的环境中,商业银行通过获得特许权价值可以提升自身的收益水平。同时,特许权价值的获取还能在一定程度上降低银行的风险水平。由于特许权价值的存在,银行会避免涉足高风险业务,因为其会面临极大的机会成本。除此之外,当商业银行遇到风险冲击时,由于平时积累了特许权价值,所以其能够提供更多的资本缓冲,提升风险抵御能力。例如,Boyd 和 De Nicoló (2005) 发现在竞争不足的市场中,大银行能够获得超额利润从而提供更多的资本缓冲,促进了银行业的稳定。相反,如果银行业市场竞争度较高,商业银行所获得的特许权价值必然会减少。为了保持原有的利润水平,商业银行可能会从事风险更高的业务 (Keeley, 1990; Matutes and Vives, 2000; Hellmann et al., 2000)。同时,较低的特许权价值必然伴随较少的资本缓冲,也会提升银行的风险水平。例如,Allen 和 Gale (2004) 认为,市场竞争的加剧对银行特许权价值和资本缓冲会产生负面影响,导致金融危机更容易发生。

(二) 信息不对称理论

信息不对称是指在市场经济活动中,各参与主体对信息的了解程度并不一致,掌握较多信息的一方在交易过程中存在很大优势,往往能够利用这种信息优势获得更多利益。

信息不对称理论是对"看不见的手"理论的一种突破,最早由 Akerlof (1970) 在《"柠檬"市场:质量的不确定性与市场机制》一文中提出。在该文中,Akerlof 选择了一个二手车市场作为例子,阐述了由信息不对称造成的市场失灵现象。在二手车市场中,由于买方处于信息劣势的一方，所以在购买过程中愿意付出的价格将会低于"好车"的实际价格。这一行为所导致的结果将是"好车"逐渐减少，而"坏车"逐渐增多。在"坏车"增多的过程中，买方愿意付出的价格也会逐步降低。伴随这种恶性循环，在极端状态下整个二手车市场将全部是"坏车"。

后续研究者将该理论进一步扩展到劳动力市场，指出招聘者和应聘者之间也存在信息不对称问题。针对这一问题，学者们还提出了"获得成本"的概念，即获得相应资源的过程中所付出代价的大小。例如，应聘者如果获得了较难获取的学位，即付出了较高的"获得成本"，那就在一定程度上证明该应聘者具有更强的能力，这种"信号传递"即是解决该问题的方法之一。美国经济学家斯蒂格利茨则进一步将信息不对称理论应用到金融市场，研究了保险公司在面对信息不对称问题时如何制定策略来改善经营状况。具体而言，在保险市场中，投保人对自身的风险状况十分了解，但是保险公司却知之甚少，这就产生了严重的信息不对称问题。如果保险公司盲目提高费率，将会降低风险投保人所占的比例。解决方法是建议保险公司提供不同自赔率和保险费率组合的产品，让投保人做出选择。高风险的投保人将会选择低自赔率和高保险费率组合产品，而低风险的投保人将会选择高自赔率和低保险费率组合产品，这样保险公司就能做出甄别。

信息不对称问题主要有"逆向选择"和"道德风险"两种表现形式。Akerlof（1970）所举的二手车市场的例子便是典型的"逆向选择"问题，即信息不对称导致市场中劣质品增多、优质品减少的现象。道德风险则是指由于信息不对称的存在，经济活动的参与人会通过隐瞒自身实际信息的方式来最大化自身的效用水平，但不利于交易对手的一种行为。例如，在保险市场中，投保人在投保之后，保险公司就面临着投保人的道德风险问题。因为此时如果保险标的发生损失，保险公司需要承担全部或者部分责任，而投保人担责较少。在投保完成后，保险公司无法完全监督投保人的一举一动，需要投保人道德自律。如果投保人不再像投保以前那样谨慎小心，保险公司就要面临损失的风险。

在商业银行市场中，同样存在信息不对称问题，而且会受到市场竞争状况的影响。例如，借款者在借款时有可能故意隐瞒自身的风险状况，从而获得较高的信贷额度，这便是一种典型的信息不对称现象。在市场竞争度相对较低的环境中，商业银行能够与客户形成长期稳定的信贷关系（Petersen and Rajan，1995），对客户信息的了解较为充分，所以在监督信贷资金的使用情况时也更加容易（Boot and Thakor，2000）。这其实是一种"信息租金"，是商业银行在稳定的银企关系中所获得的一种额外收益。也正是由于"信息租金"的存在，银行才更有动力去深入挖掘并掌握客户信息，因为这对其未来的经营也十分有利。但是，随着市场竞争度的不断提高，"信息租金"将会减少，商业银行与客户间稳定的信贷关系更容易被打破，客户的可转移性增强，这必然会削弱银行深入挖掘客户相关信息的动力。同时，商业银行在争抢客户资源的过程中还会放松针对客户信息的审核。以上两个因素都会提升高风险客户所占的比例，产生逆向选择问题。例如，Broecker（1990）认为，随着市场上银行数量的增加和竞争度的提高，风险较高的"低质量"借款人在每家银行获得贷款的概率都会增加，这就导致整个银行业市场贷款组合的平均质量下降，银行的不良贷款将会增多。从这一方面来看，市场竞争度的提升将会加剧逆向选择问题的严重性，对商业银行的收益、风险和效率产生消极影响。

但是，从另一方面来看，在市场竞争度较低的环境中，由于商业银行拥有较强的市场势力，所以在信贷关系中往往会制定较高的贷款利率，这就会引发借款人隐瞒信贷状况、还款能力不足以及选择高风险投资项目等道德风险问题（Boyd and De Nicoló，2005；Berger et al.，2009）。而随着市场竞争度的提高，商业银行的市场势力将会被削弱，在争夺客户资源的过程中必然会降低贷款利率水平，从而降低道德风险问题出现的概率，对商业银行的收益、风险和效率产生积极影响。

（三）"鲇鱼效应"理论

"鲇鱼效应"理论是管理学中的一个经典理论，原意是指在小鱼的生存环境中放入以小鱼为食的鲇鱼，它在对小鱼造成威胁的同时也激发了小鱼的求生能力。在引申之后，"鲇鱼效应"是指通过采取某种手段或措施，刺激行业内的行为主体积极参与竞争，从而激发市场中企业活力的一种现象。

在银行业市场中，同样会存在"鲇鱼效应"。例如，我国银行业在早期仅有4家国有银行，存在人员冗杂、机构臃肿和管理混乱的问题，效率十分低下（孙浦阳等，2011；刘莉亚等，2014）。在引入多家商业银行之后，市场竞争度得到了提升，国有银行虽然仍具有较强的市场势力，但是面对其他股份制银行和地方性商业银行的竞争，不得不改变经营策略和提高管理能力，效率水平得到明显提高。再如，2001 年我国加入了WTO，与世界经济开始更好地接轨。虽然拥有短暂的保护期，但是可预见的竞争还是给我国银行业带来了巨大压力。因此，政府实施了包括国有银行不良资产剥离、国有银行股份制改革、利率市场化改革和民营银行建设等多项措施，以期能提升我国商业银行的经营水平和效率水平。

由此可见，"鲇鱼效应"理论无论是在理论界还是在实务界都得到了许多学者和管理者的认可。在银行业市场活力较为低下的情况下，通过提高市场竞争度，能够在一定程度上对商业银行产生积极影响。但是，我们也应当注意到，这种效应是有一定限度的。在初级阶段，市场竞争度的提升有可能带来明显的积极效应。但是随着市场活力不断被激发，商业银行的竞争意识普遍增强，竞争力将会继续升高。为了保持自身的盈利水平，商业银行之间将有可能出现过度竞争的现象。此时，市场竞争度的提升将会对整体银行业的生存造成威胁。这正如在小鱼的池中放入了过多鲇鱼，将有可能摧毁其生存环境。

第三节　业务多元化条件下的商业银行最优综合经营决策模型

为了研究市场竞争环境下商业银行非利息业务的发展、影响与协调问题，本节基于 Kishan 和 Opiela（2000）的理论框架，并借鉴冯科和何理（2011）、郭品和沈悦（2015）、刘莉亚和余晶晶（2018）、张娜（2019）的后续相关研究，在现有模型的基础上进一步融入非利息业务这一重要因素，构建业务多元化条件下的商业银行最优综合经营决策模型，并作为全书的基本理论框架。

与现有文献构建的理论框架相比，本节主要从以下三个方面进行了拓展。第一，在业务开展方面，现有文献一般将银行开展的业务设定为存款业务和贷款业务，即传统的利息业务。但正如前文所言，商业银行的多元化经营趋势日益凸显，非利息业务的规模占比已经不容忽视。因此，我们在理论模型中进一步融入非利息业务，使其更符合商业银行的实际业务开展状况。第二，在经营决策方面，现有研究主要从收益和成本角度出发，将商业银行的经营目标函数设定为利润水平最大化，忽视了银行的风险状况和经营效率。但在现实经营过程中，商业银行的经营目标并非简单的利润最大化，而是由利润、风险和效率带来的综合效用的最大化。基于此，我们在目标函数中进一步融入风险因素和效率因素，以期能够更加准确地刻画商业银行实际的综合经营决策过程。第三，在外在的市场环境方面，我们结合行业现实，在理论模型中进一步引入市场竞争度这一重要变量，以分析外在环境变化情况下商业银行的经营决策机制和发展状况的变化。

在传统的模型设定中，一般假定商业银行同时开展贷款业务（L）和存款业务（D）。商业银行的权益资本为 E，且资本成本为 r_E。同时，假定商业银行的贷款利率和存款利率分别为 r_L 和 r_D，且其管理和服务成本函数（C）是与贷款业务（L）和存款业务（D）规模相关的函数。另外，银行还需要按要求提取存款准备金（R）。那么，代表性银行的最优综合经营决策可转化为以下利润最大化目标函数：

$$\max \ \pi = r_L \times L - r_D \times D - r_E \times E - C(D,L) \tag{3.4}$$

但值得注意的是，上述模型并未考虑到商业银行开展的非利息业务，也忽视了银行的风险承担和经营效率因素。因此，我们在此基础上进一步假定代表性银行同时开展贷款业务（L）、存款业务（D）和非利息业务（N），并将其综合效用最大化函数设定为：

$$\max \ U = (1-q)(r_L \times L + r_N \times N) - r_D \times D - r_E \times E - C(D,L,N,\omega) \tag{3.5}$$

其中，N 代表非利息业务规模，r_N 代表商业银行开展非利息业务的收益水平；q 代表商业银行在开展贷款业务或者非利息业务的过程中发生损失的概率，能够初步衡量商业银行的风险水平。与传统模型一致，r_L、r_D 和 r_E 分别代表商业银行的贷款利率、存款利率和权益资本成本。管理和服务成本函数 C 不仅取决于贷款业务规模（L）和存款业务规模（D），同时还与非利息业务规模（N）密切相关。此外，成本函数 C 还与变量 ω 相关。ω 代表商业银行的效率系数，能够在一定程度上初步衡量商业银行的经营效率。

商业银行从居民部门吸收存款（D）并从资本市场筹集资本（E），进而利用资金开展贷款业务（L）和非利息业务（N），并缴存存款准备金（R）。因此，可将银行资产负债表平衡条件简化为：

$$L + N + R = D + E_{\circ} \tag{3.6}$$

同时，参照现有文献的做法（Kishan and Opiela，2000；郭品、沈悦，2015），我们假定中央银行不支付存款准备金利息，商业银行仅缴存法定存款准备金。假定法定存款准备金率为 ρ，则有：

$$R = \rho \times D \tag{3.7}$$

假设代表性商业银行面临外生的贷款需求曲线，且能够通过调整自身的贷款利率水平 r_L 来改变贷款规模。银行面临的贷款需求与 r_L 之间呈负相关关系：

$$L = l_0 - l_1 \times r_L \tag{3.8}$$

同样，由于存款来自居民部门，我们假定代表性银行面临外生的存款供给曲线，且能够通过调整自身的存款利率水平 r_D 来改变存款规模。银行面临的存款需求与存款利率 r_D 之间呈正相关关系：

$$D = d_0 + d_1 \times r_D \tag{3.9}$$

我们假定市场基准利率为 r，并作为货币政策的代理变量。为不失一般性，假定代表性银行的存款利率 r_D 围绕基准利率 r 上下浮动，即：

$$r_D = a_D + r \tag{3.10}$$

同时，现有研究表明，市场竞争会显著影响商业银行的贷款利率弹性和存款利率弹性（刘莉亚、余晶晶，2018；申创等，2020）。当然，我国银行业的实际状况也验证了这一观点。近年来，伴随数字金融的飞速发展和利率市场化改革的持续推进，我国银行业的市场竞争日益加剧，客户的议价能力不断增强，贷款需求的利率弹性和存款供给的利率弹性不断提升。因此，我们以 comp 代表银行业的市场竞争程度，则有：

$$l_1 = l_1(comp) \text{ 且 } \partial l_1 / \partial comp > 0 \tag{3.11}$$

$$d_1 = d_1(comp) \text{ 且 } \partial d_1 / \partial comp > 0 \tag{3.12}$$

进一步地，我们假设商业银行开展的非利息业务规模与非利息业务价格水平之间存在线性关系，则有：

$$N = n_0 - n_1 \times r_N \qquad (3.13)$$

那么，非利息业务规模占比 δ 的计算公式为：

$$\delta = \frac{N}{N + L} \qquad (3.14)$$

商业银行在资本市场筹集权益资本时，面临外生的资金供给曲线。同时，商业银行可以通过调整其权益资本成本 r_E 来改变其权益资本规模。其权益资本成本即为投资者的投资回报率，因此权益资本规模 E 与权益资本成本 r_E 之间存在正相关关系：

$$E = e_0 + e_1 \times r_E \qquad (3.15)$$

同时，商业银行还需要满足资本充足率方面的监管要求。假设资本充足率为 θ，则有：

$$E = \theta \times (L + N) \qquad (3.16)$$

另外，参照一般做法，我们将商业银行的管理和服务成本 C 设定为贷款业务规模 L、存款业务规模 D 和非利息业务规模 N 的非线性函数，则有：

$$C = \frac{\nu_L}{2} \times L^2 + \frac{\nu_D}{2} \times D^2 + \frac{\nu_N}{2} \times N^2 \qquad (3.17)$$

其中，ν_L、ν_D 和 ν_N 分别代表银行开展贷款业务、存款业务和非利息业务对管理及服务成本的影响系数。上述系数越大代表银行的成本控制能力越弱，经营效率越低。因此，我们利用式（3.18）初步构建代表性银行的效率系数 ω：

$$\omega = \frac{1}{\nu_L + \nu_D + \nu_N} \qquad (3.18)$$

上述设定的业务多元化条件下的商业银行最优综合经营决策模型即为本书的基本理论框架。商业银行需确定各项业务的最优规模和价格水平，以实现综合效用最大化。从中可以看出，本章不仅在模型中引入了非利息业务 N，同时还引入了变量 q 和 ω。其中，q 衡量的是银行在开展业务的过程中发生损失的可能性。因此，我们可以将其认定为商业银行风险水平的一个初级代理指标。而 ω 衡量的则是银行的成本控制能力，因此，我们可以初步将其视为商业银行的经营效率指标。另外，我们还在模型中引入了市场竞争环境变量 $comp$。

由此可见，上述理论模型不仅在业务模式方面与实际情况相吻合，同时通过引入风险和效率因素使目标函数更符合银行的实际经营决策，另外还融入了市场竞争因素以分析外在环境变化情况下商业银行的非利息业务发展及其影响。在后续章节中，我们将继续沿用这一基本理论框架来分析商业银行非利息业务的发展动因以及其对银行收益水平、风险承担、经营效率以及货币政策传导效果等多方面的作用机制。

第四节　本章小结

本章包括相关概念界定与辨析、经典理论基础和理论模型构建三个部分，为后文研究非利息业务的发展、影响和协调奠定了基础。首先，本章对非利息业务的概念进行了界定，并详细阐述了不同类型非利息业务的概念与具体内容，进而详细辨析非利息业务、中间业务和表外业务之间的关系。其次，本章介绍了非利息业务方面和市场竞争方面的经典理论基础。其中，非利息业务方面的理论基础主要包括协同效应理论和企业多元化理论等多种理论，市场竞争方面则主要包括特许权价值理论、信息不对称理论和"鲇鱼效应"理论。在阐述每一种理论的过程中，本章都结合该理论分析了非利息业务或者市场竞争对商业银行的影响机制。最后，本章在借鉴现有研究理论框架的基础上，从商业银行经营决策、业务开展以及外部市场环境三个方面进行拓展和完善，融入非利息业务这一重要业务模式，完善银行目标函数并引入市场竞争环境因素，构建业务多元化条件下的商业银行最优综合经营决策模型，并作为全书的基本理论框架。但考虑到篇幅结构，本章所做的仅仅是初步的理论分析和框架构建，在后续章节中本书针对每一个研究主题都进行了详细的理论推演和作用机制分析。

第四章　商业银行非利息业务的发展历程、现状与问题

第一节　循序渐进：我国商业银行非利息业务的发展历程

自 1978 年改革开放以来，我国商业银行在发展非利息业务方面虽然略有波折，但总体循序渐进。结合监管制度、业务范围和发展速度等因素，可将商业银行非利息业务的发展历程分为以下五个阶段。

第一阶段为 1979~1993 年的萌芽期。1978 年党的十一届三中全会制定了改革开放的基本政策。1978~1984 年，中国银行、中国农业银行、中国建设银行、中国工商银行四家专业性银行相继恢复，虽然四家银行此时并非真正意义上的商业银行，但是也在一定程度上开始向现代银行方向转变。在此期间，四家专业性银行开展的主要是传统的存贷款业务，非利息业务仅限于支付结算、保函、信托租赁和商业票据承兑等基础业务。20 世纪 80 年代中后期，交通银行、招商银行、光大银行等多家股份制商业银行相继成立，改变了我国银行业的竞争格局，商业银行非利息业务的发展范围也有所拓展，在早期业务的基础上又新增了信用卡、期权、利率掉期、咨询等新型业务。在这一阶段，我国金融业尚处于混业经营的模式，所以商业银行在发展非利息业务方面限制相对较少，现有的很多业务都是在这一时期开始萌芽的。但由于法律法规不够完善，这些业务也存在一些不规范发展的现象。

第二阶段为 1994~2000 年的停滞期。1993 年，《国务院关于金融体制改革的决定》正式确立了我国金融业分业经营和分业监管的模式，以应对当时金融业混业经营存在的种种问题。1995 年，《中华人民共和国商业银行法》再次确认了金融业的分业经营和分业监管。按照规定，银行不得同时从事保险、证券等相关业务。在这一阶段，分业经营促使商业银行重新

回归本源的存贷款业务，在一定程度上限制了部分非利息业务的发展。

第三阶段为 2001 ~ 2005 年的过渡期。2001 年中国成功加入 WTO，资本市场也开始逐步与国际接轨。我国加入 WTO 时承诺：五年之内将给予外资银行"国民待遇"，取消关于地域和客户等方面的限制。另外，中国人民银行在 2001 年发布了《商业银行中间业务暂行规定》，鼓励银行开展业务创新，积极发展中间业务，向多元化经营模式转变。同时，为了提升我国银行业的市场化经营水平，政府对国有商业银行实施股份制改革，利用东方、信达、华融、长城等多家资产管理公司来剥离银行不良资产。同时，在对外开放的过程中，通过学习国外先进银行体系，政府和商业银行也开始意识到非利息业务的重要性，因此，政府开始逐步放松对商业银行业务范围的限制，商业银行也开始不断拓展非利息业务的发展范围。

第四阶段为 2006 ~ 2016 年的快速发展期。2006 年之后，随着外资银行的进入，银行业的市场竞争更趋激烈，商业银行更加重视非利息业务的发展。2008 年，中国银监会与中国保监会正式签署《中国银监会与中国保监会关于加强银保深层次合作和跨业监管合作谅解备忘录》，允许银行业与保险业互相参股。2009 年，中国证监会和中国银监会联合发布政策文件，允许银行进行债券买卖。2012 年，国务院取消了银行从事期货保证金存管资格的认定和从事期货结算业务资格的核准。2013 年，中国银监会将城商行纳入设立基金管理公司的试点范围。以上措施的实施，进一步拓展了商业银行的经营范围。商业银行在传统业务的基础上，将非利息业务进一步拓展至信托、证券、基金产品、金融衍生品、海外投资、财务顾问等领域，不断丰富产品种类，业务规模迅速扩大。

第五阶段为 2017 年至今的高质量发展时期。自 2017 年以来，中国银监会以整治银行业市场乱象为主要抓手，开展了针对"三违反""三套利""四不当""十乱象"的"三三四十"专项治理行动。2018 年，央行、中国银保监会等四部门联合发布了《关于规范金融机构资产管理业务的指导意见》（简称"资管新规"），进一步规范了金融机构的资产管理业务。该文件提出理财净值化、打破刚性兑付等多项要求，对商业银行的非利息业务尤其是理财业务产生了较大影响，同时也对银行业的风险防范和化解至关重要。2020 年，央行发布《中华人民共和国商业银行法（修改建议稿）》，进一步拓展和完善了商业银行的业务范围和经营规则。2022年，监管部门发布《关于进一步促进信用卡业务规范健康发展的通知》《商业银行表外业务风险管理办法》《商业银行托管业务监督管理办法（征求意见稿）》等多项文件，对商业银行的信用卡业务、表外业务、托管业务等多种业务类型进行规范，进一步促进了商业银行非利息业务的高质量发展。

第二节　日新月异：我国商业银行非利息业务的发展现状

随着利率市场化改革的不断推进和数字金融的迅猛发展，金融业市场竞争日趋激烈，商业银行为了能够稳定经营绩效和市场份额，纷纷开始实施多元化经营战略。虽然我国银行业的非利息业务发展水平与国际银行业相比依然存在一定的差距，但近年来其快速增长的态势依然令人瞩目。本节利用我国166家商业银行2007～2021年的面板数据，从绝对规模和相对规模等多个角度分析我国银行业非利息业务的发展现状。样本银行的资产规模占比达到90%左右，具有良好的代表性。图4.1绘制了商业银行的非利息收入规模加权均值以及非利息收入占营业收入比重加权均值的时间趋势图。考虑到银行规模因素的影响，我们采用各银行资产占当年样本银行总资产的比例进行赋权。通过分析图4.1，可以发现我国商业银行的非利息业务发展表现出以下特点。

第一，非利息业务绝对规模快速增长。从图4.1（a）中可以看出，2007～2021年样本银行的非利息收入均值呈现十分明显的上升趋势。2007年我国银行业非利息收入加权均值[①]仅为20.9亿元，截至2021年末已经达到了94.71亿元，15年间增长率高达353.16%，增长速度十分惊人。

第二，非利息业务相对规模快速增长。从图4.1（a）中还可以看出，2007年非利息收入占营业收入比重的均值仅为12.33%，2021年已经达到26.63%，15年间增加了115.98%，增长速度令人瞩目。从具体趋势来看，2007～2018年非利息收入占比均值快速攀升，直至2019年达

---

① 由于本书使用的数据为非平衡面板数据，不同年份的样本银行数量存在差异，所以并未采用年度非利息收入总量数据，而是采用各年份的非利息收入均值数据来反映非利息业务发展的绝对规模。

到峰值之后开始呈现一定程度的下降趋势①，但在 2021 年又呈现出上升态势。2019 年之后的下降趋势与"三三四十"专项治理行动的推行、"资管新规"等一系列监管政策的出台、宏观经济环境变化以及新冠疫情的影响都有一定的关系，但同时也说明较长时期的高速增长之后，我国商业银行非利息业务的发展速度有所放缓。

第三，手续费及佣金业务和交易性业务②的发展存在差异。图 4.1 中的 NFC 和 TNI 曲线分别代表手续费及佣金收入和交易性收入占营业收入比重均值的时间变化趋势。从图 4.1（a）中可以看出，手续费及佣金业务的发展在 2007 ~ 2016 年呈现总体向上的态势，之后则出现一定程度的下滑，截至 2021 年末，手续费及佣金收入占营业收入的比重均值为 13.46%。交易性收入占营业收入比重的均值在 2007 ~ 2009 年略有上涨，但在 2009 ~ 2011 年又呈现一定的衰退趋势。值得注意的是，此阶段交易性业务的衰退并非绝对规模的下降，而仅仅是相对规模的下降；2012 ~ 2021 年，交易性业务的发展进入加速期，交易性收入占营业收入的比重均值上升，2021 年达到 12.72%。另外，对两类业务收入的占比进行对比分析可知，手续费及佣金收入占营业收入的比重始终高于交易性收入占营业收入的比重，但近年来差距逐步缩小，渐有趋同之势。

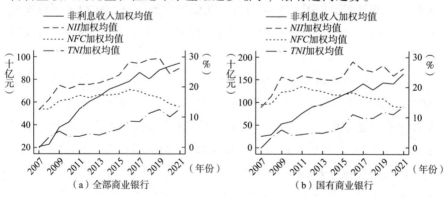

（a）全部商业银行　　　　　（b）国有商业银行

①　虽然从相对水平来看非利息收入占营业收入的比重有所下降，但就绝对水平而言银行业非利息收入的总体规模依然在增长。

②　正如本书第三章所述，鉴于各类非利息业务之间的性质差异、规模差异以及商业银行的统计口径问题，我们在借鉴相关研究（Maudos and Solís，2009；周晔、郑军丽，2014；程茂勇，2015；耿宏艳等，2018；申创、赵胜民，2017b；Cheng et al.，2020；申创等，2020）的基础上，将非利息业务分为手续费及佣金业务和交易性业务两类。

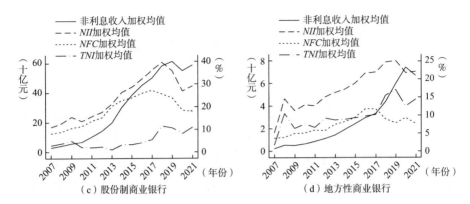

图 4.1　2007～2021 年我国银行业非利息收入及其占营业收入比重的加权均值

注：*NII*、*NFC* 和 *TNI* 分别代表总体非利息收入、手续费及佣金收入和交易性收入占营业收入的比重。

资料来源：根据 BankFocus 数据库、Wind 金融数据库和各银行年报整理得到。

第四，各类商业银行非利息业务的发展存在差异。从图 4.1 的（b）、（c）和（d）中可以看出，2007～2021 年国有商业银行、股份制商业银行和地方性商业银行的非利息收入规模均呈现明显的上升趋势。从量级来看，国有商业银行的非利息收入均值完成了从百亿元向千亿元的转变，股份制商业银行的非利息收入均值则从十亿元增长至百亿元规模，而地方性商业银行的非利息收入均值仍未突破百亿元。从占比来看，在 2007 年之后国有及股份制商业银行非利息收入占比均值始终高于地方性商业银行。从分类非利息业务来看，国有及股份制商业银行的手续费及佣金收入占比均值始终高于地方性商业银行。从具体趋势来看，国有商业银行的手续费及佣金收入占比相对平稳；股份制商业银行在 2017 年之前迅速增长，之后呈现明显的下滑趋势；地方性商业银行在 2007～2017 年平稳增长，之后有所下降，进而趋于平稳。交易性收入占比均值的变化趋势有一定程度的起伏，而且地方性商业银行交易性收入占比均值始终高于国有及股份制商业银行。总之，综合图 4.1 中的（b）、（c）和（d）来看，近年来我国各类商业银行的非利息收入占比均值均迅速提升，但在 2017～2018 年受到冲击出现下滑趋势，之后又开始逐步回升。从对比分析来看，在 2017 年之前国有及股份制商业银行的非利息收入以手续费及佣金收入为主，但近年来渐有趋同之势；而地方性商业银行的非利息收入则是手续费及佣金收入和交易性收入并重，但交易性收入占比相对更高。

第三节　他山之石：国际银行业非利息业务发展及国内外对比分析

纵观国际银行业的历史，商业银行的非利息业务已经历了数十年的发展。自 20 世纪 80 年代以来，西方发达国家银行业在传统利息业务的基础上陆续开展各类非利息业务，为银行业注入了新的活力，多元化经营模式逐渐成为潮流。对于我国而言，国际银行业的非利息业务发展既有成功的经验可供学习，也有失败的经历可供镜鉴。通过对国外主要经济体银行业的非利息业务发展状况进行梳理，能够取其精华、去其糟粕，为我国银行业制定更好的非利息业务发展战略。基于此，本节选择欧美等发达国家以及新兴市场金砖国家的银行业为样本，分析其非利息业务发展趋势，并与我国银行业进行纵横对比分析。

在选取样本的过程中，为了更具代表性，我们主要选择了各经济体的大型商业银行。例如，针对美国银行业，我们主要选取了摩根大通、美国银行、花旗银行、富国银行等多家大型银行样本；针对欧洲银行业，我们主要选取了巴克莱银行、法国巴黎银行、汇丰银行、德意志银行等银行样本；针对金砖国家银行业，我们也分别选取了各国的代表性银行作为样本。另外，本节使用的数据主要来源于 BankFocus 数据库，同时还利用银行年报和 Wind 金融数据库对部分缺失数据进行了补充。

首先，我们从总体角度对各经济体银行业的非利息业务发展状况进行分析。图 4.2 中的（a）、（b）、（c）和（d）分别对应全部银行样本、美国银行业、欧洲国家银行业和金砖国家银行业的非利息业务发展的时

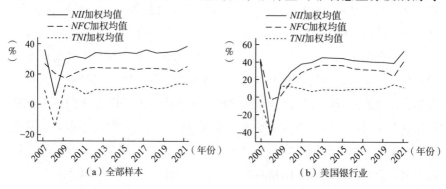

（a）全部样本　　　　　　（b）美国银行业

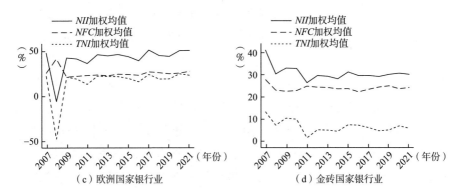

图 4.2　2007～2021 年国际银行业非利息收入占营业收入比重的加权均值

注：*NII*、*NFC* 和 *TNI* 分别代表总体非利息收入、手续费及佣金收入和交易性收入占营业收入比重。

资料来源：根据 BankFocus 数据库、Wind 金融数据库和各银行年报整理得到。

间趋势图。从图 4.2 (a) 中可以看出，总体而言，非利息收入占营业收入的比重（*NII*）在 2008 年受到金融危机的冲击出现了大幅下滑，之后逐步回升且趋势较为平稳。

从图 4.2 (b) 中可以看出，在美国银行业中，样本银行的非利息收入占比（*NII*）均值在 2007 年已经超过了 40%，但在 2008 年受到金融危机的影响而大幅降低，随后逐步回升并在 2012 年左右恢复至危机前的水平；之后总体趋势平稳，虽然在 2020 年受到新冠疫情的影响略有下降，但在 2021 年又大幅攀升。从分类非利息业务来看，手续费及佣金收入占比（*NFC*）在 2008 年同样受到冲击，但之后则逐步恢复并趋于平稳。但值得注意的是，新冠疫情对美国银行业的手续费及佣金业务冲击较大，其收入占比在 2020 年表现出较为明显的下降趋势。同时，样本银行的交易性收入占比（*TNI*）在 2008 年金融危机期间受到的负面影响更大，表现出明显的亏损，但随后迅速恢复并超过危机前的水平，之后呈现长期平稳态势且在 2020 年略有攀升。从二者的具体数值来看，手续费及佣金收入占比总体高于交易性收入占比。

从图 4.2 (c) 中可以看出，在欧洲国家银行业中，样本银行的非利息收入占比（*NII*）均值在 2007 年高达 50% 左右，但在 2008 年受金融危机影响而大幅降低，随后逐步回升但在 2011 年又受到欧债危机的冲击出现下滑，2013 年之后的变化趋势总体平稳。从分类非利息业务来看，样本银行的手续费及佣金业务规模和交易性业务规模大体相当，各自占营业收入的比重均超过了 20%，但在 2008 年受到金融危机影响表现出明显差异：交易性收入占比（TNI）受到强烈的冲击而大幅下降，但手续费及佣金收入占比（NFC）却不降反升。之后，交易性收入占比又逐步回升并趋于平稳，但总体上略低于手续费及佣金收入占比。

　　从图 4.2（d）中可以看出，在金砖国家银行业中，样本银行的非利息收入占比（NII）均值在 2008 年也受到金融危机的影响而有所降低，但幅度相对较小；随后，其占比在 2009 年略有攀升，但很快受到欧债危机等多重因素的影响又开始下滑，直至 2012 年才逐步回升并趋于平稳，且并未受到新冠疫情明显冲击。从分类非利息业务来看，样本银行的手续费及佣金收入占比（NFC）除在 2008 年受金融危机的影响略有下降之外，总体表现出非常平稳的态势。交易性收入占比（TNI）均值的变化趋势则与总体非利息收入占比（NII）均值的变化趋势大体一致。从业务对比来看，金砖国家样本银行的手续费及佣金收入占比远高于交易性收入占比。

　　其次，与欧美等发达国家不同，金砖国家都是发展中国家，经济和金融的发展阶段较为相似，在银行业的经营过程中面临的机遇和挑战也有一定的相通之处。因此，我们进一步对金砖五国中的其他四国的银行业非利息业务发展状况进行深入研究。图 4.3 绘制了金砖国家银行业非利息收入占营业收入比重均值的时间趋势图。对各样本进行对比分析可以发现，除南非银行业的非利息收入占比在 40% 左右之外，其他几国银行业的非利息收入占比总体处于 20%～30% 这一区间内。

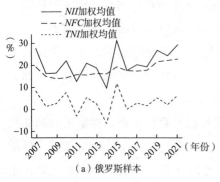

（a）俄罗斯样本

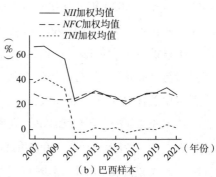

（b）巴西样本

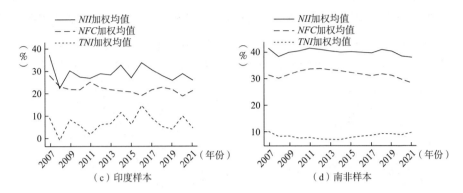

图 4.3 2007～2021 年金砖国家银行业非利息收入占营业收入比重的加权均值

注：*NII*、*NFC* 和 *TNI* 分别代表总体非利息收入、手续费及佣金收入和交易性收入占营业收入比重。

资料来源：根据 BankFocus 数据库、Wind 金融数据库和各银行年报整理得到。

从图 4.3（a）中可以看出，受到 2008 年国际金融危机和 2014 年国内经济危机的影响，俄罗斯样本银行的非利息收入占比（*NII*）在 2007～2016 年表现出明显的上下波动趋势并在 2015 年达到峰值，随后在 2016 年迅速下降，但在 2017 年之后又呈现上升态势。从分类非利息业务来看，俄罗斯样本银行的手续费及佣金收入占比的变化趋势相对平稳，且数值始终高于交易性收入占比。从图 4.3（b）中可以看出，巴西样本银行的非利息收入占比受到 2008 年金融危机的冲击而不断下降，直至 2011 年之后才恢复平稳态势，虽然在 2016 年之后又有所回升，但始终与危机前水平相去甚远。从分类非利息业务来看，巴西样本银行的手续费及佣金收入占比的变化趋势相对平稳，交易性收入占比与 *NII* 的变化趋势基本一致。从图 4.3（c）中可以看出，印度样本银行的非利息收入占比（*NII*）受到 2008 年金融危机的冲击而大幅下滑，之后的趋势虽有所波动但相对平稳。从分类非利息业务来看，印度样本银行的手续费及佣金收入占比的变化趋势相对平稳，且始终高于交易性收入占比。从图 4.3（d）中可以看出，南非样本银行的非利息收入占比（*NII*）对 2008 年金融危机和 2020 年新冠疫情并不敏感，总体趋势较为平稳。从分类非利息业务来看，南非样本银行的手续费及佣金收入占比远高于交易性收入占比。

再次，与国外样本银行的选取原则一致，本节进一步选择我国 6 家国有大型商业银行与国外银行业的非利息业务发展状况进行对比分析。

国有银行业务条线更加全面，拥有更雄厚的资金和更健全的发展体系，非利息业务起步更早且发展更加成熟，相对于其他类型银行更具代表性。图4.4绘制了国内外银行业非利息收入占营业收入比重的对比分析图。

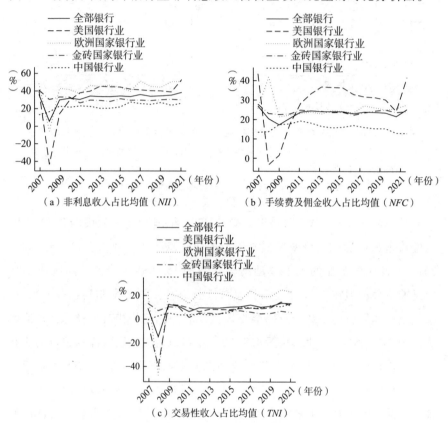

图 4.4 2007～2021 年国内外银行业非利息收入占营业收入比重对比分析

资料来源：根据 BankFocus 数据库、Wind 金融数据库和各银行年报整理得到。

为了更好地进行对比分析，我们在图 4.4 的（a）、（b）和（c）中对 *NII*、*NFC* 和 *TNI* 进行分类展示。从图 4.4（a）中可以看出，截至2021 年末，欧美等发达国家样本银行的非利息收入占比均值为 45% 左右，我国样本银行为 25% 左右，其他金砖国家样本银行则略高于我国。与欧美等发达国家银行业相比，我国商业银行非利息业务起步较晚，而且在一定程度上受到分业经营的限制，所以占比相对较低。金砖国家的数值较为相似，说明这是发展中国家银行业发展非利息业务的普遍状态。从波动趋势来看，欧美等发达国家银行业的非利息业务受金融危机等因素的影响较大，在波动频率和波动程度上都高于我国和其他金砖国家银行业。从图 4.4（b）中可以看出，截至 2021 年末，欧美等发达国家样本银行的手续费及佣金收入占营业收入的比重为 25% 左右，我国样本银行为 15% 左右，其他金砖国家的样本银行则为 20% 左右。从图 4.4（c）中可以看出，截至 2021 年末，欧美等发达国家样本银行的交易性收入占营业收入的比重为 20% 左右，我国样本银行的交易性收入占比低于10%，其他金砖国家样本银行的交易性收入占比与我国较为相似。

　　最后，本节还从微观个体视角出发，选择三个代表性银行进行对比分析，分别是美国摩根大通银行、英国汇丰银行和中国工商银行。摩根大通银行是美国四大商业银行之一，也是全球最佳盈利银行之一；汇丰银行是全球第六大银行，同时也是全球排第 40 的上市公司；中国工商银行是全球资产规模最大的银行，在各类商业银行排名中常居首位。这三个样本都能代表各自国家商业银行的较高水准，具有良好的代表性。各银行的非利息收入及其占比的时间趋势如图 4.5 所示。

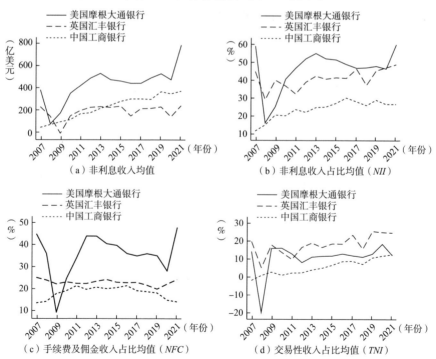

图 4.5　2007～2021 年国内外代表性银行非利息收入及其占营业收入比重对比分析
资料来源：根据 BankFocus 数据库、Wind 金融数据库和各银行年报整理得到。

从图 4.5（a）中可以看出，美国摩根大通银行的非利息收入规模最大，虽然在 2008 年受到金融危机的影响迅速下降，但从 2010 年开始不断上升，之后在 2020 年受到新冠疫情冲击又有所下降，但 2021 年又迅速增长至 785.94 亿美元。英国汇丰银行的非利息收入规模相对稳定，除 2008～2010 年以及 2016 年和 2020 年相对较低之外，其他年份均保持在 220 亿美元左右的水平。截至 2021 年末，其具体规模为 239.91 亿美元。中国工商银行的非利息收入规模呈明显的上升态势，从 2007 年的 43.66 亿美元迅速攀升至 2021 年的 370.71 亿美元，超越了英国汇丰银行。从图 4.5（b）中可以看出，除 2008～2009 年的危机时期外，美国摩根大通银行的非利息收入占比（NII）始终保持在 50% 左右，而在 2021 年更是高达 60.04%；除 2008 年国际金融危机时期和 2011 年欧债危机时期外，英国汇丰银行的非利息收入占比（NII）总体在 40% 以上，在 2021 年达到了 49.93%；中国工商银行的非利息收入占比（NII）明显较低，但增长态势较为明显，2007 年仅为 11.68%，2016 年达到了 30.19% 的高峰，之后虽略有下滑但在 2021 年依然保持在 26.74% 的水平。从图 4.5（c）和（d）中可以看出，美国摩根大通银行的手续费及佣金收入占比始终远高于交易性收入占比；英国汇丰银行的两类业务收入占比则相对均衡，均为 20% 左右；中国工商银行早期的手续费及佣金收入占比远高于交易性收入占比，但近年来差距不断缩小，渐有趋同之势，业务结构也逐渐均衡。

综上可知，总体而言，近十年我国银行业的非利息业务发展较为迅速，总体规模不断扩大，在非利息收入占比方面与其他金砖国家银行业较为相似，但远低于欧美等发达国家银行业的同期水平。这与我国银行业的市场环境、金融制度以及业务发展时间等多重因素息息相关。从非利息业务的发展结构来看，我国及其他金砖国家银行业都存在明显的差异化发展特征，即手续费及佣金业务发展良好，而交易性业务的发展则较为迟缓。当然，欧美等发达国家银行业在发展非利息业务的过程中，也存在手续费及佣金业务占比更高的现象，这与两类业务之间的性质差异密切相关。但对比来看，欧美尤其是欧洲国家银行业中两类业务的差距相对较小，业务结构更加均衡。

第四节　白璧存瑕：我国商业银行非利息业务
发展存在的问题

由于非利息业务存在经营方式多样、占用资源较少、收益水平较高、监管相对宽松等特点，我国商业银行近年来对其非常青睐，改变了以往过度依赖存贷款业务的模式，开始大力发展此类业务。但是由于我国商业银行在这方面起步相对较晚，再加上受到风险偏好和金融监管等多重因素的影响，在发展过程中也存在如下问题。

第一，非利息业务发展结构存在一定程度的失衡。2007~2021年，我国手续费及佣金收入占总体非利息收入的比重高达70%左右。虽然2017年之后有所下降，但依然高于交易性收入占比。同时，各类业务中的细分业务类型也存在这一问题。由此可见，我国商业银行的非利息业务发展结构明显失衡。而在欧美等发达国家银行业中，各类非利息收入的发展则相对均衡。这在一定程度上固然是由于我国商业银行受到风险偏好和制度因素的影响，在发展非利息业务的过程中相对保守，但也从侧面反映出其风险控制能力和创新能力的不足之处。

第二，非利息业务种类相对较少。综观我国商业银行的非利息业务发展状况，相对成熟的业务主要包括手续费及佣金业务、债券投资类业务和部分理财类业务，而对于金融衍生品类业务、海外投资业务、私人银行业务以及依赖于信息科技的量化投资和智能投顾等创新性较高的业务发展不足。另外，《中华人民共和国商业银行法》的规定限制了股权投资类非利息业务的发展。虽然商业银行也通过子公司或者债转股等方式开始逐步开展股权投资业务，但其规模依然较小。得益于长期发展形成的优势和混业经营的制度，欧美等国家的商业银行在信托投资、股权投资、租赁、金融衍生品类业务和海外投资业务等方面都具有领先优势。与之相比，我国商业银行的非利息业务种类较少，竞争力也比较弱。

第三，针对部分非利息业务的风险控制能力不足。长期以来，商业银行的利率水平一直受到较为严格的管制，贷款利率浮动下限直至2013年才取消，存款利率上限则直至2015年才取消，而且在取消之后存款利率水平依然受到市场利率定价自律机制的影响。正是由于我国的利率市场化水平相对较低，所以商业银行在长期的经营过程中过度依赖传统的存贷款业务，对相对新颖的非利息业务的风险控制能力严重不足。尤其是针对金融衍生品类业务和海外投资类业务，商业银行在其经营和风控方面存在较大的短板。例如，2020年4月，中国银行在"原油宝"产品的交易设计和风险控制等方面存在问题，导致投资者的账面资产甚至出现了负值。风险控制关乎银行业乃至整个金融业的稳定，因此我国商业银行亟须提升对部分非利息业务的风险控制能力。

第四，商业银行的非利息业务发展战略不够清晰。从目前我国商业银行的发展现状来看，利息收入仍占据绝对的主导地位，是我国商业银行的最主要收入来源，而非利息收入占银行业收入的比重仅为20%左右。同时，我国正处于经济转型的关键时期，多次出台降息政策以促进经济发展，这在一定程度上限制了商业银行利息业务的盈利水平，所以非利息业务仍具备较大的发展空间。但许多银行在非利息业务的发展方面较为盲目，并未结合自身实际制定合理的发展战略，尤其是在金融服务与信息技术深度融合的当下，这一问题更加凸显。

第五，非利息业务发展的相关法律法规不够完善。由于我国商业银行非利息业务起步相对较晚，所以相关的法律法规依然存在许多漏洞和问题。一方面，我国的相关法律法规表现出一定的保守性，对于部分创新性较高的非利息业务并不鼓励；另一方面，我国的相关法律法规表现出一定的滞后性，对于部分非利息业务的发展未出台相应的规范性条款。我国商业银行非利息业务的发展尚处于"摸着石头过河"的阶段，法律法规的不健全将会提升此类业务的风险，甚至有可能通过预期机制和传染效应引发系统性危机，需要引起重视。

当然，非利息业务尤其是交易性业务对银行来说是一把"双刃剑"，其优势在于提升银行的多元化服务水平并拓展新的利润来源，劣势则在于可能蕴藏着较大的风险。例如，2008年前后美国次贷危机和国际金融危机的爆发以及2023年初美国银行业危机的出现，都与非利息业务尤其是交易性业务占比过高密不可分。有鉴于此，我国在未来发展非利息业务的过程中，需要正视上述五大问题的存在，但在解决方法上不能生搬硬套国外模式，应当清晰地认知其成败得失，并结合我国银行业、金融业以及实体经济的现实特征，走出一条具有中国特色的银行业非利息业务高质量发展道路。

第五节　本章小结

本章是关于非利息业务发展维度的研究，主要分析了我国非利息业务的发展历程、现状与问题，并与国际银行业进行纵横对比研究。首先，在发展历程方面，本章结合监管制度、业务范围和发展速度等因素，分析了我国商业银行非利息业务发展的五个阶段，即萌芽期、停滞期、过渡期、快速发展期和高质量发展期。其次，在发展现状方面，本章利用我国166家银行2007～2021年的数据，从绝对规模和相对规模等多个角度进行分析，研究发现，我国商业银行非利息业务的发展具有绝对规模和相对规模均快速增长、手续费及佣金业务和交易性业务的发展存在差异、各类商业银行非利息业务的发展存在差异等特点。再次，从国内外对比视角来看，我国银行业的非利息业务发展趋势与其他金砖国家较为相似，但其规模占比依然远低于欧美等发达国家银行业的同期水平。从非利息业务的结构来看，我国及其他金砖国家银行业都存在明显的差异化发展特征，而欧美尤其是欧洲国家银行业的非利息业务结构则相对更加均衡。最后，虽然我国商业银行非利息业务的发展十分迅速，但也存在业务结构失衡、业务种类较少、风控能力不足、发展战略模糊和法律法规不够完善等问题。

第五章 市场竞争视角下商业银行非利息业务的发展动因分析[*]

商业银行非利息业务的发展动因具有多样化的特点，总体而言，可从宏观、中观和微观三个视角进行分析。从宏观视角来看，经济繁荣程度、通货膨胀水平、宏观经济政策等因素会影响商业银行的风险水平、经营策略和业务需求，从而改变商业银行的非利息业务发展状况。从微观视角来看，商业银行的传统业务收益、管理能力、资产规模、资本状况等因素也会影响非利息业务的发展。另外，从中观视角来看，市场竞争的激烈程度会改变银行的资产收益、负债成本、资源占用状况，从而影响商业银行发展新型非利息业务的积极性。现有研究多从宏观视角和微观视角进行研究，而本章将主要从市场竞争这一中观视角进行理论分析和实证分析。

此外，考虑到制度环境以及其他市场因素也可能对银行非利息业务发展产生重要影响，我们还进一步分析了监管政策、利率市场化以及数字金融发展等因素对商业银行非利息业务发展的影响。

第一节 市场竞争视角下非利息业务发展动因的理论分析

一 总体非利息业务层面的发展动因理论分析

本部分从总体视角出发，依据前文第三章构建的基本理论框架，即业务多元化条件下的商业银行最优综合经营决策模型，分析市场竞争对商业银行非利息业务发展的作用机制。

参照前文的理论框架设定，代表性商业银行同时开展存款业务（D）、贷款业务（L）和非利息业务（N），并追求综合效用最大化：

---

[*] 学术规范声明：本章的部分内容已以论文形式发表于 CSSCI 期刊《经济评论》。

$$\max \ U = (1 - q)(r_L \times L + r_N \times N) - r_D \times D - r_E \times E - C(D, L, N, \omega) \quad (5.1)$$

其中，r_L、r_N、r_D 和 r_E 分别代表银行的贷款利率、非利息业务价格、存款利率和权益资本成本。q 代表商业银行在开展贷款业务或者非利息业务的过程中发生损失的概率，能够在一定程度上表征风险状况。E 代表商业银行的权益资本，C 代表与存贷款业务及非利息业务规模相关的管理和服务成本，ω 则代表商业银行的效率系数。

代表性商业银行面临的约束条件为：

$$\text{s. t.} \begin{cases} L + N + R = D + E \\ R = \rho \times D \\ L = l_0 - l_1 \times r_L \\ D = d_0 + d_1 \times r_D \\ r_D = a_D + r \\ l_1 = l_1(comp) \ \text{且} \ \partial l_1 / \partial comp > 0 \\ d_1 = d_1(comp) \ \text{且} \ \partial d_1 / \partial comp > 0 \\ N = n_0 - n_1 \times r_N \\ E = e_0 + e_1 \times r_E \\ E = \theta \times (L + N) \\ C = (\nu_L / 2) \times L^2 + (\nu_D / 2) \times D^2 + (\nu_N / 2) \times N^2 \\ \omega = 1 / (\nu_L + \nu_D + \nu_N) \end{cases} \quad (5.2)$$

其中，r 代表基准利率，$comp$ 代表市场竞争度，ρ 和 θ 分别代表法定存款准备金率和资本充足率。其余参数的具体含义详见前文第三章第三节的理论模型构建部分。

在上述框架下，商业银行通过决定其各类业务的开展规模和价格水平来获得最大效用。在本章的分析中，我们先假定商业银行的 q 和 ω 保持不变，将综合效用 U 对经营决策变量即非利息业务 N 求一阶导数，可得：

$$\frac{\partial U}{\partial N} = (1 - q)\left(\frac{\partial r_L}{\partial N} \times L + r_L \times \frac{\partial L}{\partial N} + \frac{\partial r_N}{\partial N} \times N + r_N\right) - \frac{\partial r_E}{\partial N} \times E -$$

$$r_E \times \frac{\partial E}{\partial N} - \frac{1}{\omega} \times \frac{\partial C(D, L, N)}{\partial N} \quad (5.3)$$

然后将式（5.2）中的约束条件代入式（5.3）中并进行整理，可得商业银行综合效用最大化的一阶必要条件为：

$$\frac{\partial U}{\partial N} = \left[\frac{2(1-q)}{l_1} - \frac{2\theta^2}{e_1} + \nu_L \right] \times \frac{1-\rho}{1-\theta} \times (d_0 + d_1 a_D + r) + (1-q) \times \left(\frac{n_0}{n_1} - \frac{l_0}{l_1} \right) -$$

$$\left[\frac{2(1-q)}{l_1} + \frac{2(1-q)}{n_1} + \nu_L + \nu_N \right] \times N + \frac{\theta e_0}{e_1} = 0 \tag{5.4}$$

本章的研究目的是分析市场竞争度对商业银行非利息业务发展的影响，因此需要求得 N 对 $comp$ 的偏导数：

$$\frac{\partial N}{\partial comp} = \frac{\partial N}{\partial l_1} \times \frac{\partial l_1}{\partial comp} + \frac{\partial N}{\partial d_1} \times \frac{\partial d_1}{\partial comp} \tag{5.5}$$

在式（5.4）的两端分别对 l_1 求偏导并进行整理可得：

$$\frac{\partial N}{\partial l_1} = \frac{2n_1(1-q) \times \left[l_0 + N - \frac{1-\rho}{1-\theta} \times (d_0 + d_1 a_D + d_1 r) \right]}{2l_1(1-q) \times (l_1 + n_1) + l_1^2 n_1 (\nu_N + \nu_L)} \tag{5.6}$$

利用式（5.2）中的相关条件可将式（5.6）转化为：

$$\frac{\partial N}{\partial l_1} = \frac{2l_1 n_1 (1-q) r_L}{2l_1(1-q) \times (l_1 + n_1) + l_1^2 n_1 (\nu_N + \nu_L)} > 0 \tag{5.7}$$

在式（5.4）的两端分别对 d_1 求偏导并进行整理可得：

$$\frac{\partial N}{\partial d_1} = \frac{n_1(1-\rho) \left[2e_1(1-q) - 2l_1\theta^2 + l_1 e_1 \nu_L \right] (a_D + r)}{2e_1(1-q)(l_1 + n_1)(1-\theta) + l_1 n_1 e_1(1-\theta)(\nu_N + \nu_L)} \tag{5.8}$$

在式（5.8）中，e_1 代表成本 r_E 对其权益资本的影响系数，l_1 则代表贷款利率对其贷款规模的影响系数。长期以来，银行体系在我国的金融市场中占据主导地位。商业银行在信贷市场中具有一定的优势地位，再加上过去长期存在的利率管制，导致许多客户的贷款需求利率弹性较低。与之不同，在商业银行筹集权益的资本市场中，其面临更加市场化的运作机制，投资者对投资收益 r_E 的敏感性较高。因此，我们认为 $e_1 > l_1$。q 代表商业银行开展业务过程中发生损失的概率，θ 则代表资本充足率水平。一般而言，由于我国商业银行对风险状况较为重视，因此其经营过程中发生损失的概率很难超过 50%。如果从典型的不良贷款率来看，近年来监管部门制定的上限标准为 5%。同时，我国商业银行的资本充足率水平也很难达到 50%。近年来，监管部门制定的资本充足率标准为不低于 8%。即使从银行业的实际情况来看，利用 2007~2021 年的数据进行分析，银行业的平均资本充足率约为 13.5%，最大值约为 32.2%。因此我们有充分的理由认为 q 和 θ 均小于 0.5，因此有 $1 - q > \theta^2$。根据上述符号分析可知，式（5.8）中 N 对 d_1 的偏导数大于 0。

同时，根据前文的设定可知，l_1 和 d_1 对 $comp$ 的导数均大于 0，即市场竞争的加剧会提高商业银行存贷款业务的利率敏感性。因此，综合上述分析可得：

$$\frac{\partial N}{\partial comp} = \frac{\partial N}{\partial l_1} \times \frac{\partial l_1}{\partial comp} + \frac{\partial N}{\partial d_1} \times \frac{\partial d_1}{\partial comp} > 0 \tag{5.9}$$

上述理论推演结果表明，市场竞争的加剧能够在一定程度上促进银行非利息业务的发展。其逻辑在于，在市场竞争度日益提高的过程中，传统业务的经营环境必然会发生改变，所以促进了商业银行调整自身的经营战略，转而发展非利息业务。其具体原因包括以下几个方面。第一，在我国银行业中传统利息业务一直处于主导地位，经过多年的发展已经相当成熟；而非利息业务则是较为新颖的一类业务，银行在这一业务的发展上尚处于相对早期的阶段（刘孟飞等，2012；李明辉等，2014）。在市场竞争度提高的过程中，银行对传统业务的维持所获得的边际收益比较低，而对非利息业务的拓展所获得的边际收益则比较高，因此银行决策者将出于追求盈利的动机而开展更多的非利息业务。第二，商业银行的传统存贷款业务要受到各类监管指标的约束，包括日均存款余额、存款偏离度等各项指标。在市场竞争度提高的过程中，这些指标的限制将恶化银行的生存环境。而与之相反，非利息业务所受到的政策监管则相对较少，银行拥有更大的自主决策权（张羽、李黎，2010），所以在竞争度提高的过程中银行更倾向于发展非利息业务。第三，非利息业务的发展占用的银行资金相对较少，尤其是其中的手续费及佣金业务更加明显（DeYoung and Rice，2004；周开国、李琳，2011）。而随着市场竞争度的提高，银行的资金将会更加紧缺，所以银行更倾向于发展非利息业务。综合以上因素可知，市场竞争度的提高将会促进商业银行总体非利息业务的发展。据此，本章提出如下研究假设。

假设 1a：市场竞争度的提升将促进商业银行非利息业务的发展。

但是，在我国银行业的发展中，各类银行在资产规模、资源约束、客户基数、成立时间、技术水平和政府政策上存在一定差异。其中，国有商业银行成立时间相对较早，而且受到国家政策的大力扶持，所以资产规模和客户基数都较为庞大，业务种类也较为齐全，在市场中处于支配性地位。而且由于国有银行设备齐全、信息化程度高，所以其技术水平也相对较高。但是，由于国有银行的行政色彩较为浓厚，所以其一直存在人员冗杂、机构臃肿和效率低下等问题（孙浦阳等，2011；刘莉亚等，2014）。而股份制商业银行成立时间比国有银行略晚，同时也受到了国家政策的扶持，但力度不及国有银行。股份制商业银行的资产规模和客户基数虽然小于国有银行，但总体上仍然远远大于地方性商业银行。另外，由于股份制商业银行的市场化程度相对国有银行更高，业务创新能力较强，再加上自身技术水平和经营理念的优势，所以其效率相对较高，在市场中具有很强的竞争力（王兵、朱宁，2011）。与以上两类银行相比，大多数地方性商业银行成立时间较晚，而且很多是在原来城市信用社和农村信用社的基础上改制而成的，所以其资产规模和客户基数一般较小，而且网点分布较为集中，很少在异地开设分支机构（周建松、郭福春，2005）。虽然近年来部分银行如北京银行、南京银行、宁波银行和徽商银行在内地或者香港成功上市，但依然无法改变大部分地方性商业银行仅仅服务于地方经济的现状。同时，由于国家政策和自身实力的限制，地方性商业银行的业务种类一般比较少，而且技术水平普遍较低（刘莉亚等，2014；赵胜民、申创，2016a）。

　　鉴于以上差异，我们有理由相信各商业银行发展非利息业务的策略并不相同，市场竞争环境的变化对各类商业银行非利息业务发展的影响效果存在异质性（申创、赵胜民，2017a）。具体而言，与国有及股份制商业银行相比，市场竞争对地方性商业银行非利息业务发展的影响效果可能更强，其原因如下。首先，在银行业竞争程度提升的过程中，先受到影响的必然是资产规模较小和总体实力较弱的地方性商业银行。与地方性商业银行相比，国有及股份制商业银行存贷款业务的利率敏感性受市场竞争环境影响的程度（$\partial l_1/\partial comp$ 和 $\partial d_1/\partial comp$）相对较低。因为国有及股份制商业银行凭借自身规模、资源和技术等方面的优势，可以在一定程度上消除竞争度提升所带来的不利影响。与之不同，地方性商业银行则更易受到冲击。为了应对市场竞争度提升所导致的传统利差收入减少的问题，地方性商业银行更希望通过开展非利息业务来找到新的利润增长点（申创、赵胜民，2018），从而在激烈的竞争中脱颖而出。其次，国有商业银行和股份制商业银行在某种程度上与政府部门的联系相对更加紧密，在业务开展过程中受到的行政干预也相对更多，而部分非利息业务的风险水平较高，这就导致了这两类商业银行在开展此类非利息业务的过程中受到了更多阻碍。而地方性商业银行受到的行政干预较少，所以在发展此类非利息业务时相对容易。据此，本章提出如下研究假设。

假设1b：市场竞争度对总体非利息业务发展的影响效果在各类商业银行之间存在异质性，地方性商业银行受到的影响大于国有及股份制商业银行。

二　分类非利息业务层面的发展动因理论分析

本书将非利息业务进一步区分为手续费及佣金业务和交易性业务两类。其中，手续费及佣金业务包括结算及清算业务、信用卡业务、咨询业务等多种业务类型。从业务的具体性质来看，手续费及佣金业务与传统的存贷款业务具有较强的相关性，我们可以将其视作一种"实际关联效应"（申创、赵胜民，2017a）。例如，支付业务、转账业务、结算及清算业务、银行卡业务、信用卡业务和私人银行业务等都与传统存贷款业务关联紧密，甚至可以在一定程度上形成"捆绑销售"的局面。同时，从客户角度来看，上述非利息业务的发展是在传统利息业务基础上的进一步拓展和延伸，确实在一定程度上为客户提供了便利。例如，在互联网金融兴起之前的很长一段时期内，商业银行都是基金、保险、理财等产品的重要代销主体，许多客户也倾向于从银行购买相关产品。如此，商业银行获得了相应的代销费用，客户则在办理传统业务的同时获得了其他便利。由此可见，商业银行通过充分发挥手续费及佣金业务和传统业务之间的关联补充作用，既能满足自身的利益需求，又能为客户提供更全面的服务模式。而交易性业务与传统业务的关联性则相对较弱，而且在一定程度上更容易受到市场因素的影响。例如，投资业务与传统业务的关联并不紧密，且易受市场利率的影响；汇兑业务与传统业务的关联也不紧密，且易受市场汇率的影响。

由于手续费及佣金业务和交易性业务之间存在性质差异，而各类商业银行在资产规模、资源约束、客户基数、成立时间、技术水平和政府政策方面都存在一定的差异,因此,市场竞争度对各类商业银行分类非利息业务的发展可能存在异质性影响。其具体的影响机制体现在以下几个方面。

第一,由于国有商业银行和股份制商业银行在资产规模、政策扶持和资源约束上具有天然优势,客户基数和网点数目较为庞大。而手续费及佣金业务中的多类业务与传统业务关联紧密,可以在一定程度上实施"捆绑销售"策略,所以国有商业银行和股份制商业银行在手续费及佣金业务的开展上具有巨大优势,也更倾向于此类业务的发展。因此,市场竞争对其手续费及佣金收入可能会产生显著的正向影响。与之相反,地方性商业银行大多资产规模较小,资源约束较紧,再加上地域因素的限制,使得地方性商业银行客户和网点都比较少,因此在开展手续费及佣金业务时具有一定的难度。

第二,与手续费及佣金业务相比,交易性业务的风险相对较高。例如,开展投资业务和汇兑业务需要面临利率风险和汇率风险,而我国国有商业银行和股份制商业银行由于长期利差收入较高,自身的投资能力和利率、汇率风险控制能力不够强,导致国有及股份制商业银行对其他非利息业务的涉足相对较少。现在国有商业银行和股份制商业银行的收入依然以传统利差收入为主,再加上行政管制的一个重要目标是维持稳定,所以国有商业银行和股份制商业银行大多采取稳健性经营策略,更倾向于开展手续费及佣金业务。而地方性商业银行由于在市场中长期处于劣势地位,对于竞争性环境已经具备了一定的适应能力,所以在自身手续费及佣金业务发展困难的情况下,更倾向于发展其他非利息业务。

第三,国有商业银行和股份制商业银行大多成立时间相对较早,除渤海银行之外全部成立于20世纪80年代和90年代,而且凭借自身的规模优势和资源优势,与许多大型的保险公司、证券公司和基金公司建立了长期的合作关系。在早期的基金销售中,有60%以上的份额是由国有商业银行和股份制商业银行代为销售。所以,国有商业银行和股份制商业银行在开展保险、证券和基金承销等业务时,手续费及佣金收入较为可观。而地方性商业银行大多成立时间较晚,在资金和规模上又存在一定劣势,所以在目前的形势下,开展这一类业务也存在一定的困难,从而导致手续费及佣金收入较少。

第四,人力资本和技术资本差异。国有及股份制商业银行的资金实力较为雄厚，设备更为先进，在相关技术的运用上也拥有巨大优势。而且国有商业银行和股份制商业银行一般待遇较为丰厚，其员工学历和能力都相对较高，对新业务和新技术掌握较快，研发能力强于地方性商业银行。在手续费及佣金业务中，存在许多技术性较强的业务，例如与电子银行和数字银行相关的手续费业务等。由于国有及股份制商业银行的技术较为先进，所以开展此类业务的难度较小。而与之相反，许多地方性商业银行技术能力比较弱，劣势明显。例如，一些银行至今尚未建立完备的数字银行系统。同时，部分银行虽然已经开展了相关业务，但其功能也难以与国有及股份制商业银行的同类业务相匹敌。技术上的不足，使许多地方性商业银行的多种类型业务无法开展，同时也无法获取与之相关的手续费及佣金收入。

第五，国有商业银行和股份制商业银行由于在银行业市场具有一定的市场优势，所以拥有一定的垄断租金，这一租金又被称为"特许权价值"（Matutes and Vives，2000）。由于"特许权价值"的存在，国有商业银行和股份制商业银行在涉足风险性相对更高的其他非利息业务领域时，机会成本相对更大（Keeley，1990；Allen and Gale，2004），这一因素也导致了国有商业银行和股份制商业银行更倾向于手续费及佣金业务的发展，发展其他非利息业务的动力不足。地方性商业银行的机会成本相对较小，而且其他非利息业务收益较高，所以地方性商业银行在手续费及佣金业务开展比较困难的情况下，更倾向于其他非利息业务的发展。据此，本章提出如下研究假设。

假设2a：市场竞争度的提升促进了国有及股份制商业银行的手续费及佣金业务的发展，但对其交易性业务发展的影响效果则相对较弱。

假设2b：市场竞争度的提升促进了地方性商业银行的交易性业务的发展，但对其手续费及佣金业务发展的影响效果则相对较弱。

第二节 实证研究设计

一 变量选取与模型构建

（一）非利息业务变量

在衡量非利息业务水平方面，比较常用的指标有两个：非利息收入占营业收入比重（孙浦阳等，2011；Apergis，2014）和其他盈利资产占总资产比重（Nguyen，2012；李明辉等，2014）。本书选取了非利息收入占营业收入比重（NII）这一指标进行衡量，并利用另一指标进行稳健性检验。同时，对于分类的非利息业务，即手续费及佣金业务和交易性业务，我们分别以手续费及佣金收入占营业收入的比重（NFC）和交易性收入占营业收入的比重（TNI）作为相应的代理变量。

鉴于我国银行业手续费及佣金业务占比较高，且该业务还包含多种业务类型，我们进一步对其进行分类，以深入研究各类业务的发展动因。基于商业银行年报中的分类标准及数据可得性，我们将手续费及佣金业务分为代理业务（NFC_AB）、担保及承诺业务（NFC_CCB）、托管和其他受托业务（NFC_CEB）、结算及清算业务（NFC_SCB）、银行卡业务（NFC_BCB）、顾问和咨询业务（NFC_CONB）以及其他手续费及佣金业务（NFC_OT）七类，并分别以各类业务收入占营业收入的比重作为相应的代理变量。

（二）市场竞争度变量

关于银行业市场竞争度的衡量指标，早期研究者基于"结构—行为—绩效"（SCP）范式，认为竞争状况与市场结构紧密相连，所以大多采用 CR_n 指数和赫芬达尔（HHI）指数等结构性指标来衡量市场竞争度水平。但值得注意的是，结构性指标其实主要衡量的是市场集中度水平。CR_n 指数是行业内规模最大的前 n 家企业的资产（或者贷款、存款等）的市场份额之和：

$$CR_n = \sum_{i=1}^{N} (X_i/X) \tag{5.10}$$

其中，X_i 为第 i 家银行的资产（或者贷款、存款等），X 为银行业总资产（或者贷款、存款等）。N 代表资产规模最大的前几家银行，鉴于我国银行业资产规模最大的是 5 家国有银行，所以本章在计算过程中将 N 赋值为 5。CR_n 指数的取值范围为 0～1。传统理论认为，CR_n 指数越大代表集中度越高、竞争度越低。

CR_n 指数的缺点是仅仅考虑了最大的 N 家银行的情况，不包含其他银行的信息，导致准确性不足，而 HHI 指数则克服了这一缺点。HHI 指数是指行业中所有个体的资产（或者贷款、存款等）的市场份额的平方和。利用该指数来衡量银行业竞争度的模型可设定为：

$$HHI = \sum_{i=1}^{N} (X_i/X)^2 \tag{5.11}$$

其中，X_i 为第 i 家银行的资产（或者贷款、存款等），X 为银行业总资产（或者贷款、存款等）。N 代表行业内银行数目。HHI 指数取值范围在 $1/N$ 和 1 之间。传统的 SCP 理论认为，HHI 指数越大，代表银行业市场集中度越高，竞争度越低。本章选择的样本银行总资产占比的均值高达 90% 左右，覆盖范围广泛，因此能够很好地计算我国银行业的 HHI 指数。

另外，还有部分学者采用托宾 Q 值，即企业的市场价值与重置价值之比来衡量市场竞争度。例如，Keeley（1990）以托宾 Q 值作为衡量竞争程度的指标，研究了竞争程度、存款保险制度与银行风险之间的关系。

随着"新产业组织理论"（NIO）的出现，传统 SCP 范式中的集中度和竞争度的关系开始受到质疑。"新产业组织理论"认为，决定市场竞争程度的最关键的因素应该是厂商的竞争性行为，而不是市场结构（Schmalensee，1982）。因为即使是在市场结构不变的情况下，其他因素也会影响到市场竞争度水平。例如，外资银行的参与状况、市场进入壁垒的设置、利率管制的存在和经营范围的限制都会造成市场竞争环境的改变。与理论上的进步相对应，许多研究者在实证过程中也发现市场竞争度与市场集中度之间并不存在必然的反向关系，利用结构性指标测算的市场竞争度水平并不准确（Claessens and Laeven，2004；Beck，2008；Berger et al.，2009；Inklaar et al.，2015）。在此基础上，大部分学者开始采用非结构性指标来衡量市场竞争度。其方法或者指标主要包括以下几种。

（1）BL 模型方法。该模型由 Bresnahan（1982）和 Lau（1982）提出。在后续的研究过程中，Bresnahan（1989）又利用一般市场均衡条件对其进行了扩展。其基本思想为：为追求利润最大化，企业确定价格和产量的基本原则是使边际收益等于边际成本。在不同类型的市场中，其价格存在差异。在此基础上，该模型通过计算推测变差参数 λ 来衡量市场竞争度水平：

$$\lambda = d \sum\nolimits_{i \neq j} x_i / dx_j \tag{5.12}$$

其中，x 表示银行的产出。λ 的取值范围为 $0 \sim 1$。当 $\lambda = 0$ 时，表示银行业市场处于完全竞争状态；当 $\lambda = 1$ 时，表示银行业市场处于完全串谋状态；当 $0 < \lambda < 1$ 时，表示银行业处于垄断竞争状态。因此，λ 的取值越大，代表市场竞争度越低。BL 模型方法的缺点在于一般只能衡量银行业的长期平均竞争程度，因为该方法一般使用总的时间序列数据，较少使用混合数据。另外，由于这一模型过于依赖银行在经营过程中"推测变差博弈"这一假设，所以其计算结果一般是有偏的（Corts, 1999）。

（2）PR 模型方法。该模型由 Panzar 和 Rosse（1987）提出，其方法为通过计算银行产出对投入要素价格变动的弹性之和（H 统计量）来衡量市场竞争度水平。同时，该模型还设定了行业长期均衡、个体互不独立、成本函数符合 C－D 函数形式等系列假设。根据 PR 模型所计算的 H 统计量的具体形式为：

$$H = \sum\nolimits_{i=1}^{n} (\partial R_i^* / \partial w_{si}) / (w_{si} / R_i^*) \tag{5.13}$$

其中，下标 i 和 s 分别代表银行和要素投入种类的计数，w_{si} 代表 i 银行第 s 种投入要素的价格，R_i^* 代表 i 银行在均衡状态下的收入水平。H 统计量的取值范围为负无穷到 1。当 $H = 1$ 时，表示银行业市场处于完全竞争状态；当 $H < 0$ 时，表示银行业市场处于垄断状态；当 $0 < H < 1$ 时，表示银行业市场处于垄断竞争状态。因此，H 统计量的取值越大，代表市场竞争度越高。

（3）Lerner 指数和经效率调整的 Lerner 指数。Lerner 指数由 Lerner（1934）提出，主要通过测度价格相对于边际成本的偏离程度来衡量市场竞争度水平，其具体模型为：

$$Lerner_{it} = (P_{it} - MC_{it}) / P_{it} \tag{5.14}$$

其中，P_{it} 代表 i 银行在 t 时期的产出价格，MC_{it} 则代表 i 银行在 t 时期的产出边际成本。Lerner 指数的取值范围是 $0 \sim 1$。当取 0 时，代表市场处于完全竞争状态；当取 1 时，代表市场处于完全垄断状态。Lerner 指数越大，代表市场竞争程度越低。在本书的研究过程中，我们选择银行营业收入与总资产的比值作为产出价格 P 的代理变量。

传统的 Lerner 指数假设企业处于完全有效率的状态。但商业银行在实际经营过程中不可能发现所有的价格机会，所以利用这一指标测度竞争度存在一定的局限性。因此，Koetter 和 Kolari（2008）、Koetter 和 Spierdijk（2012）对传统 Lerner 指数进行了修正，提出了经效率调整的 Lerner 指数（Efficiency-adjusted Lerner，ELerner），其计算方法为：

$$ELerner_{it} = (PBT_{it} + C_{it} - MC_{it} \times Q_{it})/(PBT_{it} + C_{it}) \tag{5.15}$$

其中，PBT_{it} 代表 i 银行在 t 时期的税前利润，C_{it} 代表 i 银行在 t 时期的总成本，MC_{it} 代表 i 银行在 t 时期的产出边际成本，Q_{it} 代表 i 银行在 t 时期的总产出。与 Lerner 指数相同，经效率调整的 Lerner 指数取值范围也是 [0, 1]。当取 0 时，代表市场处于完全竞争状态；当取 1 时，代表市场处于完全垄断状态。经效率调整的 Lerner 指数越大，代表市场竞争程度越低。在本书的研究过程中，我们选择总资产作为总产出 Q 的代理变量。

（4）Boone 指数。Boone 指数由 Boone 等（2004）、Boone（2008）通过构建关于企业边际成本和市场份额的模型得出。该模型的基本思想是，边际成本较低的企业在市场中具有更强的竞争力，从而会获得更大的市场份额，而且随着市场竞争度的提高，这种负相关效应将会增强。其具体形式为：

$$\ln(MS_{it}) = \alpha + \sum_{t=1}^{T} \beta_t \times D_t \times \ln(MC_{it}) + \sum_{t=2}^{T} \theta_t \times D_t + \nu_{it} \tag{5.16}$$

其中，MS_{it} 表示 i 银行在 t 时期的市场份额；MC_{it} 表示 i 银行在 t 时期的产出边际成本；D_t 表示时间虚拟变量，在时期 t 赋值为 1，其余时期则赋值为 0，加入 D_t 的主要目的在于控制银行市场份额的时间变化趋势；系数 β_t 即为衡量银行业市场竞争水平的 Boone 指数。由于银行的边际成本越低，其竞争力越强，从而会占有更多的市场份额，所以 β_t 为负数。但是在特殊情况下，例如行业正处于极端共谋或者质量竞争的状态时，Boone 指数也可能为正值。在 Boone 指数为负的情况下，Boone 指数越大（绝对值越小），证明边际成本对市场份额的影响越小，市场竞争度就越低。另外，由于规模经济等因素的存在，边际成本和市场份额之间可能存在双向因果关系（Leuvensteijn et al., 2011；Tabak et al., 2012），所以许多研究者在回归过程中利用系统 GMM 方法对式（5.16）进行估计，以克服模型中可能存在的内生性问题。

在以上几种方法或者指标中，BL 模型方法的缺点是在一般情况下只能衡量银行业的长期平均竞争程度，而且估计结果的准确性存在瑕疵；PR 模型方法的缺点是假设市场始终处于长期均衡状态，与现实并不相符，尤其是对于我国银行业而言则更不相符，所以这一方法在使用过程中具有很大的局限性；Lerner 指数的缺陷则是忽略了产品间的替代性和易受经济周期变化的影响（Vives，2008）。相较于上述指标，ELerner 指数和 Boone 指数能够更加准确地测度银行业竞争度状况，所以本章选择ELerner 指数作为市场竞争度指标，同时还计算了 Boone 指数作为稳健性检验指标。在利用式（5.16）计算 Boone 指数的过程中，我们选择 i 银行在 t 时期资产占银行业总资产的比例作为 MS_{it} 的代理变量。同时，ELerner指数和 Boone 指数的计算均需用到边际成本，但由于边际成本 MC_{it} 无法通过观测直接得到，所以我们要选择相应的方法进行计算。

在计算企业的边际成本方面，早期的研究者主要使用两种估计方法。一种方法是假设市场处于均衡状态，利用边际成本、边际收益和需求价格弹性之间的关系来计算边际成本；另一种方法则是直接计算企业的平均成本来作为边际成本的近似替代（吴恒宇，2013）。可以看出，这两种计算方法都存在较大的局限性，并不能准确测度企业的边际成本。Shepard（1953）在《成本函数和生产函数》一书中提出了著名的生产分析对偶理论。在这一理论的基础上，Christensen 等（1971）创造性地引入了超越对数成本函数。由于超越对数成本函数具有较好的理论基础，而且其形式相对灵活，所以在各行业的相关研究中也得到了广泛应用。因此，在借鉴相关研究（Hasan and Marton，2003；程茂勇、赵红，2011；李国栋，2015；申创、赵胜民，2017a）的基础上，本章设定如下超越对数成本函数来计算我国商业银行的边际成本：

$$\ln C_{it} = \alpha_0 + \beta_0 \ln Q_{it} + \sum_{j=1}^{2} \beta_j \ln W_{jit} + \frac{1}{2}\left[\sum_{j=1}^{2} \sum_{m=1}^{2} \beta_{jm} \ln W_{jit} \ln W_{mit} + \alpha_1 (\ln Q_{it})^2 \right] + \sum_{j=1}^{2} \beta_{Qj} \ln Q_{it} \ln W_{jit} + \lambda T + u_{it} + v_{it} \quad (5.17)$$

其中，i 和 t 分别代表银行和年份，j 代表投入要素价格种类。C 代表总成本，以利息费用和非利息费用之和作为代理变量；Q 代表总产出，以银行总资产作为代理变量；W 代表投入要素价格向量，包括资金价格（$W1$）与劳动及资本价格（$W2$）[①] 两部分。其中，资金价格以总利息费用与总存款及短期资金之比作为代理变量，劳动及资本价格则以非利息费用与固定资产之比作为代理变量。同时，为了控制技术水平的变化，我们还在模型中加入了时间变量 T。

此外，为了满足式（5.17）的规范性要求，我们对要素价格增加了式（5.18）中的齐次性和对称性约束：

$$\sum_{j=1}^{2}\beta_j = 1;\ \sum_{j=1}^{2}\beta_{jm} = 0, m = 1,2;\ \sum_{j=1}^{2}\beta_{Qj} = 0;\ \beta_{jm} = \beta_{mj} \qquad (5.18)$$

根据式（5.17）和式（5.18）可得，边际成本 MC_{it} 为：

$$MC_{it} = \frac{\partial C_{it}}{\partial Q_{it}} = \frac{C_{it}}{Q_{it}} \times \frac{\partial \ln C_{it}}{\partial \ln Q_{it}} = \frac{C_{it}}{Q_{it}} \times \left(\beta_0 + \alpha_1 + \sum_{j=1}^{2}\beta_{Qj}\ln W_{jit}\right) \qquad (5.19)$$

其变量含义与式（5.17）中变量含义一致。

为了进一步对银行业的集中度和竞争度进行区分，除计算竞争度指标 ELerner 指数和 Boone 指数之外，我们还计算了集中度指标 CR_n 指数和 HHI 指数以及竞争度指标 Lerner 指数。

（三）控制变量

借鉴现有研究，我们选取了以下控制变量。首先，由于商业银行的利息收入与非利息业务的发展密切相关，所以我们在控制变量中加入了净息差（NIM）这一变量，以衡量银行的利息收入水平（刘莉亚等，2014）。一般情况下，银行的利息收入水平越高，发展非利息业务的动力就越小（Rogers and Sinkey，1999；郑荣年、牛慕鸿，2007），而且银行在实际经营过程中会在利息业务和非利息业务之间实施"交叉补贴策略"（Petersen and Rajan，1995；Lepetit et al.，2008；程茂勇、赵红，2012），所以我们预期净息差与非利息收入呈负相关。其次，资产规模对银行的业务特点和发展战略至关重要（DeYoung and Rice，2004；郑玉华、崔晓东，2014），从而影响银行的非利息业务发展状况，因此我们选择总资产的自然对数（$\ln TA$）作为相应的控制变量指标。再次，银行的

[①]　考虑到许多银行尤其是城商行和农商行披露的数据并不完整，所以借鉴 Hasan 和 Marton（2003）、程茂勇（2015）的做法，我们将劳动价格和资本价格合并处理。

管理水平和资产质量不仅会直接影响银行的利息收入，而且会对非利息收入产生显著影响（DeYoung and Rice，2004；朱宏泉等，2011）。因此，我们选择总资产收益率（ROA）和不良贷款率（NONPL）作为相应的控制变量指标。最后，由于经济繁荣程度和通货膨胀都会影响银行的风险水平和经营策略（张晓玫、李梦渝，2013），所以我们还选择了实际GDP 增长率（DGDP）和居民消费价格指数（CPI）来控制经济繁荣程度和通货膨胀因素。

各变量定义及计算方法如表 5.1 所示。

表 5.1　变量定义及计算方法

变量	含义	计算方法
NII	非利息业务	非利息收入/营业收入
NFC	手续费及佣金业务	手续费及佣金收入/营业收入
TNI	交易性业务	交易性收入/营业收入
NFC_AB	代理业务	代理业务收入/营业收入
NFC_CCB	担保及承诺业务	担保及承诺业务收入/营业收入
NFC_CEB	托管和其他受托业务	托管和其他受托业务收入/营业收入
NFC_SCB	结算及清算业务	结算及清算业务收入/营业收入
NFC_BCB	银行卡业务	银行卡业务收入/营业收入
NFC_CONB	顾问和咨询业务	顾问和咨询业务收入/营业收入
NFC_OT	其他手续费及佣金业务	其他手续费及佣金/营业收入
Boone	Boone 指数	Boone 指数
Lerner	Lerner 指数	$(P - MC)/P$
ELerner	经效率调整的 Lerner 指数	$(PBT + C - MC \times Q)/(PBT + C)$
CR_5	市场集中度	$\sum$（5 家国有银行资产/银行业总资产）
HHI	HHI 指数	$\sum$（i 银行资产/银行业总资产）^{2}
W1	银行资金价格	利息费用/总存款及短期资金
W2	银行劳动及资本价格	非利息费用/固定资产
MC	银行边际成本	超越对数成本函数
MS	银行市场份额	银行资产/银行业总资产

变量	含义	计算方法
P	总资产价格	总收入/总资产
NIM	净息差	净利息收入/生息资产总额
ROA	总资产收益率	息税前利润/平均资产总额
$NONPL$	不良贷款率	不良贷款/总贷款
$\ln TA$	总资产对数	总资产对数值
$DGDP$	实际 GDP 增长率	实际 GDP 增长率
CPI	居民消费价格指数	居民消费价格指数

（四）模型构建

在考虑了银行微观因素和宏观经济因素的基础之上，我们设定了如下动态面板模型来研究银行业市场竞争度对银行总体及分类非利息业务的影响，并利用系统 GMM 方法进行实证分析。

$$NII_{it} = \gamma_0 + \gamma_1 NII_{i,t-1} + \gamma_2 Comp_{it} + \gamma_3 NIM_{it} + \gamma_4 ROA_{it} + \gamma_5 NONPL_{it} +$$
$$\gamma_6 \ln TA_{it} + \gamma_7 DGDP_t + \gamma_8 CPI_t + \xi_{it} \qquad (5.20)$$

$$NFC_{it} = \gamma_0 + \gamma_1 NFC_{i,t-1} + \gamma_2 Comp_{it} + \gamma_3 NIM_{it} + \gamma_4 ROA_{it} + \gamma_5 NONPL_{it} +$$
$$\gamma_6 \ln TA_{it} + \gamma_7 DGDP_t + \gamma_8 CPI_t + \xi_{it} \qquad (5.21)$$

$$TNI_{it} = \gamma_0 + \gamma_1 TNI_{i,t-1} + \gamma_2 Comp_{it} + \gamma_3 NIM_{it} + \gamma_4 ROA_{it} + \gamma_5 NONPL_{it} +$$
$$\gamma_6 \ln TA_{it} + \gamma_7 DGDP_t + \gamma_8 CPI_t + \xi_{it} \qquad (5.22)$$

其中，NII_{it}、NFC_{it} 和 TNI_{it} 分别表示第 i 家银行 t 期的非利息业务、手续费及佣金业务和交易性业务；$Comp_{it}$ 表示 i 银行 t 时期所面临的银行业竞争程度，以 ELerner 或者 Boone 指数来表示。

二 数据来源及描述性统计

本章选取了我国 166 家商业银行为样本，样本期间为 2007～2021 年，所使用的数据类型为非平衡面板数据。166 家银行是在剔除了外资银行、政策性银行和连续数据不足 6 年的银行之后所得到的样本，包括 6 家国有商业银行、12 家全国性股份制商业银行和 148 家地方性商业银行。由于深圳发展银行在 2012 年收购了平安银行，所以我们剔除了平安银行在 2012 年之前的样本数据。148 家地方性商业银行包括北京银行、南京银行、天津银行、重庆农商行和江苏江阴农商行等多家银行。

在数据来源方面,样本银行的非利息收入占营业收入比重、非利息费用、利息费用、贷款资产比率和不良贷款率等内部变量数据主要来自 Wind 金融数据库及各商业银行年报,对于其中不一致的数据均以银行年报为准。对于个别缺失数据,我们采用了线性插值法进行补齐。银行业总资产数据和其他宏观经济变量数据则来源于《中国金融年鉴》、中国人民银行网站和《中国统计年鉴》。同时,为了避免极端值的影响,我们对非利息收入占比等数据进行了上下各 1% 的缩尾处理。对于其他变量的少量极端值,我们进行了剔除处理。最终,本章最后共获得 1652 个"银行—年度"观测值,在动态面板中损失了少量样本,共计得到 1401 个观测值。

另外,对于手续费及佣金业务的分类业务,许多商业银行尤其是城商行和农商行并未披露相关数据。同时,值得关注的另一个问题是,虽然有部分银行对此类数据进行了披露,但分类标准和统计口径都存在较大差异。鉴于此,我们选择了较早上市的 16 家上市银行,收集其年报并手工整理相关数据,尽量统一其统计口径,以提升数据的准确性与可比性。但在 2015 年之前,16 家上市银行披露的相关数据也并不完整。因此,我们最终整理了较早上市的 16 家商业银行 2015~2021 年的非平衡面板数据对手续费及佣金业务的分类业务进行分析。

表 5.2 给出了各变量的描述性统计。从中可以看出,我国各商业银行的非利息收入占营业收入比重具有很大差异,最小值为 -2.022%,最大值为 87.05%。其中,手续费及佣金收入占比的最小值为 -7.383%,最大值为 27.43%;交易性收入占比的最小值为 -2.465%,最大值为 84.31%。各商业银行在其余各项指标如净息差、权益资产比和不良贷款率等方面,也都存在一定程度的差异。另外,ELerner 指数均值为 0.428,Boone 指数均值为 -0.332,表明我国银行业基本处于垄断竞争状态。

表 5.2　变量描述性统计

变量	均值	标准差	最小值	25%分位数	50%分位数	75%分位数	最大值	样本量
NII	21.33	17.62	-2.022	8.683	16.83	28.93	87.05	1652

续表

变量	均值	标准差	最小值	25%分位数	50%分位数	75%分位数	最大值	样本量
NFC	6.593	7.020	−7.383	1.619	4.433	10.28	27.43	1624
TNI	14.64	17.61	−2.465	2.214	8.184	20.21	84.31	1624
ELerner	0.428	0.218	0.000	0.300	0.454	0.582	0.924	1652
Boone	−0.332	0.0122	−0.353	−0.343	−0.335	−0.320	−0.316	1652
W1	0.030	0.011	0.009	0.022	0.029	0.037	0.0675	1652
W2	1.781	1.207	0.437	0.996	1.418	2.130	6.910	1652
MC	0.0197	0.00704	0.00589	0.0147	0.0188	0.0235	0.0519	1652
MS	0.617	1.780	0.003	0.0266	0.0577	0.205	9.62	1652
P	0.0286	0.00755	0.00790	0.0236	0.0277	0.0325	0.0623	1652
NIM	2.760	0.982	0.448	2.120	2.630	3.270	8.049	1652
ROA	0.991	0.417	0.0273	0.738	0.955	1.208	2.405	1652
NONPL	1.582	1.022	0.140	0.980	1.450	1.890	8.820	1597
lnTA	12.01	1.763	8.250	10.73	11.66	12.95	16.55	1652
DGDP	7.440	1.878	2.2	6.800	7	7.900	14.20	1652
CPI	102.3	1.254	99.30	101.6	102.1	102.6	105.9	1652

注：TA 单位为百万元，NII、NFC、TNI、NIM、ROA、$NONPL$ 和 $DGDP$ 等变量的单位均为% 。

另外，为了进一步从实证角度对市场集中度和市场竞争度进行区分，我们在图 5.1 中绘制了 2007~2021 年我国银行业市场集中度和市场竞争度均值的时间序列图。需要说明的是，由于中国邮政储蓄银行在 2007 年 3 月才设立，且在 2019 年才被纳入国有大型商业银行之列，所以考虑到数据的连续性和可得性问题，我们在计算 CR 指数时并未将其纳入，最终的 CR 指数为 CR_5 指数，即工、农、中、建、交五家银行的总资产占银行业总资产的份额。另外，在计算 HHI 指数时，为了减小部分数据缺失可能带来的偏差，我们采用该银行资产占当年样本银行总资产的比例来计算其资产份额。

图 5.1 中包含了 HHI 指数、CR_5 指数、Lerner 指数、经效率调整的 Lerner 指数和 Boone 指数 5 个指标 2007~2021 年的时间序列曲线。从图

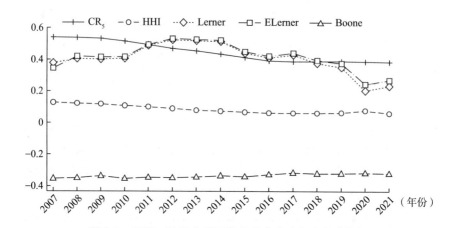

图 5.1　2007～2021 年我国银行业集中度和竞争度指标

注：Lerner 和 ELerner 指数均值为各银行当年的 Lerner 和 ELerner 指数的算术平均值。

中可以看出，市场集中度指标 CR₅ 指数和 HHI 指数的时间序列趋势十分相似，都呈现不断下降的趋势，这说明我国十余年来银行业的市场集中度不断下降。而市场竞争度指标 Boone 指数、Lerner 指数和经效率调整的 Lerner 指数间的序列趋势也比较相似，但与集中度指标有很大不同。两类衡量指标之间所存在的巨大差异，再次充分说明了市场集中度和市场竞争度之间并不存在必然的负相关关系，对二者应该进行严格区分。

　　从图 5.1 中还可以看出，我国银行业的竞争度在 2008 年及之后的几年中出现了显著的下降；以 Boone 指数衡量的市场竞争度在 2010 年后有所回升，而以 Lerner 指数和经效率调整的 Lerner 指数（ELerner）衡量的市场竞争度则从 2013 年开始有所回升。总之，我国银行业竞争程度主要以 2008 年为分界线，这主要是由于我国当时受国际金融危机影响，在 2008 年底推出了"4 万亿"投资刺激计划，而这批贷款大部分由效率较低的国有银行投放，所以我国银行业竞争度在之后出现了显著下降（李国栋，2015）。而在 2011 年之后，Boone 指数、Lerner 指数和经效率调整的 Lerner 指数之间之所以出现细微差异，主要是由于 Boone 指数衡量了边际成本对市场份额的影响，而我国银行的许多贷款是一次性发放的，国有银行市场份额在 2009 年变化较大，2010 年则开始恢复，所以利用 Boone 指数衡量的竞争度在 2010 年就开始提高。Lerner 指数和 ELerner 指数衡量的则是价格相对于边际成本的偏离程度，其中价格的计算方式为总收入与总资产的比值。商业银行的贷款利息大多采取分期回收的形式，相对于贷款发放的时间一般具有滞后性和延续性。所以，Lerner 指数和ELerner 指数也在一定程度上具有滞后性和延续性特征，利用这两个指标衡量的市场竞争度水平也在 2011 年才开始回升。进一步地，可以从图5.1 中观察到，在 2013 年之后，我国银行业的市场竞争度表现出明显的上升趋势，但在 2020 年之后又开始趋于平缓甚至略有下降。这主要是由于从 2020 年开始新冠疫情在我国蔓延并持续，银行各项业务均遭受冲击，市场竞争活力不足。

第三节　商业银行非利息业务发展动因的实证分析

一　总体非利息业务层面分析

表 5.3 中给出了银行业竞争度对银行总体非利息收入影响的系统GMM 回归结果。Panel A、Panel B、Panel C、Panel D 分别对应全部银行、国有商业银行、股份制商业银行和地方性商业银行的回归结果（本章下文相同）。从表中序列相关检验 [AR（1）与 AR（2）] 和过度识别Hansen 检验的结果来看，模型不存在二阶序列相关问题和过度识别问题，说明模型设置较为合理。

从表 5.3 中 Panel A 的结果可以看出，对于全部银行样本，ELerner指数和 Boone 指数均与非利息收入占比呈显著负相关，这意味着随着市场竞争度的提高（ELerner 和 Boone 指数越小，竞争度越高），非利息业务的发展得到促进，研究假设 1a 得到验证。其原因在于，随着市场竞争度的不断提升，传统存贷款业务受到冲击，商业银行开始调整自身的经营战略，希望通过发展非利息业务找到新的利润增长点。从价格水平的角度来看，在存款市场上，随着竞争度的提高，银行不得不通过提高自身的存款利率来维护原有的存款客户，银行的负债成本将会上升；在贷款市场上，企业将具有更强的议价能力，银行贷款业务的收益将会降低。从资源利用的角度来看，随着竞争度的提高，银行维持传统业务收益所需要占用的人力、技术和资金等资源也会随之提升。因此，在传统业务受到冲击的情况下，银行将会调整自身的资源配置，对非利息业务的发展更加青睐（周开国、李琳，2011；李明辉等，2014）。

从表 5.3 中 Panel B、Panel C、Panel D 的结果可以看出，对于地方性商业银行样本，ELerner 指数和 Boone 指数均与非利息收入占比呈显著负相关，这意味着市场竞争度的提高（ELerner 和 Boone 指数越小，竞争度越高）明显促进了银行非利息业务的发展。但对于国有商业银行和股份制商业银行样本，只有 ELerner 指数分别在 10% 和 1% 的水平下显著为负。这表明对于国有商业银行和股份制商业银行，市场竞争度对非利息业务发展具有正向影响，但显著程度低于地方性商业银行，研究假设 1b 得到验证。这主要是由于市场竞争度的提升对地方性商业银行的传统业务产生了更加强烈的冲击，地方性商业银行更迫切地想要找到新的利润增长点，因此对非利息业务的发展更加重视。

在控制变量中，净息差是影响银行非利息业务发展的最主要因素。由于这一变量可能存在内生性问题，所以借鉴相关研究（李明辉等，2014），本章在利用面板系统 GMM 方法对模型进行估计时，将净息差作为内生变量。从表 5.3 的回归结果可以看出，净息差（NIM）系数显著为负，这证明银行的利息收入水平越高，非利息收入水平越低。这主要是由以下两个因素所致。第一，净息差较高的银行在开展非利息业务方面动力不足。与之相反，净息差水平较低的银行为了寻求新的利润来源，将会更加积极地发展非利息业务（Rogers and Sinkey，1999；郑荣年、牛慕鸿，2007）。第二，"交叉补贴效应"的存在。"交叉补贴效应"是指银行在经营过程中往往会选择降低传统业务产品尤其是贷款产品的价格，进而通过获取更多的非利息收入来进行弥补（Petersen and Rajan，1995；程茂勇、赵红，2012；申创等，2020）。因此，银行所采取的这种策略将会导致银行净息差与非利息收入之间呈现显著的负相关关系。

在其他控制变量中，银行资产规模（$\ln TA$）的系数符号大部分显著为负，说明资产规模小的银行会更积极地开展非利息业务，这也与我们前文的研究相一致。其主要原因是资产规模小的银行在传统业务的发展方面具有先天劣势，所以更加注重非利息业务的发展（郑荣年、牛慕鸿，2007）。我们所选取的代表银行经营管理水平的指标总资产收益率（ROA）与非利息收入占比呈显著正相关，这说明经营管理水平更高、业绩更好的银行在发展非利息业务方面更具优势。实际 GDP 增长率

（$DGDP$）的提升（即经济繁荣）显著促进了国有商业银行非利息业务的发展。在全部银行样本中，通货膨胀率（CPI）和非利息收入占比之间呈显著负相关，说明通货膨胀在某种程度上削弱了商业银行非利息业务的发展水平。但从分类银行样本来看，其促进了国有商业银行非利息业务的发展。另外，银行不良贷款率（$NONPL$）对非利息业务发展的影响效果相对较弱。

表5.3　市场竞争度对总体非利息业务的影响

变量	Panel A 全部银行		Panel B 国有商业银行		Panel C 股份制商业银行		Panel D 地方性商业银行	
	NII	NII	NII	NII	NII	NII	NII	NII
L. NII	0.704***	0.720***	0.435***	0.430***	0.699***	0.479**	0.682***	0.701***
	(0.0346)	(0.0327)	(0.113)	(0.117)	(0.0602)	(0.2112)	(0.0373)	(0.0348)
$ELerner$	−13.66**		−1.987*		−13.1***		−17.1***	
	(5.592)		(1.174)		(1.909)		(6.442)	
$Boone$		−59.79*		−21.94		−110.6		−61.66*
		(34.02)		(28.64)		(234.2)		(37.43)
NIM	−7.47***	−7.07***	−12.8***	−12.1***	−12.9***	−18.22*	−7.92***	−7.51***
	(1.329)	(1.277)	(2.193)	(1.961)	(2.179)	(9.834)	(1.420)	(1.345)
ROA	10.46***	7.539***	10.22***	7.808***	17.17***	20.68**	10.54***	7.299***
	(2.190)	(1.564)	(2.763)	(1.715)	(3.817)	(9.581)	(2.291)	(1.622)
$NONPL$	0.855	0.959*	0.961	0.693	1.441	1.882	0.573	0.766
	(0.526)	(0.537)	(1.157)	(1.164)	(1.291)	(3.663)	(0.531)	(0.536)
lnTA	−2.22***	−1.12***	−0.206	0.367	−1.204*	6.058*	−3.44***	−2.30***
	(0.599)	(0.264)	(0.639)	(0.682)	(0.685)	(3.181)	(0.723)	(0.430)
$DGDP$	0.0687	−0.0982	0.297***	0.293***	0.287	0.329	−0.158	−0.337*
	(0.107)	(0.138)	(0.0691)	(0.0487)	(0.192)	(0.416)	(0.147)	(0.173)
CPI	−0.462**	−0.56**	0.368***	0.339***	0.356	0.504	−0.628**	−0.71***
	(0.204)	(0.213)	(0.107)	(0.0864)	(0.258)	(0.464)	(0.259)	(0.274)
常数项	95.59***	68.78***	−4.461	−16.93	1.718	−146.0	131.6***	101.0***
	(22.40)	(20.23)	(10.87)	(17.84)	(30.38)	(100.2)	(28.29)	(27.03)

续表

变量	Panel A 全部银行		Panel B 国有 商业银行		Panel C 股份制 商业银行		Panel D 地方性 商业银行	
	NII	*NII*	*NII*	*NII*	*NII*	*NII*	*NII*	*NII*
N	1401	1401	76	76	137	137	1188	1188
AR（1）	0.000	0.000	0.005	0.006	0.057	0.040	0.000	0.000
AR（2）	0.062	0.061	0.064	0.077	0.120	0.259	0.221	0.207
Hansen	1.000	1.000	1.000	1.000	1.000	1.000	1.000	1.000

注：＊＊＊、＊＊、＊分别表示在1%、5%、10%的水平下显著，括号中为估计系数对应的稳健标准误。L. 表示滞后一期。AR（1）、AR（2）及 Hansen 检验中给出的是其统计量所对应的 p 值。

二　各类非利息业务间的异质性分析

表 5.4 和表 5.5 给出了市场竞争度对不同类型银行的手续费及佣金业务和交易性业务的影响状况。可以看出，对于全部银行样本，竞争度的提升同时促进了手续费及佣金业务和交易性业务的发展，研究假设 1a 再次得到验证。但是对于分类银行样本，情况有很大不同。对于国有商业银行样本，表 5.4 中 ELerner 指数和 Boone 指数的回归系数均显著为负，但在表 5.5 中上述系数均不显著；对于股份制商业银行样本，表 5.4 中 ELerner 指数和 Boone 指数的回归系数均显著为负，表 5.5 中仅有 ELerner 指数的回归系数显著为负，Boone 指数的系数并不显著；对于地方性商业银行样本，在表 5.4 中仅有 Boone 指数的回归系数在 10% 的水平下显著为负，ELerner 指数的系数并不显著，表 5.5 中 ELerner 指数和 Boone 指数的回归系数均显著为负。

上述结果表明，对于国有商业银行和股份制商业银行，市场竞争度的提升更多促进了其手续费及佣金业务的发展，但对交易性业务的影响效果相对较弱；而对于地方性商业银行，市场竞争度的提升促进了其交易性业务的发展，但对手续费及佣金业务的影响效果相对较弱。研究假设 2a 和 2b 均得到验证。之所以会出现这种异质性，主要是由于各类非利息业务以及各类银行之间都存在一定的差异性。首先，手续费及佣金业务和交易性业务存在性质上的差异，其中手续费及佣金业务与传统业务的关联相对较为紧密，而交易性业务则恰恰相反。其次，各类银行在资产规模、资源约束、客户基数、成立时间、技术水平和政府政策方面又都具有较大差异。国有及股份制商业银行规模较大，客户基数和网点数量也较为可观，成立时间相对较早，技术底蕴较为深厚，再加上政府政策的相关扶持，在发展手续费及佣金业务上具有天然的优势，对风险相对较高的交易性业务则不够重视。而地方性商业银行在手续费及佣金业务的发展方面劣势较为明显，因此只能另辟蹊径，相对更重视交易性业务的发展。

表 5.4　市场竞争度对手续费及佣金业务的影响

变量	Panel A 全部银行		Panel B 国有 商业银行		Panel C 股份制 商业银行		Panel D 地方性 商业银行	
	NFC	*NFC*	*NFC*	*NFC*	*NFC*	*NFC*	*NFC*	*NFC*
L. *NFC*	0.893*** (0.0385)	0.809*** (0.0337)	0.691*** (0.0735)	0.637*** (0.0697)	0.793*** (0.0664)	0.916*** (0.126)	0.755*** (0.0412)	0.701*** (0.119)
ELerner	-7.421* (3.928)		-2.184*** (0.565)		-7.565*** (2.651)		-1.640 (2.553)	
Boone		-52.27*** (10.12)		-33.50* (20.12)		-76.90** (36.05)		-103.3* (54.51)
NIM	-1.724*** (0.390)	-1.229*** (0.240)	-3.479*** (0.764)	-3.033*** (0.874)	-6.183*** (1.252)	-5.790*** (1.120)	-0.960*** (0.224)	-3.093* (1.746)
ROA	4.138*** (1.016)	1.816*** (0.374)	7.423*** (1.555)	5.367*** (1.195)	13.48*** (2.892)	8.683*** (3.144)	1.995*** (0.593)	3.566* (1.946)
NONPL	-0.0342 (0.0818)	0.0122 (0.0688)	0.528** (0.216)	0.312* (0.187)	0.766 (0.794)	0.0953 (1.024)	-0.114 (0.0946)	0.129 (0.195)
ln*TA*	-0.430 (0.321)	0.472*** (0.105)	-0.733** (0.322)	0.0408 (0.417)	-1.879*** (0.514)	-0.885** (0.367)	0.379** (0.176)	0.241 (0.430)
DGDP	0.270*** (0.0508)	0.150*** (0.0575)	0.250*** (0.0383)	0.225*** (0.0581)	0.163 (0.192)	0.194 (0.238)	0.247*** (0.0522)	-0.0314 (0.110)
CPI	-0.0787 (0.0566)	-0.155*** (0.0559)	-0.0125 (0.0837)	-0.0426 (0.0807)	0.107 (0.155)	0.0443 (0.154)	-0.0942 (0.0674)	-0.0517 (0.0827)
常数项	15.93* (8.403)	-5.348 (5.824)	16.27 (11.76)	-2.197 (17.21)	22.07 (20.23)	-10.91 (14.66)	6.361 (6.858)	-25.11** (10.55)

变量	Panel A 全部银行		Panel B 国有 商业银行		Panel C 股份制 商业银行		Panel D 地方性 商业银行	
	NFC	*NFC*	*NFC*	*NFC*	*NFC*	*NFC*	*NFC*	*NFC*
N	1379	1379	76	76	137	137	1166	1166
AR（1）	0.000	0.000	0.049	0.052	0.006	0.005	0.000	0.0001
AR（2）	0.148	0.142	0.569	0.365	0.702	0.890	0.002	0.009
Hansen	1.000	1.000	1.000	1.000	1.000	0.956	1.000	0.314

注：＊＊＊、＊＊、＊分别表示在1%、5%、10%的水平下显著，括号中为估计系数对应的稳健标准误。L. 表示滞后一期。AR（1）、AR（2）及 Hansen 检验中给出的是其统计量所对应的 p 值。

　　另外，在控制变量方面，*NONPL*（不良贷款率）和 *DGDP*（实际 GDP 增长率）的系数符号在表 5.4 和表 5.5 中并不一致。表 5.4 中全部银行样本的 *NONPL* 的估计系数并不显著，而表 5.5 的 Panel A 第一列中 *NONPL* 的估计系数显著为正。这说明当商业银行的信用风险水平提高时，其更倾向于转向与传统贷款业务关联较弱的交易性业务，而非与传统业务关联较强的手续费及佣金业务。另外，在 *DGDP* 的估计系数方面，表 5.4 中全部银行样本的 *DGDP* 的系数显著为正，而表 5.5 中对应的 *DGDP* 的系数则显著为负。这表明在经济繁荣时期，银行更倾向于手续费及佣金业务的发展而非交易性业务的发展。但从分类银行样本的结果来看，在经济繁荣期对手续费及佣金业务的正倾向性更多体现在国有商业银行中，而在经济繁荣期对交易性业务的负倾向性更多体现在地方性商业银行中。这可能是由于经济繁荣时期地方性商业银行的收益较高，对交易性业务的依赖降低。

表 5.5　市场竞争度对交易性业务的影响

变量	Panel A 全部银行		Panel B 国有 商业银行		Panel C 股份制 商业银行		Panel D 地方性 商业银行	
	TNI	*TNI*	*TNI*	*TNI*	*TNI*	*TNI*	*TNI*	*TNI*
L. *TNI*	0.734＊＊＊ (0.0357)	0.850＊＊＊ (0.0402)	0.403＊＊ (0.180)	0.400＊＊ (0.170)	0.721＊＊＊ (0.128)	0.517＊＊ (0.221)	0.716＊＊＊ (0.0383)	0.828＊＊＊ (0.0448)
ELerner	−13.29＊＊ (6.338)		−1.390 (1.795)		−5.294＊＊ (2.377)		−16.84＊＊ (7.449)	

续表

变量	Panel A 全部银行		Panel B 国有 商业银行		Panel C 股份制 商业银行		Panel D 地方性 商业银行	
	TNI	*TNI*	*TNI*	*TNI*	*TNI*	*TNI*	*TNI*	*TNI*
Boone		− 62. 25 *		17. 50		44. 01		− 72. 26 *
		(36. 66)		(23. 24)		(112. 2)		(39. 98)
NIM	− 6. 127 ***	− 5. 512 ***	− 8. 845 ***	− 8. 032 ***	− 4. 911 ***	0. 104	− 6. 623 ***	− 6. 295 ***
	(1. 434)	(1. 529)	(3. 105)	(2. 237)	(0. 933)	(0. 786)	(1. 514)	(1. 670)
ROA	8. 626 ***	5. 847 ***	0. 0847	− 0. 944	3. 969	− 3. 436	9. 014 ***	6. 149 ***
	(2. 321)	(1. 737)	(1. 499)	(1. 343)	(3. 792)	(2. 361)	(2. 414)	(1. 866)
NONPL	0. 868 **	0. 661	0. 354	0. 118	1. 956 *	1. 970 *	0. 652	0. 553
	(0. 408)	(0. 468)	(0. 865)	(0. 786)	(1. 149)	(1. 037)	(0. 420)	(0. 479)
ln*TA*	− 2. 850 ***	− 1. 514 ***	− 0. 133	− 0. 0466	0. 500	1. 564	− 3. 833 ***	− 2. 470 ***
	(0. 737)	(0. 359)	(0. 447)	(0. 583)	(0. 670)	(0. 958)	(0. 874)	(0. 565)
DGDP	− 0. 237 **	− 0. 260 *	0. 0706	0. 115	0. 267 **	0. 375	− 0. 353 ***	− 0. 436 **
	(0. 0960)	(0. 139)	(0. 0743)	(0. 0739)	(0. 119)	(0. 244)	(0. 133)	(0. 173)
CPI	− 0. 380 *	− 0. 738 ***	0. 322 **	0. 338 **	0. 540 *	− 0. 113	− 0. 564 **	− 0. 981 ***
	(0. 215)	(0. 265)	(0. 160)	(0. 133)	(0. 280)	(0. 585)	(0. 279)	(0. 344)
常数项	92. 38 ***	86. 53 ***	− 6. 171	− 4. 390	− 56. 96 *	3. 551	126. 5 ***	122. 5 ***
	(21. 65)	(23. 92)	(13. 42)	(21. 94)	(33. 34)	(57. 99)	(27. 16)	(32. 35)
N	1379	1379	76	76	137	137	1166	1166
AR（1）	0. 000	0. 000	0. 027	0. 035	0. 032	0. 054	0. 000	0. 000
AR（2）	0. 131	0. 137	0. 154	0. 138	0. 314	0. 861	0. 160	0. 162
Hansen	1. 000	1. 000	1. 000	1. 000	1. 000	1. 000	1. 000	1. 000

注：***、**、*分别表示在1%、5%、10%的水平下显著，括号中为估计系数对应的稳健标准误。L. 表示滞后一期。AR（1）、AR（2）及 Hansen 检验中给出的是其统计量所对应的 p 值。

此外，我们进一步将手续费及佣金业务分为代理业务（*NFC_AB*）、担保及承诺业务（*NFC_CCB*）、托管和其他受托业务（*NFC_CEB*）、结算及清算业务（*NFC_SCB*）、银行卡业务（*NFC_BCB*）、顾问和咨询业务（*NFC_CONB*）以及其他手续费及佣金业务（*NFC_OT*）七类，以分析市场竞争对各类业务的影响。正如前文所述，受限于数据可得性问题，我们此处采用的数据是手工整理的 16 家商业银行 2015～2021 年的面板数据。为了避免动态面板造成数据量的进一步缩减，我们采用静态面板双重固定效应模型进行实证分析。

回归结果如表 5.6 所示。从第（1）列和第（2）列中可以看出，$ELerner$ 的回归系数均在 5% 的水平下显著为负，这表明市场竞争度的提升明显促进了商业银行代理业务、担保及承诺业务的发展。其原因在于，这两类业务具有明显的增长空间，且更多的是银行主动开拓型业务，商业银行在面临激烈的市场竞争时，能够及时调整发展方向，扩大此类业务的规模。与之不同，结算及清算业务的市场体量相对稳定，且近年来商业银行的业务份额受到新兴金融科技公司的"蚕食"，因此在第（4）列中可以看到，市场竞争的加剧非但未能促进结算及清算业务的发展，反而产生了一定程度的削弱作用。第（3）列、第（5）列和第（6）列的结果则表明，市场竞争度的提升对托管和其他受托业务、银行卡业务、顾问和咨询业务的影响并不显著，但如果仅从系数符号来看则促进了上述业务的发展。另外，第（7）列的结果表明，市场竞争对其他手续费及佣金业务的影响效果并不显著。

表 5.6　市场竞争度对各类手续费及佣金业务的影响

变量	（1） NFC_AB	（2） NFC_CCB	（3） NFC_CEB	（4） NFC_SCB	（5） NFC_BCB	（6） NFC_CONB	（7） NFC_OT
$ELerner$	− 12. 44 **	− 3. 375 **	− 1. 550	3. 605 *	− 4. 696	− 0. 135	22. 33
	(4. 729)	(1. 406)	(4. 586)	(2. 160)	(8. 391)	(5. 836)	(14. 90)
NIM	− 2. 975 **	− 0. 272	− 1. 740	1. 352 **	− 9. 266 ***	− 0. 191	1. 533
	(1. 245)	(0. 392)	(1. 230)	(0. 573)	(2. 251)	(1. 388)	(3. 920)
ROA	6. 891 **	3. 600 ***	1. 392	1. 094	4. 972	2. 737	6. 485
	(3. 023)	(0. 867)	(2. 855)	(1. 417)	(5. 352)	(5. 128)	(9. 521)
$NONPL$	1. 164	− 0. 444	2. 015 **	0. 607	0. 973	− 1. 910 *	0. 546
	(1. 023)	(0. 307)	(0. 963)	(0. 454)	(1. 806)	(1. 094)	(3. 222)
$\ln TA$	1. 980	− 1. 486 **	− 2. 841	− 0. 206	− 0. 380	− 1. 743	− 6. 263
	(1. 956)	(0. 620)	(1. 828)	(0. 848)	(3. 455)	(2. 183)	(6. 160)
$DGDP$	0. 0182	− 0. 111	− 0. 262	− 0. 201	0. 676	0. 118	− 1. 840 **
	(0. 282)	(0. 0801)	(0. 257)	(0. 125)	(0. 498)	(0. 355)	(0. 887)

续表

变量	(1) NFC_AB	(2) NFC_CCB	(3) NFC_CEB	(4) NFC_SCB	(5) NFC_BCB	(6) NFC_CONB	(7) NFC_OT
CPI	0.181 (0.355)	-0.102 (0.105)	-0.0297 (0.332)	-0.378** (0.164)	1.071* (0.626)	0.638 (0.388)	2.187* (1.118)
常数项	-44.66 (50.44)	33.97** (15.49)	51.06 (47.03)	38.80* (22.45)	-84.08 (89.05)	-34.85 (52.48)	-127.3 (158.9)
N	112	99	98	103	109	56	112
个体固定 效应	YES	YES	YES	YES	YES	YES	YES
时间固定 效应	YES	YES	YES	YES	YES	YES	YES
R^2	0.255	0.417	0.212	0.159	0.585	0.359	0.251

注：***、**、*分别表示在1%、5%、10%的水平下显著，括号中为估计系数对应的稳健标准误。

第四节　进一步分析：制度环境及数字金融因素的作用

正如前文所述，考虑到制度环境以及其他市场因素也可能对银行非利息业务发展产生重要影响，我们在本节进一步分析利率市场化改革、金融监管政策等制度环境因素以及数字金融发展因素对银行非利息业务发展的影响。

首先，自20世纪90年代以来，我国始终在坚持不懈地推进利率市场化改革进程。其中，较有代表性的几个节点为2004年取消贷款利率的浮动上限和存款利率的浮动下限、2013年取消贷款利率浮动下限、2015年取消存款利率浮动上限以及2019年完善贷款市场报价利率（LPR）机制。利率市场化改革必然会影响商业银行负债成本和资产收益，进而作用于其业务模式。因此，我们认为利率市场化改革这一制度环境因素必然会影响非利息业务的发展。基于此，我们借鉴彭建刚等（2016）、蒋海和刘雅晨（2018）的做法，从存贷款利率、货币市场利率、债券市场利率和理财产品收益率四个维度选择12个指标来构建利率市场化体系，进而计算我国历年的利率市场化指数 IRL[①]，以分析这一因素对非利息业务的影响，回归结果如表 5.7 所示。从中可以看出，无论是在第（1）列的总体非利息业务模型中，还是在第（2）列和第（3）列的分类非利息业务模型中，IRL 的回归系数均显著为正。这一结果表明，利率市场化改革进程的推进明显促进了我国商业银行非利息业务的发展。其内在逻辑为，利率市场化程度的提升压缩了商业银行传统业务的利润空间，促使其转向新兴的非利息业务领域，通过多元化经营来应对利率市场化冲击。

表 5.7　利率市场化对商业银行非利息业务的影响

变量	（1）总体非利息业务 NII	（2）手续费及佣金业务 NFC	（3）交易性业务 TNI
L. $NII/NFC/TNI$	0.697 *** (0.0346)	0.790 *** (0.0351)	0.709 *** (0.0365)
IRL	25.42 *** (4.391)	2.436 ** (1.184)	22.47 *** (4.347)
NIM	−7.903 *** (1.312)	−1.562 *** (0.222)	−6.315 *** (1.360)
ROA	11.19 *** (2.115)	2.241 *** (0.549)	8.645 *** (2.304)
$ELerner$	−15.50 *** (5.619)	−1.938 (2.051)	−12.42 ** (6.079)
$NONPL$	0.764 (0.523)	0.0111 (0.0840)	0.876 * (0.523)
$\ln TA$	−2.290 *** (0.577)	0.375 * (0.193)	−2.832 *** (0.691)
$DGDP$	0.700 *** (0.207)	0.171 ** (0.0781)	0.428 ** (0.190)
CPI	−0.108 (0.217)	−0.0369 (0.0552)	−0.0594 (0.220)

---

① 计算方法和计算结果详见第六章第二节的"变量选取与模型构建"部分。

续表

变量	（1）总体非利息业务 *NII*	（2）手续费及佣金业务 *NFC*	（3）交易性业务 *TNI*
Period	− 3. 588 *** （0. 854）	− 2. 248 *** （0. 267）	− 1. 934 ** （0. 876）
常数项	38. 16 * （22. 31）	1. 308 （6. 420）	37. 78 * （21. 39）
N	1401	1379	1379
AR（1）	0. 000	0. 000	0. 000
AR（2）	0. 118	0. 254	0. 146
Hansen	1. 000	1. 000	1. 000

注：*** 、** 、* 分别表示在 1%、5%、10% 的水平下显著，括号中为估计系数对应的稳健标准误。L. 表示滞后一期。AR（1）、AR（2）及 Hansen 检验中给出的是其统计量所对应的 p 值。*Period* 含义见下文式（5. 23）。

其次，根据"约束诱导理论"和"规避管制理论"，商业银行进行业务创新的动力之一即是摆脱约束和规避管制。但当商业银行的业务创新影响到金融系统稳定和经济政策实施时，监管当局又会加强管制。双方不断循环往复，就会形成"管制—创新—再管制—再创新"的动态博弈过程。基于此，我们认为金融监管政策尤其是业务监管政策对商业银行非利息业务的发展会产生重要影响。

2008 年末，我国推出"4 万亿"投资刺激计划以应对国际金融危机带来的负面影响。得益于庞大的资金体量和宽松的发展环境，商业银行的业务范围不断拓展，金融创新层出不穷，以"通道业务""同业—委外"等形式为主的影子银行业务规模持续扩大。其实，大量的影子银行业务或表外业务可以归类至非利息业务的范畴。为了进一步规范银行业的发展，监管部门从 2017 年开始实施针对商业银行业务领域的强监管政策。其中较具代表性的即为 2017 年实施的"三三四十"专项治理行动以及 2018 年初发布的"资管新规"。其中，"三三四十"专项治理行动针对银行业的"三违反、三套利、四不当、十乱象"进行整治，"资管新规"则进一步规范了银行等金融机构资管业务的发展。

上述金融监管政策对商业银行的非利息业务发展产生了重要影响。

但值得注意的是，各类银行受到的影响并不一致。相比于国有及股份制等大中型银行，地方性的小银行受到的冲击更大。例如，2013～2016年，许多小银行受限于资金不足的问题，通过同业负债的方式向大中型银行筹集资金进而开展投资理财等业务。在此过程中，大中型银行开展的同业存款依然属于利息业务，而小型银行则开展了大量的非利息业务。所以在面临后续的强监管政策时，小银行的非利息业务受到了更强的冲击。再如，2015年初，银行的委外投资业务快速扩张，其重要原因之一即是很多小银行不具备资产管理能力，只能委托外部机构进行管理（王喆等，2017）。但对实力较强的大银行而言，这一问题则并不存在，后续受到的冲击也并不严重。综合而言，与地方性商业银行相比，国有及股份制商业银行在经营区域、网点数量、综合信誉、技术水平等方面拥有巨大优势，平时受到的监管也更为严格，因此在面临强监管政策时，其非利息业务发展受到的影响相对较小。前文图4.1中各类商业银行的非利息业务发展趋势也初步验证了这一观点。

基于上述分析，我们以2017年作为金融监管政策实施的节点年份，构建虚拟变量 Period，在2017年及之前取值为0，之后则取值为1。同时，我们以国有及股份制商业银行样本作为控制组，以地方性商业银行样本作为实验组，并设置虚拟变量 Treat，对控制组和实验组分别赋值0和1。基于上述设定，我们构建以下双重差分模型（DID）来分析金融监管政策对商业银行非利息业务发展的影响：

$$NI_{it} = \alpha_0 + \beta_0 Treat \times Period + \delta_i + \varphi_t + \sum \beta_j Control_{it} + \xi_{it} \qquad (5.23)$$

其中，NI 代表银行的非利息业务，包括总体非利息业务（NII）和分类非利息业务（NFC 和 TNI）。Treat × Period 代表 Treat 与 Period 的交互项。同时，模型中已经控制了个体固定效应 δ_i 和时间固定效应 φ_t，所以不再单独加入 Treat 或 Period 变量。Control 则代表影响银行非利息业务的一系列控制变量，详见前文变量选取部分。

此外，为了进一步提升研究结果的准确性，我们还设定了如下动态面板模型以验证金融监管政策 Period 对银行非利息业务的影响：

$$NI_{it} = \alpha_0 + \alpha_1 NI_{i,t-1} + \beta_0 Period + \sum \beta_j Control_{it} + \xi_{it} \qquad (5.24)$$

其中，$NI_{i,t-1}$ 代表非利息业务 NI_{it} 的一阶滞后项，其余变量含义同上。

在进行双重差分估计之前，我们根据事件分析法的基本原理对其进行平行趋势检验，结果如图 5.2 所示。从中可以看出，在政策实施之前的各期，交互项回归系数的置信区间均包含 0 值，即并不显著异于 0，满足平行趋势假设。而在政策实施后的第一期和第二期，交互项回归系数均显著为负，初步验证了金融监管政策的负向作用。

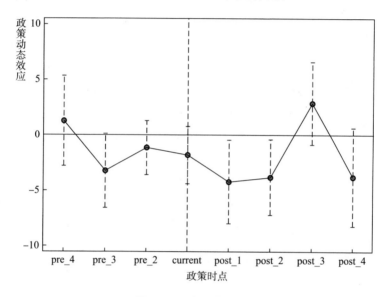

图 5.2　平行趋势检验

注：current 为政策实施当期。另外，以政策实施前 1 期作为基准组，因此图中未包含 pre_1 的结果。

金融监管政策影响商业银行非利息业务发展的实证估计结果如表 5.8 所示。其中，Panel A 和 Panel B 分别对应双重差分模型（DID）和动态面板系统 GMM 模型的估计结果。从 Panel A 中可以看出，交互项 *Treat* × *Period* 的回归系数均显著为负。这表明 2017 年之后实施的金融监管政策对商业银行非利息业务发展具有显著的负向作用。从 Panel B 中可以看出，第一列和第二列中 *Period* 的回归系数均在 1% 的水平下显著为负，第三列中的回归系数虽不显著但符号也为负。这再次验证了金融监管政策尤其是业务监管政策对商业银行非利息业务的削弱作用。但值得注意的是，监管政策主要遏制了部分不合规或高风险类型的非利息业务的扩张，在一定程度上促进了银行业的健康和规范发展。

表 5.8　金融监管政策对商业银行非利息业务的影响

变量	Panel A 双重差分模型（DID）			Panel B 动态面板系统 GMM 模型		
	NII	*NFC*	*TNI*	*NII*	*NFC*	*TNI*
Treat × Period	-6.269***	-2.589***	-2.826**			
	(1.934)	(0.968)	(1.289)			
L.*NII/NFC/TNI*				0.718***	0.795***	0.724***
				(0.0341)	(0.0349)	(0.0234)
Period				-2.406***	-2.128***	-0.845
				(0.828)	(0.260)	(0.672)
ELerner	-21.24***	-2.627	-12.77***	-11.27**	-1.686	-9.129**
	(4.064)	(2.678)	(3.918)	(5.557)	(2.026)	(4.369)
NIM	-13.21***	-1.100***	-11.34***	-7.673***	-1.579***	-6.152***
	(1.265)	(0.352)	(1.343)	(1.333)	(0.221)	(0.765)
ROA	13.20***	3.157***	7.755***	9.593***	2.152***	7.341***
	(2.561)	(0.819)	(2.788)	(2.145)	(0.537)	(1.556)
NONPL	0.909*	-0.00645	1.660***	0.977*	0.0353	1.056***
	(0.534)	(0.160)	(0.515)	(0.533)	(0.0827)	(0.314)
ln*TA*	-3.969**	1.031	-2.892**	-2.058***	0.367*	-2.620***
	(1.925)	(1.143)	(1.208)	(0.579)	(0.190)	(0.441)
DGDP	-1.716***	-0.588***	-0.204	-0.282*	0.0751	-0.435**
	(0.395)	(0.211)	(0.263)	(0.162)	(0.0562)	(0.177)
CPI	3.083***	0.571**	0.827***	-0.332	-0.0554	-0.259
	(0.792)	(0.256)	(0.216)	(0.223)	(0.0556)	(0.225)
常数项	-205.9**	-61.60*	-7.694	83.75***	5.858	78.41***
	(79.26)	(31.65)	(22.62)	(22.64)	(6.212)	(23.26)
N	1597	1571	1571	1401	1379	1379
R^2	0.431	0.333	0.349			
个体固定效应	YES	YES	YES			
时间固定效应	YES	YES	YES			
AR（1）				0.000	0.000	0.000
AR（2）				0.131	0.391	0.162

续表

变量	Panel A 双重差分模型（DID）			Panel B 动态面板系统 GMM 模型		
	NII	*NFC*	*TNI*	*NII*	*NFC*	*TNI*
Hansen				1.000	1.000	1.000

注：＊＊＊、＊＊、＊分别表示在1%、5%、10%的水平下显著，括号中为估计系数对应的稳健标准误。L. 表示滞后一期。AR（1）、AR（2）及 Hansen 检验中给出的是其统计量所对应的 p 值。

　　最后，除上述制度因素外，近年来蓬勃发展的数字金融也对商业银行的经营状况、技术水平、发展方向和业务模式产生了重要影响，并进一步作用于其非利息业务发展水平。在数字金融发展程度的衡量方面，北京大学数字金融研究中心发布的数字普惠金融指数具有一定的代表性，近年来得到了广泛应用。基于此，我们以每家银行总部所在地的数字普惠金融指数（*DFI*）来衡量商业银行所面临的金融市场的数字金融发展程度，并利用动态面板系统 GMM 方法进行实证分析，以探究数字金融对商业银行非利息业务发展的影响。该指数的时间跨度为 2011～2021 年，因此本部分的研究也选定这一区间。实证分析的结果如表 5.9 所示。从中可以看出，第（1）列和第（3）列中 *DFI* 的回归系数均显著为正，这说明数字金融显著促进了商业银行总体非利息业务和交易性业务的发展。其原因在于，数字金融发展对银行业同时形成"竞争效应"和"技术溢出效应"（申创、刘笑天，2017），为商业银行的转型和非利息业务的发展提供了契机。但从第（2）列的结果来看，*DFI* 的回归系数在 10% 的水平下显著为负，这说明数字金融在一定程度上削弱了商业银行手续费及佣金业务的发展。其原因在于，近年来蚂蚁金融、腾讯金融科技等公司的数字金融发展程度不断提升，在一定程度上"蚕食"了商业银行的转账、支付、基金代销等手续费及佣金业务的市场份额。

表 5.9　数字金融发展对商业银行非利息业务的影响

变量	（1）总体非利息业务 *NII*	（2）手续费及佣金业务 *NFC*	（3）交易性业务 *TNI*
L. *NII/NFC/TNI*	0.690＊＊＊ （0.0366）	0.777＊＊＊ （0.0376）	0.706＊＊＊ （0.0384）

变量	（1）总体非利息业务 NII	（2）手续费及佣金业务 NFC	（3）交易性业务 TNI
DFI	0.0190** (0.00919)	−0.00460* (0.00260)	0.0231*** (0.00862)
ELerner	−21.63*** (7.399)	−3.113 (2.008)	−16.54** (7.715)
NIM	−8.210*** (1.440)	−1.631*** (0.232)	−6.614*** (1.470)
ROA	11.59*** (2.459)	2.284*** (0.548)	9.032*** (2.640)
NONPL	0.682 (0.624)	0.0264 (0.0929)	0.842 (0.636)
lnTA	−2.918*** (0.727)	0.384** (0.181)	−3.409*** (0.825)
DGDP	1.168*** (0.239)	0.126 (0.101)	0.851*** (0.218)
CPI	−1.507*** (0.361)	−0.315*** (0.120)	−1.047*** (0.363)
Period	−3.478*** (1.186)	−1.648*** (0.337)	−2.458** (1.234)
常数项	205.4*** (41.35)	33.55*** (12.82)	158.4*** (39.15)
N	1285	1264	1264
AR（1）	0.000	0.000	0.000
AR（2）	0.357	0.174	0.389
Hansen	1.000	1.000	1.000

注：***、**、*分别表示在1%、5%、10%的水平下显著，括号中为估计系数对应的稳健标准误。L. 表示滞后一期。AR（1）、AR（2）及 Hansen 检验中给出的是其统计量所对应的 p 值。

第五节　本章小结

本章主要基于市场竞争的中观视角研究了非利息业务的发展动因。研究结果表明，市场竞争度的提升对不同类型银行及不同种类非利息业务的影响并不一致。首先，从总体非利息业务层面来看，市场竞争度的提升促进了商业银行非利息业务的发展。但该影响在各类商业银行之间存在一定的异质性，与国有及股份制商业银行相比，地方性商业银行受到的影响更大。其次，从分类非利息业务层面来看，对于全部银行样本，市场竞争度的提升同时促进了手续费及佣金业务和交易性业务的发展；对于国有及股份制商业银行，市场竞争度的提升显著促进了手续费及佣金业务的发展，但对交易性业务发展的影响效果则相对较弱；而对于地方性商业银行，市场竞争度的提升显著促进了交易性业务的发展，但对手续费及佣金业务发展的影响较小。之所以出现这种差别，主要是因为各类商业银行在资产规模、资源约束、客户基数、成立时间、技术水平和政府政策等方面都存在巨大差异。国有及股份制商业银行在开展手续费及佣金业务时具有许多优势，所以更倾向于发展此类非利息业务。而地方性商业银行传统利差收入减少，在发展手续费及佣金业务方面也相对较难，所以为了能够在竞争中保持原有的利润水平，只能转向收益相对较高但同时风险也较高的交易性业务。另外，市场竞争度对商业银行各类手续费及佣金业务的发展也产生了一定程度的差异化影响。最后，除上述分析外，本章还进一步探究了利率市场化改革、金融监管政策以及数字金融等因素对商业银行非利息业务发展的影响。

第六章 市场竞争环境下非利息业务
对商业银行净息差的影响[*]

从 20 世纪 90 年代开始，我国一直在逐步推进利率市场化改革进程。经过多次改革，央行在 2004 年 10 月取消了金融机构的贷款利率浮动上限和存款利率浮动下限。此后，利率市场化改革进入了缓慢的平稳期。但 2012～2015 年，我国的利率市场化进程又开始加速，逐步取消了贷款利率浮动下限和存款利率浮动上限。之后，利率市场化改革仍在推进，例如对市场利率定价自律机制及 LPR 机制的完善，以及央行等部门多次提出要稳妥推进利率"两轨并一轨"。由此可见，虽然截至 2015 年 10 月央行已经取消了商业银行等金融机构的存贷款利率浮动限制，但是我国金融市场的利率决定机制尚未完善，利率的并轨也尚未完成，对市场利率定价自律机制存在依赖，商业银行等金融机构在制定利率的过程中仍然保持一些惯性思维，对利率市场化要经历一段较长的适应期。总之，利率市场化不仅意味着利率浮动限制的取消，同时还包含更深层次的含义，那就是利率形成、调控和传导机制的市场化状态。

利率市场化改革进程的迅速推进大大提升了银行的市场化竞争程度，进而对我国银行业的经营模式造成了巨大冲击，传统存贷款业务的比重开始下降，银行的净息差（Net Interest Margin，NIM）水平也在不断变化。与之相对应的是，近年来我国银行业的非利息业务迅速发展，非利息收入（Non-Interest Income，NII）持续增加。这主要是由于非利息业务存在占用资本少、发展空间大和监管程度低等优势，所以受到了许多银行的青睐。

商业银行的净息差水平受到利率市场化的强烈影响，而且由于长期以来我国银行业的价格竞争都是被利率管制束缚，所以利率市场化指数也能在一定程度上较好地衡量我国银行业的市场竞争状况。而且与 Boone

---

[*] 学术规范声明：本章的部分内容已以论文形式发表于 CSSCI 期刊《统计研究》。

指数和 ELerner 指数等指标相比，利率市场化程度与商业银行净息差具有更紧密的关联性。因此，本章将以利率市场化程度作为市场竞争的代理变量进行理论分析和实证分析，以更准确地研究市场竞争环境下非利息业务对商业银行净息差的影响。同时，为了保证研究结果的有效性，本章在稳健性检验部分进一步采用 ELerner 指数作为市场竞争度的代理变量进行验证。

第一节　非利息业务与银行净息差：理论推演

本章在融合前文理论框架中部分设定的基础上，进一步参考 Ho 和 Saunders（1981）的做市商模型，然后在借鉴相关文献（Maudos and Solís，2009；刘莉亚等，2014；彭建刚等，2016）的基础上，结合我国银行业的实际发展情况，对模型进行完善，以考察市场竞争环境下非利息业务对商业银行净息差的共同影响。如前文所述，根据本章的研究目的，利用利率市场化程度来衡量市场竞争状况更为合适，因此在此处的理论模型中也引入利率市场化程度进行分析。

本章假设中国人民银行制定的存款基准利率水平和贷款基准利率水平分别为 I_D 和 I_L。中央银行允许存款利率浮动的最大比例为 m_D，允许贷款利率浮动的最大比例为 m_L。商业银行确定的相对于基准利率的存款利率浮动比例为 $m_D - n_D$，确定的相对于基准利率的贷款利率浮动比例为 $m_L - n_L$。n_D 和 n_L 分别表示银行实际选择的存款、贷款利率浮动比例与最大浮动比例之间的差额（彭建刚等，2016）。那么，银行的实际存款利率水平 R_D 和实际贷款利率水平 R_L 分别为：

$$R_D = (1 + m_D - n_D)I_D \qquad R_L = (1 + m_L - n_L)I_L \tag{6.1}$$

银行的实际净息差水平为：

$$S = R_L - R_D = (1 + m_L - n_L)I_L - (1 + m_D - n_D)I_D \tag{6.2}$$

假设银行的总财富 W 包括初始财富 Y、净信贷资产 I 和货币资产 C，其中净信贷资产 I 的计算公式为：

$$I = L + N - D \tag{6.3}$$

其中，L、N 和 D 分别代表贷款规模、非利息业务资产规模和存款规模。

假设银行的期初初始财富、期初净信贷资产和期初货币资产分别为 Y_0、I_0 和 C_0，期末初始财富、期末净信贷资产和期末货币资产分别为 Y_1、I_1 和 C_1，那么其关系为：

$$W_1 = Y_1 + I_1 + C_1 \tag{6.4}$$

$$Y_1 = (1 + r_Y)Y_0 + z_Y Y_0 \tag{6.5}$$

$$I_1 = (1 + r_I)I_0 + z_I I_0 \tag{6.6}$$

$$C_1 = (1 + r)C_0 \tag{6.7}$$

其中，r_Y、r_I 和 r 分别代表银行初始财富、净信贷资产和净货币资产的收益率水平，z_Y 和 z_I 则分别表示影响初始财富和净信贷资产收益率水平的随机扰动因素。同时，z_Y 和 z_I 都满足均值为 0 的正态分布，其方差分别为 σ_Y^2 和 σ_I^2。

假设银行的效用函数为 $U(W)$，将其在期初财富 W_0 处泰勒展开，可得期末财富 W_1 的期望效用水平为：

$$E[U(W_1)] = U(W_0) + U'(W_0)r_W W_0 + \frac{1}{2}U''(W_0)(\sigma_I^2 I_0^2 + 2\sigma_{IY}I_0 Y_0 + \sigma_Y^2 I_Y^2) \tag{6.8}$$

其中，r_W 为：

$$r_W = r_Y \frac{Y_0}{W_0} + r_I \frac{I_0}{W_0} + r \frac{C_0}{W_0} \tag{6.9}$$

当银行开展一笔交易规模为 Q 的存款业务（$deposit$）时，银行的净信贷资产减少 Q，净货币资产增加了 Q，利息支付减少了 $(1 + m_D - n_D)I_D Q$，净增加额为 $(n_D - 1 - m_D)I_D Q$。在这种情况下，代表性商业银行的期末财富效用水平为 $E[U(W_1 \mid deposit = Q)]$。通过计算 $E[U(W_1 \mid deposit = Q)]$ 与 $E[U(W_1)]$ 之间的差额，可以得出银行开展一笔交易规模为 Q 的存款业务所带来的期望效用增值为：

$$\Delta E[U(W_1 \mid deposit = Q)] = U'(W_0)(n_D - 1 - m_D)I_D Q + \frac{1}{2}U''(W_0)(\sigma_I^2 Q^2 - 2\sigma_I^2 I_0 Q) \tag{6.10}$$

当银行开展一笔交易规模为 Q 的贷款业务（$loan$）时，商业银行的净信贷资产增加 Q，净货币资产减少了 Q，利息收入增加了 $(1 + m_L - n_L)I_LQ$，净增加额为 $(1 + m_L - n_L)I_LQ$。在这种情况下，代表性商业银行的期末财富效用水平为 $E[U(W_1 \mid loan = Q)]$。通过计算 $E[U(W_1 \mid loan = Q)]$ 与 $E[U(W_1)]$ 之间的差额，可以得出银行开展一笔交易规模为 Q 的贷款业务（$non\text{-}inxterest$）所带来的期望效用增值为：

$$\Delta E[U(W_1 \mid loan = Q)] = U'(W_0)(1 + m_L - n_L)I_LQ + \frac{1}{2}U''(W_0)(\sigma_I^2 Q^2 + 2\sigma_I^2 I_0 Q)$$

(6.11)

同理可得，当银行的非利息业务价格水平为 b_N 时，开展一笔交易规模为 Q 的非利息业务（$non\text{-}interest$）所带来的期望效用增值为：

$$\Delta E[U(W_1 \mid non - interest = Q)] = U'(W_0)b_NQ + \frac{1}{2}U''(W_0)(\sigma_I^2 Q^2 + 2\sigma_I^2 I_0 Q)$$

(6.12)

进一步地，参考 Ho 和 Saunders（1981）、Maudos 和 Solís（2009）、刘莉亚等（2014）、彭建刚等（2016）的做法，本章假定银行存款业务、贷款业务和非利息业务的发生概率相互独立且服从泊松分布，其具体的设定形式为：

$$\lambda_D = \alpha_0 + \beta_0(1 + m_D - n_D)I_D + \gamma_0 m_D b_N \tag{6.13}$$

$$\lambda_L = \alpha_1 + \beta_1(1 + m_L - n_L)I_L + \gamma_1 m_L b_N \tag{6.14}$$

$$\lambda_N = \alpha_2 - \beta_2 b_N - \theta_0(1 + m_D - n_D)I_D + \theta_1(1 + m_L - n_L)I_L \tag{6.15}$$

其中，λ_D、λ_L 和 λ_N 分别代表银行存款业务、贷款业务和非利息业务的发生概率。β_0、β_1 和 β_2 分别代表存款业务、贷款业务和非利息业务对其各自价格水平的敏感程度。根据本章的研究目的，考虑到中央银行所允许的最大利率浮动比例将会影响到商业银行之间的竞争程度，非利息业务价格对商业银行存款业务和贷款业务发生概率的影响系数将有可能发生改变，所以将其交叉价格弹性系数分别设定为 $\gamma_0 m_D$ 和 $\gamma_1 m_L$。

商业银行通过调整 n_D、n_L 和 b_N 来最大化自身的期望效用水平，由于 $E[U(W_0)]$ 外生给定，所以目标函数可简化为期望效用的变化值 $\Delta E[U(W_1)]$，即：

$$\max_{n_s, n_L, b_s} \Delta E\left[U(W_1)\mid Q\right] = \lambda_D \Delta E\left[U(W_1)\mid deposit = Q\right] + \lambda_L \Delta E\left[U(W_1)\mid loan = Q\right] +$$

$$\lambda_N \Delta E\left[U(W_1 \mid non - interest = Q)\right] \tag{6.16}$$

将式（6.16）中的目标函数分别对 n_D、n_L 和 b_N 求偏导数，通过求解最优一阶条件可得最优的净息差水平 S 为：

$$S = (1 + m_L - n_L)I_L - (1 + m_D - n_D)I_D = \frac{\beta_0(\theta_1 + \gamma_1 m_L) + \beta_1(\theta_0 + \gamma_0 m_D)}{\beta_0 \beta_1}b_N +$$

$$\frac{\alpha_0}{2\beta_0} + \frac{\alpha_1}{2\beta_1} - \frac{R}{2}\sigma_I^2 Q + \frac{\beta_0 \theta_1 + \beta_1 \theta_0}{4\beta_0 \beta_1}R\sigma_I^2(Q + 2I_0) \tag{6.17}$$

其中，$R = U''/U'$，代表商业银行的绝对风险规避程度。从式（6.17）中可以看出，非利息收入对商业银行的净息差水平具有重要影响，其影响系数不仅取决于 β_0、β_1、γ_0、γ_1、θ_0 和 θ_1，同时还取决于利率市场化程度 m_D 和 m_L。

非利息业务对商业银行净息差的主要传导途径包括"交叉补贴效应"和"资源替代效应"两个方面。首先，从"交叉补贴效应"来看，银行在面临竞争时会有意识地降低一种产品的定价，从而达到销售更多相关产品的目的（Petersen and Rajan，1995；程茂勇、赵红，2012；李明辉等，2014）。其次，商业银行非利息收入增加还会产生"资源替代效应"，降低银行的净息差水平。根据理论模型可知，非利息业务对商业银行净息差的影响效果还受到利率市场化程度的影响。而本章主要利用利率市场化程度来衡量市场竞争状况，据此提出以下研究假设。

假设 1a：非利息业务对商业银行的净息差会产生负面影响。

假设 1b：随着银行业市场竞争度的变化，非利息业务对商业银行净息差的影响效果也会发生变化。

本章将非利息业务进一步区分为手续费及佣金业务和交易性业务两类。从业务的具体性质来看，手续费及佣金业务与传统的存贷款业务具有较强的关联性，例如结算及清算业务、银行卡业务、信用卡业务、理财业务和私人银行业务等都可与传统业务进行"捆绑销售"。而交易性业务与传统业务的关联性则相对较弱，但在一定程度上更容易受到市场因素的影响。例如，投资业务与传统业务的关联并不紧密，且易受市场利率的影响；汇兑业务与传统业务的关联也不紧密，且易受市场汇率的影响。

根据上文分析可知，在非利息业务影响商业银行净息差的两种途径中，"交叉补贴效应"更可能出现在与传统业务关联较为紧密的非利息业务中，而"资源替代效应"更可能出现在与传统业务关联较弱的非利息业务中。据此，本章提出如下研究假设。

假设2：手续费及佣金业务和交易性业务对商业银行净息差的影响存在差异化路径。

另外，在我国银行业中，各类银行在资产规模、资源约束、客户基数、成立时间、技术水平和政府政策方面都存在一些差异。其中，国有商业银行成立时间相对较早，而且受到国家政策的大力扶持，所以资产规模和客户基数都较为庞大，业务种类也较为齐全，在市场中处于支配性地位。而且由于国有商业银行设备齐全、信息化程度高，所以技术水平也相对较高。但是，由于国有商业银行的行政色彩较为浓厚，所以其一直存在人员冗杂、机构臃肿和效率低下等问题（刘莉亚等，2014）。而股份制商业银行成立时间比国有商业银行略晚，同时也受到了国家政策的扶持，但力度不及国有商业银行。股份制商业银行的资产规模和客户基数虽然少于国有商业银行，但总体上仍然远远大于地方性商业银行。另外，由于股份制商业银行的市场化程度相对较高，业务创新能力较强，在技术水平和经营理念方面也具有很大优势，所以其经营效率相对较高，在市场中具有很强的竞争力（王兵、朱宁，2011）。与以上两类银行相比，大多数地方性商业银行成立时间较晚，而且很多是在原来的城市信用社和农村信用社的基础上改制而成的，所以其资产规模和客户基数一般较小，而且网点分布较为集中，很少在异地开设分支机构。虽然近年来也有北京银行、南京银行、成都银行、甘肃银行、九江银行和紫金农商行等地方性商业银行在内地或者香港成功上市，但依然无法改变大部分地方性商业银行仅仅服务于地方经济的现状。同时，由于国家政策和自身实力的限制，地方性商业银行的业务种类一般比较少，而且技术水平普遍较低（刘莉亚等，2014；申创等，2020）。

鉴于以上差异，我们有理由相信在各类银行的经营过程中，其对存款业务、贷款业务和非利息业务发生概率的价格敏感程度存在显著差异。从理论模型的角度出发，各类银行的 β_0、β_1、γ_0、γ_1、θ_0 和 θ_1 可能存在差异，并最终导致各类银行非利息收入与净息差之间的关系存在明显不同，市场竞争度对各类银行净息差的影响也可能存在显著差异。据此，本章提出如下研究假设。

假设 3a：总体及分类非利息业务对各类商业银行净息差的影响存在异质性。

假设 3b：在非利息业务对净息差产生影响的过程中，市场竞争度产生的调节效应在各类银行之间存在异质性。

第二节　实证研究设计

一　变量选取与模型构建

（一）商业银行净息差变量

关于银行的净息差水平（NIM），本章借鉴 Ho 和 Saunders（1981）、Lepetit 等（2008）、刘莉亚等（2014）的做法，以净利息收入与总生息资产的比值作为相应的代理变量。该指标的优点是能够更加全面地反映银行的利息收入水平。其中，净利息收入等于总利息收入减去总利息费用。

（二）非利息业务变量

对于银行的非利息业务（NII），本章借鉴孙浦阳等（2011）、Apergis（2014）、申创和赵胜民（2018）的做法，选取非利息收入与营业收入的比值作为相应的代理变量。另外，在研究不同种类的非利息业务对银行净息差的影响时，本章将非利息业务分为手续费及佣金业务和交易性业务两类，并分别以手续费及佣金收入占营业收入的比重（NFC）和交易性收入占营业收入的比重（TNI）作为代理变量。

（三）市场竞争度变量

商业银行的净息差受到利率市场化的强烈影响，而且由于长期以来我国银行业的价格竞争都被利率管制束缚，所以利率市场化指数也能在一定程度上较好地衡量我国银行业的市场竞争状况。而且与 Boone 指数和经效率调整的 Lerner 指数等指标相比，利率市场化程度与商业银行净息差具有更紧密的关联性。因此，本章将以利率市场化程度作为市场竞争度的代理变量进行实证分析，以更准确地研究市场竞争环境下非利息业务对商业银行净息差的影响。另外，在稳健性检验部分，我们进一步采用 ELerner 指数作为替代变量进行实证分析，以保证结果的稳健性。

在衡量利率市场化程度方面，部分学者在研究中仅仅采用（0，1）虚拟变量作为其衡量指标（张宗益等，2012；李仲林，2015）。但是，由于我国的利率市场化进程是一个逐步推进的动态过程，利率市场化程度也在不断变化，所以采用这一指标并不合适（申创等，2020）。在当前的研究中，彭建刚等（2016）、蒋海和刘雅晨（2018）将利率水平分为四个维度，进而选择多个指标构建利率市场化体系，并在赋予各指标相应权重的基础上最终求得我国历年的利率市场化水平。该计算方法考虑的维度较为全面，而且能够反映利率市场化渐进演变的过程，得到了较为广泛的应用。

因此，本章借鉴彭建刚等（2016）、蒋海和刘雅晨（2018）的做法，同样采用多维指标赋权加总方法来计算我国 2007～2021 年的利率市场化指标（IRL）。首先，从存贷款利率、货币市场利率、债券市场利率和理财产品收益率四个维度选择 12 个指标来构建利率市场化体系，并依据各指标的重要程度赋予相应的权重。其次，考虑利率市场化的渐进演变态势，对指标体系中的各变量给予 0～1 的七级赋值，分别代表完全管制到完全市场化的七种状态（见表 6.1）。

表 6.1　利率市场化程度七级赋值

市场化程度	完全管制	极弱	较弱	半市场化	较强	极强	完全市场化
赋值	0	0～0.25	0.25～0.50	0.50	0.50～0.75	0.75～1	1

再次，在详细梳理我国 2007～2021 年利率市场化相关政策和具体实践的基础上，本章依据表 6.1 的赋值标准，并考虑政策实施的强度和频率，对各指标进行赋值（见表 6.2）。

表 6.2　利率市场化体系指标赋值

年份	人民币贷款	人民币存款	外币贷款	外币存款	同业拆借	票据贴现	债券发行	债券回购	现券交易	理财产品	货币基金	信托产品
2007	0.50	0.25	1.00	0.75	1.00	0.50	1.00	1.00	1.00	0.25	0.40	0.50
2008	0.50	0.25	1.00	0.75	1.00	0.50	1.00	1.00	1.00	0.25	0.50	0.60

续表

年份	人民币贷款	人民币存款	外币贷款	外币存款	同业拆借	票据贴现	债券发行	债券回购	现券交易	理财产品	货币基金	信托产品
2009	0.50	0.25	1.00	0.75	1.00	0.50	1.00	1.00	1.00	0.30	0.60	0.70
2010	0.50	0.25	1.00	0.75	1.00	0.50	1.00	1.00	1.00	0.40	0.70	0.80
2011	0.50	0.25	1.00	0.75	1.00	0.50	1.00	1.00	1.00	0.50	0.80	0.90
2012	0.60	0.40	1.00	0.75	1.00	0.50	1.00	1.00	1.00	0.60	0.90	1.00
2013	0.80	0.45	1.00	0.75	1.00	0.50	1.00	1.00	1.00	0.75	1.00	1.00
2014	0.80	0.50	1.00	0.75	1.00	1.00	1.00	1.00	1.00	0.80	1.00	1.00
2015	0.80	0.75	1.00	0.75	1.00	1.00	1.00	1.00	1.00	0.80	1.00	1.00
2016	0.80	0.75	1.00	0.75	1.00	1.00	1.00	1.00	1.00	0.90	1.00	1.00
2017	0.80	0.75	1.00	0.75	1.00	1.00	1.00	1.00	1.00	0.90	1.00	1.00
2018	0.80	0.75	1.00	0.75	1.00	1.00	1.00	1.00	1.00	1.00	1.00	1.00
2019	1.00	0.80	1.00	0.75	1.00	1.00	1.00	1.00	1.00	1.00	1.00	1.00
2020	1.00	0.80	1.00	0.75	1.00	1.00	1.00	1.00	1.00	1.00	1.00	1.00
2021	1.00	0.80	1.00	0.75	1.00	1.00	1.00	1.00	1.00	1.00	1.00	1.00

　　注：存贷款利率维度涵盖人民币贷款、人民币存款、外币贷款和外币存款 4 个指标，货币市场利率维度涵盖同业拆借、票据贴现 2 个指标，债券市场利率维度涵盖债券发行、债券回购、现券交易 3 个指标，理财产品收益率维度涵盖理财产品、货币基金和信托产品 3 个指标。

　　最后，对上述四个维度 12 个指标的得分进行加权求和，计算出每年的利率市场化水平。我们最终得到的利率市场化综合指数（IRL）如图 6.1 所示。从中可见，我国的利率市场化水平呈上升态势，尤其是在 2011～2015 年以及 2018～2019 年表现得较为明显，符合我国的现实状况。

（四）银行内部控制变量

　　根据做市商模型并借鉴相关文献，本章选取了以下变量作为银行内部特征层面的控制变量。首先，银行的风险规避程度是影响净息差水平的重要因素，因此我们选择资本资产比率（Equity-to-Asset Ratio，EA）作为相应的控制变量。一般情况下，较高的资本资产比率虽然能够降低银行的风险水平，但同时也削弱了银行的盈利能力，因此银行需要索取更高的净息差来弥补（Saunders and Schumacher，2000；Nguyen，2012），所以

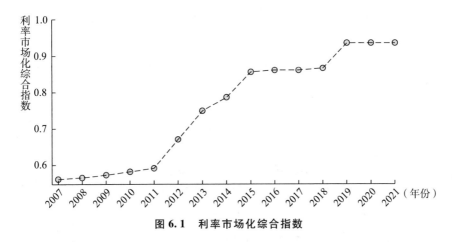

图 6.1 利率市场化综合指数

我们预期该变量的估计系数符号为正。其次，银行的资产结构对净息差水平也可能会产生重要影响，因此我们选择贷款资产比率（Loan-to-Asset Ratio，LA）作为相应的控制变量。商业银行贷款占比的提高可能会提升其利息收入水平和净息差水平，所以我们预期该变量的估计系数符号也为正。再次，银行的资产规模在一定程度上决定了客户群体、资产质量以及经营策略，从而影响其净息差水平，因此我们选择银行总资产的自然对数值（lnTA）作为相应的控制变量。由于大型商业银行所面临的客户群体的议价能力更强，而且部分大型商业银行还存在效率低下和资产质量较差的情况（周开国等，2008），所以我们预期该变量的估计系数符号为负。最后，管理效率也是影响商业银行净息差水平的重要因素，因此我们借鉴相关文献（申创等，2020）的做法，选择成本收入比（CIR）这一指标作为相应的代理变量。由于较高的成本收入比意味着较低的管理效率，所以我们预期该变量的估计系数符号为负。

（五）宏观经济控制变量

宏观经济运行状况也会影响商业银行的经营策略和企业的还款能力，其与银行的净息差水平息息相关。因此本章借鉴 Maudos 和 Solís（2009）、赵旭（2009）、Entrop 等（2015）、申创等（2020）的做法，选取实际 GDP 增长率（DGDP）和居民消费价格指数（CPI）作为代理变量，以控制宏观经济繁荣程度和价格水平因素的影响。其中，我们以 2007 年为基期对 CPI 进行了调整。

上述各变量的含义、计算方法及文献出处如表 6.3 所示。

表 6.3　变量含义及说明

变量类型	变量	含义	计算方法	文献出处
被解释变量	NIM	净息差水平	(总利息收入 - 总利息费用) / 总生息资产	Ho 和 Saunders（1981）、Lepetit 等（2008）、刘莉亚等（2014）
解释变量	IRL	市场竞争度（利率市场化程度）	四个维度 12 个指标的利率市场化指数加权均值	彭建刚等（2016）、蒋海和刘雅晨（2018）
	NII	非利息业务	非利息收入/营业收入	
	NFC	手续费及佣金业务	手续费及佣金收入/营业收入	Apergis（2014）、孙浦阳等（2011）、申创和赵胜民（2018）
	TNI	交易性业务	交易性收入/营业收入	
银行内部控制变量	LA	贷款资产比率	总贷款/总资产	Maudos 和 Solís（2009）、周开国等（2008）、赵旭（2009）
	EA	资本资产比率	权益资本/总资产	Angbazo（1997）、Nguyen 和 Mathur（2012）、刘莉亚等（2014）
	lnTA	总资产规模	ln（总资产）	周开国等（2008）、Nguyen（2012）
	CIR	成本收入比	成本收入比	Maudos 和 Solís（2009）、程茂勇和赵红（2010）
宏观经济控制变量	DGDP	实际 GDP 增长率	GDP 增长率	Entrop 等（2015）、赵旭（2009）、李仲林（2015）
	CPI	居民消费价格指数	居民消费价格指数	

（六）模型构建

由于银行的利息收入一般具有连续性特征（Athanasoglou et al.，2008），而且银行净息差与非利息收入之间可能存在逆向因果的内生性问题，所以本章建立了动态面板模型，并使用系统 GMM 方法进行实证估计，以期能够在一定程度上克服上述问题。另外，动态面板系统 GMM 方法还能解决模型中存在的序列相关问题和异方差问题，提高实证分析结果的准确性（Wooldridge，2010；李明辉等，2014）。具体模型设定如下：

$$NIM_{it} = \Phi_0 + \sum \Phi_0 NIM_{i,t-j} + \varphi_1 IRL_{it} + \varphi_2 NII_{it} + \varphi_n \sum_{n=3}^{8} X_{nit} + \delta_{it} \quad (6.18)$$

$$NIM_{it} = \Phi_0 + \sum \Phi_0 NIM_{i,t-j} + \varphi_1 IRL_{it} + \varphi_2 NFC_{it} + \varphi_n \sum_{n=3}^{8} X_{nit} + \delta_{it} \quad (6.19)$$

$$NIM_{it} = \Phi_0 + \sum \Phi_0 NIM_{i,t-j} + \varphi_1 IRL_{it} + \varphi_2 TNI_{it} + \varphi_n \sum_{n=3}^{8} X_{nit} + \delta_{it} \quad (6.20)$$

其中，$NIM_{i,t-j}$ 表示 i 银行第 t 期净息差的 j 阶滞后项，$\sum \Phi_j NIM_{i,t-j}$ 表示 NIM 的 $1 \sim j$ 阶滞后项与系数项乘积之和，j 由模型的序列相关检验和过度识别检验确定。IRL_{it} 代表市场竞争度（利率市场化程度），NII 代表总体非利息业务发展水平，NFC 和 TNI 分别代表手续费及佣金业务发展水平和交易性业务发展水平。X_{nit} 代表上文中所选取的一系列控制变量，δ_{it} 则代表随机误差项。

进一步地，本部分在模型中引入非利息业务与市场竞争度的交互项，以分析市场竞争环境的调节效应，即随着市场竞争度的变化，非利息业务对银行净息差的影响将会如何变化：

$$NIM_{it} = \Phi_0 + \sum \Phi_0 NIM_{i,t-j} + \varphi_1 IRL_{it} + \varphi_2 NII_{it} + \Phi NII \times IRL_{it} + \varphi_n \sum_{n=3}^{8} X_{nit} + \delta_{it}$$
$$(6.21)$$

$$NIM_{it} = \Phi_0 + \sum \Phi_0 NIM_{i,t-j} + \varphi_1 IRL_{it} + \varphi_2 NFC_{it} + \Phi NFC \times IRL_{it} + \varphi_n \sum_{n=3}^{8} X_{nit} + \delta_{it}$$
$$(6.22)$$

$$NIM_{it} = \Phi_0 + \sum \Phi_0 NIM_{i,t-j} + \varphi_1 IRL_{it} + \varphi_2 TNI_{it} + \Phi TNI \times IRL_{it} + \varphi_n \sum_{n=3}^{8} X_{nit} + \delta_{it}$$
$$(6.23)$$

对上述调节效应进行实证分析时，为了降低交互项产生的多重共线性，我们对 IRL 以及各非利息业务变量进行了去中心化处理。

二　样本、数据及描述性统计

在选取样本的过程中，考虑到我国的新会计准则自 2007 年开始实施，许多指标的统计口径发生变化，因此本章选取我国 2007~2021 年166 家商业银行的非平衡面板数据进行研究。样本银行的内部特征变量数据主要来源于 Wind 金融数据库和各商业银行年报，其他宏观及行业变量数据来源于《中国统计年鉴》和中国人民银行网站。另外，为避免异常值的影响，本章进行上下各 1% 的 Winsorize 缩尾处理。经过上述处理，本章最后共获得 1652 个"银行—年度"观测值，在动态面板中损失了少量样本，共计得到 1389 个观测值。

表 6.4 给出了各变量的描述性统计。从非利息业务发展水平来看，总体非利息收入占比（NII）的均值为 21.33%，最小值为 −2.022%，最大值为 87.05%；从分类的非利息业务来看，手续费及佣金收入占比（NFC）的最小值和最大值分别为 −7.383% 和 27.43%，交易性收入占比（TNI）的最小值和最大值分别为 −2.465% 和 84.31%。此外，我们根据数据进一步分析了不同类型银行的具体情况，发现各类银行之间的描述性统计值也存在较大差异。这说明我国银行业的非利息业务发展水平极不均衡，存在两极分化的现象。另外，我国银行业在贷款资产比、资本状况、资产规模和管理效率等方面也都存在较大差异。

表 6.4　变量描述性统计

变量	均值	标准差	最小值	25%分位数	50%分位数	75%分位数	最大值	样本量
NIM	2.760	0.982	0.448	2.120	2.630	3.270	8.049	1652
NII	21.33	17.62	−2.022	8.683	16.83	28.93	87.05	1652
NFC	6.593	7.02	−7.383	1.619	4.433	10.28	27.43	1624
TNI	14.64	17.61	−2.465	2.214	8.184	20.21	84.31	1624
IRL	0.800	0.120	0.561	0.749	0.855	0.865	0.935	1652
ELerner	0.428	0.218	−0.679	0.300	0.454	0.582	0.924	1652
LA	0.484	0.097	0.226	0.423	0.496	0.556	0.712	1647
EA	7.253	1.764	3.321	6.087	7.093	8.170	14.64	1652
lnTA	12.01	1.763	8.250	10.73	11.66	12.95	16.55	1652
CIR	34.64	7.519	19.24	29.58	33.65	38.76	65.09	1651
DGDP	7.440	1.878	2.20	6.800	7.00	7.900	14.20	1652
CPI	102.3	1.254	99.30	101.6	102.1	102.6	105.9	1652

注：TA 单位为百万元，其余变量除 IRL、ELerner 和 CPI 外，单位均为%。

从净息差来看，我国商业银行的净息差（NIM）均值为 2.760%，最小值为 0.448%，最大值则为 8.049%，存在较大差异。为了进一步了解我国商业银行净息差的变化趋势，我们在图 6.2 中绘制了全部银行及分类银行样本的净息差年度均值的时间趋势图。从图中可以看出，首先，对于全部银行样本，我国银行业净息差总体上呈下降趋势。具体来看，净息差水平从 2007 年开始有所上升，然后在 2009 年大幅下滑，其后逐步恢复并在 2011～2014 年保持平稳，但在 2015 年之后又开始大幅下滑，直至 2017 年其下滑趋势才较为平缓。分析其原因，2009 年净息差水平的急剧下降主要是由于受到金融危机的影响。虽然在 2008 年我国已经开始受到金融危机的冲击，但商业银行的贷款收益一般具有时滞性特征，所以在 2009 年才开始出现净息差的大幅度下降。2012～2015 年，央行逐步取消了金融机构的贷款利率下限和存款利率上限，可能会降低商业银行的资产收益并提高其负债成本。因此，净息差在 2015 年及之后也呈现急剧下滑的趋势。2019 年之后，新冠疫情对经济发展造成了重大冲击，同时又显著促进了数字金融的迅速发展，银行业举步维艰，净息差水平进一步下滑。其次，从分类银行样本的具体情况来看，各类银行净息差的变化趋势与总体的变化趋势基本一致，但地方性商业银行的下降趋势更加显著。这说明在利率市场化进程中，地方性商业银行受到了较大冲击。从具体的数值来看，国有商业银行和股份制商业银行的净息差水平较为接近，地方性商业银行的净息差水平则相对较高。但在 2019 年之后，股份制商业银行与地方性商业银行的净息差水平较为接近，略高于国有商业

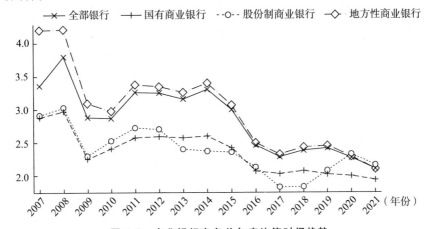

图 6.2　商业银行净息差年度均值时间趋势

银行。其原因可能在于国有商业银行承担着较多的政策使命，在后疫情时期较好地执行了发放低息贷款、给予部分客户减息免息或者允许客户延期付息等政策要求。从 2021 年的数据来看，各类银行的净息差水平有趋同之势。

第三节　非利息业务对银行净息差影响的实证分析

一　全部银行样本下的基准分析

（一）非利息业务对商业银行净息差的影响

表 6.5 报告了在全部银行样本下的实证回归结果，Panel A、Panel B 和 Panel C 分别对应以总体非利息业务、手续费及佣金业务和交易性业务作为自变量的回归结果，每一个面板的第一列为基准模型回归结果，第二列则是加入了 *IRL* 和 *NII*、*NFC* 以及 *TNI* 交互项之后的回归结果（本章下文皆同）。在回归过程中，我们使用了动态面板系统 GMM 估计方法，并将非利息业务作为内生变量，以期能够在一定程度上解决内生性问题。

在非利息业务对银行净息差的影响方面，Panel A、Panel B 和 Panel C 的基准回归模型中 *NII*、*NFC* 和 *TNI* 的估计系数均显著为负。这说明从全部银行样本来看，总体非利息业务和分类非利息业务的发展都对银行净息差产生了显著的负向影响，验证了研究假设 1a。从具体的影响机制来看，其主要传导途径包括"交叉补贴效应"和"资源替代效应"两个方面。首先，从"交叉补贴效应"来看，银行在面临竞争时会有意识地降低某一产品的定价，从而达到销售更多相关产品的目的（Petersen and Rajan，1995；程茂勇、赵红，2012；李明辉等，2014）。在实际经营活动中，部分银行会选择降低传统业务产品尤其是贷款业务产品的价格，吸引新客户或者与已有客户建立长期关系，进而通过提高非利息收入来弥补相关损失（Petersen and Rajan，1995；Lepetit et al.，2008；Maudos and Solís，2009）。我国商业银行在经营过程中同样会采取这种策略（程茂勇、赵红，2012；刘莉亚等，2014）。例如，许多商业银行在开展贷款业务或者部分通道业务的过程中，会制定相对较低的利息价格来吸引企业，同时又通过收取较高的手续费或者财务顾问费用来弥补价格损失。其次，商业银行非利息业务的发展还会产生"资源替代效应"，降低银行的净息差水平。与国外银行业不同，我国银行业的发展历史相对较短，市场化经营程度相对较低，各银行在发展非利息业务方面也起步较晚。因此，商业银行在发展非利息业务的过程中必然会占用传统业务的一些人力资源、技术资源、设备资源以及资金资源，这对银行的净息差水平产生了负面影响。

表6.5 非利息业务对商业银行净息差的影响（全部银行）

变量	Panel A 总体非利息业务		Panel B 手续费及佣金业务		Panel C 交易性业务	
	NIM	NIM	NIM	NIM	NIM	NIM
L. NIM	0.540***	0.512***	0.590***	0.547***	0.525***	0.493***
	(0.0473)	(0.0471)	(0.0559)	(0.0630)	(0.0475)	(0.0571)
NII	-0.0052***	-0.0115***				
	(0.00185)	(0.00366)				
NFC			-0.0162*	0.00811		
			(0.00940)	(0.0140)		
TNI					-0.0061***	-0.0117**
					(0.00193)	(0.00524)
$NI \times IRL$		-0.0680*		-0.223*		-0.118**
		(0.0369)		(0.116)		(0.0552)
IRL	-0.552***	-0.460*	-0.827***	-0.941***	-0.506***	-0.237
	(0.172)	(0.268)	(0.220)	(0.317)	(0.162)	(0.410)
LA	1.003***	1.070***	0.910***	1.178***	1.115***	1.432***
	(0.265)	(0.302)	(0.343)	(0.324)	(0.272)	(0.339)
EA	0.0467**	0.0383**	0.0563***	0.0686***	0.0501**	0.0276
	(0.0194)	(0.0191)	(0.0211)	(0.0223)	(0.0202)	(0.0212)

续表

变量	Panel A 总体 非利息业务		Panel B 手续 费及佣金业务		Panel C 交易性业务	
	NIM	*NIM*	*NIM*	*NIM*	*NIM*	*NIM*
ln*TA*	−0.0682 ***	−0.0748 ***	−0.00512	−0.0692	−0.0861 ***	−0.124 ***
	(0.0156)	(0.0159)	(0.0373)	(0.0488)	(0.0200)	(0.0275)
CIR	−0.0173 ***	−0.0167 ***	−0.0171 ***	−0.0213 ***	−0.0165 ***	−0.0147 ***
	(0.00354)	(0.00367)	(0.00349)	(0.00485)	(0.00365)	(0.00423)
DGDP	0.00843 *	0.0147 ***	0.00813	0.00124	0.00873 *	0.0218 ***
	(0.00468)	(0.00549)	(0.00520)	(0.00522)	(0.00456)	(0.00661)
CPI	0.101 ***	0.103 ***	0.100 ***	0.0785 ***	0.102 ***	0.123 ***
	(0.0120)	(0.0136)	(0.0132)	(0.0161)	(0.0115)	(0.0153)
常数项	−8.044 ***	−8.605 ***	−8.720 ***	−6.384 ***	−8.079 ***	−10.22 ***
	(1.453)	(1.553)	(1.683)	(2.136)	(1.410)	(1.832)
N	1389	1389	1367	1367	1367	1367
AR（1）	0.000	0.000	0.000	0.000	0.000	0.000
AR（2）	0.002	0.006	0.003	0.006	0.006	0.041
Hansen	0.011	0.007	0.038	0.102	0.020	0.000

注：***、**、*分别表示在1%、5%、10%的水平下显著，括号中为估计系数对应的稳健标准误。L. 表示滞后一期。在 Panel A、Panel B 和 Panel C 中，$NI \times IRL$ 分别对应 $NII \times IRL$、$NFC \times IRL$ 和 $TNI \times IRL$。AR（1）、AR（2）及 Hansen 检验中给出的是其统计量所对应的 p 值。

　　与以上两种效应相对应，不同种类的非利息业务对银行净息差的影响路径可能存在显著差异，这主要是由两类非利息业务的性质差异决定的。手续费及佣金业务与传统利息业务收入的联系较为紧密，例如手续费及佣金收入中的银行卡收入、私人银行业务收入以及结算、清算和现金管理业务收入都与传统利息收入相关性极强，容易出现"捆绑销售"的现象（Stiroh，2004；申创等，2020）。所以，银行在采用"交叉补贴"策略时，通常做法是先通过降低贷款溢价的方式来吸引客户，然后通过提高手续费及佣金收入来弥补损失。另外，与交易性业务相比，我国商业银行的手续费及佣金业务的起步相对较早，再加上与传统业务的紧密联系,所以需要投入的资源也相对较少,因此手续费及佣金收入所带来的"资源替代效应"并不明显。与之相反,交易性业务与传统业务的联系相对较弱,例如交易性收入中的投资收益、汇兑损益以及公允价值变动损益等都具有较高的独立性,所以交易性收入所带来的"交叉补贴效应"并不明显。与手续费及佣金业务相比,我国商业银行的交易性业务起步较晚,很多银行仍处于"摸着石头过河"的阶段。所以,在发展此类业务的过程中会占用商业银行较多的人力资源、技术资源、设备资源以及资金资源,产生强烈的"资源替代效应"。因此,综合来看,手续费及佣金业务主要通过"交叉补贴效应"来影响商业银行的净息差水平,而交易性业务则主要通过"资源替代效应"来影响商业银行的净息差水平。为了进一步验证这一结论,我们将在下文的分类银行样本中再次分析这一问题。其原理在于,不同类型银行的资源约束存在显著差异,可能会对"资源替代效应"产生重要影响。

(二)市场竞争环境的影响及其调节效应

从表 6.5 总体样本的基准回归结果还可以看出,Panel A、Panel B 和 Panel C 中 *IRL* 的系数均显著为负。这说明市场竞争度的提升对商业银行净息差也产生了显著的负向影响,这主要是由于 2005 年之后我国的利率市场化改革主要针对的是商业银行的存款利率浮动上限和贷款利率浮动下限。利率市场化程度的加深引致市场竞争的加剧,提高了商业银行的负债成本,降低了商业银行的资产收益(肖欣荣、伍永刚,2011;李宏瑾,2015),同时还影响了商业银行的生息资产结构。在以上因素的共同作用下,商业银行的净息差水平不断降低。首先,从存款市场来看,市场竞争的加剧进一步提高了银行的负债成本。长期以来,我国的商业银行始终将存款作为主要的资金来源,而且由于存款利率管制的存在,银行的存款利率始终偏离市场水平。随着利率市场化程度的不断提高,尤其是在 2012 年之后我国逐步放开了金融机构存款利率的浮动上限,商业银行对存款业务拥有更大的自主定价权,导致银行间负债业务的竞争压力进一步增大(李宏瑾,2015)。另外,"余额宝"等众多互联网金融产品的出现也使得货币市场利率的市场化程度进一步提高,银行吸收资金的成本也进一步增大。其次,从贷款市场来看,市场竞争度的提升降低了银行的资产收益。在我国金融市场中,银行业始终处于主导地位。截至 2022 年 12 月末，我国银行业金融机构总资产高达 379. 39 万亿元，占金融业总资产的比重依然高达 90%。[①] 在企业的融资结构中，银行贷款始终占据较大比例。商业银行在发放贷款的过程中占据优势地位，尤其是中小型银行的这一优势更加明显，所以企业的议价能力明显偏弱。2013 年 7 月，央行放开了贷款利率的浮动下限，贷款市场的利率市场化程度进一步提高。商业银行在贷款市场上的优势逐步减弱，企业拥有了更强的议价能力，银行贷款业务的收益必然会降低。另外，数字金融的迅速发展拓宽了客户的融资渠道，提升了其金融可得性，在一定程度上动摇了商业银行过去多年拥有的垄断地位。由数字金融兴起带来的无中介、期限短、无抵押的优势，对银行贷款业务产生了一定的"挤出效应"。在图 6.3 中，我们根据北京大学数字金融研究中心测算的数字金融发展指数，求其年度均值并绘制时间趋势图。从中可以看出，近年来数字金融发展极其迅速，这不可避免地会提升金融业的市场竞争程度，进而对传统商业银行的净息差水平造成负面影响。

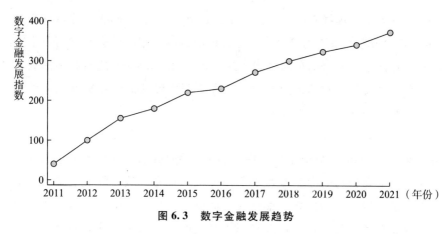

图 6.3　数字金融发展趋势

在市场竞争环境的调节效应方面，表 6.5 的 Panel A、Panel B 和 Panel C 中 $NII \times IRL$、$NFC \times IRL$ 和 $TNI \times IRL$ 的系数均显著为负，这说明随着市场竞争度的提升，非利息收入对银行净息差的负向替代作用进一步增强，验证了研究假设 1b。究其原因，主要是利率市场化程度加深之后，银行间的价格竞争更加激烈，银行普遍开始发展非利息业务，从而

---

　① 数据来源于 Wind 金融数据库。

使得非利息业务市场的竞争也日趋激烈，此时银行提高非利息收入所要付出的代价就更大。首先，从交叉补贴的角度来看，市场竞争度越高，非利息业务竞争越激烈，银行增加一单位非利息收入所需要付出的存贷款价格补贴就越高，因此会降低银行的净息差水平；其次，从资源替代的角度来看，市场竞争度越高，银行增加一单位非利息收入所需要占用的人力、技术和资金资源就越多，对传统利息收入造成的冲击就越大，也会降低银行的净息差水平。

另外，从控制变量的情况来看，LA 的估计系数均显著为正，说明贷款资产比率与银行净息差之间同样存在显著的正相关关系。EA 的估计系数均为正值且在大多数方程中具有显著性，表明资本资产比率和净息差之间存在显著的正相关关系。$\ln TA$ 的估计系数均为负值且在多数方程中具有显著性，表明资产规模的提升对银行净息差产生了显著的负向影响，与图 6.2 中所表现出的实际情况具有一致性。CIR 的估计系数均显著为负，表明商业银行在实际经营过程中管理效率与净息差水平之间存在显著的正相关关系。$DGDP$ 的估计系数均为正值且在大多数回归中具有显著性，这说明经济繁荣程度的提升会对银行净息差产生明显的正向影响。CPI 的估计系数均显著为正，说明通货膨胀水平与银行净息差之间存在显著的正相关关系。

二　各类银行间的异质性分析

表 6.6 和表 6.7 分别报告了国有及股份制商业银行样本和地方性商业银行样本的实证回归结果。

在总体非利息业务对银行净息差的影响方面，表 6.6 和表 6.7 中 NII 的估计系数均显著为负。这说明从总体上来看，非利息业务的发展同时降低了国有商业银行、股份制商业银行和地方性商业银行的净息差水平，再次验证了研究假设 1a。与之不同的是，分类非利息业务对银行净息差的影响在不同类型的银行之间出现了差异，验证了研究假设 2 和研究假设 3a。从表 6.6 中可以看出，对于国有及股份制商业银行样本，Panel B 中 NFC 的估计系数至少在 5% 的水平下显著为负，Panel C 中 TNI 的估计系数均为负值但并不显著；从表 6.7 中可以看出，对于地方性商业银行样本，Panel B 中 NFC 的估计系数均为负值但并不显著，Panel C 中 TNI

的估计系数至少在 5% 的水平下显著为负。

表 6.6 非利息业务对商业银行净息差的影响（国有及股份制商业银行）

变量	Panel A 总体非利息业务		Panel B 手续费及佣金业务		Panel C 交易性业务	
	NIM	NIM	NIM	NIM	NIM	NIM
L. NIM	0.476***	0.437***	0.596***	0.579***	0.543***	0.696***
	(0.0659)	(0.0567)	(0.0500)	(0.0528)	(0.0707)	(0.0721)
NII	-0.0139***	-0.0129***				
	(0.00328)	(0.00373)				
NFC			-0.0149***	-0.0138**		
			(0.00573)	(0.00633)		
TNI					-0.0133	-0.0100
					(0.0118)	(0.0100)
NI×IRL		-0.0463		-0.0840***		0.0780
		(0.0385)		(0.0260)		(0.0504)
IRL	0.151	0.188	0.262	1.110***	-0.0550	0.673
	(0.279)	(0.307)	(0.222)	(0.389)	(0.442)	(0.600)
LA	0.493*	0.743**	0.244	0.534	0.630	0.258
	(0.289)	(0.375)	(0.347)	(0.418)	(0.498)	(0.384)
EA	0.00437	-0.00454	-0.0113	-0.0224	0.00659	0.0280
	(0.0306)	(0.0347)	(0.0320)	(0.0349)	(0.0375)	(0.0325)
lnTA	0.0208	0.00565	0.0192	-0.00799	0.0277	0.0133
	(0.0295)	(0.0402)	(0.0269)	(0.0375)	(0.0312)	(0.0281)
CIR	-0.00596**	-0.00648**	-0.00733**	-0.0087***	-0.00182	-0.00240
	(0.00279)	(0.00257)	(0.00307)	(0.00333)	(0.00359)	(0.00400)
DGDP	0.0127***	0.0149***	0.0136**	0.0164***	0.00741	0.00662
	(0.00493)	(0.00514)	(0.00543)	(0.00464)	(0.00712)	(0.00788)
CPI	0.0958***	0.0996***	0.103***	0.105***	0.103***	0.101***
	(0.00930)	(0.0116)	(0.0102)	(0.00969)	(0.00899)	(0.00879)

续表

变量	Panel A 总体非利息业务		Panel B 手续费及佣金业务		Panel C 交易性业务	
	NIM	NIM	NIM	NIM	NIM	NIM
常数项	-8.900***	-9.176***	-9.740***	-9.434***	-10.18***	-10.26***
	(1.130)	(1.273)	(1.233)	(1.276)	(1.129)	(1.077)
N	213	213	213	213	213	213
AR (1)	0.014	0.018	0.008	0.010	0.006	0.002
AR (2)	0.014	0.013	0.049	0.049	0.009	0.016
Hansen	0.906	0.881	1.000	0.999	0.828	0.982

注：***、**、*分别表示在1%、5%、10%的水平下显著，括号中为估计系数对应的稳健标准误。L. 表示滞后一期。在 Panel A、Panel B 和 Panel C 中，$NI \times IRL$ 分别对应 $NII \times IRL$、$NFC \times IRL$ 和 $TNI \times IRL$。AR（1）、AR（2）及 Hansen 检验中给出的是其统计量所对应的 p 值。

表 6.7　非利息业务对商业银行净息差的影响（地方性商业银行）

变量	Panel A 总体非利息业务		Panel B 手续费及佣金业务		Panel C 交易性业务	
	NIM	NIM	NIM	NIM	NIM	NIM
L. NIM	0.513***	0.476***	0.593***	0.589***	0.505***	0.467***
	(0.0527)	(0.0662)	(0.0474)	(0.0480)	(0.0518)	(0.0672)
NII	-0.0065***	-0.0127*				
	(0.00207)	(0.00747)				
NFC			-0.0104	-0.0119		
			(0.00934)	(0.00870)		
TNI					-0.0069***	-0.0122**
					(0.00208)	(0.00601)
NI × IRL		-0.169**		0.0470		-0.144**
		(0.0738)		(0.0404)		(0.0630)
IRL	-0.519**	-0.401	-0.617***	-0.530**	-0.456**	0.0494
	(0.210)	(0.609)	(0.210)	(0.221)	(0.200)	(0.441)
LA	0.940***	1.099**	0.912**	0.910**	1.101***	1.335***
	(0.326)	(0.434)	(0.375)	(0.373)	(0.321)	(0.410)

续表

变量	Panel A 总体 非利息业务		Panel B 手续 费及佣金业务		Panel C 交易性业务	
	NIM	NIM	NIM	NIM	NIM	NIM
EA	0.0448 **	0.0235	0.0511 **	0.0506 **	0.0500 **	0.0264
	(0.0205)	(0.0225)	(0.0215)	(0.0214)	(0.0217)	(0.0233)
lnTA	− 0.113 ***	− 0.148 ***	− 0.0408	− 0.0458	− 0.122 ***	− 0.191 ***
	(0.0287)	(0.0461)	(0.0345)	(0.0352)	(0.0319)	(0.0485)
CIR	− 0.0204 ***	− 0.0195 ***	− 0.0181 ***	− 0.0178 ***	− 0.0197 ***	− 0.0184 ***
	(0.00376)	(0.00517)	(0.00380)	(0.00378)	(0.00377)	(0.00497)
DGDP	0.00753	0.0236 ***	0.00960	0.0104	0.00888	0.0233 ***
	(0.00620)	(0.00830)	(0.00645)	(0.00645)	(0.00606)	(0.00881)
CPI	0.102 ***	0.118 ***	0.116 ***	0.119 ***	0.104 ***	0.131 ***
	(0.0163)	(0.0216)	(0.0180)	(0.0180)	(0.0157)	(0.0222)
常数项	− 7.373 ***	− 9.062 ***	− 10.08 ***	− 10.90 ***	− 7.696 ***	− 10.08 ***
	(1.992)	(2.776)	(2.099)	(2.004)	(1.915)	(2.802)
N	1176	1176	1154	1154	1154	1154
AR (1)	0.000	0.000	0.000	0.000	0.000	0.000
AR (2)	0.003	0.030	0.006	0.006	0.008	0.068
Hansen	0.060	0.001	0.164	0.149	0.066	0.001

注：***、**、* 分别表示在1%、5%、10%的水平下显著，括号中为估计系数对应的稳健标准误。L. 表示滞后一期。在 Panel A、Panel B 和 Panel C 中，$NI \times IRL$ 分别对应 $NII \times IRL$、$NFC \times IRL$ 和 $TNI \times IRL$。AR（1）、AR（2）及 Hansen 检验中给出的是其统计量所对应的 p 值。

这一结果表明，对于国有商业银行和股份制商业银行，手续费及佣金业务发展对其净息差水平产生了显著的负向影响，但交易性业务发展对其净息差水平的影响并不显著；对于地方性商业银行，交易性业务的发展对其净息差水平产生了显著的负向影响，但手续费及佣金业务的发展对其净息差水平的影响并不显著。这再次验证了我们上文的结论，即手续费及佣金业务主要通过"交叉补贴效应"来影响商业银行的净息差水平，而交易性业务则主要通过"资源替代效应"来影响商业银行的净息差水平。其原因在于，手续费及佣金业务与传统业务具有紧密联系，国有商业银行和股份制商业银行依托其良好的市场声誉、数量庞大的客户群体、遍布全国的网点，在手续费及佣金业务的发展方面具有巨大优势。而与之相反，地方性商业银行主要服务于当地的金融需求，网点较少，在发展手续费及佣金业务方面较为逊色。因此，与地方性商业银行相比，手续费及佣金业务的发展对国有及股份制商业银行净息差的影响更加明显。

与之不同的是，交易性业务则主要通过占用传统业务人力、技术、设备和资金等资源，对银行净息差产生"资源替代效应"。但是，由于各类银行在资源约束状况上存在很大差异，所以交易性业务带来的"资源替代效应"在国有商业银行和股份制商业银行样本中并不明显，但在地方性商业银行样本中却十分显著。首先，在人力、技术和设备等资源方面，由于国有商业银行和股份制商业银行实力雄厚、设备齐全，而且员工的学历和能力也相对较高，整体的技术水平和研发能力都优于地方性商业银行，所以在开展交易性业务的过程中对传统业务的人力和技术资源占用较少。其次，由于国有商业银行和股份制商业银行总体规模较大，经营区域面向全国，网点数量多且客户基数大，其资金来源较为丰富（刘莉亚等，2014），在这方面的约束相对宽松，所以在开展交易性业务的过程中对传统业务产生的资金替代效应并不明显；与之相反，多数地方性商业银行规模较小且网点较少，资金本身就十分紧缺，再加上服务对象多为地方中小企业和个人客户，客户群体较为固定，所以在发展交易性业务时必然会大量占用传统业务的资金。例如，许多地方性商业银行在发行自营理财产品时多向原有存款客户进行推荐，这就导致传统存款业务的资金转向交易性业务。最后，国有商业银行和股份制商业银行的交易性业务起步较早且种类齐全，发展较为全面。而地方性商业银行则由于自身实力和政策原因，许多交易性业务刚刚起步。例如，许多城市商业银行如东营银行和郑州银行等，截至2021年末尚未开展海外投资业务，而且其衍生金融资产业务收入和汇兑损益也是微乎其微；许多农村商业银行在2017年之后才开通电子银行业务，在信息化高度发达的金融体系中，这对其投资与汇兑业务的发展无疑是一大障碍。因此，由于起步较晚，地方性商业银行在发展交易性业务的过程中需要投入大量的人力和资金，也会对传统业务和净息差水平产生较强的"资源替代效应"。

为了更加清楚地说明手续费及佣金业务和交易性业务对各类商业银行净息差的影响路径，我们绘制了相应的影响机制图（见图6.4）。

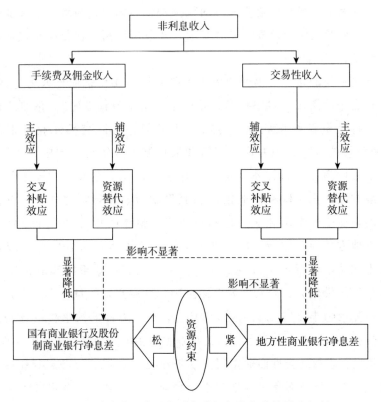

图6.4　分类非利息业务对各类银行净息差的影响机制

另外，从表6.6的国有及股份制商业银行样本中可以看出，Panel A、Panel B 和 Panel C 中 *IRL* 的系数大多为正值，仅在 Panel C 第一列中为负；从显著性来看，*IRL* 的系数大部分不显著，仅在 Panel B 第二列中具备显著性。从表6.7的地方性商业银行样本中可以看出，大部分回归方程中 *IRL* 的系数显著为负，在 Panel A 第二列中虽不显著但依然为负值。这说明市场竞争度的提升对各类商业银行净息差的冲击程度存在较大差异。具体而言，随着利率市场化程度的加深和市场竞争度的提升，地方性商业银行的净息差水平受到的负面冲击最大且显著性最强，但对国有及股份制商业银行而言，其影响并不明显。这与我们在图6.2中所观测到的趋势具有一致性。这主要是由于利率市场化压缩了银行的利润空间，银行业的价格竞争和客户资源竞争更加激烈（李宏瑾，2015）。商业银行纷纷开始挖掘潜在的客户群体，进一步争抢优质的小微企业客户和个人客户资源，以弥补净息差的下降。在这一过程中，国有商业银行和股份制商业银行的实力相对较强，与许多优质客户都建立了长期稳定的合作关系，在维护原有客户群体的基础上，甚至能够争取到新的客户资源，所以市场竞争度的提升对其净息差水平的影响相对较小；与之相反，地方性商业银行的实力相对较弱，而且主要是以地方小微企业和个人客户作为服务对象，在这一过程中所面临的客户资源流失问题十分严重，所以市场竞争度的提升对其净息差水平产生了较大的负面冲击。总之，由于国有商业银行、股份制商业银行和地方性商业银行的总体实力依次减弱，所以市场竞争度提升所带来的冲击依次增大。

在市场竞争环境的调节效应方面，从表6.6中可以看出，对于国有及股份制商业银行，$NII \times IRL$ 和 $TNI \times IRL$ 的估计系数分别为负值和正值但均不显著，$NFC \times IRL$ 的估计系数则显著为负；从表6.7中可以看出，对于地方性商业银行，$NII \times IRL$ 和 $TNI \times IRL$ 的系数均在5%的水平下显著为负。这说明随着市场竞争度的提升，非利息业务对净息差的负向替代作用进一步增强，但这种效应在地方性商业银行中表现得更加明显；对于国有及股份制商业银行，这种效应仅在手续费及佣金业务对净息差的影响方面得到一定程度的体现。

这与上文所分析的不同类型银行在 TNI 和 IRL 的估计系数上的差异具有一致性。究其原因，主要是国有商业银行和股份制商业银行在资产规模、资金约束、客户基数、技术水平等方面具有很大优势，在开展非利息业务时较为容易（刘莉亚等，2014；申创、赵胜民，2017a）；同时，由于规模经济效应和范围经济效应的存在，国有商业银行和股份制商业银行在开展非利息业务时对人力、技术和资金等资源的占用相对较少，单位成本更低（李宏瑾，2015），所以非利息业务对净息差的替代作用相对较弱，而且在利率市场化程度加深之后，这一效果也没有明显增强。与之相反，地方性商业银行由于存在天然劣势，在开展非利息业务的过程中对传统业务的负面影响较为明显，所以非利息业务对其净息差的替代作用相对较强；利率市场化使非利息业务市场的竞争也日趋激烈，而首当其冲的便是实力较弱的地方性商业银行，因此在利率市场化程度加深之后，这一负向替代作用的效果更加明显。

三　进一步分析：分类手续费及佣金业务的作用效果

鉴于我国银行业的手续费及佣金业务占比较高，且该业务还包含多种业务类型，我们进一步将其分为代理业务（NFC_AB）、担保及承诺业务（NFC_CCB）、托管和其他受托业务（NFC_CEB）、结算及清算业务（NFC_SCB）、银行卡业务（NFC_BCB）、顾问和咨询业务（NFC_CONB）以及其他手续费及佣金业务（NFC_OT）七类，以分析各类手续费及佣金业务对银行净息差的影响。正如前文所述，受限于数据可得性问题，此处采用手工整理的 16 家商业银行 2015～2021 年的面板数据进行实证分析，回归结果如表 6.8 所示。从中可以看出，NFC_AB、NFC_CCB 和 NFC_BCB 的回归系数均显著为负，NFC_CEB、NFC_SCB、NFC_CONB 和 NFC_OT 的回归系数并不显著。这一结果表明，代理业务、担保及承诺业务以及银行卡业务的发展对商业银行净息差产生了显著的负面影响，但其他类型的手续费及佣金业务的影响却并不明显。

表 6.8　分类手续费及佣金业务对商业银行净息差的影响

变量	(1) NFC_AB NIM	(2) NFC_CCB NIM	(3) NFC_CEB NIM	(4) NFC_SCB NIM	(5) NFC_BCB NIM	(6) NFC_CONB NIM	(7) NFC_OT NIM
L. NIM	0.608 ***	0.685 ***	0.651 ***	0.666 ***	0.619 ***	1.035	0.778 ***
	(0.100)	(0.0663)	(0.0783)	(0.0546)	(0.0616)	(0.721)	(0.0423)
NFC_ *	− 0.0523 **	− 0.0718 *	− 0.0216	0.0161	− 0.0168 *	− 0.153	0.00138
	(0.0239)	(0.0403)	(0.0146)	(0.0138)	(0.00887)	(0.347)	(0.00223)
IRL	0.650	− 0.271	0.157	0.0658	0.333	− 3.441	0.416
	(0.799)	(0.603)	(0.748)	(0.655)	(0.610)	(3.641)	(0.721)
LA	0.0581	1.307 ***	1.259 ***	1.178 ***	3.196 ***	− 0.401	0.796 **
	(0.708)	(0.497)	(0.366)	(0.413)	(1.022)	(7.791)	(0.328)
EA	0.0354	0.0417 *	0.0114	0.0212	− 0.0598	0.102	0.0384 *
	(0.0276)	(0.0217)	(0.0385)	(0.0305)	(0.0444)	(0.0790)	(0.0218)

续表

变量	(1) NFC_AB NIM	(2) NFC_CCB NIM	(3) NFC_CEB NIM	(4) NFC_SCB NIM	(5) NFC_BCB NIM	(6) NFC_CONB NIM	(7) NFC_OT NIM
lnTA	-0.124** (0.0490)	-0.092*** (0.0328)	-0.091*** (0.0320)	-0.115*** (0.0402)	-0.155** (0.0644)	-0.776 (2.176)	-0.079*** (0.0281)
CIR	0.0166 (0.0137)	-0.0123 (0.00749)	-0.0120 (0.00819)	-0.00666 (0.00806)	-0.00733 (0.0129)	-0.0717 (0.202)	-0.00398 (0.00588)
DGDP	-0.00732 (0.0142)	0.0173 (0.0116)	0.00316 (0.0154)	0.00565 (0.0151)	0.0285** (0.0143)	-0.0602 (0.133)	0.00693 (0.0160)
CPI	0.0455* (0.0243)	0.0353 (0.0222)	0.0377 (0.0264)	0.0322 (0.0225)	0.0446* (0.0262)	0.0610 (0.158)	0.0458* (0.0276)
常数项	-2.991 (2.668)	-1.943 (2.186)	-2.199 (2.804)	-1.503 (2.077)	-2.677 (2.675)	11.04 (45.49)	-4.004 (2.561)
N	112	99	98	103	109	56	112
AR (1)	0.020	0.005	0.016	0.009	0.022	0.066	0.010
AR (2)	0.051	0.045	0.064	0.088	0.152	0.705	0.041
Hansen	0.643	0.993	0.980	0.958	0.999	1.000	1.000

注：***、**、*分别表示在1%、5%、10%的水平下显著，括号中为估计系数对应的稳健标准误。NFC_*代表各类手续费及佣金业务。L.表示滞后一期。AR（1）、AR（2）及Hansen检验中给出的是其统计量所对应的 p 值。

四　稳健性检验

为确保估计结果的有效性，本章用 ELerner 指数作为 *IRL* 的替代变量进行稳健性检验，结果如表6.9和表6.10所示。表6.9报告了全部银行样本的稳健性检验结果。从第（1）列的基准回归结果来看，*NII* 的系数显著为负，再次验证了非利息业务发展对净息差的负面影响；从第（2）列的调节效应回归结果来看，*NII × ELerner* 的回归系数显著为正，*ELerner* 的系数为负，由于 ELerner 指数越大代表竞争度越低，这表明市场竞争度的提升增强了非利息业务对净息差的影响效果；在第（3）列和第（4）列中，*NFC* 和 *TNI* 的回归系数均显著为负，这表明两类不同的非利息业务均对净息差产生了负面影响，再次验证了前文的结论。

表 6.9　非利息业务影响商业银行净息差的稳健性检验（全部银行）

变量	基准回归 NIM (1)	调节效应回归 NIM (2)	手续费及佣金业务 NIM (3)	交易性业务 NIM (4)
L. NIM	0.436 *** (0.0663)	0.469 *** (0.0508)	0.586 *** (0.0679)	0.444 *** (0.0720)
NII	-0.0147 *** (0.00456)	-0.0255 *** (0.00458)		
NFC			-0.0287 * (0.0165)	
TNI				-0.0131 *** (0.00490)
NII × ELerner		0.0723 * (0.0406)		
ELerner	1.336 ** (0.602)	-0.119 (0.566)	1.901 *** (0.665)	1.029 * (0.566)
LA	1.596 *** (0.410)	1.193 ** (0.501)	1.524 *** (0.564)	1.650 *** (0.397)
EA	0.0250 (0.0208)	0.0421 ** (0.0210)	0.0245 (0.0255)	0.0299 (0.0218)
lnTA	0.0195 (0.0505)	-0.0809 (0.0510)	0.187 ** (0.0820)	-0.0404 (0.0596)
CIR	-0.0121 ** (0.00539)	-0.0198 *** (0.00430)	-0.00888 (0.00569)	-0.0130 ** (0.00514)
DGDP	0.0130 ** (0.00614)	0.0111 * (0.00670)	0.0192 *** (0.00687)	0.0127 ** (0.00590)
CPI	0.0896 *** (0.0119)	0.0883 *** (0.0106)	0.110 *** (0.0116)	0.0964 *** (0.0117)
常数项	-8.812 *** (1.678)	-6.929 *** (1.381)	-13.88 *** (1.521)	-8.828 *** (1.833)
N	1389	1389	1367	1367

续表

变量	基准回归	调节效应回归	手续费及佣金业务	交易性业务
	NIM (1)	NIM (2)	NIM (3)	NIM (4)
AR（1）	0.000	0.000	0.000	0.000
AR（2）	0.003	0.001	0.004	0.006
Hansen	0.000	0.000	0.000	0.000

注：＊＊＊、＊＊、＊分别表示在1%、5%、10%的水平下显著，括号中为估计系数对应的稳健标准误。L. 表示滞后一期。AR（1）、AR（2）及 Hansen 检验中给出的是其统计量所对应的 p 值。

表6.10 报告了分类银行样本的稳健性检验结果，Panel A 和 Panel B 分别对应国有及股份制商业银行和地方性商业银行的回归结果。每一面板中的三列分别对应 NII、NFC 和 TNI 作为自变量的回归结果。从 Panel A 和 Panel B 的第一列来看，NII 的系数均在 1% 的水平下显著为负，说明非利息业务发展对各类银行的净息差均产生了负面影响。从 Panel A 的第二列和第三列来看，NFC 的回归系数显著为负，TNI 的系数则并不显著；从 Panel B 的第二列和第三列来看，TNI 的回归系数显著为负，NFC 的系数则并不显著。这说明手续费及佣金业务对净息差的负面作用主要表现在国有及股份制商业银行样本中，而交易性业务对净息差的负面作用主要表现在地方性商业银行样本中。上述结果再次验证了前文的研究结论，证实了其稳健性。

表6.10　非利息业务影响商业银行净息差的稳健性检验（分类银行）

变量	Panel A 国有及股份制商业银行			Panel B 地方性商业银行		
	NIM	NIM	NIM	NIM	NIM	NIM
L. NIM	0.496*** (0.0535)	0.625*** (0.0398)	0.635*** (0.0910)	0.360*** (0.0785)	0.583*** (0.0651)	0.404*** (0.0881)
NII	−0.0157*** (0.00299)			−0.0201*** (0.00471)		
NFC		−0.0138*** (0.00454)			−0.0179 (0.0186)	

续表

变量	Panel A 国有及股份制商业银行			Panel B 地方性商业银行		
	NIM	NIM	NIM	NIM	NIM	NIM
TNI			-0.00423			-0.0129^{**}
			(0.00778)			(0.00601)
ELerner	-0.420^{***}	-0.419^{***}	-0.248	0.600	1.044^{**}	1.427^{**}
	(0.149)	(0.137)	(0.162)	(0.400)	(0.445)	(0.711)
LA	0.164	-0.105	0.329	1.035^{**}	1.280^{**}	1.713^{***}
	(0.232)	(0.289)	(0.289)	(0.407)	(0.541)	(0.470)
EA	0.0271	0.0197	0.00902	0.0313	0.0420^{*}	0.0311
	(0.0221)	(0.0256)	(0.0270)	(0.0198)	(0.0243)	(0.0236)
lnTA	-0.00203	-0.00791	0.00594	-0.148^{***}	0.0498	-0.0713
	(0.0165)	(0.0185)	(0.0226)	(0.0535)	(0.0647)	(0.0893)
CIR	-0.0122^{***}	-0.0126^{***}	-0.00572^{*}	-0.0206^{***}	-0.0171^{***}	-0.0177^{***}
	(0.00375)	(0.00372)	(0.00318)	(0.00493)	(0.00420)	(0.00465)
DGDP	0.0157^{***}	0.0165^{***}	0.0129^{*}	0.0118^{*}	0.0237^{***}	0.00878
	(0.00437)	(0.00538)	(0.00662)	(0.00685)	(0.00718)	(0.00713)
CPI	0.0920^{***}	0.101^{***}	0.109^{***}	0.0788^{***}	0.123^{***}	0.0887^{***}
	(0.0103)	(0.0117)	(0.0132)	(0.0168)	(0.0159)	(0.0176)
常数项	-7.781^{***}	-8.849^{***}	-10.51^{***}	-4.578^{*}	-12.98^{***}	-7.620^{**}
	(1.358)	(1.523)	(1.596)	(2.506)	(1.839)	(3.006)
N	213	213	213	1176	1154	1154
AR (1)	0.009	0.006	0.007	0.001	0.000	0.001
AR (2)	0.013	0.052	0.027	0.004	0.004	0.009
Hansen	1.000	1.000	1.000	0.003	0.008	0.001

注：***、**、* 分别表示在1%、5%、10%的水平下显著，括号中为估计系数对应的稳健标准误。L. 表示滞后一期。AR（1）、AR（2）及 Hansen 检验中给出的是其统计量所对应的 p 值。

除上述分析外，本章还进行了以下稳健性检验。

（1）替代指标。本章选取了以下三个关键变量作为替代指标，对模型重新进行了估计：首先，选取净利差作为净息差的替代指标；其次，选取非利息收入与总资产的比值作为非利息业务水平的替代指标；最后，选取（0，1）虚拟变量作为 *IRL* 的另一替代指标。

（2）替代方法。除了上文中用到的动态面板系统 GMM 方法，本章还使用了静态面板估计方法、动态面板水平 GMM 方法以及动态面板差分 GMM 方法对模型进行估计。

在以上稳健性检验的结果中，本章关于市场竞争环境下非利息业务对商业银行净息差的影响的相关结论依然成立。限于篇幅和结构，不再一一列出。

第四节　本章小结

本章基于利率市场化改革进程不断推进和银行业市场竞争度不断提升的现实背景，利用我国 2007～2021 年 166 家商业银行的面板数据，系统研究了市场竞争环境下非利息业务对商业银行净息差的影响，得出以下几点研究结论。首先，非利息业务对我国商业银行的净息差产生了显著的负向影响，而且随着利率市场化程度的提升，这种负向影响的效果进一步增强。手续费及佣金业务主要通过"交叉补贴效应"对净息差产生影响，而交易性业务则主要通过"资源替代效应"对净息差产生影响。其次，对于国有商业银行和股份制商业银行，手续费及佣金业务对其净息差水平产生了显著的负向影响，但交易性业务对其净息差水平的影响并不显著；对于地方性商业银行，交易性业务对其净息差水平产生了显著的负向影响，但手续费及佣金业务的影响微乎其微。最后，虽然随着市场竞争度的提升，非利息业务对净息差的负向替代作用进一步增强，但从分类银行样本的回归结果来看，这种效应主要表现在地方性商业银行样本中。另外，各类手续费及佣金业务对商业银行净息差的影响存在一定程度的差异。同时，市场竞争度的提升对银行净息差产生了显著的负向影响，但在此过程中各类银行受到的冲击程度并不一致。

第七章　市场竞争环境下非利息业务
对商业银行总收益的影响[*]

第一节　非利息业务与银行总收益：理论推演

本部分从微观层面的商业银行收益出发，依据前文第三章构建的基本理论框架，即业务多元化条件下的商业银行最优综合经营决策模型，分析市场竞争环境下商业银行非利息业务发展对其收益水平的影响效果和作用机制。

在本章中，我们先假定 q 和 ω 保持不变，将理论模型转化为收益最大化模型。代表性银行同时开展存款业务（D）、贷款业务（L）和非利息业务（N），并追求总收益最大化：

$$\max RE = (1-q)(r_L \times L + r_N \times N) - r_D \times D - r_E \times E - C(D,L,N,\omega) \quad (7.1)$$

其中，RE 代表银行的收益，r_L、r_N、r_D 和 r_E 分别代表商业银行的贷款利率、非利息业务价格、存款利率和权益资本成本。q 代表商业银行在开展业务的过程中发生损失的概率。E 代表商业银行的权益资本，C 代表与业务规模相关的管理和服务成本。ω 则代表商业银行的效率系数。代表性商业银行面临的约束条件为：

$$s.t. \begin{cases} L + N + R = D + E \\ R = \rho \times D \\ L = l_0 - l_1 \times r_L \\ D = d_0 + d_1 \times r_D \\ r_D = a_D + r \\ l_1 = l_1(comp) \ \text{且} \ \partial l_1 / \partial comp > 0 \\ d_1 = d_1(comp) \ \text{且} \ \partial d_1 / \partial comp > 0 \end{cases}$$

---

* 学术规范声明：本章的部分内容已以论文形式发表于 CSSCI 期刊《南开经济研究》。

$$\text{s.t.} \begin{cases} N = n_0 - n_1 \times r_N \\ E = e_0 + e_1 \times r_E \\ E = \theta \times (L + N) \\ C = (\nu_L/2) \times L^2 + (\nu_D/2) \times D^2 + (\nu_N/2) \times N^2 \\ \delta = N/(N + L) \end{cases} \tag{7.2}$$

其中，ρ 代表法定存款准备金率，r 代表基准利率水平，$comp$ 代表市场竞争度，θ 代表资本充足率。其余参数的具体含义详见前文第三章第三节的理论模型构建部分。同时，我们进一步引入非利息业务占比变量 δ，计算方法为 $N/(L + N)$。

在上述框架下，商业银行通过决定其各类业务的开展规模和价格水平来获得最大收益。将收益 RE 对非利息业务规模占比 δ 求一阶导数可得：

$$\frac{\partial RE}{\partial \delta} = (1 - q)\left(\frac{\partial r_L}{\partial \delta} \times L + r_L \times \frac{\partial L}{\partial \delta} + \frac{\partial r_N}{\partial \delta} \times N + r_N \times \frac{\partial N}{\partial \delta} \right) -$$

$$\frac{\partial r_E}{\partial \delta} \times E - r_E \times \frac{\partial E}{\partial \delta} - \frac{1}{\omega} \times \frac{\partial C(D,L,N)}{\partial \delta} \tag{7.3}$$

根据式（7.2）中的约束条件进行计算，并将贷款 L 和贷款利率 r_L 对 δ 求导可得：

$$\frac{\partial L}{\partial \delta} = \frac{(\rho - 1) \times (d_0 + d_1 a_D + d_1 r)}{1 - \theta} \tag{7.4}$$

$$\frac{\partial r_L}{\partial \delta} = \frac{(1 - \rho) \times (d_0 + d_1 a_D + d_1 r)}{l_1 (1 - \theta)} \tag{7.5}$$

同时，将非利息业务 N 和对应的价格水平 r_N 对 δ 求导可得：

$$\frac{\partial N}{\partial \delta} = \frac{(1 - \rho) \times (d_0 + d_1 a_D + d_1 r)}{1 - \theta} \tag{7.6}$$

$$\frac{\partial r_N}{\partial \delta} = \frac{(\rho - 1) \times (d_0 + d_1 a_D + d_1 r)}{n_1 (1 - \theta)} \tag{7.7}$$

进一步地，将成本函数 $C(D,L,N)$ 对 δ 求导可得：

$$\frac{\partial C(D,L,N)}{\partial \delta} = \frac{\partial C}{\partial L} \times \frac{\partial L}{\partial \delta} + \frac{\partial C}{\partial N} \times \frac{\partial N}{\partial \delta} = \nu_L \times L \times \frac{\partial L}{\partial \delta} + \nu_N \times N \times \frac{\partial N}{\partial \delta} \tag{7.8}$$

结合上述各式，进一步计算并整理可得收益 RE 对 δ 的一阶导数为：

$$\frac{\partial RE}{\partial \delta} = \frac{(1-\rho)^2 (d_0 + d_1 a_D + d_1 r)^2 (\nu_L - \nu_L \delta - \nu_N \delta)}{(1-\theta)^2} + \frac{(1-q)(1-\rho)(d_0 + d_1 a_D + d_1 r)}{l_1 n_1 (1-\theta)} \times$$

$$[(1-\theta)(l_1 n_0 - l_0 n_1) + 2(1-\rho)(n_1 - n_1 \delta - l_1 \delta)(d_0 + d_1 a_D + d_1 r)]$$

$$(7.9)$$

将式（7.2）中的约束条件代入式（7.9）中，可进一步整理为：

$$\frac{\partial RE}{\partial \delta} = \frac{(1-q)(1-\rho)(d_0 + d_1 a_D + d_1 r)}{l_1 n_1 (1-\theta)} \times [n_1 L - l_1 N + l_1 n_1 (r_N - r_L)] +$$

$$\frac{(1-\rho)^2 (d_0 + d_1 a_D + d_1 r)^2 \times [\nu_L (1-\delta) - \nu_N \delta]}{(1-\theta)^2}$$

$$(7.10)$$

其中，n_1 代表价格水平 r_N 对非利息业务规模的影响系数，l_1 则代表贷款利率对其贷款规模的影响系数。正如前文所述，由于我国金融业存在一定程度的扭曲，商业银行在信贷市场中具有一定的优势地位，导致许多客户的贷款需求利率弹性较低。与之不同的是，非利息业务发展的环境更趋向于市场化，例如商业银行开展的部分投资业务就面临较激烈的市场竞争，对价格水平 r_N 的敏感性较高。因此，我们认为 $n_1 > l_1$。同时，近年来银行业在传统业务领域的竞争日趋激烈，客户的贷款议价能力不断增强，商业银行从传统业务中获得的"特许权价值"不断下降。也正是由于这一因素的影响，许多银行开始转向非利息业务领域。传统业务领域已经成为"红海市场"，而非利息业务中的很多领域依然是"蓝海市场"。因此，从边际收益的角度来看，我们认为非利息业务的边际收益要高于贷款业务的边际收益，即 $r_N > r_L$。当然，以上判断仅仅是总体层面的一般性结论。如果具体到不同的业务类型，其符号将会发生变化。我们在后文的分类非利息业务中对此进行了更加详细的讨论。另外，在业务规模占比方面，我国的商业银行业依然以传统的贷款业务作为主要的资产业务。虽然经过多年的发展，非利息业务的规模占比也仅为 20% 左右。即使在欧美等发达国家，其商业银行的非利息业务占比一般也保持在 50% 以内。因此，我们可以不失一般性地认为 δ 小于 0.5。在成本消耗方面，由于贷款业务领域的竞争已经非常激烈，而非利息业务则方兴未艾，因此我们认为贷款业务的边际成本将高于非利息业务，即 $\nu_L > \nu_N$。同样，以上判断仅仅是总体层面的一般性结论，我们在后文中对不同类型的业务进行了分类讨论。

根据上述变量的比较可知，$n_1 L > l_1 N$，而且 $\nu_L(1-\delta) > \nu_N \delta$。因此，综合上述分析可知，商业银行收益水平 RE 对非利息业务占比 δ 的一阶导数大于零。换言之，非利息业务占比的提升能够提高商业银行的利润水平。究其原因，主要是非利息业务拓宽了我国商业银行的投融资渠道，在一定程度上产生了协同效应，为我国银行业提供了新的利润增长点，多元化经营的效果开始显现。具体而言，主要表现在以下几个方面。

首先，非利息业务的发展在一定程度上能够充分利用原有的剩余资源或者闲置资源，降低银行业务成本。我国银行业长期将利息业务作为主要的发展方向，所以投入了较多的人力和固定资产资源。随着业务范围的拓展，商业银行能够利用原有的人力、设备和信息资源来经营非利息业务，这会带来明显的范围经济效应（赵胜民、申创，2016a）。例如，商业银行可以利用电子设备为客户提供部分信贷类服务，同时也可以为客户提供转账、汇兑、结算和清算等多种非利息业务服务。再如，商业银行在开展利息业务的过程中掌握了大量的客户资源和信息资源，这也为私人理财、资产管理，以及基金、证券和保险的代销等多种非利息业务的发展提供了良好的条件。由此可见，商业银行由于在早期已经投入了较多的人力和固定资产资源，所以在开展非利息业务的过程中能摊销业务成本，提高收益水平。

其次，根据企业多元化理论，商业银行能够通过发展非利息业务满足客户多样化的金融需求，同时还能借此来实施差异化战略，提升产品竞争力和市场营销水平，从而获得更多利润。随着经济的快速发展、居民收入水平的提高和客户理财观念的增强，传统的存贷款业务已经不能满足客户的金融需求，私人银行、个人理财和资产管理等多种非利息业务受到了前所未有的青睐。商业银行通过发展此类业务，提供"一站式"金融服务，能够满足客户多样化的金融需求。同时，商业银行在经营此类业务的过程中大多是针对不同种类的客户需求来设计不同的产品或服务，所以更能与竞争对手形成明显的差异性。例如，光大银行曾经推出的"阳光"系列产品，不仅包括传统的针对个人的消费贷款业务，还包括个人理财、信用卡和电子银行等多项非利息业务。正是由于业务的全面性和差异性，"阳光"系列产品得到了众多消费者的认可，产生了强烈的品牌效应，提升了光大银行的竞争优势。

再次，商业银行能够通过发展非利息业务在一定程度上产生规模经济效应。长期以来，我国银行业的经营模式一直以传统利息业务为主，大多数银行的发展方式都是通过增加信贷来扩张规模。但是，由于利息业务的发展已经较为成熟，许多银行的利息业务规模却仍然在持续扩张，可能已经超过了自身的最优生产规模，从而产生规模不经济效应。与之相反，对于我国银行业而言，非利息业务是一种较为新颖的业务，许多商业银行对此类业务的发展仍处于初级阶段，产品规模相对较小，处于最优规模之前的"规模经济"阶段。因此，现阶段我国银行业大力发展非利息业务会产生明显的规模经济效应，从而对商业银行的收益产生积极影响。

最后，商业银行能够通过发展部分非利息业务来规避监管，从而获得新的利润来源。银行传统的存贷款业务要受到包括日均存款余额、存款偏离度、贷款拨备率、信贷额度等多项监管指标的严格限制，而非利息业务中的财产信托、融资租赁等多项业务所受到的监管则相对较少，许多银行通过与信托公司等中介机构进行合作来获取额外的收益。虽然我国监管机构已经对此类业务进行了规制，但根据"约束诱导理论"和"规避管制理论"，商业银行为了实现利润最大化的目标，必然会在以后的经营过程中创造出新的产品来规避管制（Kane，1981；Silber，1983）。这一因素也会引致部分非利息业务的发展和商业银行收益水平的提升。根据以上分析，本章提出如下假设。

研究假设1：非利息业务发展对商业银行的总收益水平具有正向影响。

在分类非利息业务层面，手续费及佣金业务与交易性业务存在一定的性质差异。其中，手续费及佣金业务大多与传统利息业务之间具有紧密联系，能够与之形成较强的协同效应。例如，转账业务、结算及清算业务、托管业务、私人银行业务和资产管理业务等多种手续费及佣金业务均能与利息业务协同发展，从而充分利用原有资源，降低单位成本，提高银行收益水平。与之相反，交易性业务主要包括投资业务、汇兑业务、衍生金融资产业务和其他业务，与传统利息业务之间关联性较弱，无法与传统的利息业务形成有效的协同效应，需要投入较多成本。而且我国银行业对交易性业务的发展尚处于"摸着石头过河"的阶段，商业银行的投资能力和汇兑风险控制能力普遍较弱，所以对商业银行总收益产生的影响相对较小。据此，本章提出如下假设。

研究假设2：手续费及佣金业务对商业银行总收益会产生显著的正向影响，而交易性业务对商业银行总收益的影响并不明显。

另外，在非利息业务对商业银行总收益产生影响的过程中，市场竞争环境具有一定程度的调节效应。其原因在于，随着商业银行经营模式的改变，银行业的竞争不仅体现在利息业务领域，同时也开始逐步扩散至非利息业务领域。随着市场竞争度的提高，银行在非利息业务领域的价格竞争日趋激烈，边际收益将会逐渐降低，但投入成本却不断升高。总之，市场竞争度越高，银行增加一单位非利息收入所需要占用的人力、技术和资金等资源就越多，非利息业务对银行收益的边际影响也就越趋向于负面。据此，本章提出如下假设。

研究假设3：随着市场竞争度的提升，非利息业务对商业银行总收益的积极影响效果将逐步减弱。

另外，正如前文所述，在我国银行业中，国有商业银行、股份制商业银行和地方性商业银行在资产规模、资源约束、客户基数、成立时间、技术水平和政府政策等方面都存在一些差异，在非利息业务发展方面的策略并不一致。各类商业银行在发展非利息业务时耗费的成本和占用的资源存在较大差异，而且不同类型的非利息业务对商业银行总收益的影响也并不一致，市场竞争环境对各类商业银行的冲击程度也存在差异。据此，本章提出如下假设。

研究假设4：各类非利息业务对银行总收益的影响以及市场竞争环境的调节效应在不同类型的商业银行之间存在一定程度的异质性。

第二节　实证研究设计

一　变量选取与模型构建

（一）商业银行总收益变量

商业银行的收益水平会受到多方利益主体的密切关注。由于关注角度各异，所以各方对商业银行收益的评价方法和内容也不尽相同。例如，股东更关注自身的收益状况，所以其关注的重点指标一般为净资产收益率（Return on Equity，ROE）和每股收益（Earning Per Share，EPS）；而商业银行更关注自身总体的盈利水平，所以其关注的重点指标一般为总资产收益率（Return on Assets，ROA）。净资产收益率（ROE）和总资产收益率（ROA）指标能够综合反映银行利用资产创造收益的能力，所以在相关研究中得到了广泛应用。

但是，与总资产收益率相比，使用净资产收益率指标来衡量银行收益水平存在一定的缺陷。①净资产有可能为负值，这将在一定程度上影响 ROE 指标的质量。由于我国银行业起步较晚且经历了多次改革，所以在很长一段时期内都没有建立起完善的破产退出机制。部分银行在经营过程中虽然存在净资产为负的情况，但由于国家政策的扶持依然能继续经营。如果净资产为负的银行在某一年度的经营产生了亏损，此时计算出的 ROE 指标却明显为正；如果获得了利润，此时计算的 ROE 指标却明显为负。这与银行的实际情况明显不同，严重影响了该指标的质量。与之不同，银行的总资产不可能为负值，所以可以保证 ROA 指标的质量。②ROE 指标在衡量银行盈利水平方面不够全面，而且其准确度也相对较低。ROE 仅仅衡量了银行股东权益的回报水平，而 ROA 则衡量了银行全部资产的回报水平，所以使用 ROA 作为相应指标能够更加全面地衡量银行盈利水平。另外，我国银行业在过去的经营过程中长期以利息业务为主，而且多数银行采用扩大规模的方式进行粗放式发展，所以其利润总额与资产总额之间具有较强的相关性，ROA 指标能够准确反映出商业银行的盈利水平。与之相反，由于监管当局在过去一段时期内对我国银行业的资本要求并不严格，所以在银行扩大规模和提高利润的同时，其资本总额并没有得到同比例提升。这就导致 ROE 不能准确反映出商业银行的盈利水平，因为较高的 ROE 可能并非由利润总额的增加引起的，而是由资本匮乏所致。

总之，总资产收益率能够反映出银行资产总体运营状况，充分体现银行管理层的经营能力，对银行的决策至关重要，所以本章选取 ROA 作为收益衡量指标，并利用 ROE 进行稳健性检验。另外，由于我国税收部门在 2008 年之后才统一了所得税税率，所以为了统一口径，我们采用税前利润除以总资产来计算总资产收益率。

（二）非利息业务变量

在衡量非利息业务水平方面，比较常用的指标有两个：非利息收入占营业收入比重（孙浦阳等，2011；Apergis，2014）和其他盈利资产占总资产比重（Nguyen，2012；李明辉等，2014）。本章选取了非利息收入占营业收入比重（*NII*）这一指标进行衡量，并利用另一指标进行稳健性检验。同时，对于分类的非利息业务，我们分别以手续费及佣金收入占营业收入的比重（*NFC*）和交易性收入占营业收入的比重（*TNI*）作为相应的代理变量。

（三）市场竞争度变量

（1）ELerner 指数。Lerner 指数表示产品价格相对于边际成本的偏离程度，而 ELerner 指数进一步放松其效率假定，在衡量银行业竞争度方面具有更高的准确性。其计算公式为：

$$ELerner_{it} = (PBT_{it} + C_{it} - MC_{it} \times Q_{it})/(PBT_{it} + C_{it}) \tag{7.11}$$

其中，PBT_{it} 代表 i 银行在 t 时期的税前利润，C_{it} 代表 i 银行在 t 时期的总成本，MC_{it} 代表 i 银行在 t 时期的边际成本，Q_{it} 代表 i 银行在 t 时期的总产出。ELerner 指数取值介于 0 和 1 之间，取 0 和 1 时分别代表完全竞争和完全垄断状态，所以，其值越小代表市场竞争程度越高。

由于 MC_{it} 无法直接观测，所以本章建立如下超越对数成本函数进行计算，并利用随机前沿模型进行估计：

$$\ln C_{it} = \alpha_0 + \beta_0 \ln Q_{it} + \sum_{j=1}^{2} \beta_j \ln W_{jit} + \frac{1}{2} \left[\sum_{j=1}^{2} \sum_{m=1}^{2} \beta_{jm} \ln W_{jit} \ln W_{mit} + \right.$$
$$\left. \alpha_1 (\ln Q_{it})^2 \right] + \sum_{j=1}^{2} \beta_{Qj} \ln Q_{it} \ln W_{jit} + \lambda T + u_{it} + v_{it} \tag{7.12}$$

从而，边际成本 MC_{it} 为：

$$MC_{it} = \frac{\partial C_{it}}{\partial Q_{it}} = \frac{C_{it}}{Q_{it}} \times \frac{\partial \ln C_{it}}{\partial \ln Q_{it}} = \frac{C_{it}}{Q_{it}} \times \left(\beta_0 + \alpha_1 \times \ln Q_{it} + \sum_{j=1}^{2} \beta_{Qj} \ln W_{jit} \right) \tag{7.13}$$

其中，C 为总成本（非利息费用与利息费用之和），Q 为产量（总资产），W 是一个投入要素价格向量。投入要素价格包括资金价格（总利息费用/总存款及短期资金，$W1$）与劳动及资本价格[1]（非利息费用/固

———————

[1]　考虑到许多银行尤其是城商行和农商行披露的数据并不完整，我们没有将劳动价格和资本价格分开。

定资产，$W2$）两部分。

（2）Boone 指数。Boone（2008）提出，Boone 指数的基本思想为：更有效率的企业应当获得更大的市场份额。市场竞争度越高，这种效应就越强。借鉴其理论，在加入年度虚拟变量 D_t 以控制银行市场份额的时间变化趋势后，我们构建如下模型来计算我国银行业市场的 Boone 指数：

$$\ln(MS_{it}) = \alpha + \sum_{t=1}^{T} \beta_t \times D_t \times \ln(MC_{it}) + \sum_{t=2}^{T} \theta_t \times D_t + \nu_{it} \qquad (7.14)$$

其中，MS_{it} 表示 i 银行在 t 时期的市场份额，以 i 银行 t 时期总资产与银行业总资产之比来表示。系数 β_t 即为每年的 Boone 指数。由于市场份额和银行边际成本之间呈负相关，所以 β_t 为负数。但在市场处于极端共谋或者质量竞争的状态时，Boone 指数也有可能为正值。在式（7.14）中，市场竞争程度越高，边际成本的影响越大，从而 β_t 越小（绝对值越大）。因此，Boone 指数越小，证明市场竞争度越高。另外，考虑到规模经济的原因，市场份额和边际成本之间可能存在双向因果关系（Leuven-steijn et al.，2011；Tabak et al.，2012），因此为了克服内生性问题，本章利用系统 GMM 方法进行估计。

（四）控制变量

在银行内部控制变量方面，我们借鉴相关研究（Berger，1995；Apergis，2014；李明辉等，2014）选择了以下控制变量。首先，虽然近年来我国的非利息业务迅速发展，但贷款业务仍然是大部分银行的主要收入来源，因此本章在模型中加入净息差水平（Net Interest Margin，NIM）以控制传统业务收益水平因素的影响。其次，由于银行的资本结构会对银行的收益产生重要影响，所以我们选择了权益资产比率（Equity to Asset Ratio，EA）对资本结构因素进行控制。一般情况下，较高的权益资产比率会占用银行较多的资金资源，从而降低其收益水平（Berger，1995）。但是，银行的资本越充足，其资本成本也就越低，而且能够为银行提供更多的资本缓冲，从而减轻其金融压力，所以也有可能提高银行的收益水平（Molyneux and Thornton，1992）。再次，由于银行的资产结构会对其收益水平造成重要影响，所以我们选择了贷款资产比率（Loan to Asset Ratio，LA）作为相应的控制变量。由于我国商业银行在经营过程中依然是以传统利息业务为主，所以银行发放贷款的增多将会提升其收益水平。因此，我们预期该控制变量对银行收益影响的系数符号为正。最后，我们选择了总资产的对数值（lnTA）来控制银行规模因素。较大规模会产生规模经济效应，从而提升收益水平，但在超过临界值后可能会导致规模不经济效应。例如，我国的大型商业银行曾长期存在人员冗杂和管理水平低下的问题。因此，规模的扩大也有可能降低银行的收益水平。综合以上两方面因素，资产规模对银行收益影响的系数符号并不能确定。

在宏观经济控制变量方面，本章选取了实际 GDP 增长率（DGDP）作为经济繁荣程度的代理变量，以控制这一因素对银行收益的影响。在经济繁荣时期，商业银行将会拥有更多的业务，而且企业的还款能力也会增强，所以我们预期该控制变量对银行收益影响的系数符号为正。同时，通货膨胀会影响经济政策以及银行的贷款发放策略（张晓玫、李梦渝，2013），进而影响银行收益，所以我们选择居民消费价格指数（CPI）作为代理变量。由于商业银行对价格的敏感度一般都高于客户的敏感度，所以我们预期该控制变量对银行收益影响的估计系数符号也同样为正。

上述各变量的定义及计算方法如表 7.1 所示。

表 7.1 变量定义及计算方法

变量	定义	计算方法
ROA	总资产收益率	税前利润/总资产
ELerner	经效率调整的 Lerner 指数	$(PBT + C - MC \times Q) / (PBT + C)$
Boone	Boone 指数	Boone 指数
W1	银行资金价格	总利息费用/总存款及短期资金
W2	银行劳动及资本价格	非利息费用/固定资产
MC	边际成本	超越对数成本函数
MS	市场份额	该银行资产/银行业总资产
NII	非利息业务水平	非利息收入/营业收入
NFC	手续费及佣金业务水平	手续费及佣金收入/营业收入
TNI	交易性业务水平	交易性收入/营业收入
NIM	净息差水平	净利息收入/生息资产总额
LA	贷款资产比率	贷款总额/总资产

续表

变量	定义	计算方法
EA	权益资产比率	股东权益/总资产
$\ln TA$	总资产的对数值	$\ln$（总资产）
$DGDP$	经济状况	实际 GDP 增长率
CPI	居民消费价格指数	居民消费价格指数

（五）模型构建

由于银行的总收益水平一般具有连续性特征，而且非利息业务与银行收益之间有可能存在逆向因果的内生性问题，所以本章建立了动态面板模型，并使用动态面板系统广义矩估计方法（SYS-GMM）进行实证检验：

$$ROA_{it} = \gamma_0 + \gamma_1 ROA_{i,t-1} + \gamma_2 NII_{it} + \gamma_3 ELerner_{it} + \gamma_4 NIM_{it} + \gamma_5 LA_{it} +$$
$$\gamma_6 EA_{it} + \gamma_7 \ln TA_{it} + \gamma_8 DGDP_{it} + \gamma_9 CPI_{it} + \xi_{it} \qquad (7.15)$$

$$ROA_{it} = \gamma_0 + \gamma_1 ROA_{i,t-1} + \gamma_2 NFC_{it} + \gamma_3 ELerner_{it} + \gamma_4 NIM_{it} + \gamma_5 LA_{it} +$$
$$\gamma_6 EA_{it} + \gamma_7 \ln TA_{it} + \gamma_8 DGDP_{it} + \gamma_9 CPI_{it} + \xi_{it} \qquad (7.16)$$

$$ROA_{it} = \gamma_0 + \gamma_1 ROA_{i,t-1} + \gamma_2 TNI_{it} + \gamma_3 ELerner_{it} + \gamma_4 NIM_{it} + \gamma_5 LA_{it} +$$
$$\gamma_6 EA_{it} + \gamma_7 \ln TA_{it} + \gamma_8 DGDP_{it} + \gamma_9 CPI_{it} + \xi_{it} \qquad (7.17)$$

其中，$i = 1, 2, \cdots, N$ 代表样本银行，$t = 2007, 2008, \cdots, 2021$ 代表观测值年份；ROA_{it} 代表 i 银行在 t 时期的总资产收益率，$ROA_{i,t-1}$ 代表其一阶滞后项。$ELerner_{it}$ 为 ELerner 指数，NII_{it} 代表总体非利息业务发展水平，NFC_{it} 和 TNI_{it} 分别代表手续费及佣金业务和交易性业务发展水平。NIM_{it}、LA_{it}、EA_{it}、$\ln TA_{it}$ 分别代表 i 银行在 t 时期的净息差水平、贷款资产比率、权益资产比率、总资产的对数值，$DGDP$ 和 CPI 分别代表实际GDP 的对数值和居民消费价格指数，ξ_{it} 为随机误差项。

为了进一步分析市场竞争环境的调节效应，本部分在上述基准模型的基础上进一步引入市场竞争度与总体及分类非利息业务的交互项，设定如下模型：

$$ROA_{it} = \gamma_0 + \gamma_1 ROA_{i,t-1} + \gamma_2 NII_{it} + \gamma_3 ELerner_{it} + \gamma_4 NII \times ELerner_{it} + \gamma_5 NIM_{it} +$$
$$\gamma_6 LA_{it} + \gamma_7 EA_{it} + \gamma_8 \ln TA_{it} + \gamma_9 DGDP_{it} + \gamma_{10} CPI_{it} + \xi_{it} \qquad (7.18)$$

$$ROA_{it} = \gamma_0 + \gamma_1 ROA_{i,t-1} + \gamma_2 NFC_{it} + \gamma_3 ELerner_{it} + \gamma_4 NFC \times ELerner_{it} + \gamma_5 NIM_{it} +$$
$$\gamma_6 LA_{it} + \gamma_7 EA_{it} + \gamma_8 \ln TA_{it} + \gamma_9 DGDP_{it} + \gamma_{10} CPI_{it} + \xi_{it} \tag{7.19}$$

$$ROA_{it} = \gamma_0 + \gamma_1 ROA_{i,t-1} + \gamma_2 TNI_{it} + \gamma_3 ELerner_{it} + \gamma_4 TNI \times ELerner_{it} + \gamma_5 NIM_{it} +$$
$$\gamma_6 LA_{it} + \gamma_7 EA_{it} + \gamma_8 \ln TA_{it} + \gamma_9 DGDP_{it} + \gamma_{10} CPI_{it} + \xi_{it} \tag{7.20}$$

从上述模型可以看出，交互项的引入可以帮助我们研究随着市场竞争度的变化，非利息业务对银行收益水平的影响将会如何变化。

二　样本、数据及描述性统计

与前文一致，本章同样选取我国 2007~2021 年 166 家商业银行的非平衡面板数据进行研究。样本银行的内部特征变量数据主要来源于 Wind 金融数据库和各商业银行年报，其他宏观及行业变量数据主要来源于《中国统计年鉴》和中国人民银行网站等。另外，本章对数据进行上下各 1% 的缩尾处理以避免极端值的影响。经过上述处理，本章最后共获得 1652 个"银行—年度"观测值，在动态面板中损失了少量样本，共计得到 1389 个观测值。

表 7.2 给出了各变量的描述性统计值。从总体非利息业务发展水平来看，总体非利息收入占比均值为 21.330%，最小值为山西临猗农村商业银行在 2014 年的非利息收入占比 -2.022%，最大值为金华银行在 2019 年的非利息收入占比 87.050%，25% 分位数、中位数和 75% 分位数分别为 8.683%、16.830% 和 28.930%，标准差为 17.620[①]，据此计算的变异系数为 1.21。从分类非利息业务发展水平来看，手续费及佣金收入占比均值为 6.593%，最小值和最大值分别为 -7.383% 和 27.430%，25% 分位数、中位数和 75% 分位数分别为 1.619%、4.433% 和 10.280%，标准差为 7.020，据此计算的变异系数为 0.93；交易性收入占营业收入比重的均值为 14.640%，25% 分位数、中位数和 75% 分位数分别为 2.214%、8.184% 和 20.210%，标准差为 17.610，据此计算的变异系数为 0.813。这说明我国银行业的非利息业务发展状况存在较为严重的两极分化现象。同时，从 LA、EA 和 lnTA 等变量的描述性统计值可

[①]　鉴于对最终结果并不会造成实质性影响，所以我们在此处没有改变标准差的单位，以下皆同。

知，我国商业银行在资产结构、资本状况和总体规模等方面也都存在很大差异。

表 7.2　变量描述性统计

变量	均值	标准差	最小值	25%分位数	中位数	75%分位数	最大值	样本量
ROA	0.9910	0.4170	0.0273	0.7380	0.9550	1.2080	2.4050	1652
ELerner	0.428	0.218	-0.679	0.300	0.454	0.582	0.924	1652
Boone	-0.332	0.012	-0.353	-0.343	-0.335	-0.320	-0.316	1652
NII	21.330	17.620	-2.022	8.683	16.830	28.930	87.050	1652
NFC	6.593	7.020	-7.383	1.619	4.433	10.280	27.430	1624
TNI	14.640	17.610	-2.465	2.214	8.184	20.210	84.310	1624
W1	0.0304	0.0110	0.0090	0.0220	0.0290	0.0370	0.0680	1652
W2	1.781	1.207	0.437	0.996	1.418	2.130	6.910	1652
MC	0.0200	0.0070	0.0059	0.0150	0.0190	0.0240	0.0520	1652
NIM	2.760	0.982	0.448	2.120	2.630	3.270	8.049	1652
LA	0.484	0.097	0.226	0.423	0.496	0.556	0.712	1647
EA	7.253	1.764	3.321	6.087	7.093	8.170	14.640	1652
lnTA	12.010	1.763	8.250	10.730	11.660	12.950	16.550	1652
DGDP	7.116	2.079	2.200	6.700	7.000	7.800	14.200	1652
CPI	102.300	1.254	99.300	101.600	102.100	102.600	105.900	1652

注：TA 单位为百万元，ROA、NII、NFC、TNI、NIM、EA、LA、$DGDP$ 单位皆为%。

同时，我国商业银行的总资产收益率的均值为 0.9910%，最小值为福建沙县农村商业银行在 2014 年的 0.0273%，最大值为台州银行在 2012 年的 2.4050%。虽然最大值和最小值差距较大，但总资产收益率的 25% 分位数、中位数和 75% 分位数分别为 0.7380%、0.9550% 和 1.2080%，标准差为 0.4170，这表明我国商业银行在收益水平方面的差距相对较小。

进一步地，我们在图 7.1 中绘制了总资产收益率的年度均值时间趋势图。从图中可以看出，商业银行的 ROA 在 2007～2008 年有所上升，但在 2009 年受到金融危机的影响迅速下降，之后又开始回升，在

2011 年达到高点之后呈现轻微的下滑态势，但在 2015 年及之后开始大幅下降。从各类商业银行的具体情况来看，其趋势与总体趋势大体一致。从对比分析的角度来看，在 2014 年之前国有商业银行和地方性商业银行的收益水平较为接近，而股份制商业银行相对较低；在 2014 年之后股份制商业银行和地方性商业银行的收益水平逐渐趋同，但均低于国有商业银行。

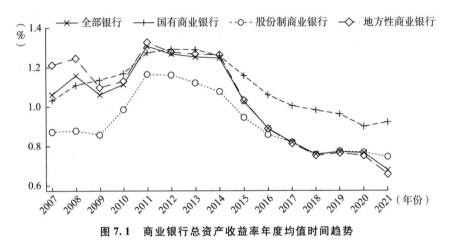

图 7.1　商业银行总资产收益率年度均值时间趋势

第三节　非利息业务对银行总收益影响的实证分析

一　全部银行样本下的基准分析

表 7.3 报告了在全部银行样本下的实证回归结果。Panel A 代表未加入市场竞争度和非利息业务交互项的基准模型的回归结果，Panel B 则代表加入二者交互项之后的模型回归结果。每一面板中的三列分别对应总体非利息业务、手续费及佣金业务和交易性业务的回归结果。

在回归过程中，我们使用了动态面板系统广义矩估计方法（SYS-GMM）进行估计，以把握银行收益的连续性特征。另外，本章在利用 SYS-GMM 方法进行实证估计时，将市场竞争度和非利息收入作为内生变量，期望能够在一定程度上解决二者与银行效率之间所存在的内生性问题（Wooldridge，2010）。从表 7.3 中可以看出，无论是在 Panel A 还是在 Panel B 的回归结果中，一阶滞后项检验 AR（1）的 p 值均小于 0.05，二阶滞后项检验 AR（2）的 p 值均大于 0.05，这说明模型不存在扰动项序列相关问题；Hansen 检验的 p 值大多大于 0.1，无法拒绝"所有工具变量均有效"的原假设，这说明模型不存在过度识别问题。

表 7.3　市场竞争环境下非利息业务对银行收益的影响（全部银行）

变量	Panel A 基准模型回归结果			Panel B 加入交互项模型回归结果		
	ROA	ROA	ROA	ROA	ROA	ROA
L. ROA	0.580 ***	0.559 ***	0.715 ***	0.513 ***	0.516 ***	0.619 ***
	(0.0502)	(0.0453)	(0.0662)	(0.0577)	(0.0866)	(0.0727)
NII	0.00220 ***			0.00248 **		
	(0.000812)			(0.00115)		
NFC		0.00663 ***			0.0121 *	
		(0.00211)			(0.00635)	
TNI			−0.000471			0.00103
			(0.00108)			(0.00117)
NI × ELerner				0.0165 *	0.0333 **	0.0136
				(0.00845)	(0.0157)	(0.00939)
ELerner	0.536 ***	0.458 ***	0.478 **	1.491 ***	0.493 **	0.560 ***
	(0.118)	(0.119)	(0.199)	(0.196)	(0.217)	(0.165)
NIM	0.134 ***	0.116 ***	0.0733 ***	0.165 ***	0.120 ***	0.126 ***
	(0.0203)	(0.0125)	(0.0181)	(0.0256)	(0.0207)	(0.0225)
LA	0.129	0.142	0.182	0.505 ***	0.312 *	0.145
	(0.0965)	(0.106)	(0.116)	(0.156)	(0.163)	(0.110)
EA	0.0178 ***	0.0205 ***	0.0116	0.00547	0.0219 **	0.0143 **
	(0.00644)	(0.00678)	(0.00797)	(0.00556)	(0.00897)	(0.00684)
lnTA	0.0668 ***	0.0386 ***	0.0537 ***	0.146 ***	0.0405 **	0.0661 ***
	(0.0117)	(0.0111)	(0.0150)	(0.0207)	(0.0192)	(0.0150)
DGDP	0.0210 ***	0.0181 ***	0.0165 ***	0.0143 ***	0.0162 ***	0.0181 ***
	(0.00437)	(0.00463)	(0.00477)	(0.00496)	(0.00566)	(0.00390)
CPI	0.0367 ***	0.0391 ***	0.0348 ***	0.0287 ***	0.0314 ***	0.0329 ***
	(0.00688)	(0.00676)	(0.00929)	(0.00667)	(0.00988)	(0.00765)

变量	Panel A 基准模型回归结果			Panel B 加入交互项模型回归结果		
	ROA	ROA	ROA	ROA	ROA	ROA
常数项	−5.152*** (0.720)	−4.962*** (0.667)	−4.643*** (1.016)	−5.066*** (0.691)	−3.973*** (0.923)	−4.471*** (0.738)
N	1443	1420	1420	1443	1420	1420
AR (1)	0.000	0.000	0.000	0.000	0.000	0.000
AR (2)	0.708	0.915	0.964	0.072	0.755	0.852
Hansen	1.000	1.000	0.060	0.211	0.251	0.0260

注：***、**、* 分别表示在 1%、5%、10% 的水平下显著，括号中为估计系数对应的稳健标准误。L. 表示滞后一期。Panel B 的三列中 $NI \times ELerner$ 分别代表 $NII \times ELerner$、$NFC \times ELerner$ 和 $TNI \times ELerner$，AR (1)、AR (2) 和 Hansen 检验中给出的均是其统计量所对应的 p 值。下同。

（一）非利息业务对银行总收益的影响

在总体非利息业务对银行总收益的影响方面，从表 7.3 中可以看出，Panel A 和 Panel B 中 NII 的估计系数分别在 1% 和 5% 的水平下显著为正。这一结果表明总体非利息业务的发展明显提高了我国商业银行的收益水平，研究假设 1 得以验证，与李志辉和李梦雨（2014）、Apergis（2014）的研究具有一致性。其逻辑在于，非利息业务的发展既能够通过协同效应降低成本，又能够通过多元化经营和规避监管来增加收入。从降低成本的角度来看，一方面，部分非利息业务能够与传统业务共同发展，充分利用银行的资金、设备、人力和技术等相关资源，从而产生范围经济效应；另一方面，我国商业银行非利息业务的发展尚处于起步阶段，其相对规模与欧美等发达国家相比依然存在一定的差距，处在规模收益曲线的拐点左侧，因此能够产生规模经济效应。从增加收入的角度来看，一方面，随着经济持续增长和大众金融意识的不断增强，商业银行传统的业务已经无法满足大众的金融需求。通过发展非利息业务，商业银行能够形成多元化经营模式，为客户提供更加全面的服务，从而增加收入。另一方面，监管部门在监管商业银行的过程中设置了关于资本充足、流动状况、信贷规模、资产质量、拨备水平等多方面的众多指标。非利息业务存在资本占用较少和不占用信贷额度等优势，部分非利息业务属于表外业务，在样本期间受到的监管也相对宽松，因此商业银行非利息业务的发展在一定程度起到了规避监管的作用，也增加了银行收入来源。

在分类非利息业务对银行收益的影响方面，从表7.3中可以看出，Panel A 和 Panel B 第二列中 NFC 的估计系数分别在1%和10%的水平下显著为正，但第三列中 TNI 的估计系数并不显著。以上结果表明，手续费及佣金业务的发展明显提高了商业银行的收益水平，而交易性业务的发展对商业银行收益的影响却并不显著，研究假设2得以验证。

手续费及佣金业务和交易性业务对商业银行的收益产生了不同影响，主要是由于两类业务具有不同的特点。手续费及佣金业务大多与传统利息业务之间具有紧密联系，能够与之形成较强的协同效应。例如，转账业务、汇兑业务、结算及清算业务、私人银行业务和资产管理业务等多种手续费及佣金业务均能与利息业务协同发展，从而充分利用原有资源，降低单位成本，提高银行收益水平。与之相反，交易性业务与传统利息业务之间关联性较弱，无法与传统利息业务形成有效的协同效应。而且我国银行业对此类业务的发展尚处于"摸着石头过河"的阶段，商业银行的投资能力和汇兑风险控制能力普遍较弱，所以其业务收入极不稳定，在某些年份甚至出现较大亏损。以国有商业银行的汇兑业务为例，我们在图7.2中绘制了6家国有商业银行2007～2021年的汇兑损益情况。从图中可以看出，除了交通银行的汇兑损益波动幅度相对较小且基本为正值之外，其他五家银行的汇兑损益波动幅度极大，而且正负值多次交替出现。其中波动性最为显著的当数中国银行，在2008年汇兑亏损高达265.95亿元，而在2015年汇兑收益又达到了100.57亿元。同时，图7.2显示了各银行的波动趋势具有明显差异，大幅亏损或者收益的年份并不一致，所以这一趋势并非完全由外部因素所致，而是与各银行自身的汇率风险控制能力息息相关。综合以上因素可知，部分交易性业务的发展并不能明显提升银行的盈利水平。另外，2020年4月发生的中国银行"原油宝"事件也为这一结论提供了良好的佐证。

（二）市场竞争环境的影响及调节效应

在市场竞争环境对银行收益的影响方面，从表7.3中可以看出，Panel A 和 Panel B 中 ELerner 的估计系数均在1%或5%的水平下显著为正。由于 ELerner 指数越小，代表市场竞争度越高，所以市场竞争度和银

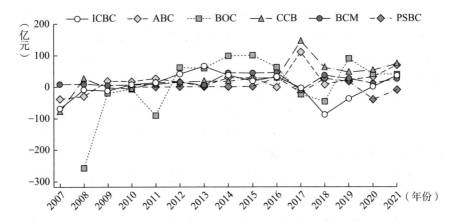

图 7.2　2007～2021 年国有商业银行汇兑损益

注：ICBC、ABC、BOC、CCB、PSBC、BCM 分别为工商银行、农业银行、中国银行、建设银行、邮储银行和交通银行的英文缩写。

资料来源：CCER 中国经济金融数据库。

行收益之间存在显著的负相关关系，即市场竞争度的提高明显降低了我国商业银行的收益水平。由此可见，近年来我国银行业市场竞争度的提升在一定程度上减少了银行的"特许权价值"和"信息租金"，但由竞争带来的"鲇鱼效应"却并未凸显，所以整体上减少了商业银行的收益。这主要是由于市场竞争度的提升不仅提高了商业银行的负债成本，还降低了商业银行的资产收益。首先，在存款市场上，市场竞争度的提高减少了商业银行的存款总量，同时还提升了银行的资金成本。随着近年来互联网产品的不断兴起，银行业的存款市场遭受了很大冲击。例如，2013 年蚂蚁金服公司的"余额宝"产品一经推出便吸收了大量的闲散资金，对银行的活期存款市场形成了较大的威胁。虽然后来许多银行限制了"余额宝"的转入限额，希望以此来抵御"余额宝"所带来的巨大冲击，但已经无法阻挡"理财通"等各类互联网金融产品的蓬勃发展。另外，由于国民的理财意识不断增强，传统的活期存款和定期存款产品已经不能满足大众的需求，所以银行也推出了种类繁多的理财产品，这也必然会在一定程度上对传统存款业务产生"替代效应"。其次，在贷款市场上，市场竞争度的提高降低了银行的资产收益。市场竞争度的提高会导致各银行在贷款市场上的价格竞争更为激烈，客户也会拥有更强的议价能力，银行的优势地位将会越来越低，其资产收益水平必然会降低。另外，数字金融产品的兴起使贷款渠道更加多元化，也会对银行的贷款市场造成冲击。最后，在非利息业务市场上，市场竞争度的提高还会提升银行的非利息业务成本。例如，银行不断推出各类理财产品，而此类产品一般会给予客户较高的资金收益，这必然会提高银行理财业务的成本。再如，近年来各银行为了拓展自身的手机银行市场，在客户利用手机银行进行转账的过程中不收取任何手续费，也会提高银行的手续费及佣金业务的成本。在以上几个因素的共同作用下，市场竞争度的提升降低了我国商业银行的收益水平。

在市场竞争环境的调节效应方面，从市场竞争度与非利息业务的交互项结果来看，在表 7.3 中 $NII \times ELerner$ 和 $NFC \times ELerner$ 的估计系数均显著为正，这说明虽然总体非利息业务和手续费及佣金业务明显提高了商业银行的收益水平，但是随着市场竞争度的提升（$ELerner$ 指数减小），这种积极效应将会逐步减弱。$TNI \times ELerner$ 的系数虽不显著，但其符号依然为正。上述结果表明，随着市场竞争度的不断提高，非利息业务的发展对商业银行收益水平的影响逐步趋向于负面，研究假设 3 得以验证。随着商业银行经营模式的改变，银行业的竞争不仅仅体现在利息业务领域，同时也开始逐步扩散至非利息业务领域。随着市场竞争度的提高，银行在非利息业务领域的价格竞争日趋激烈，边际收益将会逐渐降低，但投入成本却不断升高。例如，由于近年来银行间竞争的加剧以及互联网金融产品的冲击，商业银行的转账手续费费率不断降低，部分银行的网上银行和手机银行转账业务的手续费费率甚至为 0，这必然会降低此类业务的收益水平。再如，近年来银行业理财产品市场的竞争也日趋激烈。在图 7.3 中我们绘制了银行业理财产品 2007～2021 年年末存续量的时间趋势图。从图中可以看出，截至 2007 年末，我国银行业存续的理财产品规模仅为 0.53 万亿元，但在 2017 年末则达到了 29.54 万亿元，11年间增长幅度超过了 50 倍；虽然在 2018 年受到"资管新规"的影响下滑至 22.04 万亿元，但之后很快恢复，至 2021 年末又达到 29 万亿元的规模。理财产品发行量的爆发式增长导致了理财业务竞争的加剧，也必然会提升理财业务的单位成本，降低边际利润。另外，自 2018 年末《商业银行理财子公司管理办法》出台以来，工商银行、农业银行、招商银行等 20 余家商业银行均已获批筹建银行理财子公司。一些实力尚弱的中小银行也正在积极布局,通过抱团筹建、与大型金融科技公司合作、引入战略投资者等多种方式进入市场。可以预见,金融理财市场未来的竞争将更加激烈。而且随着信息技术的全面推广和数字金融的不断革新,商业银行多种类型的非利息业务将面临更激烈的客户资源竞争和价格竞争。总之,市场竞争度越高,银行增加一单位非利息收入所需要占用的人力、技术和资金等资源就越多,非利息业务对银行收益的边际影响也就越趋向于负面。

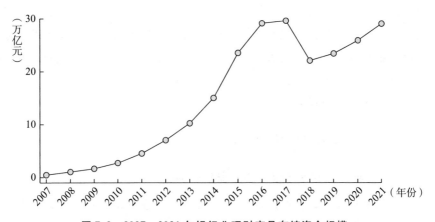

图 7.3 2007~2021 年银行业理财产品存续资金规模

资料来源:根据 BankFocus 数据库、Wind 金融数据库和各银行年报整理得到。

从这一点我们可以看出,非利息业务对商业银行收益的影响不仅取决于银行自身的财务状况和经营水平,而且受到市场竞争环境的制约。商业银行在发展非利息业务的同时要密切关注市场竞争环境的变化,以避免较高的市场竞争度导致非利息业务对银行收益产生过大的负面影响。

另外,从表 7.3 的回归结果中我们还可以看出,*ROA* 的一阶滞后项系数均显著为正,这说明我国商业银行的收益水平确实具有很强的连续性特征,利用动态模型能够更好地进行实证分析。在控制变量方面,*NIM* 的估计系数均显著为正,即商业银行的净息差对其收益水平具有显著的正向影响。贷款资产比率(*LA*)的估计系数均为正值,而且在部分回归方程中具有显著性,这说明贷款资产比率的提高虽然能够在一定程度上提升商业银行的收益水平,但效果较弱。其原因在于,我国大部分商业银行在经营过程中依然以传统的利息业务为主,而该领域的竞争日趋激烈，对总收益的提升效果已经开始衰减。权益资产比率（*EA*）的估计系数大多显著为正，说明资本充足的银行盈利能力更强。资产规模（ln*TA*）的估计系数均显著为正，这主要是由于规模的扩大能够在一定程度上产生规模经济效应，使银行在激烈的市场竞争中能够保持较强的盈利能力。实际 GDP 增长率（*DGDP*）的估计系数均显著为正，这说明经济繁荣程度对银行收益具有明显的积极作用。在经济繁荣时期，客户的金融需求将会更加旺盛，商业银行的业务数量将会增多，利润也会随之上升；同时，企业在良好的经济环境中将会获得更多利润，还款能力也会增强，商业银行的不良贷款率将会下降，所以其收益水平也会得到提高。居民消费价格指数（*CPI*）的估计系数均显著为正，表明通货膨胀对商业银行收益产生了显著的正向影响。这主要是由于商业银行对价格的敏感度一般高于客户的敏感度，所以能够尽快调整其资产业务和负债业务的价格，从而提高其利润水平。

二　各类银行间的异质性分析

（一）非利息业务对银行总收益的影响

表 7.4 和表 7.5 分别报告了国有及股份制商业银行样本和地方性商业银行样本的估计结果。两个表格中的 Panel A 代表未加入市场竞争度和非利息业务交互项的基准模型的回归结果，Panel B 则代表加入二者交互项之后的模型回归结果。每一面板中的三列分别对应 *NII*、*NFC* 和 *TNI* 作为自变量的回归结果。与之相应的是，Panel B 中每一列的 *NI* × *ELerner* 分别对应 *NII* × *ELerner*、*NFC* × *ELerner* 和 *TNI* × *ELerner*。从表 7.4 和表 7.5 中可以看出，无论是在 Panel A 还是在 Panel B 的回归结果中，二阶滞后项检验 AR（2）的 p 值均大于 0.05，这说明模型不存在扰动项序列相关问题；Hansen 检验的 p 值大多大于 0.1，无法拒绝"所有工具变量均有效"的原假设，这说明模型不存在过度识别问题。

在非利息业务对银行总收益的影响方面，各类银行之间存在一定程度的异质性。从表 7.4 中可以看出，对于国有及股份制商业银行样本，Panel A 基准模型中 *NII* 的估计系数在 1% 的水平下显著为正。从表 7.5 中可以看出，对于地方性商业银行样本，Panel A 中 *NII* 的估计系数在 5% 的水平下显著为正；Panel B 中 *NII* 的估计系数亦为正值。这一结果表明，虽然在显著性上略有差异，但总体非利息业务的发展对各类商业银行的收益水平都产生了明显的正向影响，与上文中总体银行样本的回归结果具有一致性，研究假设1再次得到验证。

但从分类非利息业务对银行总收益的影响来看，各类银行的回归结果却存在较大差异，研究假设4得到初步验证。从表7.4可以看出，对于国有及股份制商业银行样本，Panel A 中 *NFC* 的估计系数在1%的水平下显著为正，Panel B 中 *NFC* 的估计系数也在10%的水平下显著为正；Panel A 中 *TNI* 的估计系数为负值但并不显著，Panel B 中 *TNI* 和 *TNI* × *ELerner* 的估计系数均为负值且不显著。这一结果表明，手续费及佣金业务的发展提高了国有及股份制商业银行的收益水平，而交易性业务的发展对其影响却并不显著，如果仅从系数符号来看甚至降低了其收益水平。从表7.5中可以看出，对于地方性商业银行样本，Panel A 中 *TNI* 的估计系数在10%的水平下显著为正，Panel B 中 *TNI* 的估计系数也在10%的水平下显著为正；但与此同时，Panel A 基准模型中 *NFC* 的估计系数为正值但并不显著。这一结果表明，交易性业务的发展提高了地方性商业银行的收益水平，而手续费及佣金业务的发展对其影响却并不显著，但如果仅从系数符号来看也提高了其收益水平。

表7.4　市场竞争环境下非利息业务对银行收益的影响（国有及股份制商业银行）

变量	Panel A 基准模型回归结果			Panel B 加入交互项模型回归结果		
	ROA	*ROA*	*ROA*	*ROA*	*ROA*	*ROA*
L. *ROA*	0.518 ***	0.466 ***	0.658 ***	0.513 ***	0.301 *	0.394
	(0.102)	(0.122)	(0.0703)	(0.157)	(0.163)	(0.255)
NII	0.00356 ***			−0.000906		
	(0.00110)			(0.00439)		
NFC		0.00474 ***			0.0148 *	
		(0.00158)			(0.00777)	
TNI			−0.000494			−0.0103
			(0.00214)			(0.0141)
NI × *ELerner*				−0.00795	0.0124	−0.0343
				(0.00851)	(0.0153)	(0.0363)

续表

变量	Panel A 基准模型回归结果			Panel B 加入交互项模型回归结果		
	ROA	*ROA*	*ROA*	*ROA*	*ROA*	*ROA*
ELerner	0.287***	0.316***	0.170**	0.447***	0.402	0.204
	(0.0846)	(0.101)	(0.0732)	(0.169)	(0.276)	(0.274)
NIM	0.265***	0.255***	0.145***	0.167***	0.369***	0.208***
	(0.0514)	(0.0565)	(0.0199)	(0.0568)	(0.129)	(0.0538)
LA	0.0242	0.115	0.160	0.653	0.617	-0.566
	(0.112)	(0.121)	(0.133)	(0.668)	(0.679)	(1.228)
EA	0.0104	0.00769	0.0139	-0.0344	-0.0179	0.0313
	(0.0106)	(0.0115)	(0.0130)	(0.0246)	(0.0475)	(0.0354)
ln*TA*	0.0462**	0.0556**	0.0317*	0.0765*	0.0824	0.0501
	(0.0189)	(0.0230)	(0.0168)	(0.0450)	(0.0747)	(0.0529)
DGDP	0.0208***	0.0200***	0.0189***	0.00696	0.0128	0.0189**
	(0.00638)	(0.00671)	(0.00479)	(0.00735)	(0.00846)	(0.00846)
CPI	-0.00163	-0.00197	0.0106	0.0226*	-0.00451	0.00357
	(0.0122)	(0.0131)	(0.0110)	(0.0118)	(0.0148)	(0.0123)
常数项	-1.046	-1.104	-1.908*	-3.437***	-1.293	-1.014
	(1.028)	(1.096)	(1.000)	(1.091)	(1.332)	(1.372)
N	213	213	213	213	213	213
AR（1）	0.041	0.047	0.012	0.016	0.023	0.061
AR（2）	0.993	0.846	0.946	0.440	0.472	0.454
Hansen	1.000	1.000	1.000	1.000	1.000	1.000

表 7.5　市场竞争环境下非利息业务对银行收益的影响（地方性商业银行）

变量	Panel A 基准模型回归结果			Panel B 加入交互项模型回归结果		
	ROA	*ROA*	*ROA*	*ROA*	*ROA*	*ROA*
L.*ROA*	0.570***	0.650***	0.557***	0.532***	0.471***	0.479***
	(0.0568)	(0.0539)	(0.0569)	(0.0612)	(0.0928)	(0.0629)
NII	0.00250**			0.00137		
	(0.00117)			(0.00148)		

变量	Panel A 基准模型回归结果			Panel B 加入交互项模型回归结果		
	ROA	*ROA*	*ROA*	*ROA*	*ROA*	*ROA*
NFC	0.00224			0.0143**		
	(0.00315)			(0.00699)		
TNI		0.00192*			0.00198*	
		(0.00106)			(0.00111)	
NI × ELerner				0.0199**	-0.0488	0.0213**
				(0.0101)	(0.0302)	(0.00997)
ELerner	0.768***	0.665***	0.732***	1.410***	0.621**	1.501***
	(0.183)	(0.149)	(0.182)	(0.211)	(0.249)	(0.196)
NIM	0.137***	0.0881***	0.134***	0.154***	0.122***	0.168***
	(0.0244)	(0.0142)	(0.0202)	(0.0286)	(0.0185)	(0.0229)
LA	0.161	0.221*	0.0819	0.417***	0.199	0.433***
	(0.127)	(0.118)	(0.129)	(0.147)	(0.182)	(0.149)
EA	0.0200***	0.0146**	0.0213***	0.00951	0.0194**	0.0102*
	(0.00665)	(0.00649)	(0.00744)	(0.00676)	(0.00761)	(0.00595)
ln*TA*	0.0845***	0.0622***	0.0823***	0.129***	0.0280	0.145***
	(0.0191)	(0.0146)	(0.0193)	(0.0226)	(0.0265)	(0.0182)
DGDP	0.0174***	0.0130**	0.0188***	0.0115*	0.0125*	0.0152**
	(0.00522)	(0.00625)	(0.00553)	(0.00612)	(0.00654)	(0.00635)
CPI	0.0465***	0.0506***	0.0433***	0.0373***	0.0504***	0.0370***
	(0.00893)	(0.00885)	(0.00899)	(0.00882)	(0.0115)	(0.00735)
常数项	-6.486***	-6.461***	-6.057***	-5.707***	-5.662***	-5.892***
	(0.988)	(0.867)	(0.961)	(0.849)	(1.051)	(0.719)
N	1230	1207	1207	1230	1207	1207
AR（1）	0.000	0.000	0.000	0.000	0.000	0.000
AR（2）	0.613	0.905	0.952	0.094	0.915	0.097
Hansen	0.092	0.163	0.119	0.110	0.062	0.254

（二）市场竞争环境的影响及调节效应

在市场竞争环境的影响方面，从各银行样本的回归结果可见，表

7.4 和表 7.5 的 Panel A 中 *ELerner* 的估计系数均显著为正；表 7.4 的 Panel B 中 *ELerner* 的估计系数仅在第一列中显著为正，在其他列并不显著，而表 7.5 的 Panel B 中 *ELerner* 的估计系数均显著为正。这表明市场竞争度的提升同时降低了各类银行的收益水平，与上文中总体银行样本的回归结果具有一致性。但从具体数值来看，对于国有及股份制商业银行样本，Panel A 中三列所对应的 ELerner 指数的估计系数分别为 0.287、0.316 和 0.170；对于地方性商业银行样本，Panel A 中三列所对应的 ELerner 指数的估计系数分别为 0.768、0.665 和 0.732。从这一结果可以看出，在市场竞争度提高的过程中，地方性商业银行的收益水平受到的负面影响大于国有及股份制商业银行。这主要是由于地方性商业银行的资产规模普遍较小，网点数量普遍较少，技术水平也相对较低，所以其总体实力比较弱，在市场竞争度提高的过程中更易受到冲击；与之相反，国有及股份制商业银行的总体实力较强，而且政府的政策扶持也更倾向于国有及股份制商业银行，所以在市场竞争度提高的过程受到的冲击相对较小。

在市场竞争环境的调节效应方面，从市场竞争度与非利息业务的交互项来看，在表 7.4 的国有及股份制商业银行样本中，$NII \times ELerner$、$NFC \times ELerner$ 和 $TNI \times ELerner$ 的估计系数均不显著；而在表 7.5 的地方性商业银行样本中，$NII \times ELerner$ 和 $TNI \times ELerner$ 的估计系数均显著为正。这说明对于地方性商业银行，虽然总体非利息业务和交易性业务明显提高了地方性商业银行的收益水平，但是随着市场竞争度的提升（ELerner 指数减小），这种积极效应将会逐步减弱。而对于国有及股份制商业银行，虽然从系数上来看也有这一效果，但并不明显。

综上可知，从总体上来看，非利息业务的发展提高了我国各类商业银行的收益水平，但随着市场竞争度的提升，这一积极影响将会越来越弱。另外，不同种类的非利息业务对不同类型银行的收益水平产生了不同影响。对于国有商业银行样本和股份制商业银行样本，手续费及佣金业务的发展明显提高了其收益水平，但随着市场竞争度的提升，手续费及佣金业务所带来的积极影响越来越小，但效果并不明显；交易性业务的发展对其收益水平的影响并不显著，但仅从系数符号来看则降低了其收益水平。对于地方性商业银行样本，手续费及佣金业务的发展对地方性商业银行收益水平的影响并不显著，但仅从系数符号来看也提高了其收益水平；交易性业务的发展则明显提高了其收益水平，但随着市场竞争度的提升，交易性业务所带来的积极影响越来越小。研究假设 2、假设 3、假设 4 再次得到验证。

之所以在国有商业银行、股份制商业银行和地方性商业银行之间出现这种显著性差异，主要原因有以下几点。

第一，相对于地方性商业银行，国有及股份制商业银行的资产规模较为庞大，网点分布广泛，服务区域面向全国，客户基数相当可观。而许多手续费及佣金业务的开展均与这些因素密切相关，例如结算及清算业务、信用卡业务、咨询业务、理财业务、财务顾问业务以及部分互联网金融业务。而且由于这些业务与传统业务联系较为紧密，可以面对同一客户进行"捆绑销售"，所以国有及股份制商业银行在发展手续费及佣金业务的过程中较为容易。因此，国有及股份制商业银行在实际经营过程中能够更好地开展手续费及佣金业务，所以这一收入的增加明显提高了其收益水平。另外，由于国有商业银行的网点数量和客户基数都更加庞大，相对于股份制商业银行也更具优势，所以手续费及佣金业务对国有商业银行收益的影响也略大于股份制商业银行。与以上两类银行不同，大多数地方性商业银行资产规模较小，仅服务于当地企业，网点和客户数量都相对较少，在发展手续费及佣金业务时相对困难，所以此类手续费及佣金业务的发展对其收益水平的影响并不显著。

第二，国有及股份制商业银行在硬件设备和技术水平上均具有相对优势，所以在某些业务的开展上相对更加容易。在手续费及佣金业务中，有部分业务需要较强的技术支持。例如，电子银行和网上银行业务由于其本身具有互联网属性且伴随较高的信息风险，所以对银行的技术水平要求较高。国有及股份制商业银行的设备较为齐全，技术水平相对较高，此类业务的发展较为容易，投入的成本也相对较低，但所获得的与之相关的手续费及佣金收入却十分可观。因此，此类手续费及佣金业务的开展也提高了国有商业银行和股份制商业银行的收益水平。与之相反，许多地方性商业银行的硬件设备和技术水平都相对落后，在此类业务的开展上较为困难，需要投入较多成本。虽然部分地方性商业银行正在逐步开展相关业务，但其功能也无法与国有及股份制商业银行的同类业务相匹敌。例如，许多银行在数字银行的建设方面较为落后。在信息化迅速发展的今天，这必然会限制地方性商业银行相关业务的发展。因此，此类手续费及佣金业务的发展对地方性商业银行收益水平的影响并不显著。

第三，我国商业银行的投资能力和汇兑风险管理能力普遍较弱。国有及股份制商业银行对交易性业务重视不够，所以其本身的投资能力和汇兑风险管理能力并不强。图7.2中所展现出的银行汇兑损益情况便是最好的例证。另外，由于"大而不能倒"在我国银行业普遍存在，即政府会对规模较大的国有及股份制商业银行给予更多的政策扶持和隐性保护（Rosenblum，2011；Barth et al.，2012），所以国有及股份制商业银行在经营过程中会从事一些风险较高的交易性业务，例如海外投资业务和衍生金融资产业务等。此类业务需要投入较多的资金和人力资源，但其收益水平却并不稳定，在部分时期甚至会给银行带来负利润。所以，交易性业务的发展对国有商业银行和股份制商业银行收益水平的影响并不明显，在一定程度上甚至有可能降低其收益水平。与之相反，地方性商业银行在市场中长期处于劣势地位，再加上自身地域范围、业务种类和技术水平的限制，所以在开展交易性业务的过程中更倾向于风险较小的业务，而对汇兑业务、海外投资业务、衍生金融资产业务等风险较高的业务较少涉及。例如，截至2015年末，城商行中的东营银行和郑州银行等尚未开展海外投资业务，而且其汇兑业务和衍生金融资产业务的收入也是微乎其微。因此，由于地方性商业银行受到多方面限制，在发展交易性业务时较为谨慎，所以交易性收入的增加在一定程度上提高了地方性商业银行的收益水平。

另外，从表7.4和表7.5的回归结果中我们还可以看出，*ROA*的一阶滞后项系数在大多方程中显著为正，这说明国有商业银行、股份制商业银行和地方性商业银行的收益水平均具有很强的连续性特征，利用动态模型能够更好地进行实证分析。在控制变量方面，表7.4和表7.5中净息差（*NIM*）的估计系数均显著为正，这说明传统业务收益对各类银行的盈利能力依然至关重要。表7.4中贷款资产比率（*LA*）的估计系数大部分为正值但并不显著，而在表7.5中则大多显著为正，这说明贷款资产比率的提高对地方性商业银行的收益水平仍会产生显著的正向影响，但对国有及股份制商业银行收益的影响甚微。表 7.4 中权益资产比率（EA）的估计系数大部分为正值但并不显著，表 7.5 中对应的估计系数大多显著为正，这说明资本状况良好的地方性商业银行具有更强的盈利能力。但在国有及股份制商业银行中，大部分银行的资本本身就较为充足，此时进一步提升权益资产比率可能会带来资金的闲置，因此其对收益的影响并不显著。表 7.4 和表 7.5 中资产规模（$\ln TA$）的估计系数均为正值且大部分显著，这说明资产规模增大带来的规模效应在各类银行中均有所体现；但从具体的数值大小和显著程度来看，这一效应在地方性商业银行中表现得更加明显。表 7.4 和表 7.5 中实际 GDP 增长率（$DGDP$）的估计系数大多显著为正，这说明经济繁荣程度的提高对国有商业银行、股份制商业银行和地方性商业银行的收益水平均产生了显著的正向影响。表 7.4 居民消费价格指数（CPI）的估计系数大部分不显著，而表 7.5 中对应的估计系数均显著为正，这说明通货膨胀程度的提高对地方性商业银行的收益水平产生了显著的正向影响，但对国有及股份制商业银行收益的影响并不明显。

三　进一步分析：分类手续费及佣金业务的作用效果

鉴于我国银行业的手续费及佣金业务占比较高，且该业务还包含多种业务类型，我们进一步将其分为代理业务（NFC_AB）、担保及承诺业务（NFC_CCB）、托管和其他受托业务（NFC_CEB）、结算及清算业务（NFC_SCB）、银行卡业务（NFC_BCB）、顾问和咨询业务（NFC_CONB）以及其他手续费及佣金业务（NFC_OT）七类，以分析各类手续费及佣金业务对商业银行收益水平的影响。正如前文所述，受限于数据可得性问题，我们采用手工整理的 16 家商业银行 2015～2021 年的面板数据进行实证分析，回归结果如表 7.6 所示。从中可以看出，NFC_AB、NFC_CCB、NFC_SCB 和 NFC_BCB 的回归系数均在 5% 或 10% 的水平下显著为正，NFC_CEB、NFC_CONB 和 NFC_OT 的回归系数并不显著。这一结果表明，代理业务、担保及承诺业务、结算及清算业务以及银行卡业务的发展对商业银行收益水平产生了显著的正向影响，但其他类型的手续费及佣金业务的影响却并不明显。

表 7.6　分类手续费及佣金业务对商业银行收益的影响

变量	(1)	(2)	(3)	(4)	(5)	(6)	(7)
	NFC_AB	NFC_CCB	NFC_CEB	NFC_SCB	NFC_BCB	NFC_CONB	NFC_OT
	ROA	ROA	ROA	ROA	ROA	ROA	ROA
L. ROA	0.355	0.254	0.766***	0.661***	0.470	-0.0674	0.375
	(0.407)	(0.288)	(0.0531)	(0.114)	(0.354)	(0.336)	(0.277)
NFC_*	0.0106**	0.0474**	-5.70e-05	0.0231*	0.0420**	0.0403	-0.00465
	(0.00420)	(0.0220)	(0.00410)	(0.0130)	(0.0189)	(0.0365)	(0.00460)
NIM	0.124	0.175**	0.0441	0.0633	0.208	0.191***	0.191
	(0.111)	(0.0779)	(0.0364)	(0.0451)	(0.137)	(0.0696)	(0.146)
ELerner	0.00312	-0.0592	0.207**	0.218*	-0.425*	-0.00250	0.321
	(0.135)	(0.120)	(0.0851)	(0.127)	(0.257)	(0.127)	(0.419)
LA	-0.721	-1.140**	0.237	0.417	-3.621*	-4.010**	-1.221
	(1.085)	(0.506)	(0.401)	(0.552)	(1.853)	(1.747)	(1.386)
EA	0.0715	0.0700***	0.0500**	0.00893	0.134***	0.219***	0.0732*
	(0.0516)	(0.0181)	(0.0201)	(0.0267)	(0.0360)	(0.0910)	(0.0409)
lnTA	0.0523	0.0546	-0.0360**	-0.0429	0.129	0.138**	0.0663
	(0.0599)	(0.0378)	(0.0164)	(0.0347)	(0.0839)	(0.0621)	(0.0790)
DGDP	0.0217***	0.0201***	0.0126***	0.00907	-0.0264	0.0246***	0.00753
	(0.00784)	(0.00680)	(0.00189)	(0.00651)	(0.0165)	(0.00877)	(0.0133)
CPI	-0.0221	-0.0234***	-0.0316***	-0.00726	-0.0604***	-0.0319***	-0.0120
	(0.0176)	(0.00733)	(0.00470)	(0.00846)	(0.0113)	(0.00933)	(0.0177)
常数项	1.428	1.749**	3.280***	1.147	4.919***	1.864**	0.354
	(1.902)	(0.720)	(0.531)	(0.853)	(0.764)	(0.851)	(2.478)
N	112	99	98	103	109	56	112
AR (1)	0.019	0.004	0.106	0.016	0.605	0.001	0.019
AR (2)	0.361	0.295	0.493	0.879	0.297	0.355	0.294
Hansen	1.000	1.000	1.000	0.997	1.000	1.000	1.000

第四节　稳健性检验

为确保估计结果的有效性，本部分进行了以下稳健性检验。

（1）替代指标。本章选取了以下三个关键变量的替代指标对模型重新进行估计：首先，选取净资产收益率（ROE）作为总资产收益率（ROA）的替代指标；其次，选取非利息收入与总资产的比值作为 NII、NFC 和 TNI 的替代指标；最后，选取 Boone 指数作为 ELerner 指数的替代指标。

（2）替代方法。除了在上文中使用的动态面板系统 GMM 方法，本章还使用了静态面板估计方法、动态面板水平 GMM 方法以及动态面板差分 GMM 方法对模型进行估计。

在以上稳健性检验的结果中，本章关于市场竞争环境下非利息业务对商业银行总收益的影响的相关结论依然成立。限于篇幅和结构，不再一一列出，下面仅展示以 ROE 作为 ROA 替代指标的回归结果。

表 7.7 报告了全部银行样本的稳健性检验结果。从第（1）列的基准回归结果来看，NII 的系数显著为正，再次验证了非利息业务发展对银行收益的积极影响；从第（2）列的调节效应回归来看，NII × ELerner 的回归系数显著为正，由于 ELerner 指数越大代表竞争度越小，这表明市场竞争度的提升削弱了非利息业务对总收益的积极效果；第（3）列中 NFC 的回归系数显著为正，第（4）列中 TNI 的回归系数为负但并不显著，表明两类不同的非利息业务对商业银行的收益水平产生了差异化影响。ELerner 指数的回归系数均在 1% 的水平下显著为正，表明市场竞争度的提升显著削弱了我国商业银行的盈利能力。上述结果再次验证了前文全部银行样本的结论。

表 7.7　市场竞争环境下非利息业务影响银行收益的稳健性检验（全部银行）

变量	基准模型	调节效应回归	手续费及佣金业务	交易性业务
	ROE （1）	ROE （2）	ROE （3）	ROE （4）
L. ROE	0.493 *** （0.0645）	0.487 *** （0.0866）	0.549 *** （0.0698）	0.696 *** （0.0678）

续表

变量	基准模型	调节效应	手续费及佣金业务	交易性业务
	ROE （1）	ROE （2）	ROE （3）	ROE （4）
NII	0.2481***	0.0207		
	(0.0131)	(0.0189)		
NFC			0.0828**	
			(0.0411)	
TNI				−0.00850
				(0.0140)
NII × ELerner		0.280*		
		(0.155)		
ELerner	8.898***	20.54***	7.872***	7.417***
	(1.760)	(3.471)	(2.003)	(2.333)
NIM	1.988***	2.138***	1.650***	0.948***
	(0.316)	(0.409)	(0.244)	(0.246)
LA	0.573	6.437***	0.871	0.734
	(1.518)	(2.181)	(1.412)	(1.598)
EA	−0.800***	−0.941***	−0.771***	−0.644***
	(0.0924)	(0.116)	(0.0985)	(0.155)
lnTA	1.020***	1.964***	0.614***	0.625***
	(0.200)	(0.320)	(0.217)	(0.200)
DGDP	0.346***	0.211**	0.228**	0.109
	(0.0857)	(0.0903)	(0.0943)	(0.0795)
CPI	0.461***	0.453***	0.515***	0.543***
	(0.135)	(0.135)	(0.145)	(0.162)
常数项	−59.55***	−66.81***	−59.15***	−61.50***
	(13.92)	(13.93)	(14.15)	(17.07)
N	1442	1442	1419	1419
AR (1)	0.000	0.000	0.000	0.000
AR (2)	0.471	0.049	0.823	0.701
Hansen	1.000	0.099	0.992	0.006

表 7.8 报告了分类银行样本的稳健性检验结果，Panel A 和 Panel B 分别对应国有及股份制商业银行和地方性商业银行的回归结果。Panel A 中 *NII* 的系数依然为正但并不显著，Panel B 中 *NII* 的系数显著为正，这说明非利息业务发展对各类银行的净资产收益率均产生了正面影响，但对地方性商业银行的影响较为明显。从 Panel A 的第二列和第三列来看，*NFC* 的回归系数显著为正，*TNI* 的系数则并不显著；从 Panel B 的第二列和第三列来看，*TNI* 的回归系数显著为正，*NFC* 的系数则并不显著。这说明手续费及佣金业务对收益的正面影响主要表现在国有及股份制商业银行样本中，而交易性业务对收益的正面影响主要表现在地方性商业银行样本中。另外，从 *ELerner* 的估计系数来看，Panel B 中其系数的显著性明显强于 Panel A，且数值更大，这表明市场竞争度的提升给银行收益带来的冲击在地方性商业银行样本中更加显著。上述结果再次验证了前文分类银行样本的研究结论，证实了其稳健性。

表 7.8　市场竞争环境下非利息业务影响银行收益的稳健性检验（分类银行）

变量	Panel A 国有及股份制商业银行			Panel B 地方性商业银行		
	ROE	*ROE*	*ROE*	*ROE*	*ROE*	*ROE*
L. *ROE*	0.249	0.418**	0.389*	0.490***	0.584***	0.495***
	(0.176)	(0.207)	(0.229)	(0.0909)	(0.0684)	(0.0870)
NII	0.000419			0.0267*		
	(0.0968)			(0.0144)		
NFC		0.138**			0.0672	
		(0.0684)			(0.0430)	
TNI			−0.114			0.0227*
			(0.188)			(0.0136)
ELerner	7.600*	7.203	7.320*	16.45***	8.444***	16.42***
	(4.286)	(4.379)	(3.905)	(3.487)	(2.488)	(3.584)
NIM	5.766***	5.376***	4.456	1.890***	1.430***	1.854***
	(1.478)	(1.996)	(3.221)	(0.389)	(0.244)	(0.338)
LA	5.401	32.69***	19.96	1.656	0.0306	1.327
	(11.99)	(9.728)	(32.77)	(1.934)	(1.596)	(1.844)

变量	Panel A 国有及股份制商业银行			Panel B 地方性商业银行		
	ROE	*ROE*	*ROE*	*ROE*	*ROE*	*ROE*
EA	−1.966 **	−2.650 ***	−2.176	−0.788 ***	−0.688 ***	−0.821 ***
	(0.799)	(0.885)	(2.340)	(0.113)	(0.0910)	(0.101)
ln*TA*	1.991	2.341 *	3.608	1.363 ***	0.526 ***	1.430 ***
	(1.513)	(1.209)	(7.091)	(0.314)	(0.201)	(0.344)
DGDP	0.425 *	0.164	0.328	0.209 **	0.163 *	0.204 **
	(0.219)	(0.145)	(0.290)	(0.0995)	(0.0862)	(0.103)
CPI	−0.306	−0.113	−0.0914	0.650 ***	0.641 ***	0.632 ***
	(0.255)	(0.283)	(0.317)	(0.130)	(0.133)	(0.132)
常数项	4.924	−32.38	−45.90	−85.82 ***	−70.99 ***	−84.07 ***
	(32.13)	(29.72)	(107.1)	(14.54)	(13.28)	(14.88)
N	212	212	212	1230	1207	1207
AR (1)	0.293	0.297	0.277	0.000	0.000	0.000
AR (2)	0.717	0.103	0.834	0.352	0.946	0.567
Hansen	1.000	1.000	1.000	0.999	1.000	1.000

第五节　本章小结

本章在理论分析的基础上，利用我国 2007～2021 年 166 家商业银行的面板数据，运用面板系统广义矩估计方法（SYS-GMM），研究市场竞争环境下非利息业务对商业银行总收益的影响。研究结果表明，首先，从总体上来看，非利息业务的发展提高了我国各类商业银行的收益水平，但随着市场竞争度的提升，这一积极影响将会越来越小。其次，不同种类的非利息业务对不同类型银行的收益水平产生了差异化影响。对于国有及股份制商业银行，手续费及佣金业务的发展明显提高了其收益水平，但随着市场竞争度的提升，手续费及佣金业务带来的积极影响将会减小；交易性业务的发展对其收益水平的影响并不显著，但仅从系数符号来看则降低了其收益水平。对于地方性商业银行，交易性业务的发展明显提高了其收益水平，但随着市场竞争度的提升，交易性业务所带来的积极影响越来越小；手续费及佣金业务的发展对地方性商业银行收益水平的影响并不显著，但仅从系数符号来看则提高了其收益水平，然而随着市场竞争度的提升，其影响效果将更趋向于负面。最后，市场竞争度对商业银行的总收益产生了显著的负面影响，而且与国有及股份制商业银行相比，地方性商业银行受到的冲击更大。此外，我们还进一步分析了不同类型的手续费及佣金业务对商业银行收益的影响。

第八章　市场竞争环境下非利息业务
对商业银行风险的影响[*]

第一节　非利息业务与银行个体风险：理论推演

本部分从微观层面的商业银行风险出发，依据业务多元化条件下的商业银行最优综合经营决策模型，分析市场竞争环境下商业银行非利息业务发展对其风险水平的影响效果和作用机制。参照前文框架，商业银行同时开展存款业务（D）、贷款业务（L）和非利息业务（N），并追求综合效用最大化：

$$\max U = (1 - q)(r_L \times L + r_N \times N) - r_D \times D - r_E \times E - C(D, L, N, \omega) \quad (8.1)$$

其中，r_L、r_N、r_D 和 r_E 分别代表商业银行的贷款利率、非利息业务价格、存款利率和权益资本成本。q 代表商业银行在开展贷款业务或非利息业务过程中发生损失的概率，能够在一定程度上表征风险状况。E 代表商业银行的权益资本，C 代表与业务规模相关的管理和服务成本。ω 则代表商业银行的效率系数。

在本章中，考虑到非利息业务与贷款业务对应的资本要求并不一致，我们进一步放松假定，令 $E = \theta_1 L + \theta_2 N$，且 $\theta_1 > \theta_2$。代表性商业银行面临的约束条件为：

$$\text{s. t.} \begin{cases} L + N + R = D + E \\ R = \rho \times D \\ L = l_0 - l_1 \times r_L \\ D = d_0 + d_1 \times r_D \\ r_D = a_D + r \\ l_1 = l_1(comp) \ \text{且} \ \partial l_1 / \partial comp > 0 \end{cases}$$

---

[*]　学术规范声明：本章的部分内容已以论文形式发表于 CSSCI 期刊《国际金融研究》。

$$
s.t. \begin{cases} d_1 = d_1(comp) \text{ 且 } \partial d_1/\partial comp > 0 \\ N = n_0 - n_1 \times r_N \\ E = e_0 + e_1 \times r_E \\ E = \theta_1 L + \theta_2 N \\ C = (v_L/2) \times L^2 + (v_D/2) \times D^2 + (v_N/2) \times N^2 \\ \delta = N/(N + L) \end{cases} \tag{8.2}
$$

其中，ρ 代表法定存款准备金率，r 代表基准利率水平，$comp$ 代表市场竞争度，θ_1 和 θ_2 分别代表贷款业务和非利息业务对应的资本充足率，δ 代表非利息业务规模占比。其余参数的含义详见前文第三章第三节的理论模型构建部分。

在上述框架下，商业银行通过决定其各类业务的发展规模和价格水平来获得最大效用。在本章的分析中，我们先假定银行的 ω 保持不变，进而将 q 对非利息业务规模占比 δ 求一阶导数可得：

$$
\frac{\partial U}{\partial \delta} = (1 - q)\left[\frac{\partial r_L}{\partial \delta} \times L + r_L \times \frac{\partial L}{\partial \delta} + \frac{\partial r_N}{\partial \delta} \times N + r_N \times \frac{\partial N}{\partial \delta} \right] - \frac{\partial q}{\partial \delta}(r_L \times L + r_N \times N) -
$$
$$
\frac{\partial r_E}{\partial \delta} \times E - r_E \times \frac{\partial E}{\partial \delta} - \frac{\partial C(D, L, N)}{\partial \delta} \tag{8.3}
$$

根据式（8.2）中的约束条件进行计算，并将贷款 L 和贷款利率 r_L 对 δ 求导可得：

$$
\frac{\partial L}{\partial \delta} = \frac{(\theta_2 - 1)(1 - \rho) \times (d_0 + d_1 a_D + d_1 r)}{(1 - \theta_1) \times [1 - \theta_1 + \delta(\theta_1 - \theta_2)]} \tag{8.4}
$$

$$
\frac{\partial r_L}{\partial \delta} = \frac{(1 - \theta_2)(1 - \rho) \times (d_0 + d_1 a_D + d_1 r)}{l_1(1 - \theta_1) \times [1 - \theta_1 + \delta(\theta_1 - \theta_2)]} \tag{8.5}
$$

同时，将非利息业务 N 和对应的价格水平 r_N 对 δ 求导可得：

$$
\frac{\partial N}{\partial \delta} = \frac{(1 - \rho) \times (d_0 + d_1 a_D + d_1 r)}{1 - \theta_1 + \delta(\theta_1 - \theta_2)} \tag{8.6}
$$

$$
\frac{\partial r_N}{\partial \delta} = \frac{(\rho - 1) \times (d_0 + d_1 a_D + d_1 r)}{n_1(1 - \theta_1) + n_1 \delta(\theta_1 - \theta_2)} \tag{8.7}
$$

将商业银行权益资本 E 和权益资本成本 r_E 对 δ 求导可得：

$$
\frac{\partial E}{\partial \delta} = \frac{(\theta_2 - \theta_1)(1 - \rho) \times (d_0 + d_1 a_D + d_1 r)}{(1 - \theta_1) \times [1 - \theta_1 + \delta(\theta_1 - \theta_2)]} \tag{8.8}
$$

$$\frac{\partial r_E}{\partial \delta} = \frac{(\theta_2 - \theta_1)(1 - \rho) \times (d_0 + d_1 a_D + d_1 r)}{e_1 (1 - \theta_1) \times [1 - \theta_1 + \delta(\theta_1 - \theta_2)]} \quad (8.9)$$

进一步地，将成本函数 $C(D, L, N)$ 对 δ 求导可得：

$$\frac{\partial C(D, L, N)}{\partial \delta} = \frac{\partial C}{\partial L} \times \frac{\partial L}{\partial \delta} + \frac{\partial C}{\partial N} \times \frac{\partial N}{\partial \delta} = \nu_L \times L \times \frac{\partial L}{\partial \delta} + \nu_N \times N \times \frac{\partial N}{\partial \delta} \quad (8.10)$$

将式（8.4）至式（8.9）代入式（8.3）进行计算，并进一步将式（8.2）中的约束条件重新代入进行整理，可得综合效用最大化的一阶必要条件为：

$$\frac{\partial U}{\partial \delta} = \frac{(1 - q)(1 - \rho) \times (d_0 + d_1 a_D + d_1 r)}{1 - \theta_1 + \delta(\theta_1 - \theta_2)} \left[r_N - \frac{(1 - \theta_2) r_L}{1 - \theta_1} + \frac{L - \theta_2 L}{l_1 - \theta_1 l_1} - \frac{N}{n_1} \right] -$$

$$\frac{\partial q}{\partial \delta}(r_L \times L + r_N \times N) + \frac{(\theta_1 - \theta_2)(1 - \rho) \times (d_0 + d_1 a_D + d_1 r)}{e_1 (1 - \theta_1)[1 - \theta_1 + \delta(\theta_1 - \theta_2)]} +$$

$$\frac{(1 - \rho)(d_0 + d_1 a_D + d_1 r)(\nu_L L - \nu_N N)}{1 - \theta_1 + \delta(\theta_1 - \theta_2)} = 0 \quad (8.11)$$

对式（8.11）进一步整理可得：

$$\frac{\partial q}{\partial \delta} = \left\{ (1 - q) \left[\frac{(1 - \theta_2) L}{(1 - \theta_1) l_1} - \frac{N}{n_1} \right] + (1 - q) \left[r_N - \frac{(1 - \theta_2) r_L}{1 - \theta_1} \right] + \frac{(\theta_1 - \theta_2)(2E - e_0)}{e_1 (1 - \theta_1)} + \right.$$

$$\left. (\nu_L L - \nu_N N) \right\} \times \frac{(1 - \rho) \times (d_0 + d_1 a_D + d_1 r)}{1 - \theta_1 + \delta(\theta_1 - \theta_2)} \quad (8.12)$$

根据前文的假设可知 $\theta_1 > \theta_2$。该假设符合我国的实际状况，因为非利息业务受到的监管相对较少，且其资本要求一般较低，这也是许多银行发展此类业务的动力之一。同时，结合前文中的其他假设，以及第七章中关于各变量或系数的大小分析可知，$n_1 > l_1$，$r_N > r_L$，$L > N$ 且 $\nu_L > \nu_N$。因此，式（8.12）中大括号内的第一项和第四项明显大于 0，下面我们重点分析第二项和第三项之和的符号：

$$(1 - q) \left[r_N - \frac{(1 - \theta_2) r_L}{1 - \theta_1} \right] + \frac{(\theta_1 - \theta_2)(2E - e_0)}{e_1 (1 - \theta_1)} > (1 - q) \left[r_L - \frac{(1 - \theta_2) r_L}{1 - \theta_1} \right] +$$

$$\frac{(\theta_1 - \theta_2)(2E - e_0)}{e_1 (1 - \theta_1)} = \frac{(1 - q)(\theta_2 - \theta_1) r_L}{1 - \theta_1} + \frac{(\theta_1 - \theta_2)(2E - e_0)}{e_1 (1 - \theta_1)}$$

$$= \frac{(\theta_1 - \theta_2)}{1 - \theta_1} \left[\frac{(2E - e_0)}{e_1} - (1 - q) r_L \right] \quad (8.13)$$

进一步整理可得：

$$\frac{(\theta_1 - \theta_2)}{1 - \theta_1}\left[\frac{(2E - e_0)}{e_1} - (1 - q)r_L\right] > \frac{(\theta_1 - \theta_2)}{1 - \theta_1} \times \left[2r_E - (1 - q)r_L\right] > 0$$

$$(8.14)$$

综合上述符号分析可得：

$$\frac{\partial q}{\partial \delta} = \left\{(1 - q)\left[\frac{(1 - \theta_2)L}{(1 - \theta_1)l_1} - \frac{N}{n_1}\right] + (1 - q)\left[r_N - \frac{(1 - \theta_2)r_L}{1 - \theta_1}\right] + \frac{(\theta_1 - \theta_2)(2E - e_0)}{e_1(1 - \theta_1)} + \right.$$

$$\left.(\nu_L L - \nu_N N)\right\} \times \frac{(1 - \rho) \times (d_0 + d_1 a_D + d_1 r)}{1 - \theta_1 + \delta(\theta_1 - \theta_2)} > 0 \qquad (8.15)$$

同时，我们认为银行的风险水平不能仅关注业务的损失概率，同时还应当关注其资本状况。据此，我们对代表性银行构建如下风险指标：

$$RS = \frac{q}{E} \qquad (8.16)$$

将银行风险指标 RS 对非利息业务占比 δ 求导可得：

$$\frac{\partial RS}{\partial \delta} = \frac{1}{E^2}\left(\frac{\partial q}{\partial \delta} \times E - \frac{\partial E}{\partial \delta} \times q\right) > 0 \qquad (8.17)$$

式（8.17）表明，非利息业务的发展可能会在一定程度上提升银行的风险水平。这主要是由于部分非利息业务尤其是交易性业务的风险相对较高，带动了银行总体风险的上升。其实，多次金融危机的爆发均与这一因素存在关联。例如，2008 年美国次贷危机和 2023 年银行业危机的爆发均与银行业非利息业务占比过高密切相关，这也从现实角度为我们的分析提供了一定的佐证。

但是，根据经典的资产组合理论，资产组合的风险不仅与单个资产的风险相关，而且会受到各类资产之间相关性的影响。只要两类资产的相关系数不是 1，资产组合就能够在一定程度上分散投资风险。但是值得注意的是，这种风险的分散是相对于相关系数为 1 的情况而言的分散。该理论并不意味着在有新的资产加入时，整个资产组合的风险一定会减少。资产组合风险的变动取决于新资产本身的风险效应和风险分散效应之间孰强孰弱。例如，在原始资产组合 A 中加入新资产 B，如果 B 资产风险过高，即其本身的风险效应超过了风险分散效应，那么最终的资产组合风险必然高于最初的资产组合 A 的风险。

从这一角度来看，如果非利息业务与利息业务之间并非完全相关，那么就可以在一定程度上起到分散风险的作用。但是，我们也应当注意到，资产组合风险与单个资产的风险水平之间紧密相连，如果新增资产的风险水平过高，资产组合的总体风险也很有可能随之上升（Stiroh and Rumble，2006）。商业银行的部分非利息业务具有较高的风险，所以发展此类非利息业务有可能提高商业银行的风险水平。但如果非利息业务本身风险水平较低，那么其发展也可能会降低银行风险水平。

研究至此，需要对不同类型的非利息业务进行分类讨论。正如前文所述，手续费及佣金业务与交易性业务具有性质上的差异。手续费及佣金业务大多与传统利息业务之间具有紧密联系，而且商业银行发展此类业务的时期相对较长，所以其收益水平相对稳定（申创、赵胜民，2018），风险水平较低，在一定程度上比传统的存贷款业务风险更低。而且虽然手续费及佣金业务与传统业务相关性较高，但远远达不到相关系数为1的程度，所以根据资产组合理论，依然能在一定程度上起到风险分散效应。因此，由于手续费及佣金业务本身的风险效应非常弱，甚至要低于原本的资产组合（传统业务）的风险，再加上风险分散效应，必然会降低商业银行的风险水平。与之相反，交易性业务本身的风险效应相对较强。例如，其中的投资业务、汇兑业务、金融衍生品业务都与市场紧密关联，其收益波动性相对较强，风险水平也相对较高。再加上我国商业银行的投资能力和风控能力相对较弱，因此此类业务本身的风险效应在我国银行业中就更加凸显。因此，虽然交易性业务与传统业务关联较弱，能够产生较强的风险分散效应，但是由于其本身的风险效应较强，所以不一定能够降低银行风险水平，甚至有可能会提升银行风险水平。在我国银行业的非利息业务中，虽然手续费及佣金业务占比较大，但是由于以上两种非利息业务对商业银行风险的影响并不一致，可能存在抵消效应，因此总体非利息业务对商业银行风险的影响也可能并不显著。据此，本章提出如下研究假设。

假设1：从总体上来看，非利息业务对商业银行风险具有正向影响或者没有显著影响。

假设2：从分类非利息业务来看，手续费及佣金业务对商业银行的风险具有负向影响，交易性业务对商业银行的风险没有显著影响或者具有正向影响。

另外，在非利息业务对商业银行风险产生影响的过程中，市场竞争环境能产生一定程度的调节效应。其原因在于，一方面，随着市场竞争度的提高，银行在非利息业务领域的价格竞争日趋激烈，客户的可转移性不断增强，非利息收入的波动性不断提升，其自身的风险效应逐步增强；另一方面，随着市场竞争度的提升，为了保证自身的市场份额、客户数量和收益水平，商业银行在发展非利息业务的过程中可能会发展更高风险的业务（申创，2018）。据此，本章提出如下假设。

假设3：随着市场竞争度的提升，非利息业务的发展对银行风险水平的影响逐步趋向于负面。

另外，正如前文所述，在我国银行业中，国有商业银行、股份制商业银行和地方性商业银行在资产规模、资源约束、客户基数、成立时间、技术水平和政府政策等方面都存在一些差异，在非利息业务发展方面的策略并不一致。各类商业银行在发展非利息业务时的风险偏好和重视程度并不一致，部分业务的客户可转移性也存在差异，因此不同类型的非利息业务对各类商业银行风险的影响可能并不一致，市场竞争环境对各类商业银行的冲击程度也存在差异。据此，本章提出如下假设。

假设4：各类非利息业务对银行风险的影响以及市场竞争环境的调节效应在国有商业银行、股份制商业银行和地方性商业银行之间存在一定程度的异质性。

第二节 实证研究设计

一 变量选取与模型构建

（一）商业银行风险变量

在衡量银行风险的指标中，较为常用的有 Z 值、不良贷款率、总资产收益率标准差以及股权收益率标准差等。其中，Z 值衡量了银行的破产风险，由 De Nicoló 等（2003）根据破产概率模型推导得出。Z 值不但在指标中加入了银行收益及其波动性因素，同时还考虑了对银行风险至关重要的股东权益状况，所以相比其他指标能够更加全面准确地衡量银行风险。鉴于此，本章以 Z 值作为风险指标，其计算方法为：

$$Z_{it} = \frac{SDROA_{it}}{ROA_{it} + EA_{it}} \tag{8.18}$$

其中，*SDROA*、*ROA* 和 *EA* 分别表示总资产收益率标准差、总资产收益率和权益资产比率。从式（8.18）可以看出，*Z* 值越大，银行的风险水平越高。

（二）非利息业务变量

在衡量非利息业务的发展水平方面，比较常用的指标有两个：非利息收入占营业收入比重（孙浦阳等，2011；Apergis，2014；申创，2018）和其他盈利资产占总资产比重（Nguyen，2012；李明辉等，2014）。本章选取了非利息收入占营业收入比重（*NII*）这一指标进行衡量，并利用另一指标进行稳健性检验。同时，对于分类非利息业务的发展水平，我们分别以手续费及佣金收入占营业收入的比重（*NFC*）和交易性收入占营业收入的比重（*TNI*）作为相应的代理变量。

（三）市场竞争度变量

正如前文所述，衡量竞争度的指标主要包括结构性指标和非结构性指标两种。其中，结构性指标存在一定程度的理论缺陷。非结构性指标中 H 统计量的前提假设为市场长期均衡，这一假设与我国银行业实际情况存在一定偏离。另外，Lerner 指数假定个体处于完全效率的状态，与现实存在一定的不符。因此，本部分依然选择 ELerner 指数来衡量我国银行业的市场竞争度。同时，为了保证实证结果的有效性，我们还计算了 Lerner 指数和 Boone 指数作为其替代变量进行稳健性检验。上述指标的具体计算方法详见第五章。

（四）控制变量

借鉴刘孟飞等（2012）、Barth 等（2012）、刘莉亚等（2014）、Apergis（2014）的研究，我们选取了以下指标作为控制变量。首先，银行的资产结构对其风险水平具有重要影响，所以我们选择贷款资产比率（Loan to Asset Ratio，*LA*）作为相应的代理变量。一方面，我国商业银行在经营过程中依然是以传统利息业务为主，所以银行发放贷款的增多可能会在一定程度上提高其收益水平，从而增强其抵御风险的能力；另一方面，随着银行贷款发放量的增多，其优质贷款的比例将呈现不断下降的趋势，所以也有可能提高其风险水平。其次，银行的资本状况与风险水平密切相关，因此我们选择权益资产比率（Equity to Asset Ratio，*EA*）作为相应的代理变量。一般情况下，银行的权益资产比率越高，在遭遇外在风险的冲击时资本缓冲就越多，其风险抵御能力越强（DeYoung and Roland，2001），所以我们预期该变量估计系数的符号为负。再次，银行的管理效率也是影响其风险水平的因素之一，因此我们选择成本收入比（*CIR*）作为其代理变量。由于成本收入比越高代表管理效率越低，所以我们预期该变量估计系数的符号为正。另外，为了控制资产规模因素的影响，我们选择总资产的自然对数值（ln*TA*）作为相应的控制变量。随着银行资产规模的增大，有可能会产生规模经济效应，降低银行成本并增加其收益，从而降低其风险水平；同时，在我国银行业中存在较强的"大而不能倒"效应，即银行的资产规模越大，国家及政府所给予的隐性保护和政策扶持也就越强，其风险水平也就越低。但是，我们也应当注意到，规模的扩大也有可能会产生更多管理协调上的问题。例如，我国的大型国有银行在过去就长期存在人员冗杂和管理水平低下的问题。因此，规模的扩大也有可能提升银行的风险水平。在以上两种因素的综合作用下，资产规模对商业银行风险水平的影响并不确定。最后，由于经济发展状况会影响到银行的业务量、发展策略及企业的还款能力，而这些因素都会对银行的风险水平产生重要影响，所以我们还选择了实际GDP增长率（*DGDP*）作为宏观经济发展水平的控制变量。一般来说，经济发展状况越好，银行的业务量就越多，发展策略也越趋向于扩张状态；而且在经济繁荣时期，贷款企业的运营状况也较为良好，利润水平会得到提高，还款能力也会增强，因此我们预期该变量估计系数的符号为负。另外，我们还加入了居民消费价格指数（*CPI*）以控制通货膨胀因素的影响。表8.1中给出了上述各变量的定义及计算方法。

表 8.1　变量定义及计算方法

变量	定义	计算方法
Z	银行风险水平	$SDROA/(ROA+EA)$
ELerner	ELerner 指数	$(PBT+C-MC\times Q)/(PBT+C)$

变量	定义	计算方法
Lerner	Lerner 指数	$(P-MC)/P$
Boone	Boone 指数	Boone 指数
W1	资金价格	总利息费用/总存款及短期资金
W2	劳动及资本价格	非利息费用/固定资产
MC	边际成本	超越对数成本函数
NII	非利息业务水平	非利息收入/营业收入
NFC	手续费及佣金业务水平	手续费及佣金收入/营业收入
TNI	交易性业务水平	交易性收入/营业收入
LA	贷款资产比率	总贷款/总资产
EA	权益资产比率	所有者权益/总资产
ln*TA*	总资产自然对数值	ln（总资产）
CIR	成本收入比	营业费用/营业收入
DGDP	实际 GDP 增长率	实际 GDP 增长率
CPI	居民消费价格指数	居民消费价格指数

（五）模型构建

本章建立如下动态面板模型，以研究市场竞争环境下总体非利息业务、手续费及佣金业务和交易性业务对商业银行风险水平的影响。

$$Z_{it} = \gamma_0 + \gamma_1 Z_{i,t-1} + \gamma_2 NII_{it} + \gamma_3 ELerner_{it} + \gamma_4 LA_{it} + \gamma_5 EA_{it} + \gamma_6 \ln TA_{it} +$$
$$\gamma_7 CIR_{it} + \gamma_8 DGDP_{it} + \gamma_9 CPI_{it} + \xi_{it} \tag{8.19}$$

$$Z_{it} = \gamma_0 + \gamma_1 Z_{i,t-1} + \gamma_2 NFC_{it} + \gamma_3 ELerner_{it} + \gamma_4 LA_{it} + \gamma_5 EA_{it} + \gamma_6 \ln TA_{it} +$$
$$\gamma_7 CIR_{it} + \gamma_8 DGDP_{it} + \gamma_9 CPI_{it} + \xi_{it} \tag{8.20}$$

$$Z_{it} = \gamma_0 + \gamma_1 Z_{i,t-1} + \gamma_2 TNI_{it} + \gamma_3 ELerner_{it} + \gamma_4 LA_{it} + \gamma_5 EA_{it} + \gamma_6 \ln TA_{it} +$$
$$\gamma_7 CIR_{it} + \gamma_8 DGDP_{it} + \gamma_9 CPI_{it} + \xi_{it} \tag{8.21}$$

其中，$i = 1, 2, \cdots, N$ 代表样本银行，$t = 2007, 2008, \cdots, 2021$ 代表观测值年份；Z_{it} 代表 i 银行在 t 时期的风险水平，$Z_{i,t-1}$ 代表其一阶滞后项。$ELerner_{it}$ 为 ELerner 指数，NII_{it} 为总体非利息业务发展水平指标，NFC 和 TNI 则分别为手续费及佣金业务和交易性业务发展水平指标。LA_{it}、EA_{it}、$\ln TA_{it}$、CIR_{it} 分别代表 i 银行在 t 时期的贷款资产比率、权益

资产比率、总资产的自然对数值和成本收入比，$DGDP$ 和 CPI 分别代表实际 GDP 增长率和通货膨胀程度，ξ_{it} 为随机误差项。

为了进一步分析市场竞争环境的调节效应，本部分在上述基准模型的基础上进一步引入市场竞争度与总体及分类非利息业务的交互项，模型设定如下：

$$Z_{it} = \gamma_0 + \gamma_1 Z_{i,t-1} + \gamma_2 NII_{it} + \gamma_3 ELerner_{it} + \gamma_4 NII \times ELerner_{it} + \gamma_5 LA_{it} +$$
$$\gamma_6 EA_{it} + \gamma_7 \ln TA_{it} + \gamma_8 CIR_{it} + \gamma_9 DGDP_{it} + \gamma_{10} CPI_{it} + \xi_{it} \qquad (8.22)$$

$$Z_{it} = \gamma_0 + \gamma_1 Z_{i,t-1} + \gamma_2 NFC_{it} + \gamma_3 ELerner_{it} + \gamma_4 NFC \times ELerner_{it} + \gamma_5 LA_{it} +$$
$$\gamma_6 EA_{it} + \gamma_7 \ln TA_{it} + \gamma_8 CIR_{it} + \gamma_9 DGDP_{it} + \gamma_{10} CPI_{it} + \xi_{it} \qquad (8.23)$$

$$Z_{it} = \gamma_0 + \gamma_1 Z_{i,t-1} + \gamma_2 TNI_{it} + \gamma_3 ELerner_{it} + \gamma_4 TNI \times ELerner_{it} + \gamma_5 LA_{it} +$$
$$\gamma_6 EA_{it} + \gamma_7 \ln TA_{it} + \gamma_8 CIR_{it} + \gamma_9 DGDP_{it} + \gamma_{10} CPI_{it} + \xi_{it} \qquad (8.24)$$

从上述模型可以看出，交互项的引入可以帮助我们研究随着市场竞争度的变化，非利息业务对银行风险水平的影响将会如何变化。

二　样本、数据及描述性统计

与前文一致，本章使用的数据是 2007～2021 年我国 166 家商业银行的非平衡面板数据。在数据来源方面，样本银行的总体及分类非利息收入占营业收入比重、贷款资产比率、成本收入比和权益资产比率等内部变量数据均主要来自 Wind 金融数据库及各商业银行年报，对于其中不一致的数据均以银行年报为准。银行业总资产数据和其他宏观经济变量数据则来源于《中国金融年鉴》、中国人民银行网站和《中国统计年鉴》等。同时，本章对数据进行上下各 1% 的缩尾处理以避免极端值的影响。经过上述处理，本章最后共获得 1652 个 "银行—年度" 观测值，在动态面板中损失了少量样本，共计得到 1442 个观测值。

表 8.2 给出了各变量的描述性统计值。从表中可以看出，我国商业银行的 Z 值风险水平均值为 0.0389，最小值为中国邮政储蓄银行在 2021 年的 Z 值 0.00631，最大值为山东寿光农村商业银行在 2019 年的 Z 值 0.218。同时，Z 值风险水平的 25% 分位数、中位数和 75% 分位数分别为 0.0246、0.0349 和 0.0489，标准差为 0.0200，变异系数为 1.945，这表明我国商业银行在风险水平方面存在一定的差异性。同时，从表中 NII、

NFC、*TNI*、*LA*、*EA*、ln*TA* 和 *CIR* 的描述性统计值可以看出，我国商业银行在总体及分类非利息业务发展状况、资产结构、资本状况、总资产规模和管理效率上也都存在很大差异。

表 8.2　变量描述性统计

变量	均值	标准差	最小值	25%分位数	中位数	75%分位数	最大值	样本量
Z	0.0389	0.0200	0.00631	0.0246	0.0349	0.0489	0.218	1652
ELerner	0.428	0.218	− 0.679	0.300	0.454	0.582	0.924	1652
Lerner	0.414	0.227	− 0.767	0.275	0.444	0.575	0.909	1652
Boone	− 0.332	0.0122	− 0.353	− 0.343	− 0.335	− 0.320	− 0.316	1652
NII	21.33	17.62	− 2.022	8.683	16.83	28.93	87.05	1652
NFC	6.593	7.020	− 7.383	1.619	4.433	10.28	27.43	1624
TNI	14.64	17.61	− 2.465	2.214	8.184	20.21	84.31	1624
W1	0.030	0.0110	0.0094	0.022	0.029	0.037	0.068	1652
W2	1.781	1.207	0.437	0.996	1.418	2.130	6.910	1652
MC	0.020	0.00704	0.0059	0.015	0.019	0.024	0.052	1652
LA	0.484	0.0970	0.226	0.423	0.496	0.556	0.712	1647
EA	7.253	1.764	3.321	6.087	7.093	8.170	14.64	1652
ln*TA*	12.01	1.763	8.250	10.73	11.66	12.95	16.55	1652
CIR	34.64	7.519	19.24	29.58	33.65	38.76	65.09	1651
DGDP	7.116	2.079	2.200	6.700	7.00	7.800	14.20	1652
CPI	102.3	1.254	99.30	101.6	102.1	102.6	105.9	1652

注：*TA* 单位为百万元，*NII*、*NFC*、*TNI*、*EA*、*LA*、*CIR*、*DGDP* 单位皆为%。

同时，为了进一步观察我国各类商业银行风险水平的时间演变趋势，我们还在图 8.1 中绘制了商业银行 *Z* 值年度均值的时间趋势图。从图中可以看出，对于全部银行样本，其风险水平在 2008～2010 年呈现明显的上升趋势，这主要是由于受到美国次贷危机的冲击；之后逐步下降，但在 2014～2016 年又有所回升，这与当时的经济增速下滑、经济结构调整及产能过剩等因素相关；2016～2020 年商业银行逐步消化前期的风险因素，风险水平持续下降，但在之后又受到新冠疫情的冲击，导致 2021 年的风险大幅攀升。从分类银行样本来看，地方性商业银行风险水平与总体银行风险水平变化趋势较为相似；国有商业银行风险水平除 2009 年受金融危机的影响略有上升之外，其余年份呈不断下降趋势，但总体趋势较为平缓；对于股份制商业银行，其风险水平在 2009 年之后也呈现下滑的态势，但在 2018 年受"资管新规"和监管趋严等因素的影响有所攀升，而且在受到新冠疫情的冲击之后也呈现上扬趋势。

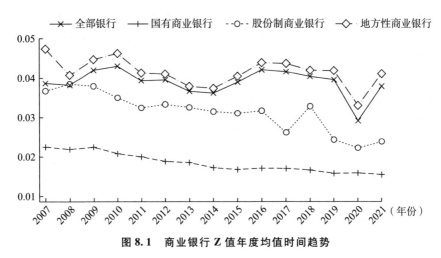

图 8.1　商业银行 Z 值年度均值时间趋势

第三节　非利息业务对银行风险影响的实证分析

一　全部银行样本下的基准分析

表 8.3 报告了针对全部银行样本的实证回归结果。Panel A 代表未加入市场竞争度和非利息业务交互项的基准模型的回归结果，Panel B 则代表加入二者交互项之后的模型回归结果。每一面板中的三列分别对应总体非利息业务、手续费及佣金业务和交易性业务的回归结果。与之相应的是，Panel B 中每一列的 $NI \times ELerner$ 分别对应 $NII \times ELerner$、$NFC \times ELerner$ 和 $TNI \times ELerner$。

在回归过程中，我们使用了动态面板系统广义矩估计方法（SYS-GMM）进行估计，以把握商业银行风险的连续性特征，并解决模型中可能存在的自相关和异方差问题。另外，本章在利用 SYS-GMM 方法进行实证估计时，将市场竞争度和非利息收入作为内生变量，以求能够在一定程度上解决二者与商业银行风险之间可能存在的内生性问题（Wooldridge，2010；赵胜民、申创，2016b）。同时，我们还利用序列相关检验和 Hansen 检验来验证模型中是否存在扰动项序列相关问题和工具变量过度识别问题。从表 8.3 中可以看出，无论是在 Panel A 还是在 Panel B 的回归结果中，一阶滞后项检验 AR（1）的 p 值均小于 0.05，二阶滞后项检验 AR（2）的 p 值均大于 0.05，这说明模型不存在扰动项序列相关问题；Hansen 检验的 p 值均大于 0.1，无法拒绝"所有工具变量均有效"的原假设，这说明模型不存在过度识别问题。

表8.3　市场竞争环境下非利息业务对银行风险的影响（全部银行）

变量	Panel A 基准模型回归结果			Panel B 交互项模型回归结果		
	Z	Z	Z	Z	Z	Z
L. Z	0.773***	0.776***	0.785***	0.837***	0.849***	0.828***
	(0.0755)	(0.0775)	(0.0723)	(0.0543)	(0.0572)	(0.0538)
NII	0.00235			0.00348		
	(0.00229)			(0.00286)		
NFC		−0.0176*			−0.0163	
		(0.00918)			(0.0119)	
TNI			0.00417*			0.00396
			(0.00234)			(0.00290)
NI × ELerner				−0.0410	−0.0903**	0.000939
				(0.0307)	(0.0455)	(0.0303)
ELerner	−1.264**	−1.097***	−1.125**	−1.178**	−1.084**	−1.024*
	(0.563)	(0.409)	(0.572)	(0.569)	(0.502)	(0.560)
LA	−1.013**	−1.214***	−0.806*	−0.899**	−1.032**	−0.572
	(0.414)	(0.403)	(0.415)	(0.379)	(0.432)	(0.398)
EA	−0.267***	−0.253***	−0.269***	−0.276***	−0.280***	−0.271***
	(0.0502)	(0.0452)	(0.0570)	(0.0467)	(0.0557)	(0.0481)
lnTA	−0.304***	−0.226***	−0.289***	−0.285***	−0.274***	−0.263***
	(0.0951)	(0.0627)	(0.0972)	(0.0605)	(0.0720)	(0.0611)

变量	Panel A 基准模型回归结果			Panel B 交互项模型回归结果		
	Z	Z	Z	Z	Z	Z
CIR	− 0. 0125	− 0. 00705	− 0. 0228	− 0. 0170	− 0. 0306 *	− 0. 0215 *
	(0. 0172)	(0. 00986)	(0. 0212)	(0. 0139)	(0. 0159)	(0. 0121)
DGDP	− 0. 0659 ***	− 0. 0608 ***	− 0. 0574 ***	− 0. 0657 ***	− 0. 0603 ***	− 0. 0597 ***
	(0. 0147)	(0. 0157)	(0. 0150)	(0. 0181)	(0. 0164)	(0. 0178)
CPI	− 0. 0426 **	− 0. 0534 **	− 0. 0504 **	− 0. 0510 **	− 0. 0587 **	− 0. 0543 **
	(0. 0202)	(0. 0215)	(0. 0198)	(0. 0229)	(0. 0237)	(0. 0217)
常数项	12. 70 ***	12. 72 ***	13. 42 ***	12. 74 ***	13. 83 ***	12. 78 ***
	(2. 930)	(2. 370)	(3. 279)	(2. 855)	(3. 081)	(2. 691)
N	1442	1420	1420	1442	1420	1420
AR (1)	0. 005	0. 014	0. 011	0. 032	0. 035	0. 040
AR (2)	0. 123	0. 138	0. 078	0. 104	0. 113	0. 056
Hansen	0. 708	0. 722	0. 780	0. 335	0. 212	0. 193

　　注：***、**、* 分别表示在1%、5%、10%的水平下显著，括号中为估计系数对应的稳健标准误。L. 表示滞后一期。由于 Z 值的量级较小，所以为了提升自变量估计系数的可读性，本章在回归过程将 Z 值进行了扩大 100 倍的处理。Panel B 的三列中 NI × ELerner 分别代表 NII × ELerner、NFC × ELerner 和 TNI × ELerner，AR (1)、AR (2) 和 Hansen 检验中给出的均是其统计量所对应的 p 值。

（一）非利息业务对银行风险的影响

　　在总体非利息业务对银行风险的影响方面，从表8.3 中可以看出，NII 的估计系数符号均为正值但并不显著。这一结果表明总体非利息业务的发展对我国商业银行风险水平的影响并不显著，但如果仅从系数符号来看则在一定程度上提升了银行的风险水平，验证了研究假设1。这与周开国和李琳（2011）的研究结果具有一致性。但是，从分类非利息业务来看，Panel A 中 NFC 的估计系数在 10% 的水平下显著为负，这表明手续费及佣金业务的发展显著降低了我国商业银行的风险水平；TNI 的估计系数在 10% 的水平下显著为正，这表明交易性业务的发展在一定程度上提升了商业银行风险。研究假设2 得到验证。

　　手续费及佣金业务和交易性业务对商业银行的风险产生了不同影响，这主要是由于两类业务的风险水平具有显著差异。手续费及佣金业务大多与传统利息业务之间具有紧密联系，商业银行在长期的发展过程中已经有了很多经验。而且手续费及佣金业务给银行带来的收益相对稳定，波动性也比较小。根据资产组合理论，虽然手续费及佣金业务与传统业务的相关性较高，分散风险的作用相对较弱，但是由于手续费及佣金业务本身的风险水平比较低，所以会降低银行的总体风险水平。与之相反的是，交易性业务大多与传统业务联系较弱，而且我国银行业对于交易性业务的发展尚处于初级阶段，许多商业银行的投资能力和汇兑风险控制能力都比较弱，由此类业务所带来的收益并不稳定，波动性比较强。而且交易性业务中本身就有部分业务属于高风险性业务，例如海外投资业务和衍生金融资产业务等。根据资产组合理论，虽然交易性业务与传统业务的相关性较低，有可能起到分散风险的作用，但是由于交易性业务本身的风险水平比较高，其带来的风险提升效应可能会超过风险分散效应。因此，交易性业务的发展提升了银行的风险水平。

（二）市场竞争环境的影响及调节效应

在市场竞争环境对银行风险的影响方面，从表 8.3 中可以看出，Panel A 中 ELerner 指数的估计系数在 1% 或 5% 的水平下显著为负，Panel B 中 ELerner 指数的估计系数也显著为负。由于 ELerner 指数越小，代表市场竞争度越高，所以市场竞争度和银行风险之间存在显著的正相关关系。这一结果表明，市场竞争的加剧对我国商业银行的稳定性产生了显著的负面影响，支持了"竞争—脆弱"理论。这一研究结论在一定程度上与殷孟波和石琴（2009）、杨天宇和钟宇平（2013）、赵胜民和申创（2016b）的研究具有一致性。其主要原因是，近年来我国利率市场化进程不断推进，加上各类数字金融平台及相关产品的冲击，商业银行无论是在存款市场还是在贷款市场中都面临更大的竞争，其稳定性受到了较大的冲击。另外，商业银行在面临市场竞争的过程中可能会缺乏深入挖掘客户信息的动力，放松针对客户信息的审核，降低业务门槛，资产质量将会下降，总体风险水平也会提高。

首先，在存款市场上，随着市场竞争度的不断提升，商业银行之间的价格竞争开始加剧，存款利息呈现上升趋势，银行的垄断地位受到威胁。余额宝等互联网金融理财产品不断涌现，其高收益和低门槛的优势吸取了大量的社会闲散资金，对银行的存款业务造成了一定程度的冲击，银行的负债业务成本将会进一步提高。在这一过程中，商业银行还会面临客户流失的问题。在以上因素的作用下，商业银行在存款市场上的"特许权价值"将不断下降，风险水平将会提高。其次，在贷款市场上，商业银行之间也会进行价格竞争，贷款利率呈现下降趋势，银行的垄断地位也会受到威胁。数字金融平台及相关产品的兴起也会在一定程度上对银行的贷款业务产生"挤出效应"，银行的资产收益将会进一步降低。在以上因素的作用下，商业银行在贷款市场上的"特许权价值"也会不断下降，风险水平将会提高。最后，随着市场竞争的加剧，商业银行与客户之间的信息不对称程度将会加剧，并进一步对商业银行的稳定性造成冲击。在市场竞争较弱的时期，商业银行的"关系型贷款"相对较多，所以商业银行与客户会形成长期的稳定关系。商业银行在这一过程中将更有动力去深入挖掘客户的相关信息，以获得长期的收益。从客户的角度来看，根据博弈论的相关理论，由于长期合作关系并非一次性博弈，所以客户将会面临可信的威胁，道德风险问题发生的概率也比较低。但是，随着市场竞争度的提高和客户忠诚度的降低，双方之间的长期稳定关系将会被打破，商业银行将缺乏深入挖掘客户信息的动力。另外，商业银行在经营贷款等资产业务的过程中，为了维护老客户和挖掘新客户，将会放松针对客户的信息审核（Allen and Gale，2004）。如此，商业银行的资产质量将会持续下降，风险水平不断提高（Broecker，1990）。从客户的角度来看，双方的合作有可能是一次性合作，所以在与商业银行博弈的过程中所面临的威胁是不可信的，道德风险问题发生的概率将会提高，银行的风险水平也随之上升。

在市场竞争环境的调节效应方面，表 8.3 的 Panel B 第二列中 $NFC \times ELerner$ 的估计系数在 5% 的水平下显著为负，这表明虽然手续费及佣金业务的发展明显降低了银行的风险水平，但是随着竞争的加剧（ELerner 指数减小），这种积极效应将会逐步减弱。另外，从表 8.3 中还可以看出，$NII \times ELerner$ 的估计系数虽然并不显著，但也为负值。这一结果表明，随着市场竞争度的不断提高，非利息业务的发展对银行风险水平的影响逐步趋向于负面，验证了研究假设 3。随着商业银行经营模式的改变，银行业的竞争不仅体现在利息业务领域，同时也开始逐步扩散至非利息业务领域。随着市场竞争度的提高，银行客户的可转移性增强，非利息收入的波动性将会升高。例如，在过去的发展中，银行业关于保险、信托和基金产品代销业务的竞争并不激烈，但是随着市场竞争度的提升，多家银行开始针对这些业务展开激烈的角逐。这必然会增加此类手续费及佣金收入的不确定性，提高银行风险水平。

再如，近年来商业银行的自营理财产品不断增多，而且收益率水平也居高不下。面对高昂的成本和难以预测的市场状况，商业银行的投资成功率也会受到很大影响，风险水平必然上升。从这一点上我们可以看出，非利息业务对商业银行风险水平的影响不仅取决于银行自身的财务状况和经营水平，而且受到市场竞争环境的制约。商业银行在发展非利息业务的同时要密切关注市场竞争环境的变化，以避免较高的市场竞争度导致非利息业务对银行稳定性产生过大的负面影响。

另外，从表 8.3 的回归结果中我们还可以看出，Z 值一阶滞后项的估计系数均显著为正，这说明我国商业银行的风险水平确实存在很强的连续性特征，利用动态模型能够更好地进行实证分析。而在控制变量方面，权益资产比率（EA）的估计系数均显著为负，表明权益资产比率和银行风险呈显著负相关。这与我们在前文的预期具有一致性，即银行的资本充足率越高，面临风险冲击时的缓冲资本就越多，总体风险水平也就越低。银行的贷款资产比率（LA）的估计系数均为负值且在大部分方程中显著，说明贷款资产比率对银行风险水平产生了一定程度的积极影响。银行总资产（$\ln TA$）的估计系数均显著为负，表明规模的增大能够降低银行的风险水平。这说明由资产规模扩大所带来的规模经济效应和"大而不能倒"效应超过了"管理协调"效应，最终表现出降低银行风险的效果。成本收入比（CIR）的估计系数在大部分方程中并不显著，这说明管理效率对我国商业银行风险水平的影响相对较小。实际 GDP 增长率（$DGDP$）的估计系数均显著为负，说明经济繁荣程度与银行风险水平呈负相关。这表明银行的风险在一定程度上具有顺周期性特征，在经济状况良好的时期风险也较小。这主要是由于经济繁荣促进了企业的生产，而且对前景预期普遍乐观，能够提升银行放贷额度并降低不良贷款率，从而降低了银行风险。居民消费价格指数（CPI）的估计系数均显著为负，表明适度的通货膨胀能够在一定程度上降低银行风险。

二 各类银行间的异质性分析

表8.4和表8.5分别报告了国有及股份制商业银行样本和地方性商业银行样本的估计结果。两个表格中的Panel A代表未加入市场竞争度和非利息业务交互项的基准模型的回归结果，Panel B则代表加入二者交互项之后的模型回归结果。每一面板中的三列分别对应总体非利息收入占比（NII）、手续费及佣金收入占比（NFC）和交易性收入占比（TNI）作为自变量的回归结果。与之相应的是，Panel B中每一列的 NI × ELerner 分别对应 NII × ELerner、NFC × ELerner 和 TNI × ELerner。从表8.4和表8.5中可以看出，无论是在Panel A还是在Panel B的回归结果中，一阶滞后项检验AR（1）的p值大多小于0.05，二阶滞后项检验AR（2）的p值均大于0.05，这说明模型不存在扰动项序列相关问题；Hansen检验的p值大多大于0.1，无法拒绝"所有工具变量均有效"的原假设，这说明模型不存在过度识别问题。以上检验结果表明，本章模型的设定较为合理。

（一）非利息业务对银行风险的影响

在非利息业务对银行风险的影响方面，总体非利息业务对各类银行风险的影响存在差异。从表8.4中可以看出，对于国有及股份制商业银行样本，Panel A中NII的估计系数显著为正。从表8.5中可以看出，对于地方性商业银行样本，Panel A中NII的估计系数为正值但并不显著。这一结果表明，对于国有商业银行和股份制商业银行，总体非利息业务的发展显著提升了其风险水平；对于地方性商业银行，总体非利息业务的发展对其风险水平的影响并不显著，但如果仅从系数符号来看也提升了其风险水平。

进一步观察分类非利息业务对银行风险的影响，发现各类银行的回归结果存在较大差异。从表8.4中可以看出，对于国有及股份制商业银行样本，Panel A和Panel B中NFC的估计系数并不显著，但Panel A中TNI的估计系数在1%的水平下显著为正。这一结果表明，手续费及佣金业务的发展对国有及股份制商业银行风险水平的影响并不显著，但交易性业务的发展则明显提升了其风险水平。研究假设4得到初步验证。

从表8.5中可以看出，对于地方性商业银行样本，Panel A中NFC的估计系数在 1% 的水平下显著为负，Panel B 中 *NFC* 的估计系数也在 10% 的水平下显著为负；Panel A 和 Panel B 中 *TNI* 的估计系数均为正值但并不显著。这一结果表明，手续费及佣金业务的发展显著降低了地方性商业银行的风险水平，但交易性业务的发展对其风险水平的影响却并不显著，如果仅从系数符号来看则在一定程度上提升了其风险水平。上述结果说明，在手续费及佣金业务对银行风险的影响方面，其在地方性商业银行中表现出的积极效果强于国有及股份制商业银行；而在交易性业务对银行风险的影响方面，其产生的提升风险的效果在国有及股份制商业银行中表现得较为明显。对于这一现象的成因，我们将在下文中予以解释。

表 8.4　市场竞争环境下非利息业务对银行风险的影响（国有及股份制商业银行）

变量	Panel A 基准模型回归结果			Panel B 交互项模型回归结果		
	Z	Z	Z	Z	Z	Z
L. Z	0.443***	0.458***	0.417***	0.858***	0.513***	0.543***
	(0.0246)	(0.0252)	(0.0269)	(0.104)	(0.0545)	(0.0457)
NII	0.00803***			0.0138***		
	(0.00300)			(0.00527)		
NFC		0.00644			-0.00265	
		(0.00503)			(0.0199)	
TNI			0.0238***			0.0298
			(0.00607)			(0.0225)
NI × ELerner				-0.0251	0.110	-0.153**
				(0.0277)	(0.0963)	(0.0596)
ELerner	-0.0311	-0.135	-0.207	1.104	-2.186	0.688
	(0.165)	(0.164)	(0.158)	(0.951)	(1.830)	(0.439)
LA	0.279	0.303	-0.231	1.832	1.589	0.721
	(0.273)	(0.327)	(0.280)	(1.127)	(1.126)	(0.939)
EA	-0.360***	-0.344***	-0.350***	-0.446***	-0.340***	-0.345***
	(0.0263)	(0.0277)	(0.0242)	(0.137)	(0.0637)	(0.0815)
lnTA	-0.332***	-0.324***	-0.384***	0.177	-0.344**	-0.213**
	(0.0333)	(0.0355)	(0.0366)	(0.128)	(0.155)	(0.0890)

续表

变量	Panel A 基准模型回归结果			Panel B 交互项模型回归结果		
	Z	Z	Z	Z	Z	Z
CIR	-0.0360***	-0.0374***	-0.0416***	-0.0257	-0.0548**	-0.0476***
	(0.00375)	(0.00406)	(0.00357)	(0.0218)	(0.0237)	(0.0152)
DGDP	-0.0656***	-0.0655***	-0.0465***	-0.0935***	-0.0483**	-0.0484*
	(0.00963)	(0.0111)	(0.00999)	(0.0282)	(0.0210)	(0.0281)
CPI	-0.0135	-0.0172	-0.0219**	0.00978	-0.0168	-0.0240
	(0.00999)	(0.0107)	(0.00962)	(0.0252)	(0.0214)	(0.0195)
常数项	11.43***	11.67***	13.49***	-0.424	11.70**	10.41***
	(1.236)	(1.422)	(1.200)	(2.755)	(4.998)	(2.774)
N	213	213	213	213	213	213
AR (1)	0.001	0.001	0.001	0.007	0.008	0.007
AR (2)	0.645	0.813	0.285	0.672	0.645	0.885
Hansen	1.000	1.000	1.000	1.000	1.000	0.995

注：***、**、* 分别表示在1%、5%、10%的水平下显著，括号中为估计系数对应的稳健标准误。L. 表示滞后一期。由于 Z 值的量级较小，所以为了提升自变量估计系数的可读性，本章在回归过程将 Z 值进行了扩大 100 倍的处理。Panel B 的三列中 NI × ELerner 分别代表 NII × ELerner、NFC × ELerner 和 TNI × ELerner，AR（1）、AR（2）和 Hansen 检验中给出的均是其统计量所对应的 p 值。

表 8.5　市场竞争环境下非利息业务对银行风险的影响（地方性商业银行）

变量	Panel A 基准模型回归结果			Panel B 交互项模型回归结果		
	Z	Z	Z	Z	Z	Z
L. Z	0.772***	0.772***	0.783***	0.846***	0.805***	0.846***
	(0.0748)	(0.0731)	(0.0724)	(0.0523)	(0.0530)	(0.0535)
NII	0.00161			0.000178		
	(0.00245)			(0.00317)		
NFC		-0.0297***			-0.0341*	
		(0.0104)			(0.0201)	
TNI			0.00322			0.00192
			(0.00247)			(0.00307)

变量	Panel A 基准模型回归结果			Panel B 交互项模型回归结果		
	Z	Z	Z	Z	Z	Z
$NI \times ELerner$				0.0207	-0.0168	0.0115
				(0.0328)	(0.0971)	(0.0317)
$ELerner$	-1.573**	-1.472***	-1.485**	-1.167*	-1.300	-1.091*
	(0.718)	(0.504)	(0.721)	(0.634)	(0.795)	(0.598)
LA	-1.481***	-1.898***	-1.347***	-0.859*	-1.630***	-0.859**
	(0.531)	(0.505)	(0.508)	(0.474)	(0.567)	(0.435)
EA	-0.284***	-0.272***	-0.282***	-0.297***	-0.301***	-0.287***
	(0.0527)	(0.0482)	(0.0591)	(0.0482)	(0.0593)	(0.0524)
$\ln TA$	-0.396***	-0.315***	-0.392***	-0.346***	-0.326***	-0.328***
	(0.136)	(0.0872)	(0.141)	(0.0858)	(0.123)	(0.0860)
CIR	-0.0145	-0.0109	-0.0214	-0.0221	-0.0333*	-0.0197
	(0.0183)	(0.0103)	(0.0211)	(0.0142)	(0.0186)	(0.0129)
$DGDP$	-0.0723***	-0.0628***	-0.0678***	-0.0713***	-0.0589***	-0.0683***
	(0.0209)	(0.0207)	(0.0211)	(0.0226)	(0.0201)	(0.0238)
CPI	-0.0534*	-0.0668**	-0.0590**	-0.0638**	-0.0735**	-0.0665**
	(0.0279)	(0.0297)	(0.0270)	(0.0296)	(0.0306)	(0.0293)
常数项	15.49***	15.98***	16.04***	15.07***	16.65***	14.96***
	(3.706)	(3.169)	(3.911)	(3.701)	(3.837)	(3.546)
N	1229	1207	1207	1229	1207	1207
AR (1)	0.010	0.024	0.018	0.034	0.036	0.053
AR (2)	0.139	0.202	0.091	0.089	0.198	0.057
Hansen	0.921	0.952	0.956	0.489	0.056	0.379

注：***、**、*分别表示在1%、5%、10%的水平下显著，括号中为估计系数对应的稳健标准误。L. 表示滞后一期。由于 Z 值的量级较小，所以为了提升自变量估计系数的可读性，本章在回归过程将 Z 值进行了扩大 100 倍的处理。Panel B 的三列中 $NI \times ELerner$ 分别代表 $NII \times ELerner$、$NFC \times ELerner$ 和 $TNI \times ELerner$，AR (1)、AR (2) 和 Hansen 检验中给出的均是其统计量所对应的 p 值。

（二）市场竞争环境的影响及调节效应

在市场竞争环境对商业银行风险的影响方面，从各类银行样本的回

归结果中可以看出，在表 8.4 的国有及股份制商业银行样本中，*ELerner*
的回归系数大部分是负值但并不显著；在表 8.5 的地方性商业银行样本
中，*ELerner* 的回归系数均为负值，且在大部分方程中具有显著性。从具
体数值来看，对于国有及股份制商业银行样本，Panel A 中三列所对应的
ELerner 的估计系数分别为 -0.0311、-0.135 和 -0.207；对于地方性商
业银行样本，Panel A 中三列所对应的 *ELerner* 的估计系数分别为
-1.573、-1.472 和 -1.485。从这一结果可以看出，在市场竞争度提高
的过程中，地方性商业银行的风险水平受到的负面影响非常显著，而国
有及股份制商业银行受到的影响则相对较小。其原因在于，地方性商业
银行的资产规模普遍较小，网点数量普遍较少，技术水平也相对较低，
而且多服务于地方经济，所以其总体实力相对较弱，在市场竞争度提高
的过程中更容易受到冲击；与之相反，国有及股份制商业银行各方面的
总体实力相对较强，而且政府的政策扶持也更倾向于国有及股份制商业
银行，所以在市场竞争度提高的过程受到的冲击相对较小，风险提升并
不明显。

在市场竞争环境的调节效应方面，对于国有及股份制商业银行，从
表 8.4 中可以看出，$TNI \times ELerner$ 的估计系数在 5% 的水平下显著为负，
这说明随着市场竞争度的提升（ELerner 指数减小），交易性业务提升国
有及股份制商业银行风险水平的影响效果将会逐步增强。$NII \times ELerner$ 的
估计系数为负值但并不显著，这说明从总体上来看，随着市场竞争度的
变化，总体非利息业务的发展对国有及股份制商业银行风险的影响效果
并没有发生明显的改变。但是如果仅从估计系数符号来看，随着市场竞
争度的提高，总体非利息业务对国有及股份制商业银行风险水平的影响
也更趋向于消极层面。而对于地方性商业银行，从表 8.5 中可以看出，
$NFC \times ELerner$ 的估计系数为负值但并不显著；如果单从系数符号来看，
这说明虽然手续费及佣金业务的发展明显降低了地方性商业银行的风险
水平，但是随着市场竞争度的提升（ELerner 指数减小），这种积极的影
响效果将逐步减弱。$NII \times ELerner$ 和 $TNI \times ELerner$ 的估计系数也均不显
著。这说明从总体上来看，随着市场竞争度的变化，总体及分类非利息
业务的发展对地方性商业银行风险的影响效果并没有发生明显的改变。
但是如果仅从估计系数符号来看，随着市场竞争度的提高，其影响更趋

向于消极层面。

综上可知，从总体上来看，非利息业务的发展对我国商业银行风险的影响并不显著，但是如果仅从回归结果的估计系数符号来看，非利息业务的发展提升了我国商业银行的风险水平。但随着市场竞争的加剧，其提升风险的效果将会进一步增强。另外，不同种类的非利息业务对不同类型银行的风险水平产生了不同影响。对于国有及股份制商业银行样本，手续费及佣金业务的发展对其风险水平的影响并不明显，而交易性业务的发展则明显提升了其风险水平，而且随着市场竞争度的提升，这种消极的影响效果将会逐步增强。对于地方性商业银行样本，手续费及佣金业务的发展显著降低了其风险水平，但是随着市场竞争度的提升，这种积极效应将会逐步减弱；交易性业务的发展对地方性商业银行风险水平的影响则并不显著。研究假设4再次得到验证。

之所以在国有商业银行、股份制商业银行和地方性商业银行之间出现这种显著性差异，主要有以下几个原因。

第一，与地方性商业银行相比，国有及股份制商业银行在资产规模、网点数量、客户基数、政策扶持和技术水平上都有巨大优势。许多手续费及佣金业务的开展与这些因素密切相关，所以国有及股份制商业银行大力发展手续费及佣金业务，却忽视了交易性业务的发展。在本章所选取的样本期内，国有及股份制商业银行的交易性收入占非利息收入的比重均值仅为25.06%和22.58%。由于国有及股份制商业银行对交易性业务重视不够，所以其本身的投资能力和汇兑风险管理能力并不强（赵胜民、申创，2016b）。但是，由于"大而不能倒"效应在我国银行业普遍存在，即政府会对规模较大的国有及股份制商业银行给予更多的政策扶持和隐性保护（Rosenblum，2011；Barth et al.，2012），所以国有商业银行和股份制商业银行在经营过程中会从事一些风险性较高的交易性业务，例如海外投资业务和衍生金融资产业务等。与之相反，地方性商业银行在市场中长期处于劣势地位，再加上自身地域范围、业务种类和技术水平的限制，所以在开展交易性业务的过程中倾向于风险较小的业务，而对于汇兑业务、海外投资业务、衍生金融资产业务等风险性较高的业务较少涉及。综上可知，由于国有及股份制商业银行在发展交易性业务的过程中会涉足较多高风险业务，而地方性商业银行则实行稳健经营的策略,所以交易性业务的发展提高了国有及股份制商业银行的风险水平,但对地方性商业银行风险水平的影响却并不显著。

第二,虽然国有及股份制商业银行在开展手续费及佣金业务方面较为容易,但这两类银行的服务范围面向全国,网点和客户群体都较为松散,所以手续费及佣金收入的可转移性也比较强,导致这两类银行的该项收入并不稳定,波动性相对较强。与之相反,地方性商业银行大多服务于地方经济,网点分布较为密集,客户群体也相对固定,手续费及佣金收入的稳定性也相对较高。因此,在手续费及佣金业务对银行风险的影响方面,其在地方性商业银行样本中表现出较强的"降风险"效果。

另外,从表 8.4 和表 8.5 的回归结果中我们还可以看出,Z 值的一阶滞后项系数均显著为正,这说明国有商业银行、股份制商业银行和地方性商业银行的风险水平均具有很强的连续性特征,利用动态模型能够更好地进行实证分析。在控制变量方面,表 8.4 中贷款资产比率(LA)的估计系数大部分为正值但并不显著,表 8.5 中对应的估计系数均显著为负,这说明贷款资产比率对银行风险的积极效果主要体现在地方性商业银行中,而在国有及股份制商业银行中并不明显,如果单从系数符号来看甚至是消极影响。表 8.4 和表 8.5 中权益资产比率(EA)的估计系数均显著为负,这说明权益资产比率的提高对国有商业银行、股份制商业银行和地方性商业银行的风险水平都会产生显著的负向影响。表 8.4 和表 8.5 中资产规模($\ln TA$)的估计系数大部分显著为负,这说明资产规模的增大对国有商业银行、股份制商业银行和地方性商业银行的风险水平产生了显著的负向影响。

表 8.4 和表 8.5 中实际 GDP 增长率($DGDP$)的估计系数均显著为负,这说明经济繁荣程度的提高显著降低了国有商业银行、股份制商业银行和地方性商业银行的风险水平。表 8.4 中居民消费价格指数(CPI)的估计系数大部分是负值,但仅在 Panel A 第三列中具有显著性,这说明通货膨胀程度的提高虽然在一定程度上降低了国有及股份制商业银行的风险水平,但影响效果并不明显;表 8.5 中居民消费价格指数(CPI)的估计系数均显著为负,这说明通货膨胀程度的提高显著降低了地方性商业银行的风险水平。上述结果表明,地方性商业银行在通货膨胀程度提升的过程中获得了更多的市场利益,风险水平下降的程度相对更加明显。

三　进一步分析：分类手续费及佣金业务的作用效果

鉴于我国银行业的手续费及佣金业务占比较高，且该业务还包含多种业务类型，我们进一步将其分为代理业务（NFC_AB）、担保及承诺业务（NFC_CCB）、托管和其他受托业务（NFC_CEB）、结算及清算业务（NFC_SCB）、银行卡业务（NFC_BCB）、顾问和咨询业务（NFC_CONB）以及其他手续费及佣金业务（NFC_OT）七类，以分析各类手续费及佣金业务对商业银行个体风险的影响。正如前文所述，受限于数据可得性，我们采用手工整理的 16 家商业银行 2015～2021 年的面板数据进行实证分析，回归结果如表 8.6 所示。从中可以看出，变量 NFC_AB、NFC_CEB、NFC_BCB 和 NFC_CONB 的回归系数均显著为负，NFC_CCB、NFC_SCB 和 NFC_OT 的回归系数虽然也是负值但并不显著。这一结果表明，代理业务、托管和其他受托业务、银行卡业务以及顾问和咨询业务的发展对商业银行个体风险产生了显著的负向影响；其他几类手续费及佣金业务产生的影响效果并不明显，但如果单从系数符号来看也在一定程度上降低了商业银行的风险水平。

表 8.6　分类手续费及佣金业务对商业银行个体风险的影响

变量	(1) NFC_AB Z	(2) NFC_CCB Z	(3) NFC_CEB Z	(4) NFC_SCB Z	(5) NFC_BCB Z	(6) NFC_CONB Z	(7) NFC_OT Z
L. Z	0.937 *** (0.160)	0.816 *** (0.122)	0.770 *** (0.270)	0.532 *** (0.161)	1.087 *** (0.122)	− 0.582 (1.483)	0.916 *** (0.132)
NFC_*	− 0.0329 ** (0.0147)	− 0.00747 (0.0345)	− 0.0249 ** (0.0107)	− 0.0483 (0.0339)	− 0.0332 ** (0.0140)	− 0.0571 * (0.0337)	− 0.0139 (0.00958)
$ELerner$	− 0.300 (0.219)	− 0.839 * (0.468)	− 1.495 ** (0.620)	− 0.120 (0.314)	− 0.600 *** (0.183)	0.921 (1.317)	0.0966 (0.366)
LA	− 0.915 (0.949)	− 1.479 (1.007)	0.166 (1.184)	0.239 (1.116)	2.157 ** (1.043)	− 2.771 (3.468)	0.397 (0.814)
EA	− 0.127 *** (0.0483)	− 0.0847 * (0.0471)	− 0.232 *** (0.0672)	− 0.201 *** (0.0584)	− 0.193 *** (0.0369)	− 0.196 ** (0.0836)	− 0.176 *** (0.0364)

续表

变量	(1) NFC_AB Z	(2) NFC_CCB Z	(3) NFC_CEB Z	(4) NFC_SCB Z	(5) NFC_BCB Z	(6) NFC_CONB Z	(7) NFC_OT Z
ln*TA*	0.0636 (0.0809)	0.0651 (0.0553)	0.143 (0.108)	-0.0288 (0.0795)	0.0800 (0.0508)	-0.181 (0.237)	0.0589 (0.0620)
CIR	0.0103 (0.0119)	0.0284 (0.0191)	0.0617 (0.0397)	-0.00226 (0.00897)	0.0138 (0.0140)	0.0321 (0.0781)	-0.00981 (0.0161)
DGDP	-0.0430*** (0.00962)	-0.0346*** (0.00826)	-0.0266** (0.0110)	-0.0139 (0.00978)	0.00495 (0.0167)	0.0204 (0.0488)	-0.0462*** (0.0172)
CPI	0.0560*** (0.0182)	0.0740*** (0.0280)	0.0880* (0.0479)	0.0142 (0.0155)	0.0933** (0.0389)	0.0345 (0.0637)	0.0419 (0.0256)
常数项	-5.063* (3.030)	-7.258** (3.604)	-10.46 (6.826)	1.573 (2.437)	-10.73** (5.247)	4.164 (5.586)	-3.392 (2.688)
N	112	99	98	103	109	56	112
AR (1)	0.007	0.089	0.104	0.055	0.023	0.064	0.034
AR (2)	0.351	0.361	0.323	0.818	0.720	0.650	0.584
Hansen	0.887	1.000	1.000	1.000	0.935	1.000	0.988

注：***、**、*分别表示在1%、5%、10%的水平下显著，括号中为估计系数对应的稳健标准误。L. 表示滞后一期。由于 Z 值的量级较小，本章在回归过程中将 Z 值进行了扩大 100 倍的处理。NFC_* 对应各类手续费及佣金业务。AR（1）、AR（2）及 Hansen 检验中给出的是其统计量所对应的 p 值。

第四节　稳健性检验

为确保估计结果的有效性，本节进行了以下稳健性检验。

（1）替代指标。本章选取了以下三个关键变量的替代指标对模型重新进行估计：首先，利用三年或五年作为滚动期计算滚动 Z 值，并作为风险水平的替代指标；其次，选取非利息收入与总资产的比值作为非利息业务水平的替代指标；最后，选取 Lerner 指数和 Boone 指数作为 ELerner 指数的替代指标。

（2）替代方法。除了在上文中所用到的动态面板系统 GMM 方法，本章还使用了静态面板估计方法、动态面板水平 GMM 方法以及动态面板差分 GMM 方法对模型进行估计。

在以上稳健性检验的结果中，本章关于市场竞争环境下非利息业务对商业银行风险的影响的相关结论依然成立。限于篇幅和结构，不再一一列出，下面仅展示以 Lerner 指数作为市场竞争度的替代指标的回归结果。

表 8.7 报告了全部银行样本的稳健性检验结果。从第（1）列的基准回归结果来看，NII 的估计系数为正但并不显著，再次验证了研究假设 1；从第（2）列的调节效应回归结果来看，NII × Lerner 的回归系数为负值，这在一定程度上表明随着市场竞争度的提升，非利息业务对银行风险的影响效果更趋向于负面；第（3）列中 NFC 的回归系数显著为负，第（4）列中 TNI 的回归系数显著为正，表明两种非利息业务对银行风险产生了差异化影响；Lerner 指数的回归系数均显著为负，表明市场竞争度的提升显著提升了商业银行的风险水平。上述结果再次验证了前文全部银行样本的结论。

表 8.7　市场竞争环境下非利息业务影响银行风险的稳健性检验（全部银行）

变量	基准回归 Z (1)	调节效应回归 Z (2)	手续费及佣金业务 Z (3)	交易性业务 Z (4)
L. Z	0.768 *** (0.0730)	0.845 *** (0.0543)	0.771 *** (0.0766)	0.781 *** (0.0686)
NII	0.00272 (0.00235)	0.00342 (0.00281)		
NFC			-0.0166 * (0.00923)	
TNI				0.00449 * (0.00237)
NII × Lerner		-0.0293 (0.0280)		
Lerner	-1.392 ** (0.675)	-1.130 * (0.634)	-1.372 ** (0.616)	-1.183 * (0.674)

续表

变量	基准回归 Z （1）	调节效应回归 Z （2）	手续费及佣金业务 Z （3）	交易性业务 Z （4）
LA	-1.102***	-0.811**	-1.349***	-0.875**
	(0.403)	(0.381)	(0.414)	(0.397)
EA	-0.261***	-0.273***	-0.245***	-0.263***
	(0.0485)	(0.0458)	(0.0437)	(0.0559)
$\ln TA$	-0.319***	-0.279***	-0.255***	-0.295***
	(0.100)	(0.0640)	(0.0770)	(0.0989)
CIR	-0.00996	-0.0158	-0.00492	-0.0195
	(0.0175)	(0.0135)	(0.0110)	(0.0209)
$DGDP$	-0.0605***	-0.0620***	-0.0548***	-0.0535***
	(0.0148)	(0.0176)	(0.0162)	(0.0151)
CPI	-0.0435**	-0.0535**	-0.0539**	-0.0513**
	(0.0202)	(0.0233)	(0.0213)	(0.0199)
常数项	12.89***	12.77***	13.12***	13.44***
	(3.164)	(2.930)	(2.689)	(3.396)
N	1442	1442	1420	1420
AR（1）	0.004	0.029	0.011	0.010
AR（2）	0.130	0.104	0.148	0.078
Hansen	0.744	0.263	0.723	0.774

注：***、**、*分别表示在1%、5%、10%的水平下显著，括号中为估计系数对应的稳健标准误。L. 表示滞后一期。由于 Z 值的量级较小，本章在回归过程中将 Z 值进行了扩大100倍的处理。AR（1）、AR（2）及 Hansen 检验中给出的是其统计量所对应的 p 值。

表8.8报告了分类银行样本的稳健性检验结果，Panel A 和 Panel B 分别对应国有及股份制商业银行和地方性商业银行的结果。每一面板中三列分别对应 NII、NFC 和 TNI 作为自变量的回归结果。Panel A 中 NII 和 TNI 的估计系数依然在1%的水平下显著为正，NFC 的估计系数为正但并不显著。这说明总体非利息业务及交易性业务的发展显著提升了国有及股份制商业银行的风险水平，但手续费及佣金业务的影响并不明显。Panel B 中 NFC 的估计系数在5%的水平下显著为负，NII 和 TNI 的估计

系数为正值但并不显著，这说明手续费及佣金业务的发展显著降低了地方性商业银行的风险，但交易性业务的影响并不显著。另外，从 *Lerner* 的估计系数来看，Panel A 中系数并不显著，而 Panel B 中则都显著为负。这表明市场竞争度的提升对银行风险的冲击在地方性商业银行样本中更加明显。上述结果再次验证了前文分类银行样本的假设，证实了研究结论的稳健性。

表 8.8　市场竞争环境下非利息业务影响银行风险的稳健性检验（分类银行）

变量	Panel A 国有及股份制商业银行			Panel B 地方性商业银行		
	Z	Z	Z	Z	Z	Z
L. Z	0.802 ***	0.525 ***	0.476 ***	0.768 ***	1.008 ***	0.779 ***
	(0.0486)	(0.0352)	(0.0369)	(0.0714)	(0.0578)	(0.0683)
NII	0.00888 ***			0.00202		
	(0.00318)			(0.00252)		
NFC		0.00641			-0.0309 **	
		(0.00556)			(0.0143)	
TNI			0.0207 ***			0.00371
			(0.00658)			(0.00249)
Lerner	0.306	-0.147	-0.197	-1.710 **	-1.273 *	-1.534 *
	(0.194)	(0.182)	(0.170)	(0.830)	(0.771)	(0.825)
LA	1.509 **	0.944 **	0.342	-1.558 ***	-1.099 **	-1.399 ***
	(0.700)	(0.421)	(0.374)	(0.526)	(0.500)	(0.489)
EA	-0.371 **	-0.418 ***	-0.408 ***	-0.278 ***	-0.280 ***	-0.277 ***
	(0.144)	(0.0391)	(0.0347)	(0.0500)	(0.0645)	(0.0567)
lnTA	0.0585	-0.246 ***	-0.315 ***	-0.414 ***	-0.236 ***	-0.397 ***
	(0.0841)	(0.0478)	(0.0484)	(0.141)	(0.0846)	(0.141)
CIR	-0.0263 *	-0.0573 ***	-0.0576 ***	-0.0128	-0.0249 *	-0.0183
	(0.0146)	(0.00770)	(0.00734)	(0.0184)	(0.0141)	(0.0204)
DGDP	-0.0756 **	-0.0692 ***	-0.0513 ***	-0.0666 ***	-0.0587 ***	-0.0630 ***
	(0.0296)	(0.0128)	(0.0112)	(0.0206)	(0.0216)	(0.0208)
CPI	0.000282	-0.0179	-0.0227 **	-0.0547 **	-0.0872 **	-0.0593 **
	(0.0234)	(0.0119)	(0.0103)	(0.0274)	(0.0372)	(0.0266)

续表

变量	Panel A 国有及股份制商业银行			Panel B 地方性商业银行		
	Z	Z	Z	Z	Z	Z
常数项	2.225 (2.850)	11.19*** (1.618)	13.01*** (1.314)	15.77*** (3.970)	16.23*** (4.602)	15.99*** (4.049)
N	213	213	213	1229	1207	1207
AR（1）	0.066	0.003	0.003	0.008	0.062	0.015
AR（2）	0.693	0.557	0.312	0.147	0.140	0.089
Hansen	1.000	1.000	1.000	0.939	0.987	0.965

注：***、**、*分别表示在1%、5%、10%的水平下显著，括号中为估计系数对应的稳健标准误。L. 表示滞后一期。由于 Z 值的量级较小，本章在回归过程中将 Z 值进行了扩大100 倍的处理。AR（1）、AR（2）及 Hansen 检验中给出的是其统计量所对应的 p 值。

第五节　本章小结

在理论分析的基础上，本章利用我国 2007～2021 年 166 家商业银行的非平衡面板数据，并采用动态面板系统 GMM 估计方法，研究了市场竞争环境下非利息业务对商业银行个体风险的影响。研究结果表明，首先，非利息业务的发展对我国商业银行风险的影响并不显著，但如果仅从系数符号来看则提升了风险水平；其次，市场竞争的加剧提升了我国商业银行的风险，但地方性商业银行受到的冲击明显强于国有及股份制商业银行；最后，不同种类的非利息业务对不同类型银行的风险产生了差异化影响。对于国有及股份制商业银行，手续费及佣金业务的发展对其风险的影响并不显著，而交易性业务的发展则提升了其风险，而且随着市场竞争度的提升，这种消极的影响效果将会逐步增强。对于地方性商业银行，手续费及佣金业务的发展显著降低了其风险，但是随着市场竞争度的提升，这种积极效应将会逐步减弱；交易性业务的发展对地方性商业银行风险的影响并不显著，但如果单从系数符号来看则提升了其风险水平。上述异质性影响效果的产生与各类银行在资产规模、网点数量、客户基数、业务发展特点及客户可转移性等方面的差异密切相关。此外，我们还进一步分析了不同类型的手续费及佣金业务对商业银行个体风险的影响。

第九章 市场竞争环境下非利息业务
对商业银行效率的影响[*]

第一节 非利息业务与银行效率：理论推演

本部分从微观层面的商业银行经营效率出发，依据前文第三章构建的基本理论框架，即业务多元化条件下的商业银行最优综合经营决策模型，分析市场竞争环境下非利息业务发展对商业银行效率水平的影响效果和作用机制。

参照前文的理论框架设定，代表性商业银行同时开展存款业务（D）、贷款业务（L）和非利息业务（N），并追求综合效用最大化：

$$\max \ U = (1 - q)(r_L \times L + r_N \times N) - r_D \times D - r_E \times E - C(D,L,N,\omega) \quad (9.1)$$

其中，r_L、r_N、r_D 和 r_E 分别代表商业银行的贷款利率、非利息业务价格、存款利率和权益资本成本。q 代表商业银行在开展贷款业务或者非利息业务的过程中发生损失的概率。E 代表商业银行的权益资本，C 代表与业务规模相关的管理和服务成本。ω 则代表商业银行的效率系数。代表性商业银行面临的约束条件为：

$$\text{s. t.} \begin{cases} L + N + R = D + E \\ R = \rho \times D \\ L = l_0 - l_1 \times r_L \\ D = d_0 + d_1 \times r_D \\ r_D = a_D + r \\ l_1 = l_1(comp) \ \text{且} \ \partial l_1 / \partial comp > 0 \\ d_1 = d_1(comp) \ \text{且} \ \partial d_1 / \partial comp > 0 \end{cases}$$

---

[*] 学术规范声明：本章的部分内容已以论文形式发表于 CSSCI 期刊《数量经济技术经济研究》。

$$\text{s. t.} \begin{cases} N = n_0 - n_1 \times r_N \\ E = e_0 + e_1 \times r_E \\ E = \theta \times (L + N) \\ C = (\nu_L/2) \times L^2 + (\nu_D/2) \times D^2 + (\nu_N/2) \times N^2 \\ \omega = 1/(\nu_L + \nu_D + \nu_N) \\ \delta = N/(L + N) \end{cases} \tag{9.2}$$

其中，ρ 代表法定存款准备金率，r 代表基准利率水平，$comp$ 代表市场竞争度，θ 代表监管部门要求的资本充足率，δ 代表非利息业务规模占比。其余参数的含义详见前文第三章第三节的理论模型构建部分。

在本章中，我们进一步放松相关假定，将 ν_L、ν_D 和 ν_N 均设置为对应业务规模的函数。根据规模经济理论可知，随着商业银行业务规模的扩大，边际成本逐步下降。据此可得：

$$\begin{aligned} \nu_L &= \nu_L(L)，\text{且} \nu_L{}'(L) < 0 \\ \nu_D &= \nu_D(D)，\text{且} \nu_D{}'(D) < 0 \\ \nu_N &= \nu_N(N)，\text{且} \nu_N{}'(N) < 0 \end{aligned} \tag{9.3}$$

另外，正如前文所述，我国的传统存贷款业务领域已经成为"红海市场"，而非利息业务领域还处于"蓝海市场"的状态。在规模经济理论中，每一单位生产规模提升所带来的降成本效应呈递减趋势，到达一定阶段后甚至有可能提升成本。我国商业银行长期以传统的存贷款业务为主，非利息业务规模相对较小。因此，我们认为非利息业务发展带来的规模经济效应的边际值要大于贷款业务规模经济效应的边际值，即 $|\nu_N{}'(N)| > |\nu_L{}'(L)|$。由于二者均小于 0，有 $\nu_N{}'(N) < \nu_L{}'(L)$。

在上述框架下，商业银行通过决定其各类业务的发展规模和价格水平来获得最大效用。在本章的分析中，我们假定银行的 q 保持不变。根据上述各式进行计算，并将贷款 L 和贷款利率 r_L 对非利息业务规模占比 δ 求导可得：

$$\frac{\partial L}{\partial \delta} = \frac{(\theta_2 - 1)(1 - \rho) \times (d_0 + d_1 a_D + d_1 r)}{(1 - \theta_1) \times [1 - \theta_1 + \delta(\theta_1 - \theta_2)]} \tag{9.4}$$

$$\frac{\partial r_L}{\partial \delta} = \frac{(1 - \theta_2)(1 - \rho) \times (d_0 + d_1 a_D + d_1 r)}{l_1(1 - \theta_1) \times [1 - \theta_1 + \delta(\theta_1 - \theta_2)]} \tag{9.5}$$

同时，将非利息业务 N 和对应的价格水平 r_N 对 δ 求导可得：

$$\frac{\partial N}{\partial \delta} = \frac{(1 - \rho) \times (d_0 + d_1 a_D + d_1 r)}{1 - \theta_1 + \delta(\theta_1 - \theta_2)} \tag{9.6}$$

$$\frac{\partial r_N}{\partial \delta} = \frac{(\rho - 1) \times (d_0 + d_1 a_D + d_1 r)}{n_1(1 - \theta_1) + n_1 \delta(\theta_1 - \theta_2)} \tag{9.7}$$

进而，将 ω 对非利息业务规模占比 δ 求一阶导数可得：

$$\frac{\partial \omega}{\partial \delta} = \frac{\partial [1/(\nu_L + \nu_D + \nu_N)]}{\partial \delta} = -\frac{1}{(\nu_L + \nu_D + \nu_N)^2} \times \left(\frac{\partial \nu_L}{\partial \delta} + \frac{\partial \nu_N}{\partial \delta} \right)$$

$$= -\frac{1}{(\nu_L + \nu_D + \nu_N)^2} \times \left[\nu_L{}'(L) \times \frac{\partial L}{\partial \delta} + \nu_N{}'(N) \times \frac{\partial N}{\partial \delta} \right] \tag{9.8}$$

进一步整理可得：

$$\frac{\partial \omega}{\partial \delta} = \frac{\nu_L{}'(L) - \nu_N{}'(N)}{(\nu_L + \nu_D + \nu_N)^2} \times \frac{(1 - \rho) \times (d_0 + d_1 a_D + d_1 r)}{1 - \theta} > 0 \tag{9.9}$$

这一结果表明，非利息业务规模占比的增加能够在一定程度上提升商业银行的效率水平。但是，模型更多衡量的是银行的成本效率。为了进一步分析非利息业务对总体经营效率的影响，我们需要综合考虑成本和收入两方面因素。据此，我们借鉴常用的成本收入比指标，以单位管理及服务成本能够带来的业务收入为标准，进一步构建综合经营效率指标 Eff：

$$Eff = \frac{r_L L + r_N N}{C} \tag{9.10}$$

进一步地，成本函数 C 可以转化为：

$$C = [(1 - \omega \nu_N - \omega \nu_D)/2\omega] \times L^2 + (\nu_D/2) \times D^2 + (\nu_N/2) \times N^2 \tag{9.11}$$

将 C 对非利息业务规模占比 δ 求偏导可得：

$$\frac{\partial C}{\partial \delta} = \frac{(\nu_N N - \nu_L L)(1 - \rho)(d_0 + d_1 a_D + d_1 r)}{1 - \theta} + \left(\frac{N^2 - L^2}{2} \right) \frac{\partial \nu_N}{\partial \delta} - \frac{1}{2\omega^2} \times \frac{\partial \omega}{\partial \delta}$$

$$\tag{9.12}$$

在前文第七章和第八章中，我们已经对 L、N、ν_L、ν_N 的大小进行了比较和设定。同时，ω 对 δ 的一阶导数大于 0。因此，式（9.12）明显小于 0。

进一步地，将综合经营效率指标 Eff 对非利息业务规模占比 δ 求导可得：

$$\frac{\partial Eff}{\partial \delta} = \frac{1}{C^2} \Big[\Big(\frac{\partial r_L}{\partial \delta} \times L + r_L \times \frac{\partial L}{\partial \delta} + \frac{\partial r_N}{\partial \delta} \times N + r_N \times \frac{\partial N}{\partial \delta} \Big) \times C - (r_L L + r_N N) \times \frac{\partial C}{\partial \delta} \Big]$$

$$= \frac{(1 - \rho)(d_0 + d_1 a_D + d_1 r)(l_1 n_1 r_N - l_1 n_1 r_L + n_1 L - l_1 N)}{l_1 n_1 (1 - \theta) C^2} - \frac{r_L L + r_N N}{C^2} \times \frac{\partial C}{\partial \delta}$$

$$(9.13)$$

在前文章节中，我们已经对 r_L、r_N、l_1、n_1 等变量和参数的大小进行了比较。同时，C 对 δ 的一阶导数小于 0。综合可知，Eff 对 δ 的一阶导数明显大于 0。这一结果表明，对于我国现阶段而言，非利息业务规模占比的提升能够在一定程度上促进商业银行经营效率的提升。在此基础上，我们进一步分析非利息业务对银行利润效率和成本效率的作用机制。

在非利息业务对商业银行利润效率的作用机制方面，其主要包括产品的交叉销售、银行业务的边际收益水平和银行收益的波动状况几个途径。首先，非利息业务的发展促进了银行产品的交叉销售。在以往的经营过程中，我国银行业长期以利息业务为主，无法满足客户多样化的金融需求。而非利息业务的发展则能够弥补这一缺陷。商业银行通过发展咨询、托管以及财务顾问等多种非利息业务，能够与传统业务形成交叉销售，从而提供"一站式"服务，提升客户的满意度和忠诚度，这无疑将会提高银行的利润效率。其次，非利息业务的发展提高了银行业务的边际收益。我国商业银行的传统存贷款业务已经十分成熟，其边际收益正在逐步降低。而非利息业务的发展方兴未艾，尚处于"蓝海市场"的状态，因此其边际收益也相对较高（申创等，2020）。同时，银行传统的存贷款业务要受到包括日均存款余额、存款偏离度、贷款拨备率、信贷额度在内的多项监管指标的严格限制，而非利息业务中的财产信托、融资租赁等多项业务所受到的监管则相对较少，能够使银行获得更高的额外收益。同时，银行的咨询业务、贷款承诺业务、私人银行业务等也为银行带来了更多的手续费及佣金收入。最后，部分非利息业务的发展可能会降低银行的资产风险，稳定银行的盈利水平。根据资产组合理论，只要业务之间不完全相关，那么风险分散效应就能发挥作用。商业银行在发展非利息业务的过程中，与传统业务形成多元化组合，能够发挥一定程度的风险分散效应（刘孟飞等，2012）。同时，由于我国商业银行在部分非利息业务的发展上尚处于初级阶段，而且监管机构的监管措施也较为严格，所以许多银行采取稳健经营的策略（申创、赵胜民，2017a）。例如，在开展资产证券化业务的过程中，商业银行能够将其流动性较差和质量一般的贷款资产打包出售，也能够在一定程度上起到稳定自身盈利水平的作用（姚禄仕等，2012；邹晓梅等，2015）。

在非利息业务对商业银行成本效率的作用机制方面，首先，与传统的存贷款业务相比，部分非利息业务需要耗费的成本相对较低。例如，手续费及佣金业务中的转账业务、结算及清算业务、托管业务等，在前期进行适当投入并形成成熟的运作体系之后，后期增加一单位业务消耗的边际成本近乎为零。此类业务的发展能够提升商业银行的成本效率。其次，部分非利息业务与传统业务联系较为紧密，能够产生规模经济和范围经济效应，对成本效率产生正面影响。但与此同时，也有部分非利息业务与传统业务的关联性较弱，商业银行对此类非利息业务的发展尚处于"摸着石头过河"的初级阶段，在经营过程中可能会存在盲目投资、资源配置失衡、管理和协调费用较高、人力和技术投入增加等问题，从而产生"业务多元化折价"（程茂勇，2015），对成本效率产生负面影响。但我国商业银行在经营过程中相对谨慎，所以我们预期非利息业务的正向效应也可能会超过负向效应，从而对成本效率产生积极影响。据此，本章提出如下假设。

假设1：总体非利息业务的发展会同时提升商业银行的利润效率和成本效率。

从分类层面来看，正如前文所述，手续费及佣金业务与传统业务联系较为紧密，本身的收益也较为稳定，资源占用也相对较少；而交易性业务与传统业务关联性较弱，收益波动也相对较大，对资源的占用也比较多，因此二者对商业银行效率的影响可能存在一定的差异。同时，国有商业银行、股份制商业银行和地方性商业银行在资产规模、资源约束、客户基数、成立时间、技术水平和政府政策方面都存在一些差异（刘莉亚等，2014），在非利息业务发展方面的策略并不一致，因此非利息业务对各类商业银行效率的影响可能并不一致（申创、赵胜民，2017b）。据此，本章提出如下假设。

假设2：手续费及佣金业务和交易性业务发展对商业银行效率的影

响效果存在异质性。

假设3：非利息业务发展对商业银行效率的影响效果在不同类型的商业银行之间存在异质性。

另外，随着市场竞争度的提高，客户群体的可转移性将会进一步增强，商业银行在非利息业务领域的价格竞争日趋激烈，其利润创造能力和成本控制能力必然会受到巨大冲击（申创、赵胜民，2018）。近年来，商业银行的转账手续费费率不断降低，给予客户的理财产品收益率不断提高，这便是较好的例子。同时，随着市场竞争的进一步加剧，商业银行必然会进一步提升自身的创新能力，从而创造出新的非利息业务产品来吸引更多客户。但是这也需要较多的人力、技术和资金投入，所以这一因素也会在一定程度上对商业银行的利润效率和成本效率产生负面影响。据此，本章提出如下假设。

假设4：随着市场竞争度的提高，非利息业务对商业银行利润效率和成本效率的影响逐步趋向于负面。

第二节　实证研究设计

一　变量选取与模型构建

（一）商业银行效率变量

银行的效率是指银行在业务活动中实现最优投入或者产出组合的能力，是银行管理能力、技术水平和资源配置能力的综合体现。本章选择利润效率（*PE*）和成本效率（*CE*）来衡量我国商业银行的效率水平。其中，利润效率是指在固定投入的情况下，商业银行的实际利润接近最大利润的程度；成本效率则是指在固定产出的情况下，商业银行的实际成本接近最优成本的程度。

关于银行效率的计算方法，主要包括非参数法和参数法两类。非参数法基于投入和产出的相关数据，主要运用线性规划技术来构造有效前沿面，从而测算银行实际投入或者产出与有效前沿面的接近程度，这一接近程度即为银行效率。这一方法虽然不需要构造具体函数，但存在忽略随机误差项这一缺点。相对于非参数法，参数法能够将无效率项和随机误差项分离，从而更加准确地测度效率水平。参数法主要包括随机前沿分析方法（SFA）、厚前沿法（TFA）和自由分布法（DFA）三种。其中SFA方法测度的是某一时间截面的效率，而后两者测度的则是平均效率。根据本章的研究目的，我们选择 SFA 方法作为银行效率的测度方法。

SFA 方法在设定前沿函数形式的基础上引入复合误差项，包括随机误差项 v 和无效率项 u 两部分。其中，随机误差项 v 代表了无法控制的外在随机扰动因素，而无效率项 u 则代表了可以被控制并对银行效率产生影响的无效率因素。在计算利润效率和成本效率时，SFA 方法中对数前沿函数的一般形式为：

$$\ln A_{it} = f(\ln Y_{it}, \ln X_{it}) + v_{it} \pm u_{it} \tag{9.14}$$

其中，i 和 t 分别代表个体和时期，A 代表总利润或总成本，Y 和 X 则分别代表产出和投入的数量或者价格。v_{it} 代表随机误差项，服从正态分布，即 $v_{it} \sim N(0, \sigma_v^2)$；$u_{it}$ 代表无效率项，服从 0 截断半正态分布，即 $u_{it} \sim N_+(0, \sigma_u^2)$，且二者相互独立。另外，由于在利润效率模型中银行的实际利润一般小于最大利润，在成本效率模型中银行的实际成本一般大于最优成本，而 $u_{it} \geqslant 0$，所以在利润效率模型中复合误差项为 $v_{it} - u_{it}$，而在成本效率模型中复合误差项则为 $v_{it} + u_{it}$。

在使用 SFA 方法时，较为重要的一项观察指标是变差率 $\gamma = \sigma_u^2 / (\sigma_u^2 + \sigma_v^2)$。$\gamma$ 的取值范围为（0，1），当 γ 趋向于 1 时，说明效率偏差主要由无效率项决定；当 γ 趋向于 0 时，说明效率偏差主要由随机误差项决定。因此，变差率 γ 的零假设统计检验是判断 SFA 方法合理性的根本依据。如果 $\gamma = 0$，这一原假设被接受，说明无效率项并不存在，那么使用 SFA 方法便失去了意义。对 γ 的零假设检验可通过对前沿函数的单边似然比统计量 LR 的显著性检验来实现。

借鉴 Battese 和 Coelli（1992）、Ariss（2010）、程茂勇和赵红（2011）、Fungáčová 等（2013）的研究，本章构建如下单产出超越对数函数模型，利用 SFA 方法来计算银行的利润效率和成本效率：

$$\ln A_{it} = \alpha_0 + \beta_0 \ln Q_{it} + \sum_{j=1}^{2} \beta_j \ln W_{jit} + \frac{1}{2} \left[\alpha_1 (\ln Q_{it})^2 + \sum_{j=1}^{2} \sum_{m=1}^{2} \beta_{jm} \ln W_{jit} \ln W_{mit} \right] +$$

$$\sum_{j=1}^{2} \beta_{Qj} \ln Q_{it} \ln W_{it} + \lambda T + v_{it} \pm u_{it} \tag{9.15}$$

其中，A 在利润效率模型和成本效率模型中分别代表银行的总利润和总成本。总利润以银行的税前利润来表示，总成本则以银行利息费用与非利息费用之和来表示。Q 代表产出，以银行总资产作为代理指标；W 是银行的投入要素价格向量，包括资金价格（$W1$）与劳动及资本价格[①]（$W2$）两部分。其中，资金价格以总利息费用与总存款及短期资金之比作为代理变量，劳动及资本价格则以非利息费用与固定资产之比作为代理变量。同时，我们在模型中加入时间变量 T 以控制技术水平变化。u_{it} 和 v_{it} 的含义与式（9.14）相同。$i = 1, 2, \cdots, N$ 代表样本银行，$t = 2007, 2008, \cdots, 2021$ 代表观测值年份。

另外，为了满足式（9.15）的规范性要求，我们对要素价格增加了式（9.16）中的齐次性和对称性约束：

$$\sum_{j=1}^{2} \beta_j = 1 \quad \sum_{j=1}^{2} \beta_{jm} = 0 \quad m = 1,2 \quad \sum_{j=1}^{2} \beta_{Qj} = 0 \quad \beta_{jm} = \beta_{mj} \quad (9.16)$$

利润效率（PE）等于银行实际利润与银行在不存在无效率项情况下的最大利润的比值，成本效率（CE）等于银行在不存在无效率项情况下的最小成本与银行实际成本的比值，即：

$$PE = \frac{E(R_{it} \mid U_{it}, g_{it})}{E(R_{it} \mid U_{it} = 0, g_{it})}, \quad CE = \frac{E(C_{it} \mid U_{it} = 0, g_{it})}{E(C_{it} \mid U_{it}, g_{it})} \quad (9.17)$$

其中，R_{it} 和 C_{it} 分别代表银行总利润和总成本，g_{it} 为银行利润函数和成本函数中的各项参数。CE 和 PE 取值范围均为（0,1），取值越大代表效率越高。

（二）非利息业务变量

在衡量非利息业务水平方面，比较常用的指标有两个：非利息收入占营业收入比重（孙浦阳等，2011；Apergis，2014）和其他盈利资产占总资产比重（Nguyen，2012；李明辉等，2014）。本章选取了非利息收入占营业收入比重（NII）这一指标进行衡量，并利用另一指标进行稳健性检验。同时，对于分类的非利息业务，我们分别以手续费及佣金收入占营业收入的比重（NFC）和交易性收入占营业收入的比重（TNI）作为

[①] 考虑到许多银行尤其是城商行和农商行披露的数据并不完整，所以借鉴 Hasan 和 Marton（2003）、程茂勇（2015）的做法，我们将劳动价格和资本价格合并处理。

相应的代理变量。

（三）市场竞争度变量

正如前文所述，衡量市场竞争度的指标主要包括结构性指标和非结构性指标两种。其中，结构性指标存在一定程度的理论缺陷。非结构性指标中 H 统计量的前提假设为市场长期均衡，这一假设与我国银行业实际情况存在一定偏离。另外，Lerner 指数假定个体处于完全效率的状态，与现实存在一定的不符。因此，本部分依然选择 ELerner 指数来衡量我国银行业的市场竞争度。同时，为了保证实证结果的有效性，我们还计算了 Boone 指数作为其替代变量进行稳健性检验。上述指标的具体计算方法详见第五章。

（四）控制变量

在借鉴现有研究的基础上，我们选择以下银行内部层面的控制变量。首先，由于银行的资产配置状况会影响银行的收益和风险水平，并进一步影响银行的效率水平，所以我们选择了贷款资产比率（LA）作为相应的代理变量。一般情况下，贷款发放较多的银行能够获得较多收益，但也有可能会因贷款量过大而贷款质量和经营效率下降，所以该变量对银行效率的影响并不确定。其次，银行的资本状况对其效率也具有重要影响，所以我们选择权益资产比率（EA）作为相应的代理变量。一般来说，权益资产比率越高，银行被占用的资源也就越多，所以我们预期该变量对银行效率的影响系数为负。再次，我们选择了总资产的自然对数值（$\ln TA$）作为银行规模的控制变量。银行规模的增大在某种程度上会产生规模经济和范围经济效应，但同时也会导致管理不当、资源错配和成本浪费等问题，所以该因素对银行效率的影响并不确定。最后，银行的成本收入比（CIR）也是影响银行利润效率和成本效率的重要因素，所以我们在模型中加入该变量以控制其影响。我们预期成本收入比与银行利润效率和成本效率呈负相关。

在宏观经济控制变量的选取方面，由于经济繁荣程度和通货膨胀水平会影响到国家宏观经济政策、贷款企业的运营状况以及银行的业务发展策略，并进一步影响到银行的效率水平，所以我们选择了实际GDP 增长率（$DGDP$）和居民消费价格指数（CPI）作为代理变量，以控制两类因素的影响。由于在经济繁荣时期，银行的稳定性、利润创造能力和成本控制能力也会有所提高，所以我们预期 $DGDP$ 对银行效率的影响系数为正；关于 CPI，由于商业银行对价格的敏感性一般高于客户，所以商业银行在经营过程中会根据通货膨胀水平对相关业务的价格进行迅速调整并从中获益，因此我们预期 CPI 对银行效率的影响系数也为正。

表 9.1 给出了上述各变量的含义、计算方法及文献出处。

表 9.1　变量定义、计算方法及文献出处

变量类型	变量	含义	计算方法	文献出处
被解释变量	PE	利润效率	随机前沿方法（SFA）	Battese 和 Coelli（1992）、程茂勇和赵红（2011）、Ariss（2010）、Fungáčová 等（2013）
	CE	成本效率		
解释变量	$ELerner$	市场竞争度	经效率调整的 Lerner 指数	Koetter 和 Kolari（2008）
	$Boone$		Boone 指数	Boone（2008）
	NII	非利息业务	非利息收入/营业收入	Ariff 和 Can（2008）、程茂勇（2015）
	NFC	手续费及佣金业务	手续费及佣金收入/营业收入	
	TNI	交易性业务	交易性收入/营业收入	
银行内部控制变量	LA	贷款资产比率	总贷款/总资产	Fu 和 Heffernan（2007）、Ariff 和 Can（2008）
	EA	权益资产比率	权益资本/总资产	Lozano-Vivas 和 Pasiouras（2010）、Duygun 等（2013）
	$\ln TA$	总资产规模	银行总资产的自然对数	Akhigbe 和 Stevenson（2010）、Ayadi（2013）
	CIR	成本收入比	成本收入比	Girardone 等（2004）、申创和赵胜民（2017b）
宏观经济控制变量	$DGDP$	经济繁荣程度	实际 GDP 增长率	Lozano-Vivas 和 Pasiouras（2010）、Ariss（2010）、魏琪等（2014）
	CPI	通货膨胀水平	居民消费价格指数	

变量类型	变量	含义	计算方法	文献出处
SFA 计算方法以及 ELerner 指数和 Boone 指数等相关变量	A	R：总利润	银行税前利润	Battese 和 Coelli（1992）、Hasan 和 Marton（2003）、程茂勇和赵红（2011）、Ariss（2010）、Fungáčová 等（2013）、程茂勇（2015）
		C：总成本	利息费用与非利息费用之和	
	Q	银行产出	银行总资产	
	$W1$	资金价格	总利息费用/总存款及短期资金	
	$W2$	劳动及资本价格	非利息费用/固定资产	
	MS	市场份额	某银行资产/银行业总资产	Koetter 和 Kolari（2008）、Boone（2008）
	MC	边际成本	超越对数成本函数	

（五）模型构建

由于银行的成本效率和利润效率具有连续性特征，而且非利息业务与银行效率之间可能存在逆向因果的内生性问题，所以本章建立了如下动态面板模型，并使用系统广义矩估计方法（SYS-GMM）进行实证估计。

$$PE_{it} = \gamma_0 + \gamma_1 PE_{i,t-1} + \gamma_2 NI_{it} + \gamma_3 ELerner_{it} + \gamma_4 LA_{it} + \gamma_5 EA_{it} + \gamma_6 \ln TA_{it} +$$
$$\gamma_7 CIR_{it} + \gamma_8 DGDP_{it} + \gamma_9 CPI_{it} + \xi_{it} \tag{9.18}$$

$$CE_{it} = \gamma_0 + \gamma_1 CE_{i,t-1} + \gamma_2 NI_{it} + \gamma_3 ELerner_{it} + \gamma_4 LA_{it} + \gamma_5 EA_{it} + \gamma_6 \ln TA_{it} +$$
$$\gamma_7 CIR_{it} + \gamma_8 DGDP_{it} + \gamma_9 CPI_{it} + \xi_{it} \tag{9.19}$$

其中，i 和 t 分别代表个体和年份；PE 和 CE 分别代表利润效率和成本效率，$PE_{i,t-1}$ 和 $CE_{i,t-1}$ 则分别代表两类效率的一阶滞后项。$ELerner_{it}$ 为市场竞争度。NI_{it} 为非利息业务水平指标，包括 NII、NFC 和 TNI。LA_{it}、EA_{it}、$\ln TA_{it}$ 和 CIR_{it} 分别代表 i 银行在 t 时期的贷款资产比率、权益资产比率、总资产的自然对数值和成本收入比；$DGDP$ 代表实际 GDP 增长率，CPI 代表居民消费价格指数，ξ_{it} 为随机误差项。

为了进一步分析市场竞争环境的调节效应，本部分在上述基准模型的基础上进一步引入市场竞争度与总体及分类非利息业务的交互项，构建如下模型：

$$PE_{it} = \gamma_0 + \gamma_1 PE_{i,t-1} + \gamma_2 NI_{it} + \gamma_3 ELerner_{it} + \gamma_4 NI \times ELerner_{it} + \gamma_5 LA_{it} +$$

$$\gamma_6 EA_{it} + \gamma_7 \ln TA_{it} + \gamma_8 CIR_{it} + \gamma_9 DGDP_{it} + \gamma_{10} CPI_{it} + \xi_{it} \tag{9.20}$$

$$CE_{it} = \gamma_0 + \gamma_1 CE_{i,t-1} + \gamma_2 NI_{it} + \gamma_3 ELerner_{it} + \gamma_4 NI \times ELerner_{it} + \gamma_5 LA_{it} +$$

$$\gamma_6 EA_{it} + \gamma_7 \ln TA_{it} + \gamma_8 CIR_{it} + \gamma_9 DGDP_{it} + \gamma_{10} CPI_{it} + \xi_{it} \tag{9.21}$$

从上述模型中可以看出，交互项的引入可以帮助我们研究随着市场竞争度的变化，非利息业务对商业银行效率水平的影响将会如何变化。

二　样本、数据及描述性统计

与前文一致，本章使用的数据是 2007～2021 年我国 166 家商业银行的非平衡面板数据。在数据来源方面，样本银行的总体及分类非利息收入占营业收入比重、贷款资产比率、成本收入比和权益资产比率等内部变量数据主要来自 Wind 金融数据库及各商业银行年报，对于其中不一致的数据均以银行年报为准。银行业总资产数据和其他宏观经济变量数据则来源于《中国金融年鉴》、中国人民银行网站和《中国统计年鉴》等。同时，本章对数据进行上下各 1% 的缩尾处理以避免极端值的影响。经过上述处理，本章最后共获得 1652 个"银行—年度"观测值，在动态面板中损失了少量样本，共计得到 1433 个观测值。

本章使用了 Frontier 4.1 对式（9.2）中的超越对数函数模型进行估计。在利润效率模型和成本效率模型的估计结果中，变差率 γ 分别为 0.610 和 0.730，表明利润效率偏差和成本效率偏差均由随机误差项和无效率项共同决定。在对 γ 的零假设统计检验中，两个模型的单边似然比检验统计量 LR 分别为 51.91 和 81.36；而在 $\gamma = 0$ 的零假设条件下，在 1% 的显著性水平下，约束条件为 2 时混合 χ^2 的临界值为 8.273（Kodde and Palm，1986）。LR 统计量的值远大于临界值，故拒绝原假设，表明无效率项 u_{it} 在我国银行业中确实存在，利用 SFA 方法测算效率具有合理性。

表 9.2 给出了各变量的描述性统计值。从中可以看出，我国商业银行的利润效率均值为 0.809，这表明在同等技术和同等投入的情况下，银行的平均利润比最大可能利润低 19.1%；最小值为龙江银行在 2010 年的利润效率 0.0173，最大值为台州银行在 2021 年的利润效率 0.996，25% 分位数、中位数和 75% 分位数分别为 0.741、0.890 和 0.952，标准差为 0.203，变异系数仅为 0.251，这说明我国商业银行的利润效率在总

体上存在一定程度的差异但相对较小。同时，银行的成本效率均值为
0.501，表明在同等技术和同等产出的情况下，银行的平均成本比理论最
优成本高49.9%。最小值为农业银行在2007年的成本效率0.125，最大
值为广东华兴银行在2021年的成本效率0.980，25%分位数、中位数和
75%分位数分别为0.369、0.474和0.607，标准差为0.185，变异系数仅
为0.369，这说明在总体上我国商业银行的成本效率的差异性略大于利
润效率。同时，从表中NII、NFC、TNI、LA、EA、lnTA和CIR的描述性
统计值可以看出，我国商业银行在非利息业务、手续费及佣金业务、交
易性业务、资产结构、资本状况、总资产规模和成本收入比等方面也都
存在一些差异。

表9.2　变量描述性统计

变量	均值	标准差	最小值	25%分位数	中位数	75%分位数	最大值	样本量
PE	0.809	0.203	0.0173	0.741	0.890	0.952	0.996	1647
CE	0.501	0.185	0.125	0.369	0.474	0.607	0.980	1647
NII	21.33	17.62	−2.022	8.683	16.83	28.93	87.05	1652
NFC	6.593	7.020	−7.383	1.619	4.433	10.28	27.43	1624
TNI	14.64	17.61	−2.465	2.214	8.184	20.21	84.31	1624
ELerner	0.428	0.218	−0.679	0.300	0.454	0.582	0.924	1652
Boone	−0.332	0.0122	−0.353	−0.343	−0.335	−0.320	−0.316	1652
W1	0.030	0.011	0.009	0.022	0.029	0.037	0.068	1652
W2	1.781	1.207	0.437	0.996	1.418	2.130	6.910	1652
MC	0.020	0.007	0.006	0.015	0.019	0.024	0.052	1652
LA	0.484	0.0970	0.226	0.423	0.496	0.556	0.712	1647
EA	7.253	1.764	3.321	6.087	7.093	8.170	14.64	1652
CIR	34.64	7.519	19.24	29.58	33.65	38.76	65.09	1651
lnTA	12.01	1.763	8.250	10.73	11.66	12.95	16.55	1652
DGDP	7.116	2.079	2.200	6.700	7.00	7.800	14.20	1652
CPI	102.3	1.254	99.30	101.6	102.1	102.6	105.9	1652

注：TA单位为百万元，NII、NFC、TNI、LA、EA、CIR和DGDP的单位皆为%。

第三节　非利息业务对银行效率影响的实证分析

一　全部银行样本下的基准分析

表 9.3 报告了市场竞争环境下非利息业务发展对银行利润效率影响的回归结果，表 9.4 则报告了非利息业务发展对银行成本效率影响的回归结果。每个表格中的 Panel A 和 Panel B 分别表示未加入交互项的基准模型回归结果和加入交互项之后的调节效应模型回归结果。每一面板中的三列分别对应总体非利息业务、手续费及佣金业务和交易性业务的回归结果。与之相应的是，Panel B 每一列中的 $NI \times ELerner$ 分别代表 $NII \times ELerner$、$NFC \times ELerner$ 和 $TNI \times ELerner$。同时，本章利用 SYS-GMM 方法进行实证估计，将市场竞争度和非利息收入作为内生变量，以求能够在一定程度上解决二者与银行效率之间存在的内生性问题（Wooldridge，2010）。从表 9.3 中可以看出，无论是在 Panel A 还是在 Panel B 的回归结果中，一阶滞后项检验 AR（1）的 p 值均小于 0.05，二阶滞后项检验 AR（2）的 p 值大多大于 0.05，这说明模型不存在扰动项序列相关问题；从 Hansen 检验结果来看，模型基本不存在过度识别问题。总体而言，模型设定较为合理。

表 9.3　市场竞争环境下非利息业务对银行利润效率的影响（全部银行）

变量	Panel A 基准模型回归结果			Panel B 交互项模型回归结果		
	PE	PE	PE	PE	PE	PE
L. PE	0.822 ***	0.825 ***	0.853 ***	0.845 ***	0.818 ***	0.846 ***
	(0.00691)	(0.00467)	(0.00796)	(0.00783)	(0.00548)	(0.00789)
NII	0.0203 **			− 0.0739 **		
	(0.00886)			(0.0349)		
NFC		0.118 ***			0.0254	
		(0.0320)			(0.0220)	
TNI			− 0.0724 ***			− 0.0846 **
			(0.0177)			(0.0358)

续表

变量	Panel A 基准模型回归结果			Panel B 交互项模型回归结果		
	PE	PE	PE	PE	PE	PE
NI × ELerner				0.140 **	0.0501	0.163 **
				(0.0712)	(0.0577)	(0.0747)
ELerner	2.801 ***	3.168 **	1.547	2.575 *	1.600	3.862 ***
	(0.928)	(1.589)	(1.395)	(1.553)	(1.051)	(1.409)
LA	0.0216	1.491	−1.879	2.101 *	0.109	2.193 **
	(1.057)	(1.371)	(1.297)	(1.224)	(0.966)	(1.079)
EA	−0.0203	−0.0479	−0.110	−0.0527	0.0141	−0.0963 **
	(0.0533)	(0.0554)	(0.0736)	(0.0491)	(0.0472)	(0.0488)
CIR	−0.00851	0.00415	0.0145	0.00909	−0.0118	0.00917
	(0.0141)	(0.0132)	(0.0191)	(0.0116)	(0.0121)	(0.0106)
lnTA	0.131	−0.160	−0.175	0.457 ***	−0.0275	0.400 ***
	(0.0920)	(0.145)	(0.145)	(0.116)	(0.0773)	(0.122)
DGDP	−0.0427	−0.167 ***	−0.0276	0.0529	−0.0805 ***	0.0140
	(0.0287)	(0.0505)	(0.0415)	(0.0450)	(0.0238)	(0.0340)
CPI	−0.0325	0.0236	−0.0220	−0.0400	0.00616	−0.0130
	(0.0323)	(0.0420)	(0.0411)	(0.0395)	(0.0325)	(0.0382)
常数项	19.34 ***	16.34 ***	22.29 ***	13.18 ***	18.43 ***	10.85 **
	(4.296)	(5.543)	(5.306)	(4.523)	(3.604)	(4.641)
N	1433	1411	1411	1433	1411	1411
AR (1)	0.000	0.000	0.000	0.001	0.000	0.006
AR (2)	0.051	0.045	0.553	0.121	0.272	0.307
Hansen	0.212	0.094	0.062	0.080	0.118	0.016

注：***、**、* 分别表示在1%、5%、10%的水平下显著，括号中为估计系数对应的稳健标准误。L. 表示滞后一期。Panel B 的三列中 NI × ELerner 分别代表 NII × ELerner、NFC × ELerner 和 TNI × ELerner，AR (1)、AR (2) 和 Hansen 检验中给出的均是其统计量所对应的 p 值。下文皆同。

表 9.4 市场竞争环境下非利息业务对银行成本效率的影响（全部银行）

变量	Panel A 基准模型回归结果			Panel B 交互项模型回归结果		
	CE	CE	CE	CE	CE	CE
L. CE	0.985***	0.989***	0.990***	0.987***	0.987***	0.988***
	(0.00145)	(0.00152)	(0.00164)	(0.00205)	(0.000691)	(0.00116)
NII	0.00366***			0.000653		
	(0.00101)			(0.00348)		
NFC		0.00546***			0.00403***	
		(0.00205)			(0.000976)	
TNI			0.000949			−0.00480*
			(0.00071)			(0.00267)
$NI \times ELerner$				0.000688	0.000179	0.0102**
				(0.00769)	(0.00243)	(0.00516)
$ELerner$	0.00528	−0.135*	−0.0739	−0.158	−0.0125	−0.419***
	(0.0693)	(0.0749)	(0.0634)	(0.222)	(0.0363)	(0.120)
LA	0.0775	−0.0146	−0.0343	−0.0402	−0.0414	−0.0856
	(0.0914)	(0.0949)	(0.0798)	(0.141)	(0.0312)	(0.0864)
EA	0.00491	0.00111	0.00139	0.00241	0.00187	0.00278
	(0.00404)	(0.00423)	(0.00405)	(0.00434)	(0.00229)	(0.00351)
CIR	−0.00278***	−0.00171	−0.00196*	−0.00370*	−0.00211***	−0.00386***
	(0.000971)	(0.00139)	(0.00113)	(0.00189)	(0.000538)	(0.00132)
$\ln TA$	−0.0202*	−0.0400***	−0.00591	−0.0278	−0.0321***	−0.0429***
	(0.0113)	(0.0138)	(0.00862)	(0.0184)	(0.00568)	(0.0117)
$DGDP$	−0.0145***	−0.0146***	−0.00509	−0.00920**	−0.0197***	−0.00977***
	(0.00441)	(0.00436)	(0.00317)	(0.00439)	(0.00206)	(0.00283)
CPI	0.00330**	0.00199	3.94e−05	−0.000446	0.00284***	0.00130
	(0.00160)	(0.00156)	(0.00121)	(0.00159)	(0.000728)	(0.00129)
常数项	1.849***	2.202***	1.875***	2.439***	2.106***	2.566***
	(0.224)	(0.251)	(0.181)	(0.423)	(0.0956)	(0.318)
N	1433	1411	1411	1433	1411	1411
AR（1）	0.010	0.000	0.000	0.002	0.000	0.354

变量	Panel A 基准模型回归结果			Panel B 交互项模型回归结果		
	CE	*CE*	*CE*	*CE*	*CE*	*CE*
AR（2）	1.000	0.220	0.622	0.050	0.072	0.982
Hansen	0.481	0.072	0.694	0.010	0.010	0.018

（一）非利息业务对银行效率的影响

在总体非利息业务对银行效率的影响方面，在表9.3的利润效率模型中，Panel A 中 *NII* 的估计系数在5%的水平下显著为正；在表9.4的成本效率模型中，Panel A 中 *NII* 的估计系数则在1%的水平下同样显著为正。这一结果表明总体非利息业务的发展明显同时提升了我国商业银行的利润效率和成本效率，研究假设1得到验证。这一结果与 Ariff 和 Can（2008）的研究结果具有一致性。正如前文理论分析所述，其原因在于非利息业务的发展促进了银行产品的交叉销售，拓展了利润来源，提高了商业银行的边际收益，因此提升了其利润效率。而在成本效率方面，总体非利息业务的发展能够在一定程度上产生规模经济效应和范围经济效应，而且部分非利息业务本身耗费的成本就较少，因此其发展对商业银行的成本效率也会产生显著的正向影响。

在分类非利息业务对商业银行利润效率和成本效率的影响方面，从表9.3中可以看出，在 Panel A 中 *NFC* 的估计系数在1%的水平下显著为正，而 *TNI* 的估计系数则在1%的水平下显著为负；从表9.4中可以看出，在 Panel A 中 *NFC* 的估计系数同样在1%的水平下显著为正，但 *TNI* 的估计系数并不显著。以上结果表明手续费及佣金业务明显提高了银行的利润效率和成本效率，而交易性业务则降低了银行的利润效率，但对成本效率的影响并不显著，研究假设2得到初步验证。

分类非利息业务对银行的利润效率和成本效率产生了不同影响，主要是由两类业务的性质差异所致。手续费及佣金业务多与传统利息业务联系较为紧密，在某种程度上相当于传统业务的一种延伸，而且商业银行对此类业务的经营水平普遍较高。从利润方面来看，储蓄卡、信用卡、转账、结算及清算等业务均依托于传统的利息业务，能够与之形成"捆绑销售"，创造新的利润来源。而私人银行、资产管理、财务顾问以及代销保险和基金等业务虽然不能完全与传统业务形成"捆绑销售",但也在很大程度上依赖由传统业务带来的客户资源和信息资源。而且由于我国银行所开展的多为风险较小的手续费及佣金业务,其收入波动性较小,所以成了商业银行新的利润增长点。从成本方面来看,由于我国银行业的传统业务已经发展多年,在早期就已经对经营设备、员工培训和技术创新等投入较多资源,所以在发展手续费及佣金业务时所需投入较少,而且能够形成较强的规模经济和范围经济效应。因此,手续费及佣金业务的发展同时提高了商业银行的利润效率和成本效率。

与之相反,交易性业务与传统利息业务联系较弱,而且银行业对此类业务的经营水平普遍较低,规模也较小。从利润方面来看,此类业务的发展尚不成熟,而且其收益具有高波动性特征,所以无法成为银行较为稳定的收入来源。我国虽然实施了外汇市场改革、银行股份制改革、引进境外战略投资者、利率市场化等一系列改革措施,但由于时间较短,所以商业银行的投资能力、汇兑风险控制能力和产品创新能力普遍较弱,因此在发展交易性业务的过程中其收入极不稳定,对商业银行的利润效率产生了一定的负面影响。例如,2020年4月的"原油宝"事件就给中国银行带来了极大的损失。另外,交易性业务尤其是投资类业务需要占用银行较多资金,有可能对传统利息收入产生"挤出效应"。因此,交易性业务的发展降低了商业银行的利润效率。

从成本方面来看,首先,由于交易性业务与传统利息业务的关联性相对较弱,而且规模较小,所以规模经济和范围经济效应并不明显。其次,由于我国商业银行对交易性业务的经营水平普遍较低,存在盲目投资和资源错配的情况,其管理和协调费用将会上升。再次,我国商业银行对交易性业务的产品研发和项目规划能力相对较弱,这就需要投入更多的人力和技术资源(程茂勇,2015)。最后,与手续费及佣金业务相反,交易性业务(例如投资业务)的成本以可变成本为主,这会导致银行融资成本的增加,可能会产生"业务多元化折价"效应。因此,在正负效应的综合作用下,交易性业务并未明显提升商业银行的成本效率。

(二) 市场竞争环境的影响及调节效应

在市场竞争环境对银行效率的影响方面,表9.3的结果显示,Panel A 中 ELerner 指数的估计系数均为正值,且在第一列和第二列中系数分别在 1% 和 5% 的水平下显著。表 9.4 的结果显示，Panel A 中第一列 EL-erner 指数的估计系数为正但并不显著，在第二列显著为负，在第三列同样不显著。ELerner 指数越小代表竞争度越大，所以市场竞争度和银行利润效率之间呈显著负相关，即市场竞争度的提升明显降低了我国商业银行的利润效率。其主要原因在于利率市场化程度的加深和互联网金融产品的崛起促进了市场竞争度的提升，对银行的利润来源和资金来源造成了较大冲击，从而降低了银行的利润效率和成本效率，但总体来看，在此过程中利润效率受到的冲击比成本效率更大。

从利润效率来看，贷款利率市场化的推进使得银行资产业务的价格竞争更加激烈，"垄断租金"不断降低，再加上数字金融业务的蓬勃发展也对银行的贷款业务产生了"挤出效应"，所以市场竞争度的提高降低了银行的利润创造能力。首先，在我国的金融业市场中，商业银行一直处于绝对核心的优势地位。再加上我国金融业的利率市场化程度在过去一直较低，所以部分企业尤其是中小企业以及个人客户的议价能力明显偏弱，银行获取了较高的产品溢价。但是，随着近年来利率市场化进程的不断推进，尤其是在 2013 年央行放开贷款利率的浮动下限以及 2019 年完善 LPR 机制之后，商业银行在贷款市场上的竞争日趋激烈。企业和个人的议价能力开始逐步增强，商业银行开始通过实施价格竞争策略和提供更多优惠来维护自身客户资源。其次，数字金融业务的兴起也抢占了银行的客户资源，给银行带来更大的竞争压力。此类业务的融资方式为直接融资，借贷双方直接交易，期限较短且无须抵押，所以受到了许多客户的青睐。这无疑也会在一定程度上对银行的贷款业务产生"挤出效应"，降低银行的利润水平。综上可知，市场竞争度的提升降低了银行的利润效率。

从成本效率来看，存款利率市场化的推进提高了银行的负债业务成本，"余额宝"等互联网金融产品的出现也通过"鲇鱼效应"提高了银行的资金成本，所以市场竞争度的提升降低了银行的成本控制能力。首先，长期以来，存款业务始终是我国商业银行最重要的资金来源。然而由于利率管制的存在，银行存款利率始终偏离市场利率，且处于较低水平（纪洋等，2015）。但是随着存款利率市场化程度的不断提高，存款市场的竞争更加激烈，商业银行负债业务的成本也将不断提高（李宏瑾，

2015)。其次，随着市场竞争度的提高，银行在维护客户和开展业务的过程中必然会占用更多的人力、技术和资金资源，也会提高银行的业务成本。最后，"余额宝""理财通"等互联网金融理财产品的出现进一步加剧了市场竞争，提高了银行的资金成本。"余额宝"等互联网金融理财产品由于具有购买门槛低、流动性强和收益率高的优势，满足了许多中小型客户的需求，所以在短时间内便吸收了大量资金，对商业银行的存款业务也产生了明显的"挤出效应"。同时，面对"余额宝"等互联网金融理财产品所带来的"鲇鱼效应"，商业银行不得不通过提高理财产品收益率和存款利率等方式来维护原有客户。因此，市场竞争度的提升对银行成本效率也产生了一定程度的负面冲击。

在市场竞争环境的调节效应方面，从表 9.3 的 Panel B 中可以看出，$NII \times ELerner$ 和 $TNI \times ELerner$ 的估计系数均在 5% 的水平下显著为正，$NFC \times ELerner$ 的估计系数虽然不显著但也是正值。结合表 9.3 的 Panel A 可知，虽然总体非利息业务和手续费及佣金业务明显提高了银行的利润效率，但是随着市场竞争的加剧，影响效果将会逐步减弱。交易性业务降低了银行的利润效率，而且随着市场竞争的加剧，其负面影响效果将进一步增强。从表 9.4 的 Panel B 中可以看出，$TNI \times ELerner$ 的估计系数在 5% 的水平下显著为正，$NII \times ELerner$ 和 $NFC \times ELerner$ 的估计系数虽然不显著但也是正值。这表明虽然非利息业务的发展对商业银行的成本效率产生了一定程度的积极影响，但随着市场竞争度的提升（ELerner 指数减小），这种积极效应将会逐步减弱。其原因在于，随着市场竞争度的提高，非利息业务领域的竞争也会日趋激烈，银行的利润创造能力和成本控制能力都会下降。同时，为了争夺市场份额和客户资源，商业银行在价格竞争中还会投入更多的人力、资金和技术资源来创新非利息业务，这些投入也会降低银行的利润效率和成本效率。

从以上分析我们可以看出，非利息业务对银行效率的影响不仅取决于银行自身的经营状况，而且还受到市场竞争环境的制约。商业银行在发展非利息业务的同时要密切关注市场竞争环境的变化，以避免较高的市场竞争度导致非利息业务对银行效率产生过大的负面影响。

二 各类银行间的异质性分析

表 9.5 和表 9.6 分别报告了非利息业务对国有及股份制商业银行利

润效率和成本效率的影响结果，表9.7和表9.8则分别报告了非利息业务对地方性商业银行利润效率和成本效率的影响结果。每个表格中的Panel A 和 Panel B 分别表示未加入交互项的基准模型回归结果和加入交互项之后的调节效应模型回归结果。每一面板中的三列分别对应总体非利息收入占比、手续费及佣金收入占比和交易性收入占比作为自变量的回归结果。与之相应的是，Panel B 每一列中的 $NI \times ELerner$ 分别代表 $NII \times ELerner$、$NFC \times ELerner$ 和 $TNI \times ELerner$。

表9.5　非利息业务对银行利润效率的影响（国有及股份制商业银行）

变量	Panel A 基准模型回归结果			Panel B 交互项模型回归结果		
	PE	PE	PE	PE	PE	PE
L. PE	0.931***	0.799***	0.900***	0.877***	0.870***	0.916***
	(0.0260)	(0.0182)	(0.0108)	(0.0228)	(0.00878)	(0.00779)
NII	−0.0944			−0.0526		
	(0.0632)			(0.0528)		
NFC		0.0905**			0.00811	
		(0.0396)			(0.0175)	
TNI			−0.165***			−0.223***
			(0.0387)			(0.0431)
NI × ELerner				−0.234	0.116*	0.169**
				(0.277)	(0.0642)	(0.0779)
ELerner	2.423	−1.009	2.893***	8.550	0.0104	5.098***
	(1.562)	(1.058)	(0.932)	(7.200)	(1.265)	(1.240)
LA	4.184	−7.397**	3.419	−5.997	0.546	6.217**
	(3.730)	(3.017)	(2.987)	(8.651)	(1.098)	(2.635)
EA	−0.429	0.436	−0.298	−0.262	−0.190*	−0.307
	(0.270)	(0.275)	(0.236)	(0.544)	(0.0996)	(0.229)
CIR	0.0768***	−0.0106	0.0836***	0.102**	0.0406***	0.116***
	(0.0245)	(0.0366)	(0.0137)	(0.0404)	(0.0152)	(0.0214)
lnTA	0.493	0.186	0.570***	2.065*	0.332***	0.629**
	(0.316)	(0.161)	(0.204)	(1.128)	(0.0810)	(0.271)

变量	Panel A 基准模型回归结果			Panel B 交互项模型回归结果		
	PE	*PE*	*PE*	*PE*	*PE*	*PE*
DGDP	0.401***	-0.0352	0.205***	0.203***	0.199***	0.223***
	(0.107)	(0.0766)	(0.0434)	(0.0666)	(0.0483)	(0.0471)
CPI	-0.0314	-0.171***	-0.0207	0.0231	-0.0624**	-0.00936
	(0.0585)	(0.0410)	(0.0469)	(0.0643)	(0.0312)	(0.0645)
常数项	3.344	34.75***	2.753	-18.70	13.93***	-4.495
	(9.769)	(5.426)	(6.935)	(19.30)	(4.001)	(8.906)
N	213	213	213	213	213	213
AR (1)	0.067	0.001	0.056	0.046	0.000	0.094
AR (2)	0.323	0.012	0.918	0.899	0.006	0.137
Hansen	1.000	0.587	1.000	1.000	1.000	0.999

表 9.6 非利息业务对银行成本效率的影响（国有及股份制商业银行）

变量	Panel A 基准模型回归结果			Panel B 交互项模型回归结果		
	CE	*CE*	*CE*	*CE*	*CE*	*CE*
L. *CE*	0.999***	1.000***	1.003***	0.997***	0.998***	1.003***
	(0.00215)	(0.00223)	(0.00230)	(0.00216)	(0.00271)	(0.00231)
NII	0.00181**			0.00118		
	(0.000745)			(0.000948)		
NFC		0.00440***			0.000655	
		(0.000822)			(0.00218)	
TNI			-0.00612**			-0.00623
			(0.00284)			(0.00443)
NI × ELerner				0.0108***	0.0143***	0.000311
				(0.00306)	(0.00479)	(0.00895)
ELerner	-0.00130	0.0212	0.00197	-0.361***	-0.363***	0.000366
	(0.0339)	(0.0303)	(0.0388)	(0.116)	(0.137)	(0.0417)
LA	0.00410	0.188	0.242**	-0.0775	0.0467	0.242**
	(0.136)	(0.123)	(0.115)	(0.147)	(0.150)	(0.117)

变量	Panel A 基准模型回归结果			Panel B 交互项模型回归结果		
	CE	CE	CE	CE	CE	CE
EA	0.0149	0.00603	0.0191	0.0245 *	0.0266 *	0.0192
	(0.0116)	(0.0105)	(0.0122)	(0.0140)	(0.0144)	(0.0125)
CIR	−0.00273 *	−0.00103	−0.000793	−0.00669 ***	−0.00686 ***	−0.000776
	(0.00141)	(0.00155)	(0.00148)	(0.00166)	(0.00242)	(0.00159)
lnTA	−0.0506 **	−0.0381 *	−0.0206	−0.0839 ***	−0.0765 ***	−0.0206
	(0.0200)	(0.0208)	(0.0222)	(0.0183)	(0.0258)	(0.0222)
DGDP	−0.00801 ***	−0.00919 ***	−0.00344	−0.00821 **	−0.00625	−0.00346
	(0.00308)	(0.00297)	(0.00273)	(0.00341)	(0.00479)	(0.00296)
CPI	−0.00389 **	−0.00113	−0.00443 **	−0.00573 ***	−0.00642 **	−0.00442 **
	(0.00184)	(0.00198)	(0.00222)	(0.00192)	(0.00265)	(0.00223)
常数项	2.493 ***	1.855 ***	1.799 ***	3.404 ***	3.258 ***	1.798 ***
	(0.525)	(0.564)	(0.568)	(0.483)	(0.648)	(0.569)
N	213	213	213	213	213	213
AR（1）	0.0177	0.0270	0.646	0.0678	0.0738	0.731
AR（2）	0.0214	0.00735	0.0190	0.964	0.119	0.0263
Hansen	1.000	0.999	1.000	0.994	1.000	1.000

表 9.7　非利息业务对银行利润效率的影响（地方性商业银行）

变量	Panel A 基准模型回归结果			Panel B 交互项模型回归结果		
	PE	PE	PE	PE	PE	PE
L. PE	0.824 ***	0.839 ***	0.823 ***	0.865 ***	0.839 ***	0.853 ***
	(0.00908)	(0.00822)	(0.00902)	(0.0199)	(0.00894)	(0.0201)
NII	0.0172 **			0.0387		
	(0.00834)			(0.0401)		
NFC		0.0870 **			0.0671 *	
		(0.0355)			(0.0357)	
TNI			0.0264 **			0.00755
			(0.0105)			(0.0642)

续表

变量	Panel A 基准模型回归结果			Panel B 交互项模型回归结果		
	PE	PE	PE	PE	PE	PE
$NI \times ELerner$				-0.228^*	-0.258	-0.0872
				(0.138)	(0.240)	(0.238)
ELerner	3.336^{***}	3.756^{***}	4.339^{***}	6.969^*	3.446^{***}	1.992
	(1.098)	(0.922)	(1.501)	(4.198)	(0.987)	(3.670)
LA	0.704	2.443^{**}	1.267	-3.629^*	1.725	-1.724
	(1.054)	(1.189)	(1.122)	(2.002)	(1.268)	(2.383)
EA	-0.0248	-0.101^*	-0.0400	-0.0889	-0.108^*	-0.0298
	(0.0417)	(0.0536)	(0.0552)	(0.0636)	(0.0584)	(0.0664)
CIR	-0.00108	-0.00286	-0.00735	0.0125	$-8.33e-05$	0.00129
	(0.00972)	(0.00954)	(0.00983)	(0.0160)	(0.00980)	(0.0152)
lnTA	0.209^*	0.0140	0.385^{***}	-0.0461	0.113	-0.157
	(0.108)	(0.139)	(0.142)	(0.194)	(0.142)	(0.316)
DGDP	-0.0236	0.00133	-0.0240	0.0187	0.0154	0.0139
	(0.0305)	(0.0321)	(0.0424)	(0.0551)	(0.0411)	(0.0370)
CPI	-0.00533	0.0526	-0.00301	0.0369	0.0543	0.0408
	(0.0413)	(0.0460)	(0.0460)	(0.0719)	(0.0482)	(0.0562)
常数项	14.58^{***}	9.014^*	11.91^{**}	11.93	8.126	14.26
	(5.015)	(5.145)	(5.988)	(9.740)	(5.387)	(8.907)
N	1227	1205	1205	1220	1198	1198
AR (1)	0.000	0.001	0.001	0.055	0.001	0.005
AR (2)	0.007	0.026	0.0159	0.567	0.0230	0.324
Hansen	0.094	0.000	0.084	0.618	0.000	0.327

表 9.8　非利息业务对银行成本效率的影响（地方性商业银行）

变量	Panel A 基准模型回归结果			Panel B 交互项模型回归结果		
	CE	CE	CE	CE	CE	CE
L. CE	0.986^{***}	0.986^{***}	0.986^{***}	0.985^{***}	0.983^{***}	0.988^{***}
	(0.00147)	(0.00117)	(0.00166)	(0.000648)	(0.00222)	(0.00224)

续表

变量	Panel A 基准模型回归结果			Panel B 交互项模型回归结果		
	CE	CE	CE	CE	CE	CE
NII	0.000262			− 0.000520		
	(0.000615)			(0.000744)		
NFC		0.00323 *			0.00274	
		(0.00192)			(0.00570)	
TNI			0.000341			− 0.000619
			(0.000767)			(0.00169)
NI × ELerner				0.00272 *	0.105 **	0.0119
				(0.00158)	(0.0480)	(0.00927)
ELerner	− 0.0323	− 0.0725	− 0.0444	− 0.198 ***	− 0.135	0.161
	(0.0355)	(0.0591)	(0.0442)	(0.0511)	(0.164)	(0.246)
LA	0.0113	0.126	0.0206	0.0330	− 0.00603	0.295
	(0.0724)	(0.0836)	(0.0630)	(0.0299)	(0.214)	(0.199)
EA	0.00245	0.000102	0.00206	0.000674	0.00573	− 0.00243
	(0.00345)	(0.00384)	(0.00349)	(0.00201)	(0.00744)	(0.00720)
CIR	− 0.000889	− 0.00142 *	− 0.000985	− 0.00216 ***	− 0.00213	− 0.000803
	(0.000862)	(0.000849)	(0.000865)	(0.000426)	(0.00158)	(0.00122)
lnTA	0.00982	− 0.00111	0.00903	− 0.00513	− 0.0479 *	0.0327
	(0.00760)	(0.0102)	(0.00796)	(0.00573)	(0.0247)	(0.0222)
DGDP	− 0.00533 **	− 0.00433	− 0.00517 **	− 0.00696 ***	− 0.0156 ***	− 0.000182
	(0.00244)	(0.00295)	(0.00244)	(0.00137)	(0.00598)	(0.00247)
CPI	0.00113	0.000673	0.00126	0.00187 ***	0.00225	0.000761
	(0.00126)	(0.00119)	(0.00138)	(0.000690)	(0.00395)	(0.00186)
常数项	1.725 ***	1.876 ***	1.725 ***	1.969 ***	2.545 ***	1.189 **
	(0.125)	(0.200)	(0.145)	(0.121)	(0.513)	(0.483)
N	1220	1198	1198	1220	1198	1198
AR (1)	0.000	0.000	0.000	0.000	0.286	0.491
AR (2)	0.131	0.211	0.000	0.126	0.237	0.865
Hansen	0.176	0.114	0.127	0.488	0.815	0.834

（一）非利息业务对银行效率的影响

在非利息业务对商业银行效率的影响方面，总体非利息业务对各类银行效率的影响略有差异。在利润效率模型中，表9.5的国有及股份制商业银行样本 Panel A 中 *NII* 的估计系数为负值且不显著，但在表9.7的地方性商业银行样本 Panel A 中 *NII* 的估计系数在5%的水平下显著为正。在成本效率模型中，表9.6的国有及股份制商业银行样本 Panel A 中 *NII* 的估计系数在5%的水平下显著为正，但在表9.8的地方性商业银行样本 Panel A 中 *NII* 的估计系数同样为正却并不显著。这表明总体非利息业务的发展提升了国有及股份制商业银行的成本效率，但对其利润效率的影响并不显著，如果单从系数符号来看甚至降低了其利润效率；与之不同，非利息业务的发展提升了地方性商业银行的利润效率，但对其成本效率的影响却并不显著。

从分类非利息业务对商业银行效率的影响来看，各类银行的回归结果则存在更大差异。对于国有及股份制商业银行，从表9.5的利润效率模型中可以看出，Panel A 中 *NFC* 的估计系数在5%的水平下显著为正，*TNI* 的估计系数则在1%的水平下显著为负；从表9.6的成本效率模型中可以看出，Panel A 中 *NFC* 的估计系数在1%的水平下显著为正，*TNI* 的估计系数则在5%的水平下显著为负。对于地方性商业银行，从表9.7的利润效率模型中可以看出，Panel A 中 *NFC* 和 *TNI* 的估计系数均在5%的水平下显著为正；从表9.8的成本效率模型中可以看出，Panel A 中 *NFC* 的估计系数在10%的水平下显著为正，*TNI* 的估计系数为正但并不显著。这一结果表明，对于国有及股份制商业银行，手续费及佣金业务的发展明显提升了其利润效率和成本效率，而交易性业务的发展则降低了其利润效率和成本效率；对于地方性商业银行，手续费及佣金业务的发展同时提升了其利润效率和成本效率，交易性业务的发展则提升了其利润效率，但对成本效率的影响却并不显著。研究假设2再次得到验证。

（二）市场竞争环境的影响及调节效应

在市场竞争环境对银行效率的影响方面，各类银行之间存在一定的异质性。对于国有及股份制商业银行样本，在表9.5的利润效率模型的 Panel A 中，*ELerner* 的估计系数大部分为正值，但仅在第三列中具备显著性；在表 9.6 的成本效率模型的 Panel A 中，$ELerner$ 的估计系数均不显著。对于地方性商业银行样本，在表 9.7 的利润效率模型的 Panel A 中，$ELerner$ 的估计系数均在 1% 的水平下显著为正，但在表 9.8 的成本效率模型中对应的估计系数均不显著。这一结果表明，市场竞争度的提升明显降低了各类商业银行的利润效率水平，但对成本效率的影响并不显著。在冲击程度方面，市场竞争的加剧对地方性商业银行的冲击更强。究其原因，一方面是由于地方性商业银行在资产规模、政策扶持、网点数量、经济区域和技术水平方面均存在很大劣势，在市场竞争度提高的过程中更易受到冲击；另一方面则是由于市场竞争度的提升压缩了商业银行的利润空间，国有及股份制商业银行必然会进一步争抢优质的小微企业客户和个人客户资源（李宏瑾，2015；申创等，2020），而大多数地方性商业银行的主要客户即为此类客户，所以其利润效率必然受到较大影响。

在市场竞争环境的调节效应方面，对于国有及股份制商业银行，在表 9.5 的利润效率模型的 Panel B 中，$NFC \times ELerner$ 和 $TNI \times ELerner$ 的估计系数分别在 10% 和 5% 的水平下显著为正，$NII \times ELerner$ 的估计系数则并不显著；在表 9.6 的成本效率模型的 Panel B 中，$NII \times ELerner$ 和 $NFC \times ELerner$ 的估计系数均在 1% 的水平下显著为正，$TNI \times ELerner$ 虽然不显著但亦为正值。这一结果表明，虽然手续费及佣金业务的发展明显提高了国有及股份制商业银行的利润效率和成本效率，但伴随市场竞争的加剧，这种积极效应将会逐步减弱；同时，交易性业务对国有及股份制商业银行利润效率的负面影响将随着市场竞争的加剧进一步增强。

对于地方性商业银行，从表 9.7 中可以看出，在利润效率模型中，$NII \times ELerner$ 的估计系数显著为负，这说明虽然总体非利息业务明显提高了地方性商业银行的利润效率，但是随着市场竞争度的提升（$ELerner$ 指数减小），这种积极效应将会逐步减弱。从表 9.8 中可以看出，在成本效率模型中，$NII \times ELerner$ 和 $NFC \times ELerner$ 的估计系数均显著为正，$TNI \times ELerner$ 的系数虽不显著但亦为正值，这说明随着市场竞争度的提高，非利息业务对地方性商业银行成本效率的影响也更趋向于负面。

综上可知，从总体上来看，非利息业务的发展提高了我国商业银行的利润效率，但对成本效率的影响并不显著。另外，不同类型的非利息业务对各类银行的效率水平产生了不同影响。对于国有商业银行样本和股份制商业银行样本，手续费及佣金业务的发展明显提高了其利润效率和成本效率，但随着市场竞争度的提升，手续费及佣金业务所带来的积极影响越来越小；交易性业务的发展则明显降低了国有及股份制商业银行的利润效率和成本效率，而且随着市场竞争度的提升，这一负面影响将会被强化。而对于地方性商业银行样本，手续费及佣金业务的发展明显提升了地方性商业银行的利润效率和成本效率，但效果弱于国有及股份制商业银行；交易性业务的发展则明显提高了地方性商业银行的利润效率，但对其成本效率的影响并不显著。同时，随着市场竞争度的提升，手续费及佣金业务和交易性业务给地方性商业银行带来的积极影响越来越小。研究假设 2 再次得到验证。

在国有商业银行、股份制商业银行和地方性商业银行之间之所以会出现这种显著性差异，主要有以下几个原因。

第一，国有及股份制商业银行的资产规模较为庞大，网点分布广泛，服务区域面向全国，客户基数相当可观。同时，结算及清算业务、转账业务、信用卡业务等多种手续费及佣金业务的发展均与上述因素密切相关。国有及股份制商业银行在开展此类手续费及佣金业务时具有很大优势，而且很容易与传统业务形成范围经济效应，所以其利润效率和成本效率得到了提高。与之形成鲜明对比的是，大多数地方性商业银行资产规模较小，地域限制较强，网点和客户数量也较少，在发展手续费及佣金业务时相对困难，所以对利润效率和成本效率的影响效果较弱。

第二，国有及股份制商业银行的成立时间较早，对手续费及佣金业务的发展时间也较长，其业务种类也比较齐全，所以在发展此类业务的过程中并不会产生过多的管理、协调和资源分配问题。但是，国有及股份制商业银行在发展交易性业务方面仍然处于初级阶段，而且会从事较多的新颖业务，如海外投资业务和金融衍生品业务等。在发展此类业务的过程中，国有及股份制商业银行的经验并不充足，技术水平和人才储备也远远不够，必然会产生很多管理、协调和资源分配问题。所以，手续费及佣金业务的发展提高了国有及股份制商业银行的利润效率和成本效率，但交易性业务的发展则降低了其利润效率和成本效率。与之不同，地方性商业银行成立时间较晚，对手续费及佣金业务的发展时间也较短，而且业务种类也并不齐全。例如，部分银行至今尚未开展个人银行和信托代销等多种业务。地方性商业银行在发展此类业务的过程中，有可能会因面临较为新颖的业务或者较大规模的业务而产生管理、协调和资源分配等方面的问题。另外，由于受到地理位置和技术水平等多方面的限制，地方性商业银行在发展交易性业务的过程中一直较为谨慎，对于新颖的交易性业务接触较少，所以产生的管理、协调和资源分配问题并不多。因此，手续费及佣金业务的发展对地方性商业银行利润效率和成本效率的影响效果相对较弱，交易性业务的发展对其成本效率的影响并不显著，却在一定程度上提升了其利润效率。

第三，国有及股份制商业银行在硬件设备和技术水平上具有相对优势，在部分业务的开展上较为便利。在手续费及佣金业务中，有部分技术性较强的业务，如数字银行业务。大型银行设备齐全，技术水平较高，所以能够迅速开展此类业务，投入成本也相对较低，但所获得的与之相关的手续费却极为可观，所以此类技术性手续费及佣金业务的发展提升了国有及股份制商业银行的成本效率和利润效率。与之相反，许多地方性商业银行的技术水平比较落后，在开展数字银行等多种业务的过程中投入成本较多。所以，相较于国有及股份制商业银行，此类手续费及佣金业务对地方性商业银行利润效率和成本效率的影响效果偏弱。

第四，我国银行业的投资能力和汇兑风险管理能力普遍较弱。国有及股份制商业银行对交易性业务重视不够，所以其本身的投资能力和汇兑风险管理能力不足。上文图7.2中展现出的商业银行汇兑损益情况便是最好的例证。另外，由于"大而不能倒"效应的存在，国有及股份制商业银行在发展交易性业务的过程中会从事较多高风险业务，如海外投资业务和衍生金融资产业务等。此类业务需要投入较多的资金和人力资源，但收益并不稳定，可能会降低其利润效率和成本效率。与之相反，地方性商业银行本身在多方面存在劣势，而且受到地域范围、业务种类和技术水平的限制，所以在发展交易性业务的过程中较为谨慎，对于高风险业务涉足较少，其收益水平也相对较高而且十分稳定。因此，交易性业务的发展提高了地方性商业银行的利润效率，但对其成本效率不具有显著影响。

另外，从表 9.5 至表 9.8 的回归结果中我们还可以看出，利润效率（PE）和成本效率（CE）的一阶滞后项系数均显著为正，这说明国有商业银行、股份制商业银行和地方性商业银行的利润效率和成本效率都具有很强的连续性特征，利用动态模型能够更好地进行实证分析。另外，在控制变量方面，资产规模因素（$\ln TA$）对各类银行的作用并不一致。对于国有及股份制商业银行，表 9.5 中 $\ln TA$ 的估计系数多显著为正，但在表 9.6 中多显著为负；对于地方性商业银行，表 9.7 中 $\ln TA$ 的估计系数多为正值且部分显著，但数值小于表 9.5 中的估计系数，表 9.8 中 $\ln TA$ 的估计系数多不显著。这一结果表明，资产规模的扩大对各类商业银行的利润效率都产生了显著的正向影响，而且在国有及股份制商业银行中更加明显。但与此同时，资产规模的扩大对国有及股份制商业银行的成本效率产生了显著的负向影响，但对地方性商业银行成本效率的影响并不显著。其原因可能在于，国有及股份制商业银行的资产规模原本就比较庞大，在进一步扩张的过程中带来了较多的管理和协调问题，增加了成本支出，从而降低了其成本效率。

三　进一步分析：分类手续费及佣金业务的作用效果

鉴于我国银行业的手续费及佣金业务占比较高，并且该业务还包含多种业务类型，我们进一步将其分为代理业务（NFC_AB）、担保及承诺业务（NFC_CCB）、托管和其他受托业务（NFC_CEB）、结算及清算业务（NFC_SCB）、银行卡业务（NFC_BCB）、顾问和咨询业务（NFC_CONB）以及其他手续费及佣金业务（NFC_OT）七类，以分析各类手续费及佣金业务对商业银行利润效率和成本效率的影响。正如前文所述，受限于数据可得性，此处采用手工整理的 16 家商业银行 2015～2021 年的面板数据进行实证分析。

分类手续费及佣金业务对商业银行利润效率影响的回归结果如表 9.9 所示。从中可以看出，变量 NFC_AB、NFC_CCB、NFC_SCB 和 NFC_CONB 的回归系数均显著为正，NFC_CEB、NFC_BCB 和 NFC_OT 的回归系数则并不显著。这一结果表明，代理业务、担保及承诺业务、结算及清算业务以及顾问和咨询业务的发展对商业银行利润效率产生了显著的正向影响，但其他几类手续费及佣金业务的影响效果并不明显。

表 9.9　分类手续费及佣金业务对商业银行利润效率的影响

变量	(1) NFC_AB PE	(2) NFC_CCB PE	(3) NFC_CEB PE	(4) NFC_SCB PE	(5) NFC_BCB PE	(6) NFC_CONB PE	(7) NFC_OT PE
L. PE	1.020*** (0.00205)	1.024*** (0.00126)	1.021*** (0.000151)	1.018*** (0.00161)	1.022*** (0.00163)	1.020*** (0.00196)	1.021*** (0.00205)
NFC_*	0.0346** (0.0147)	0.0369** (0.0147)	−0.00102 (0.000896)	0.111*** (0.0319)	0.00344 (0.00221)	0.0125* (0.00650)	0.0140 (0.00889)
LA	0.829** (0.385)	−0.251 (0.405)	0.409*** (0.0583)	0.227 (0.450)	0.354 (0.375)	0.690* (0.378)	0.263 (0.399)
EA	0.0188 (0.0224)	0.0237 (0.0211)	0.0321*** (0.00548)	−0.0282 (0.0385)	0.0118 (0.0169)	0.0206 (0.0207)	0.0367 (0.0344)
lnTA	0.0271 (0.0341)	0.0216 (0.0234)	−0.0326*** (0.00406)	−0.0776** (0.0349)	−0.0167 (0.0256)	−0.0132 (0.0294)	−0.0218 (0.0284)
CIR	−0.0167** (0.00780)	−0.000179 (0.00261)	−0.00444*** (0.000752)	0.00142 (0.00669)	−0.00269 (0.00308)	0.00317 (0.00345)	0.00190 (0.00388)
DGDP	0.0211** (0.00832)	−0.00327 (0.00297)	0.00757*** (0.00135)	−0.0114* (0.00665)	0.000471 (0.00378)	0.0130** (0.00647)	0.0202* (0.0114)
CPI	−0.0326*** (0.0122)	0.00289 (0.00572)	−0.0187*** (0.00375)	0.0170 (0.0153)	−0.0159** (0.00678)	0.00141 (0.00695)	−0.0274 (0.0227)
常数项	0.211 (1.411)	−3.313*** (0.783)	−0.379 (0.387)	−2.805* (1.437)	−0.841 (0.987)	−2.994*** (1.020)	0.152 (2.306)
N	112	99	98	103	109	56	112
AR (1)	0.063	0.089	0.076	0.045	0.029	0.292	0.121
AR (2)	0.674	0.554	0.857	0.0419	0.228	0.584	0.758
Hansen	0.987	1.000	1.000	0.997	0.992	1.000	0.987

注：NFC_*代表各类手续费及佣金业务。

　　分类手续费及佣金业务对商业银行成本效率影响的回归结果如表 9.10 所示。从中可以看出，变量 NFC_CCB、NFC_CEB、NFC_BCB 和 NFC_CONB 的回归系数均显著为正，NFC_AB、NFC_SCB 和 NFC_OT 的回归系数则并不显著。这一结果表明，担保及承诺业务、托管和其他受托业务、银行卡业务以及顾问和咨询业务的发展对商业银行成本效率产生了显著的正向影响，但其他几类手续费及佣金业务的影响效果并不明显。

表 9.10　分类手续费及佣金业务对商业银行成本效率的影响

变量	(1) NFC_AB CE	(2) NFC_CCB CE	(3) NFC_CEB CE	(4) NFC_SCB CE	(5) NFC_BCB CE	(6) NFC_CONB CE	(7) NFC_OT CE
L. CE	0.998 *** (0.00220)	0.997 *** (0.00203)	1.000 *** (0.000433)	0.997 *** (0.000954)	0.992 *** (0.00202)	0.996 *** (0.00205)	0.997 *** (0.00178)
NFC_ *	−0.0137 (0.00836)	0.0278 ** (0.0136)	0.00304 *** (0.000714)	0.0123 (0.0104)	0.0141 *** (0.00358)	0.0147 *** (0.00383)	0.000719 (0.00106)
LA	0.0359 (0.126)	0.0953 (0.160)	0.418 *** (0.0344)	0.387 * (0.215)	−0.677 ** (0.274)	0.631 *** (0.129)	0.305 *** (0.0880)
EA	0.00129 (0.0119)	0.00155 (0.00875)	−0.00375 (0.00289)	−0.0123 (0.0114)	0.0261 ** (0.0130)	0.00331 (0.00628)	−0.00111 (0.00509)
lnTA	−0.0412 * (0.0247)	−0.0367 (0.0225)	−0.0314 *** (0.00352)	−0.0596 *** (0.0184)	−0.0605 *** (0.0190)	−0.0794 *** (0.0216)	−0.0497 *** (0.0160)
CIR	0.00368 (0.00564)	−0.00275 (0.00263)	−0.00159 *** (0.000504)	−0.00273 (0.00212)	−0.00810 *** (0.00257)	0.00250 (0.00305)	−0.00331 * (0.00185)
DGDP	−0.00730 * (0.00386)	−0.00597 ** (0.00241)	0.00158 * (0.000928)	−0.00557 *** (0.00166)	−0.0251 *** (0.00610)	−0.000134 (0.00134)	−0.00150 (0.00251)
CPI	0.0123 * (0.00738)	0.00834 ** (0.00416)	0.000506 (0.00203)	0.00549 * (0.00319)	−0.00949 (0.00740)	0.00584 * (0.00313)	0.00162 (0.00343)
常数项	0.751 (0.900)	1.175 * (0.705)	1.587 *** (0.215)	1.776 *** (0.320)	3.945 *** (0.977)	1.627 ** (0.677)	2.005 *** (0.480)
N	112	99	98	103	109	56	112
AR (1)	0.042	0.038	0.000	0.058	0.021	0.048	0.146
AR (2)	0.805	0.975	0.000	0.082	0.032	0.690	0.032
Hansen	0.763	1.000	1.000	0.848	0.986	1.000	0.782

注：NFC_ * 代表各类手续费及佣金业务。

第四节　本章小结

本章在利用业务多元化条件下的商业银行最优综合经营决策模型进行理论分析的基础上，基于 2007～2021 年 166 家商业银行的非平衡面板数据，利用 SFA 模型测算银行效率，并采用动态面板系统 GMM 估计方法，研究了市场竞争环境下非利息业务对商业银行效率的影响。

研究结果表明，首先，对于全部商业银行而言，总体非利息业务的发展同时提升了其利润效率和成本效率；手续费及佣金业务的发展也明显提高了其利润效率和成本效率，但随着市场竞争度的提升，手续费及佣金业务所带来的积极影响越来越小；交易性业务的发展明显降低了银行的利润效率，但对成本效率的影响并不显著。其次，对于国有及股份制商业银行，手续费及佣金业务的发展明显提高了其利润效率和成本效率，但随着市场竞争度的提升，手续费及佣金业务所带来的积极影响越来越小；交易性业务的发展则明显降低了国有及股份制商业银行的利润效率和成本效率，而且随着市场竞争度的提升，这一负面影响效果将会被强化。再次，对于地方性商业银行，手续费及佣金业务的发展明显提升了其利润效率和成本效率，但效果弱于国有及股份制商业银行；交易性业务的发展则明显提高了地方性商业银行的利润效率，但对其成本效率的影响并不显著。同时，随着市场竞争度的提升，手续费及佣金业务和交易性业务对地方性商业银行的积极影响效果将被削弱。最后，市场竞争度的提升对商业银行的利润效率和成本效率都造成了一定程度的冲击，但利润效率受到的影响更大。此外，我们还进一步分析了不同类型的手续费及佣金业务对银行利润效率和成本效率的影响。

第十章　周期性视角下非利息业务
对金融系统稳定的影响

　　非利息业务不但会对商业银行产生微观影响，同时还可能在一定程度上产生宏观影响，例如影响金融系统稳定和货币政策信贷传导效果。本章将分析非利息业务对金融系统稳定的影响。现有研究多分析非利息业务对商业银行系统性风险的影响，而本章则从周期性的视角进行分析。

　　关于商业银行经营的顺周期性和逆周期性，现有研究在收益水平、信贷规模、资本状况、杠杆率等方面的界定较为一致，即与宏观经济波动的正相关关系为顺周期性，与宏观经济波动的负相关关系为逆周期性。但在风险的顺周期性方面，现有的概念界定存在差异。由于传统理论多认为经济繁荣即宏观经济正向波动会降低银行风险，所以早期的部分研究者将二者之间的负相关关系称为顺周期性。但随着相关理论的不断发展，现有研究表明，经济繁荣也有可能导致企业和银行存在盲目扩张等非理性行为，从而提升其风险。因此，部分研究者基于顺周期性和逆周期性的基本含义，并参照银行收益水平、信贷规模和杠杆率的周期性的界定方式，将二者之间的正相关关系界定为顺周期性（蒋海、刘雅晨，2018；项后军等，2015；郭甦、许争，2017）。本章在辨析顺周期性和逆周期性概念并借鉴相关文献的基础上，按照传统的界定方式，将宏观经济波动与银行风险的负相关关系界定为顺周期性，反之则为逆周期性。由于现有研究存在一定争议，所以在该概念的界定方面可能与部分研究者存在差异。但本章主要是基于周期性视角分析非利息业务对金融系统稳定的影响，顺周期性和逆周期性的概念主要影响具体的表述方式，但并不影响商业银行非利息业务与金融系统稳定之间的具体关系和研究结论。

　　如果商业银行收益具有较强的顺周期性，那么在面临经济衰退和危机时其盈利水平将大幅下降，更容易发生危机，并将其风险传染至其他银行，对金融系统的稳定极为不利。同时，如果商业银行风险具有较强的逆周期性,那么在经济繁荣时期风险相对较小,但在面临经济衰退和危机时风险升高,将无法保持自身稳定,也更易将风险传导至整个金融系统。由此可知,商业银行的周期性是影响金融系统稳定的重要因素。基于这一视角,本章将在界定银行收益、个体风险和系统性风险的周期性的基础上,进一步分析非利息业务对商业银行收益周期性、个体风险周期性、系统性风险及其周期性的影响,以探究非利息业务对金融系统稳定的影响效果和作用机制。

第一节　非利息业务影响金融系统稳定的逻辑机制

在商业银行经营过程中,其本身的收益、个体风险和系统性风险都会受到经济周期的影响,其传导途径主要包括内因和外因两个层面。其中,内因层面主要包括信息不对称、羊群效应、委托—代理问题、灾难近视和认知偏差、客户还款能力等因素,外因层面主要包括公允价值会计制度、贷款损失拨备制度、金融监管制度、信用评级制度、金融风险计量模型等因素。

在内因层面,其具体的影响机制如下。第一,信息不对称。借款人的还债能力和投资项目的预期收益等信息,是贷款人做出决策的重要依据,但是借贷双方往往存在信息不对称问题。作为信息劣势方,银行在放贷时不能做出绝对正确的决策。在经济周期性波动的过程中,信息不对称问题进一步凸显。在经济繁荣时期,银行对企业的盈利能力和现金流状况较为乐观(申创等,2020),再加上外在竞争因素的影响,商业银行的放贷意愿较为强烈,往往会通过降低信贷标准等方式来扩大放贷规模,提升收益水平。但是由于信息不对称问题的存在,在经济繁荣时期的低质量客户必然增多,从而埋下风险隐患。在经济衰退时期,市场预期普遍悲观,银行首要考虑的是资金安全和满足监管要求,因此将会通过提升信贷标准甚至提前收回贷款的方式来缩减信贷规模,导致收益水平下降。同时,在信息不对称问题和银行惜贷行为双重因素的影响下,部分优质企业也会被取消贷款资格,造成信贷规模的收缩。进一步地,经济增速继续下滑,企业的投资和贷款需求继续下降,银行信贷规模继续收缩,从而形成恶性循环。

第二，羊群效应。"羊群效应"是指经济个体的"跟风"和"从众"行为。近年来，我国银行业的竞争日趋激烈，羊群效应也较为明显，这进一步加剧了银行的顺周期性。在经济繁荣时期，从企业端来看，企业对经营前景具有乐观预期，甚至会在一定程度上高估未来的收益水平，投资情绪高涨，融资需求上升。在此环境下，经济将会继续高速增长，市场预期更加乐观，将会带动更多企业的投融资需求，企业羊群效应开始出现。从银行端来看，市场经济较为繁荣，企业的盈利能力较强，现金流较为充裕，抵押品和质押品价值也相对较高，所以银行的放贷意愿较为强烈，部分银行开始通过降低信贷标准等方式扩大信贷规模，从而带动其他银行的信贷扩张行为，银行羊群效应开始出现（丁尚宇，2020）。但是随着经济的持续下行，市场预期普遍悲观，企业端的投融资需求开始下降，银行出于安全的考虑开始惜贷，羊群效应再次发挥作用，导致供需两缩的局面。由此可见，羊群效应是导致银行顺周期性的重要因素。

第三，委托—代理问题。委托—代理问题是指代理人和委托人之间存在利益非一致性，信息不对称导致委托人不能完全监督代理人行为，而代理人可能会出于利己动机损害委托人利益。这一问题在银行业中的具体表现如下：股东追求的主要是商业银行在稳健经营和长远发展的基础上产生盈利；而经理人追求的则主要是在其任期内银行盈利能力的提升和市场份额的扩大，从而带来工资薪酬和个人地位的提升。因此，对盈利能力和市场份额的过度追求，将会导致银行在经济繁荣时期过度放贷，导致银行的顺周期性。而在经济衰退时期，经理人出于个人稳定、声誉和地位的考虑，可能会过度收缩信贷规模，同样会导致银行的顺周期性。

第四，灾难近视和认知偏差。灾难近视具体包括两个层面的含义。其一，经营者往往会低估重大危机事件发生的概率和造成的损失，从而采取较为激进的经营策略，风险控制意识较弱，在危机来临之时会受到巨大影响。其二，在危机之后，经济逐渐复苏繁荣，经营者逐渐忘记危机的巨大影响，又开始从事较高风险的经营活动（申创、赵胜民，2018）。在银行业中，商业银行的经营者也经常会犯这种错误，从而导致银行的顺周期性。另外，商业银行的管理者往往会存在一定的过度自信和认知偏差，这也是导致银行顺周期性的重要因素。例如，在经济繁荣时期，管理者会过度乐观，高估经济增长的程度和持续时间，从而过度放贷；而在经济衰退时期，管理者可能会过度悲观，高估经济萧条的程度和持续时间，从而过度惜贷。

第五，客户还款能力。在经济繁荣时期，个人客户的收入水平和企业客户的经营状况相对较好，还款能力较强，贷款违约概率降低，从而提升银行的收益水平，并降低其信用风险。而在经济萧条时期，个人客户的收入水平和企业客户的经营状况相对较差，还款能力较弱，贷款违约概率提升（方意、陈敏，2019），从而降低银行的收益并提升其信用风险。

在外因层面，其具体的影响机制如下。第一，公允价值会计制度。公允价值是指熟悉市场情况的买卖双方在公平交易的条件下和自愿的情况下所确定的价格，或无关联的双方在公平交易的条件下一项资产可以被买卖或者一项负债可以被清偿的成交价格。现行的国际会计准则要求，对交易目的资产和可出售资产按照公允价值计量，对持有到期的资产、贷款和没有公允价值的负债按照历史成本计量。在经济繁荣时期，资本市场也较为繁荣，银行的资产价值被放大，利润增长，资本较为充足，从而促进了银行的放贷行为。而在经济衰退时期，银行资产价值降低，利润下降，资本充足率下降，银行的信贷规模开始收缩。

第二，贷款损失拨备制度。贷款损失拨备是银行预留应付预期贷款损失的款项，对银行的抗风险能力具有重要影响（许友传等，2011），但其本质特征也会导致银行的周期性。在经济繁荣时期，企业经营状况良好，违约概率、违约损失率和违约风险暴露概率都相对较低，银行的贷款损失拨备减少，信贷规模进一步扩大，盈利水平提升。在经济衰退时期，企业经营状况恶化，违约概率、违约损失率和违约风险暴露概率提升，银行一方面利用贷款损失拨备弥补已有损失，另一方面则为应对未来的损失增加拨备，资本充足率下降，信贷规模缩减，盈利水平降低。

第三，金融监管制度。按照现行的监管制度，资本充足率的计算方法为资本总额占加权风险资产总额的比例。在计算加权风险资产总额的过程中，风险权重是至关重要的因素，依赖于企业的信用评级状况。

由于企业的信用评级表现出周期性，所以资本监管也具有周期性。具体而言，在经济繁荣时期，企业的信用评级相对较高，资产风险权重较低，所以资本监管要求较低；而在经济衰退时期，资本要求反而提升。当然，现行的逆周期资本缓冲制度能够在一定程度上缓解银行资本的周期性。

从以上理论分析可知，无论是从内因层面还是从外因层面来看，商业银行收益都具有较强的顺周期性特征，即在经济繁荣时期提升，在经济衰退时期下降。同时，从以上分析还可以看出，客户还款能力以及收益的顺周期性等因素会在一定程度上影响到银行的风险层面。虽然羊群效应和委托—代理问题也有可能导致银行在经济繁荣时期过度扩张，从而造成风险的积聚。但是由于我国商业银行在经营过程中对风险问题较为重视，而且在经济繁荣时期企业的还款能力较强，商业银行的盈利水平较高，所以我们认为商业银行的个体风险水平更可能表现出一定程度的顺周期性特征，即在经济繁荣时期风险下降，在经济衰退时期风险上升。

另外，在系统性风险方面，商业银行同样会表现出一定的顺周期性特征。其原因主要包括以下几个方面。第一，在经济繁荣时期，商业银行的投资渠道更多，降低了资产和业务的同质性，从而降低了系统性风险；而在经济衰退时期，商业银行的投资渠道较少，银行资产和业务的同质性大大增强，从而提升了系统性风险。第二，出于追求利润和规避监管等考虑，在 2018 年之前我国银行业长期存在一些影子银行业务。[①]但此类业务链条较长，因此在一定程度上会增强银行之间的关联性，提升系统性风险。在经济繁荣时期，商业银行降低贷款门槛，企业贷款资质较好且融资渠道较多，影子银行业务规模增速较低，降低了银行的系统性风险；而在经济衰退时期，银行提升贷款门槛，企业贷款资质较差且融资渠道较少，影子银行业务快速扩张，提升了商业银行的系统性风险。第三，在经济衰退时期，存款客户的信心不足，客户之间溢出和传染效应的增强将会导致银行之间溢出和传染效应的增强（李明辉、黄叶

---

① 近年来，随着"三三四十"专项治理活动的完满收官和"资管新规"等政策文件的陆续发布，影子银行业务的规模已经开始大幅缩减。但在本章研究的样本期内，尤其是在 2018 年"资管新规"出台之前，其规模较为庞大。

苊，2017），从而提升其系统性风险，而经济繁荣时期则相反。据此，本章提出如下研究假设。

假设 1：商业银行的收益、个体风险和系统性风险都存在一定程度的顺周期性特征。

同时，商业银行收益的顺周期性将会受到非利息业务发展的影响。从内因层面来看，第一，非利息业务将会削弱信息不对称问题对商业银行收益顺周期性的影响。在传统的存贷款业务中，银行作为中介的角色出现，在与对手接触的过程中，信息不对称问题始终存在，尤其是在贷款领域更为严重。而且贷款领域牵涉银行的本金，占用较多的资金资源，一旦出现问题则损失较大。而非利息业务与传统业务不同，部分手续费及佣金业务对客户信息的要求远远低于贷款业务，因为其具有占用银行本金较少、单笔金额相对较低、客户违约概率较小等特点。例如，结算及清算业务、转账业务、咨询业务、资产托管业务、代理收付业务、委托业务、代理销售业务等均不占用银行的资金资源，且其费用大多迅速结清，客户违约概率很低。而部分交易性业务的市场化经营程度相对较高，更多考验的是商业银行的投资能力和风险控制能力，信息不对称问题相对较少。第二，非利息业务将会削弱羊群效应对商业银行收益顺周期性的影响。根据上文的分析可知，羊群效应可以分为银行羊群效应和企业羊群效应。由于部分手续费及佣金业务具有占用银行本金较少、单笔金额相对较低、客户违约概率较小等特点，交易性业务则与市场联系紧密，因此非利息业务虽然不能改变银行羊群效应，但能够削弱企业羊群效应的影响。第三，非利息业务将会削弱灾难近视和认知偏差问题对商业银行收益顺周期性的影响。商业银行的决策者对传统的存贷款业务更为熟悉，所以更容易产生过度自信的心理。而对于非利息业务，商业银行的决策者处于一种"摸着石头过河"的状态，因此会更加谨慎，从而降低灾难近视和认知偏差问题出现的概率。

从外因层面来看，第一，非利息业务将会削弱贷款损失拨备制度对商业银行收益顺周期性的影响。由于部分非利息业务并不需要计提相应的资产损失准备，更不需要计提贷款损失拨备，因此会减少对银行的资金占用。第二，非利息业务将会削弱金融监管制度对商业银行收益顺周期性的影响。由于部分非利息业务较为新颖，所以监管部门的相关监管措施并不完善，因此商业银行能够在一定程度上通过发展部分非利息业务来规避监管。综合以上分析可知，非利息业务的发展能够拓展商业银行的收入来源，同时从内因层面和外因层面削弱以上因素对商业银行收益顺周期性的影响。据此，本章提出如下研究假设。

假设2：非利息业务的发展会降低商业银行收益的顺周期性。

此外，商业银行的系统性风险将会受到非利息业务发展的影响。其中，手续费及佣金业务相对稳定，而且在个体银行之间关联性相对较弱，因此此类业务的发展将会降低银行的系统性风险水平。与之相反，交易性业务与市场的联系更加紧密，各商业银行及金融机构更容易受到市场风险的共同冲击，系统性风险水平更高。而且部分交易性业务在金融体系中呈现链条较长、底层资产不透明、层层收费导致价格极高等特点，商业银行在发展此类业务时与金融系统内的其他银行及非银行金融机构具有更强的关联性，也会提升商业银行的系统性风险（方意、荆中博，2022）。由于两种业务之间存在相反的影响效果，所以总体非利息业务对商业银行系统性风险的影响可能并不显著。

商业银行个体风险和系统性风险的周期性也会受到非利息业务发展的影响。首先，手续费及佣金业务相对稳定，具有占用银行本金较少、单笔金额相对较低、客户违约概率较小等特点，与经济周期的关联性相对较弱，因此必然会削弱商业银行个体风险和系统性风险的顺周期性。其次，交易性业务与市场的联系较为紧密，再加上我国商业银行发展此类业务起步较晚，投资能力和风险控制能力都相对较差，所以其风险波动具有更强的周期性，且强于传统的存贷款业务，因此将会增强商业银行个体风险和系统性风险的顺周期性。由于手续费及佣金业务和交易性业务对商业银行风险的周期性存在相反的影响效果，且会产生一定程度的抵消效应，所以总体非利息业务对商业银行风险周期性的影响可能并不显著。据此，本章提出如下研究假设。

假设3：手续费及佣金业务的发展会削弱商业银行个体风险的顺周期性，交易性业务的发展会增强商业银行个体风险的顺周期性，而总体非利息业务对商业银行个体风险顺周期性的影响并不显著。

假设4：手续费及佣金业务的发展会降低商业银行系统性风险，交易性业务的发展会提升商业银行系统性风险，而总体非利息业务对商业银行系统性风险的影响并不显著。

假设5：手续费及佣金业务的发展会削弱商业银行系统性风险的顺周期性，交易性业务的发展会增强商业银行系统性风险的顺周期性，而总体非利息业务对商业银行系统性风险顺周期性的影响并不显著。

另外，正如前文所述，在我国银行业中，国有及股份制商业银行和地方性商业银行在资产规模、资源约束、客户基数、成立时间、技术水平和政府政策方面都存在一些差异，在非利息业务发展方面的策略并不一致。各类商业银行在发展非利息业务时的资源占用、风险偏好、重视程度并不一致，因此不同类型的非利息业务对各类商业银行收益、风险及其周期性的影响可能并不一致。据此，本章提出如下研究假设。

假设6：各类非利息业务对商业银行收益顺周期性及个体风险顺周期性的影响在不同类型的商业银行之间存在一定程度的异质性。

第二节 实证研究设计

一 变量选取与模型构建

（一）商业银行收益变量

较为常用的衡量商业银行收益的指标包括净资产收益率（ROE）、总资产收益率（ROA）和每股收益（EPS）等。其中，ROE 和 ROA 能够反映商业银行的总体收益水平，因此得到了广泛的应用。但是，ROE 存在资本可能为负值、在衡量银行盈利水平方面不够全面且准确度相对较低等缺点，而 ROA 能够反映出银行资产总体运营状况，能充分体现银行管理层的经营能力，因此本章选择 ROA 作为收益衡量指标。同时，我们还选用净资产收益率（ROE）作为其替代指标进行稳健性检验。

（二）商业银行个体风险变量

在衡量银行风险的指标中，较为常用的有 Z 值、不良贷款率、总资产收益率标准差以及股权收益率标准差等。其中，Z 值衡量了银行的破产风险，不但在指标中加入了银行收益及其波动性因素，同时还考虑了对银行风险至关重要的股东权益状况，所以相比其他指标能够更加全面准确地衡量银行风险。鉴于此，本章以 Z 值作为风险指标，其计算方法为：

$$Z_{it} = \frac{SDROA_{it}}{ROA_{it} + EA_{it}} \tag{10.1}$$

其中，$SDROA$、ROA 和 EA 分别表示总资产收益率标准差、总资产收益率和权益资产比率。从式（10.1）可以看出，Z 值越大，代表商业银行的个体风险水平越高。

（三）商业银行系统性风险变量

商业银行的系统性风险主要包括系统性风险贡献与系统性风险敞口两个方面，二者反映了系统性风险在银行和系统之间传导的两个方向：系统重要性和系统脆弱性（李政等，2019）。具体而言，系统性风险贡献（Systemic Risk Contribution）表示单个商业银行陷入困境对整个金融体系危机发生概率的影响程度，反映了银行在系统中的重要性。系统性风险敞口（Systemic Risk Exposure）则表示系统性金融危机发生时单个商业银行面临的风险大小，反映了银行在面临危机时的脆弱性。其中，系统性风险敞口的代表性度量方法为 MES，而系统性风险贡献的代表性度量方法则为 ΔCoVaR。本章研究的主要是商业银行的系统性风险贡献。

在测度商业银行系统性风险贡献方面，其方法主要分为两大类：第一类是结构化方法，包括基于金融机构间双边资产负债敞口的网络分析法或矩阵法；第二类是简约化方法，利用股票价格等金融市场数据来测度单个机构与整个金融系统的风险关联度。在结构化方法中，目前采用的最大熵法在部分情况下对银行风险传染效果的估计并不准确，网络分析法背后所隐含的强假设可能会带来较大偏误，而且数据可得性相对较差。相比而言，简约化方法具有时效性、前瞻性等优势，所以本章将采用其中的 ΔCoVaR 方法来测度商业银行的系统性风险。

Adrian 和 Brunnermeier（2011）在 VaR 的基础上提出了 ΔCoVaR 方法。该方法是一种"自下而上"的测度方法，将金融系统视为一个整体，以 CoVaR 表示在一个特定机构处于某种状态的条件下整个金融系统的风险价值。该方法通过计算在危机和正常两种状态下的系统性风险价值差额 ΔCoVaR 来表示单个金融机构的风险溢出水平，即对系统性风险的贡献度。

VaR 表示在给定的置信度内，某一金融机构在未来特定时期内的最大可能损失。VaR_q^i 表示在未来特定时期内，某机构损失 VaR_q^i 的概率为 q：

$$Pr(R^i \leqslant VaR_q^i) = q \qquad (10.2)$$

其中，R 表示收益率。根据 Adrian 和 Brunnermeier（2011）的研究，CoVaR 模型的定义为：

$$Pr(R^j \leqslant CoVaR_q^{j \mid i} \mid R^i = VAR_q^i) = q \qquad (10.3)$$

$CoVaR_q^{j \mid i}$ 表示当分位数为 q，机构 i 处于危机时，即机构 i 的损失位于 VaR_q^i 水平时，机构 j 所面临的 VaR。如果 j 表示系统，那么该变量表示机构 i 处于危机时金融系统所面临的 VaR。

进一步地，考虑金融机构的金融风险溢出效应。统计量 $\Delta CoVaR_q^{j \mid i}$ 表示当金融机构 i 陷入危机时，对金融机构或者金融市场体系 j 的风险溢出价值：

$$\Delta CoVaR_q^{j \mid i} = CoVaR_q^{j \mid R^i = VaR_q^i} - CoVaR_q^{j \mid R^i = VaR_{0.5}^i} \qquad (10.4)$$

更进一步地，我们还可以对 ΔCoVaR 进行标准化处理，求得风险溢出的相对程度：

$$\% \Delta CoVaR_q^{j \mid i} = \frac{CoVaR_q^{j \mid R^i = VaR_q^i} - CoVaR_q^{j \mid R^i = VaR_{0.5}^i}}{CoVaR_q^{j \mid R^i = VaR_{0.5}^i}} \qquad (10.5)$$

目前，计算 CoVaR 的方法主要包括分位数回归方法和多元 GARCH 方法等。相对于其他方法，分位数回归方法可以反映在不同分位数下的系统性风险水平，而且可操作性较强，所以本章将采用此方法计算 Co-VaR。在实践中，通常对 q 取较小的值（如 5.0%、2.5%、1.0%）来考察收益率左尾即损失受其他因素影响的情况，本章取 $q = 0.05$。首先，建立分位数回归模型：

$$\hat{R}_q^{j \mid R^i} = \hat{\alpha}_q^{ij} + \hat{\beta}_q^{ij} R^i \qquad (10.6)$$

其中，R^j 代表金融系统收益率，R^i 代表 i 银行的收益率。

其次，将收益率序列进行排序，确定 VaR_q^i 和 $VaR_{0.05}^i$。最后，计算

$\Delta CoVaR_q^{j|i}$ 并将其绝对值作为系统性风险（$SYSRISK$）的度量指标：

$$CoVaR_q^{j|i} = CoVaR_q^{j|R^i=VaR_q^i} = VaR_q^{j|R^i} = \hat{\alpha}_q^{ij} + \hat{\beta}_q^{ij}VaR_q^i \tag{10.7}$$

$$\Delta CoVaR_q^{j|i} = CoVaR_q^{j|R^i=VaR_q^i} - CoVaR_q^{j|R^i=VaR_{0.5}^i} = (\hat{\alpha}_q^{ij} + \hat{\beta}_q^{ij}VaR_q^i) - (\hat{\alpha}_q^{ij} + \hat{\beta}_q^{ij}VaR_{0.5}^i)$$

$$= \hat{\beta}_q^{ij}(VaR_q^i - VaR_{0.5}^i) \tag{10.8}$$

$$SYSRISK = |\Delta CoVaR_q^{j|i}| \tag{10.9}$$

$$PSYSRISK = \frac{CoVaR_q^{j|R^i=VaR_q^i} - CoVaR_q^{j|R^i=VaR_{0.5}^i}}{CoVaR_q^{j|R^i=VaR_{0.5}^i}} \tag{10.10}$$

（四）经济周期变量

在借鉴 Hodrick 和 Prescott（1997）、刘海明（2016）、赵利娟（2018）做法的基础上，本章主要选择 HP 滤波对 GDP 实际增长率序列进行分解，以识别经济周期。遵循惯例，本章使用的 GDP 增长率为年度数据，因此取 $\lambda=100$。本章将 GDP 增长率分解为趋势项和周期项，其中趋势项为潜在经济增长率，周期项为实际 GDP 增长率相对于潜在经济增长率的偏离。当周期项小于 0 时，可以认为经济周期处于衰退期，当其大于 0 时，可以认为经济周期处于繁荣期。在衰退期将经济周期变量（$Cycle$）赋值为 0，在繁荣期则赋值为 1。具体的分解结果如表 10.1 所示。

表 10.1　GDP 增长率 HP 滤波结果

年份	GDP 增长率原序列（%）	趋势项（%）	周期项（%）	周期	$Cycle$ 赋值
2007	14.2	11.85266	2.347338	繁荣	1
2008	9.7	11.15928	−1.45928	衰退	0
2009	9.4	10.48937	−1.08937	衰退	0
2010	10.6	9.851815	0.748185	繁荣	1
2011	9.6	9.244601	0.3554	繁荣	1
2012	7.9	8.673196	−0.7732	衰退	0
2013	7.8	8.146623	−0.34662	衰退	0
2014	7.4	7.666174	−0.26617	衰退	0
2015	7.0	7.229672	−0.22967	衰退	0
2016	6.8	6.83228	−0.03228	衰退	0

年份	GDP 增长率原序列（%）	趋势项（%）	周期项（%）	周期	$Cycle$ 赋值
2017	6.9	6.466865	0.433135	繁荣	1
2018	6.7	6.12597	0.57403	繁荣	1
2019	6.0	5.806469	0.193531	繁荣	1
2020	2.2	5.510978	−3.31098	衰退	0
2021	8.1	5.244046	2.855955	繁荣	1

（五）非利息业务变量

在衡量非利息业务水平方面，本章选取较为常用的非利息收入占营业收入比重（NII）这一指标作为代理变量。同时，为了进一步研究分类非利息业务对金融系统稳定的影响，我们分别以手续费及佣金收入占营业收入的比重（NFC）和交易性收入占营业收入的比重（TNI）作为相应的代理变量。

（六）市场竞争度变量

在衡量银行业市场竞争度的指标方面，集中度指数 CR_n 和 HHI 指数等结构性指标存在理论缺陷，H 统计量假设市场始终处于长期均衡状态，Lerner 指数假定企业处于完全效率的状态，与现实存在一定程度的不符。因此，经效率调整的 Lerner 指数较好地克服了以上几个指标的缺陷，所以本章最终选择 ELerner 指数作为市场竞争度的衡量指标，同时采用 Boone 指数作为替代指标进行稳健性检验，具体计算方法详见第五章。

（七）控制变量

在借鉴相关文献的基础上，在银行收益的周期性方面，本章主要选择贷款资产比率（LA）、权益资产比率（EA）、成本收入比（CIR）、资产规模的自然对数（$\ln TA$）、实际 GDP 增长率（$DGDP$）作为代理变量，以控制商业银行的贷款业务、资本状况等因素的影响。在银行个体风险的周期性方面，本章主要选择成本收入比（CIR）、净息差水平（NIM）、贷款资产比率（LA）、资产规模的自然对数（$\ln TA$）、实际 GDP 增长率（$DGDP$）作为代理变量，以控制商业银行的成本水平、传统业务收益、资产规模等因素的影响。在银行系统性风险的周期性方面，本章主要选择总资产收益率（ROA）、权益资产比率（EA）、资产规模的自然对数（lnTA）、成本收入比（CIR）、实际 GDP 增长率（DGDP）、居民消费价格指数（CPI）作为代理变量，以控制总体盈利状况、资本状况、资产规模、管理效率、经济繁荣程度、通货膨胀程度等因素对银行系统性风险的影响。

在表 10.2 中，我们给出了上述各变量的定义及计算方法。

表 10.2　变量定义及计算方法

变量	定义	计算方法
ROA	银行收益水平	净利润/总资产
Z	银行个体风险水平	$SDROA/(ROA+EA)$
SYSRISK	系统性风险	ΔCoVaR 的绝对值
PSYSRISK	标准化系统性风险	$\Delta\text{CoVaR}/\text{CoVaR}$
Cycle	经济周期变量	实际 GDP 增长率的 HP 滤波
ELerner	ELerner 指数	$(PBT+C-MC\times Q)/(PBT+C)$
Boone	Boone 指数	Boone 指数
W1	资金价格	总利息费用/总存款及短期资金
W2	劳动及资本价格	非利息费用/固定资产
MC	边际成本	超越对数成本函数
MS	市场份额	i 银行资产/银行业总资产
NII	非利息业务水平	非利息收入/营业收入
NFC	手续费及佣金业务水平	手续费及佣金收入/营业收入
TNI	交易性业务水平	交易性收入/营业收入
CIR	成本收入比	营业费用/营业收入
LA	贷款资产比率	贷款规模/资产规模
EA	权益资产比率	权益资本/资产规模
NIM	净息差水平	净利息收入/生息资产
lnTA	资产规模的自然对数	总资产的自然对数值
DGDP	实际 GDP 增长率	实际 GDP 年度增长率
CPI	通货膨胀程度	居民消费价格指数

（八）模型构建

本章建立如下动态面板模型，以研究市场竞争环境下非利息业务对商业银行收益周期性的影响。

$$ROA_{it} = \alpha_0 + \alpha_1 ROA_{i,t-1} + \alpha_2 Cycle_{it} + \alpha_3 NI \times Cycle_{it} + \alpha_4 LA_{it} + \alpha_5 EA_{it} +$$
$$\alpha_6 CIR_{it} + \alpha_7 \ln TA_{it} + \alpha_8 DGDP_{it} + \xi_{it} \tag{10.11}$$

其中，$i = 1, 2, \cdots, N$ 代表样本银行，$t = 2007, 2008, \cdots, 2021$ 代表观测值年份；ROA_{it} 代表 i 银行在 t 时期的收益水平，$ROA_{i,t-1}$ 代表其一阶滞后项。NI_{it} 为非利息业务水平指标，包括 NII、NFC 和 TNI。LA_{it}、EA_{it}、CIR_{it}、$\ln TA_{it}$ 分别代表 i 银行在 t 时期的贷款资产比率、权益资产比率、成本收入比、总资产的自然对数，ξ_{it} 为随机误差项。

另外，$NI \times Cycle$ 表示总体非利息收入或者分类非利息收入与经济周期变量 $Cycle$ 的交互项，根据式（10.11）可得，宏观经济周期对银行收益水平的边际影响为：

$$\frac{\partial ROA}{\partial Cycle} = \gamma_1 + \gamma_2 NI_{it} \tag{10.12}$$

由式（10.12）可以看出，交互项的引入可以帮助我们探究随着非利息业务的发展，商业银行收益的周期性特征将会如何变化。

本章建立如下模型以研究非利息业务对商业银行个体风险周期性的影响。

$$Z_{it} = \beta_0 + \beta_1 Z_{i,t-1} + \beta_2 Cycle_{it} + \beta_3 NI \times Cycle_{it} + \beta_4 CIR_{it} + \beta_5 \ln TA_{it} +$$
$$\beta_6 LA_{it} + \beta_7 NIM_{it} + \beta_8 DGDP_{it} + \xi_{it} \tag{10.13}$$

其中，Z_{it} 代表 i 银行在 t 时期的风险水平，$Z_{i,t-1}$ 代表其一阶滞后项。NI_{it} 为非利息业务水平指标，包括 NII、NFC 和 TNI。同理，交互项的引入可以帮助我们探索商业银行非利息业务的发展将会如何影响其风险的周期性特征。

另外，在系统性风险部分，本章使用 16 家商业银行的面板数据，并构建如下动态面板模型以研究总体及分类非利息业务发展对商业银行系统性风险及其周期性的影响。

$$SYSRISK_{it} = \gamma_0 + \gamma_1 NI_{it} + \gamma_2 Cycle_{it} + \gamma_3 LA_{it} + \gamma_4 EA_{it} + \gamma_5 ROA_{it} + \xi_{it} \tag{10.14}$$

$$SYSRISK_{it} = \gamma_0 + \gamma_1 NI_{it} + \gamma_2 Cycle_{it} + \gamma_2' NI \times Cycle_{it} + \gamma_3 LA_{it} + \gamma_4 EA_{it} + \gamma_5 ROA_{it} + \xi_{it}$$

（10.15）

其中，$SYSRIKS$ 代表商业银行的系统性风险水平。NI_{it} 为非利息业务水平指标，包括 NII、NFC 和 TNI。

二　样本、数据及描述性统计

与前文一致，本章使用 2007～2021 年我国 166 家商业银行的非平衡面板数据。在数据来源方面，样本银行的总体及分类非利息收入占营业收入比重、贷款资产比率、成本收入比和权益资产比率等内部变量数据主要来自 Wind 金融数据库及各商业银行年报，对于其中不一致的数据均以银行年报为准。银行业总资产数据和其他宏观经济变量数据则来源于《中国金融年鉴》、中国人民银行网站和《中国统计年鉴》等。同时，本章对数据进行上下各 1% 的缩尾处理以避免极端值的影响。经过上述处理，本章最后共获得 1652 个"银行—年度"观测值，在动态面板中损失了少量样本，共计得到 1442 个观测值。在系统性风险的计算方面，由于 ΔCoVaR 方法需要使用股票价格数据，所以主要选取较早上市的 16 家商业银行进行分析。个股行情数据及银行板块指数数据均来源于 Wind 金融数据库。

表 10.3 给出了各变量的总体描述性统计值。从中可以看出，我国商业银行在收益水平、风险水平、非利息业务、手续费及佣金业务、交易性业务、资产规模、成本收入比、资本状况等方面都存在一定程度的差异。

表 10.3　变量描述性统计

变量	均值	标准差	最小值	25% 分位数	中位数	75% 分位数	最大值	N
ROA	0.991	0.417	0.0273	0.738	0.955	1.208	2.405	1652
Z	0.039	0.020	0.006	0.025	0.035	0.049	0.218	1652
$SYSRISK$	0.019	0.011	0.005	0.013	0.016	0.024	0.060	230
$PSYSRISK$	0.588	0.0905	0.298	0.534	0.600	0.659	0.744	230
$Cycle$	0.467	0.499	0	0	0	1	1	1652
$ELerner$	0.428	0.218	-0.679	0.300	0.454	0.582	0.924	1652

续表

变量	均值	标准差	最小值	25%分位数	中位数	75%分位数	最大值	N
Boone	-0.332	0.012	-0.353	-0.343	-0.335	-0.320	-0.316	1652
W1	0.031	0.011	0.010	0.022	0.0290	0.037	0.068	1652
W2	1.781	1.207	0.437	0.996	1.418	2.130	6.910	1652
MC	0.020	0.007	0.006	0.015	0.019	0.024	0.052	1652
MS	0.617	1.778	0.003	0.027	0.058	0.205	9.621	1652
NII	21.33	17.62	-2.022	8.683	16.83	28.93	87.05	1652
NFC	6.593	7.020	-0.738	1.619	4.433	10.28	27.43	1624
TNI	14.64	17.61	-2.465	2.214	8.184	20.21	84.31	1624
CIR	34.64	7.519	19.24	29.58	33.65	38.76	65.09	1651
LA	0.484	0.097	0.226	0.423	0.496	0.556	0.712	1647
EA	7.253	1.764	3.321	6.087	7.093	8.170	14.64	1652
NIM	2.760	0.982	0.448	2.120	2.630	3.270	8.049	1652
lnTA	12.01	1.763	8.250	10.73	11.66	12.95	16.55	1652
DGDP	7.116	2.079	2.200	6.700	7.00	7.800	14.20	1652
CPI	102.3	1.254	99.30	101.6	102.1	102.6	105.9	1652

注：TA 单位为百万元，ROA、NII、NFC、TNI、LA、CIR、EA 和 DGDP 等变量的单位皆为%。

第三节　非利息业务对商业银行收益周期性的影响

一　全部银行样本下的基准分析

表10.4报告了在全部银行样本下的实证回归结果。在回归过程中，我们使用系统广义矩估计方法（SYS-GMM）进行估计，以把握银行收益的连续性特征，并缓解可能存在的内生性、自相关和异方差问题。

在商业银行收益的顺周期性方面，从表10.4的第（1）列中可以看出，变量 Cycle 的系数显著为正，说明商业银行收益确实存在一定程度的顺周期性，即经济繁荣时期银行收益较高，经济衰退时期银行收益较低，研究假设1得到初步验证。正如理论部分所述，这主要是由内因层面的信息不对称、羊群效应、委托—代理问题、灾难近视和认知偏差等因素，以及外因层面的公允价值会计制度、贷款损失拨备制度、信用评级制度等因素所致。

在非利息业务对商业银行收益顺周期性的影响方面，从表 10.4 中的第（2）至（4）列可以看出，$NII \times Cycle$、$NFC \times Cycle$ 和 $TNI \times Cycle$ 的估计系数均显著为负，这表明非利息业务的发展降低了商业银行收益的顺周期性，研究假设 2 得到验证。其原因在于，从内因层面来看，手续费及佣金业务具有占用银行本金较少、单笔金额相对较低、客户违约概率较小等特征，会削弱信息不对称程度，交易性业务则与市场联系紧密，再加上非利息业务是一种较为新颖的业务，因此削弱了信息不对称、羊群效应、灾难近视和认知偏差对商业银行收益顺周期性的影响；从外因层面来看，部分非利息业务并不需要计提风险损失准备，更不必计提贷款损失准备，再加上一些非利息业务具有规避监管的功能，因此削弱了贷款损失拨备制度和金融监管制度对商业银行收益顺周期性的影响。

表 10.4　非利息业务对银行收益周期性的影响（全部银行）

变量	(1)	(2)	(3)	(4)
	ROA	ROA	ROA	ROA
L. ROA	1.070***	0.959***	1.146***	0.952***
	(0.0530)	(0.0563)	(0.0688)	(0.0627)
Cycle	0.124***	0.309***	0.250***	0.207***
	(0.0243)	(0.0464)	(0.0514)	(0.0317)
$NII \times Cycle$		-0.00838***		
		(0.00191)		
$NFC \times Cycle$			-0.0154***	
			(0.00498)	
$TNI \times Cycle$				-0.00631***
				(0.00185)
LA	0.156*	0.160	0.0570	0.161*
	(0.0947)	(0.102)	(0.120)	(0.0939)
EA	0.0115	0.0140	0.0146	0.0136
	(0.0110)	(0.0103)	(0.0125)	(0.0105)

续表

变量	(1) ROA	(2) ROA	(3) ROA	(4) ROA
ln*TA*	0.0112** (0.00533)	0.00555 (0.00533)	0.0363*** (0.0100)	-0.00303 (0.00596)
CIR	-0.00185 (0.00158)	-0.00357* (0.00183)	-0.000297 (0.00180)	-0.00375** (0.00182)
DGDP	0.0228*** (0.00616)	0.0214*** (0.00590)	0.0228*** (0.00695)	0.0216*** (0.00591)
常数项	-0.569*** (0.160)	-0.328** (0.157)	-0.989*** (0.240)	-0.207 (0.172)
N	1442	1442	1420	1420
AR (1)	0.000	0.000	0.000	0.000
AR (2)	0.751	0.650	0.761	0.960
Hansen	0.000	0.000	0.000	0.000

注：***、**、*分别表示在1%、5%、10%的水平下显著，括号中为估计系数对应的稳健标准误。L. 表示滞后一期。AR (1)、AR (2) 及 Hansen 检验中给出的是其统计量所对应的 p 值。

二　各类银行间的异质性分析

表 10.5 报告了国有及股份制商业银行样本的实证回归结果，表 10.6 报告了地方性商业银行样本的实证回归结果。

在商业银行收益的顺周期性方面，从表 10.5 和表 10.6 的第（1）列可以看出，变量 Cycle 的系数均显著为正，说明国有商业银行、股份制商业银行以及地方性商业银行的收益均存在一定程度的顺周期性，即经济繁荣时期银行收益较高，经济衰退时期银行收益则较低，研究假设 1 再次得到验证。

表 10.5　非利息业务对银行收益周期性的影响（国有及股份制商业银行）

变量	(1) ROA	(2) ROA	(3) ROA	(4) ROA
L. ROA	1.133*** (0.0529)	1.090*** (0.0583)	1.123*** (0.0609)	1.114*** (0.0490)

续表

变量	（1） ROA	（2） ROA	（3） ROA	（4） ROA
Cycle	0.108 *** （0.0264）	0.244 *** （0.0661）	0.245 *** （0.0582）	0.143 *** （0.0495）
$NII \times Cycle$		-0.00520 *** （0.00177）		
$NFC \times Cycle$			-0.00744 *** （0.00216）	
$TNI \times Cycle$				-0.00494 （0.00419）
LA	0.250 * （0.141）	0.200 （0.157）	0.218 （0.153）	0.220 （0.160）
EA	-0.00860 （0.0119）	-0.00113 （0.0137）	-0.00202 （0.0128）	-0.00625 （0.0138）
lnTA	-0.0223 * （0.0132）	-0.0216 （0.0132）	-0.0238 * （0.0141）	-0.0203 * （0.0121）
CIR	0.00332 *** （0.00117）	0.00210 * （0.00117）	0.00232 ** （0.00113）	0.00299 ** （0.00126）
DGDP	0.00454 （0.00564）	0.00443 （0.00571）	0.00625 （0.00561）	0.00298 （0.00596）
常数项	-0.0573 （0.182）	-0.00456 （0.187）	-0.0304 （0.185）	-0.0452 （0.186）
N	213	213	213	213
AR（1）	0.092	0.125	0.114	0.090
AR（2）	0.477	0.514	0.571	0.371
Hansen	0.998	1.000	0.999	0.999

注：***、**、*分别表示在1%、5%、10%的水平下显著，括号中为估计系数对应的稳健标准误。L. 表示滞后一期。AR（1）、AR（2）及 Hansen 检验中给出的是其统计量所对应的 p 值。

表 10.6　非利息业务对银行收益周期性的影响（地方性商业银行）

变量	（1） ROA	（2） ROA	（3） ROA	（4） ROA
L. ROA	1. 035 *** (0. 0556)	0. 930 *** (0. 0607)	1. 100 *** (0. 0703)	0. 900 *** (0. 0673)
Cycle	0. 121 *** (0. 0274)	0. 284 *** (0. 0463)	0. 217 *** (0. 0512)	0. 229 *** (0. 0371)
NII × Cycle		− 0. 00749 *** (0. 00198)		
NFC × Cycle			− 0. 0167 ** (0. 00695)	
TNI × Cycle				− 0. 00704 *** (0. 00201)
LA	0. 155 (0. 108)	0. 0920 (0. 117)	0. 0139 (0. 141)	0. 115 (0. 114)
EA	0. 0152 (0. 0114)	0. 0159 (0. 0105)	0. 0177 (0. 0126)	0. 0169 (0. 0107)
lnTA	0. 00756 (0. 0107)	− 0. 0123 (0. 0115)	0. 0325 ** (0. 0140)	− 0. 0213 * (0. 0124)
CIR	− 0. 00322 * (0. 00176)	− 0. 00503 ** (0. 00210)	− 0. 00153 (0. 00200)	− 0. 00571 *** (0. 00212)
DGDP	0. 0254 *** (0. 00710)	0. 0212 *** (0. 00664)	0. 0257 *** (0. 00786)	0. 0213 *** (0. 00664)
常数项	− 0. 488 ** (0. 236)	− 0. 0255 (0. 253)	− 0. 862 *** (0. 290)	0. 118 (0. 269)
N	1229	1229	1207	1207
AR（1）	0. 000	0. 000	0. 000	0. 000
AR（2）	0. 766	0. 760	0. 726	0. 989
Hansen	0. 000	0. 001	0. 002	0. 000

注：***、**、*分别表示在1%、5%、10%的水平下显著，括号中为估计系数对应的稳健标准误。L. 表示滞后一期。AR（1）、AR（2）及 Hansen 检验中给出的是其统计量所对应的 p 值。

在非利息业务对商业银行收益顺周期性的影响方面，从表 10.5 中第
（2）至（4）列的回归结果可以看出，$NII \times Cycle$ 和 $NFC \times Cycle$ 的估计系
数均显著为负，而 $TNI \times Cycle$ 的估计系数却并不显著，而且从回归系数
来看为负值。从表 10.6 中第（2）至（4）列的回归结果可以看出，$NII \times$
$Cycle$、$NFC \times Cycle$ 和 $TNI \times Cycle$ 的估计系数均显著为负。这一研究结果表
明，对于国有及股份制商业银行，总体非利息业务和手续费及佣金业务的
发展都在一定程度上削弱了其收益的顺周期性，但交易性业务的发展对其
收益顺周期性的影响却并不显著，并未表现出明显的削弱效果；对于地方
性商业银行，总体非利息业务和分类非利息业务的发展都削弱了其收益的
顺周期性。研究假设 6 得到初步验证。这主要是由于国有及股份制商业银
行在发展交易性业务的过程中重视不够，再加上自身的投资能力有所欠缺，
所以在开展此类业务的过程中更容易受到经济周期因素的影响。例如，
2020 年 4 月，受到疫情以及石油战等多方因素的影响，原油市场进入衰退
期，而中国银行的"原油宝"产品给客户造成巨大损失，这便在一定程度
上证明国有商业银行的交易性业务收益具有较强的顺周期性。与之相反，
地方性商业银行整体实力相对较弱，在发展交易性业务时相对谨慎，因此
削弱了银行收益的顺周期性。

第四节　非利息业务对商业银行个体风险周期性的影响

一　全部银行样本下的基准分析

表 10.7 报告了在全部银行样本下的实证回归结果。在商业银行个体
风险的顺周期性方面，从第（1）列中可以看出，变量 $Cycle$ 的系数显著
为负，说明商业银行的个体风险确实存在一定程度的顺周期性，即经济
繁荣时期银行的风险水平相对较低，研究假设 1 再次得到验证。正如理
论部分所述，这主要是由于良好的经济发展状况使客户的还款能力增强，
银行的业务发展较好，而且我国的商业银行经营较为稳健，经济周期正
向波动的积极效应超越了消极效应，所以表现出较为明显的顺周期性
特征。

在非利息业务对商业银行个体风险顺周期性的影响方面，从表 10.7

中第（2）至（4）列的回归结果可以看出，$NII \times Cycle$ 的估计系数为负但并不显著，$NFC \times Cycle$ 的估计系数在 1% 的水平下显著为正，$TNI \times Cycle$ 的估计系数在 10% 的水平下显著为负。这表明手续费及佣金业务的发展显著削弱了商业银行个体风险的顺周期性，交易性业务的发展则加剧了商业银行个体风险的顺周期性。在二者的综合作用下，总体非利息业务对商业银行个体风险顺周期性的影响并不明显，验证了研究假设 2。各类非利息业务之间产生了差异化影响，其原因在于手续费及佣金业务相对稳定，风险顺周期性也弱于传统的存贷款业务，再加上与传统业务形成资产组合的风险分散效应，从而能够在一定程度上削弱商业银行个体风险的顺周期性；而交易性业务与市场联系较为紧密，风险波动性和顺周期性都相对较强，因此进一步增强了商业银行个体风险的顺周期性。

表 10.7　非利息业务对银行个体风险周期性的影响（全部银行）

变量	(1)	(2)	(3)	(4)
	Z	Z	Z	Z
L. Z	0.927***	0.923***	0.967***	0.950***
	(0.0582)	(0.0597)	(0.0564)	(0.0626)
$Cycle$	−0.252***	−0.104	−0.395***	−0.120
	(0.0622)	(0.123)	(0.0944)	(0.0754)
$NII \times Cycle$		−0.00629		
		(0.00408)		
$NFC \times Cycle$			0.0176***	
			(0.00592)	
$TNI \times Cycle$				−0.00683*
				(0.00377)
LA	−0.998**	−0.849**	−0.706*	−0.655
	(0.413)	(0.420)	(0.369)	(0.405)
NIM	−0.149***	−0.174***	−0.141***	−0.174***
	(0.0566)	(0.0570)	(0.0509)	(0.0557)
lnTA	−0.0697***	−0.0770***	−0.0726***	−0.0726**
	(0.0267)	(0.0287)	(0.0232)	(0.0300)

续表

变量	(1)	(2)	(3)	(4)
	Z	Z	Z	Z
CIR	0.00235	0.00261	0.00190	0.00227
	(0.00426)	(0.00398)	(0.00400)	(0.00392)
DGDP	-0.0286**	-0.0293***	-0.0361***	-0.0342***
	(0.0120)	(0.0112)	(0.0105)	(0.0111)
常数项	2.223***	2.328***	2.038***	2.127***
	(0.642)	(0.675)	(0.570)	(0.712)
N	1442	1442	1420	1420
AR (1)	0.009	0.008	0.016	0.015
AR (2)	0.143	0.176	0.040	0.050
Hansen	0.146	0.244	0.209	0.136

注：***、**、*分别表示在1%、5%、10%的水平下显著，括号中为估计系数对应的稳健标准误。L. 表示滞后一期。另外，考虑到 Z 值的量级较小，我们在回归过程中对其进行了扩大100倍的处理。AR（1）、AR（2）及 Hansen 检验中给出的是其统计量所对应的 p 值。

二　各类银行间的异质性分析

表10.8 报告了国有及股份制商业银行样本的实证回归结果，表10.9 报告了地方性商业银行样本的实证回归结果。

在商业银行风险的顺周期性方面，从表10.8 中可以看出，对于国有及股份制商业银行样本，周期变量 Cycle 的估计系数均为负值且在第（1）列和第（3）列的回归结果中具有显著性；从表10.9 中可以看出，对于地方性商业银行样本，各列中周期变量 Cycle 的估计系数均在 1% 的水平下显著为负。从具体系数来看，表10.8 第（1）列中周期变量 Cycle 的估计系数为 -0.177，表10.9 中对应的估计系数则为 -0.295。上述结果表明，各类商业银行的个体风险均表现出明显的顺周期性特征，而且地方性商业银行的这一特征相对更加明显。研究假设 1 和研究假设 6 都再次得到验证。

表 10.8　　非利息业务对银行个体风险周期性的影响（国有及股份制商业银行）

变量	（1） Z	（2） Z	（3） Z	（4） Z
L. Z	0.485 *** (0.0845)	0.479 *** (0.0864)	0.955 *** (0.0680)	0.664 *** (0.138)
$Cycle$	-0.177 *** (0.0208)	-0.0237 (0.110)	-0.512 ** (0.209)	-0.0543 (0.0398)
$NII \times Cycle$		-0.00671 (0.00468)		
$NFC \times Cycle$			0.0206 * (0.0111)	
$TNI \times Cycle$				-0.00993 ** (0.00421)
LA	-0.588 (0.378)	-0.198 (0.461)	-0.383 (0.436)	-0.408 (0.446)
NIM	-0.123 * (0.0639)	-0.246 ** (0.102)	0.268 (0.249)	-0.0673 (0.0812)
$\ln TA$	-0.414 *** (0.0923)	-0.358 *** (0.100)	0.0313 (0.0818)	-0.226 * (0.133)
CIR	-0.0170 *** (0.00371)	-0.0125 *** (0.00451)	-0.0124 (0.0144)	-0.00854 (0.00607)
$DGDP$	0.00883 *** (0.00329)	0.0181 *** (0.00649)	-0.0138 (0.0124)	-0.00141 (0.0137)
常数项	8.730 *** (1.782)	7.754 *** (1.928)	-0.355 (1.721)	4.957 * (2.604)
N	213	213	213	213
AR（1）	0.027	0.012	0.010	0.025
AR（2）	0.792	0.910	0.460	0.802
Hansen	1.000	1.000	1.000	0.998

注：***、**、*分别表示在1%、5%、10%的水平下显著，括号中为估计系数对应的稳健标准误。L. 表示滞后一期。另外，考虑到 Z 值的量级较小，我们在回归过程中对其进行了扩大100倍的处理。AR（1）、AR（2）及 Hansen 检验中给出的是其统计量所对应的 p 值。

表 10.9　非利息业务对银行个体风险周期性的影响（地方性商业银行）

变量	（1）Z	（2）Z	（3）Z	（4）Z
L. Z	0.928 ***	0.928 ***	0.942 ***	0.947 ***
	(0.0160)	(0.0186)	(0.0158)	(0.0168)
Cycle	-0.295 ***	-0.106 ***	-0.324 ***	-0.222 ***
	(0.0196)	(0.0372)	(0.0368)	(0.0334)
NII × Cycle		-0.00743 ***		
		(0.00173)		
NFC × Cycle			0.00649	
			(0.00530)	
TNI × Cycle				-0.00369 *
				(0.00196)
LA	-1.116 ***	-1.060 ***	-1.080 ***	-1.054 ***
	(0.154)	(0.187)	(0.154)	(0.166)
NIM	-0.181 ***	-0.208 ***	-0.188 ***	-0.206 ***
	(0.0183)	(0.0207)	(0.0186)	(0.0211)
lnTA	-0.105 ***	-0.121 ***	-0.119 ***	-0.120 ***
	(0.0213)	(0.0235)	(0.0205)	(0.0220)
CIR	0.00321 *	0.00300 *	0.00237	0.00175
	(0.00180)	(0.00171)	(0.00183)	(0.00175)
DGDP	-0.0393 ***	-0.0417 ***	-0.0517 ***	-0.0490 ***
	(0.00711)	(0.00727)	(0.00582)	(0.00613)
常数项	2.833 ***	3.095 ***	3.059 ***	3.100 ***
	(0.386)	(0.448)	(0.355)	(0.401)
N	1229	1229	1207	1207
AR（1）	0.0010	0.009	0.017	0.017

变量	（1）	（2）	（3）	（4）
	Z	Z	Z	Z
AR（2）	0.136	0.171	0.032	0.039
Hansen	0.322	0.436	0.122	0.083

注：＊＊＊、＊分别表示在1%、10%的水平下显著，括号中为估计系数对应的稳健标准误。L. 表示滞后一期。另外，考虑到Z值的量级较小，我们在回归过程中对其进行了扩大100倍的处理。AR（1）、AR（2）及Hansen检验中给出的是其统计量所对应的p值。

在非利息业务对商业银行个体风险顺周期性的影响方面，从表10.8中第（2）至（4）列的回归结果可以看出，$NII \times Cycle$ 的系数为负但并不显著，$NFC \times Cycle$ 的回归系数显著为正，$TNI \times Cycle$ 的回归系数显著为负；从表10.9中第（2）至（4）列的回归结果可以看出，$NII \times Cycle$ 和 $TNI \times Cycle$ 的回归系数均显著为负，$NFC \times Cycle$ 的回归系数为正但并不显著。这说明对于国有及股份制商业银行，手续费及佣金业务的发展明显削弱了其个体风险的顺周期性，而交易性业务的发展则显著增强了其个体风险的顺周期性；在上述正负效应的综合作用下，总体非利息业务的影响并不显著。对于地方性商业银行，交易性业务的发展显著增强了其个体风险的顺周期性，手续费及佣金业务的影响则并不显著，但如果单从系数符号来看则削弱了个体风险的顺周期性；其交易性业务的影响效果较为明显，因此最终总体非利息业务的发展增强了地方性商业银行风险的顺周期性。研究假设3得到验证。而在两类银行之间，手续费及佣金业务的影响出现了一定的差异。其原因正如前文所述，与地方性商业银行相比，国有及股份制商业银行在资产规模、资源约束等多方面都存在优势，发展手续费及佣金业务时较为便利，所以此类业务对其产生的影响效果较为明显。

第五节　非利息业务对商业银行系统性风险及其周期性的影响

一　商业银行系统性风险计算及结果分析

首先，根据各银行每日的股票价格，求出其对数收益率。表10.10

给出了 16 家上市银行收益率序列的描述性统计值。从中可以看出，各银行之间收益率存在一定差异，同时各序列的偏度均不为 0，峰度均大于 3，JB 统计量对应的 p 值均为 0，表现出"尖峰厚尾，非正态分布"的特征，适合利用分位数回归方法进行分析。

表 10.10　16 家较早上市银行的收益率序列描述性统计

银行	均值	标准差	最小值	最大值	偏度	峰度	JB 统计量（p 值）	样本量
GS	$-7.30e-05$	0.0165	-0.123	0.0958	-0.115	11.24	10000（0.00）	3648
NY	$3.10e-05$	0.0132	-0.104	0.0964	-0.0479	14.94	17000（0.00）	2788
ZG	-0.000168	0.0163	-0.116	0.0968	0.0018	12.10	13000（0.00）	3648
JS	-0.000151	0.0174	-0.106	0.0957	-0.170	10.23	7436（0.00）	3406
JT	-0.000302	0.0190	-0.110	0.0962	-0.202	10.23	7798（0.00）	3565
PA	$4.30e-05$	0.0274	-0.543	0.0957	-2.655	52.45	380000（0.00）	3648
MS	-0.000264	0.0215	-0.234	0.0962	-0.919	16.46	28000（0.00）	3648
ZS	0.000306	0.0225	-0.212	0.0955	-0.123	8.260	4214（0.00）	3648
XY	$-4.20e-05$	0.0267	-0.620	0.0958	-4.845	109.0	1700000（0.00）	3626
GD	$-3.50e-05$	0.0175	-0.104	0.0966	0.482	10.21	6097（0.00）	2764
ZX	-0.000252	0.0215	-0.106	0.0961	0.114	7.907	3591（0.00）	3572
HX	$-7.90e-05$	0.0241	-0.341	0.0959	-1.238	22.32	58000（0.00）	3648
PF	-0.000253	0.0243	-0.361	0.0956	-1.949	30.67	120000（0.00）	3648
NB	0.000167	0.0244	-0.272	0.0960	-0.656	12.46	13000（0.00）	3406
BJ	-0.000458	0.0210	-0.211	0.0958	-1.212	18.86	37000（0.00）	3406
NJ	-0.000223	0.0251	-0.607	0.0959	-5.251	119.7	19000（0.00）	3406
BI	0.000260	0.0181	-0.105	0.0955	-0.0157	8.128	3998（0.00）	3648

　　注：字母为各银行名称缩写，GS ~ NJ 依次对应工商银行、农业银行、中国银行、建设银行、交通银行、平安银行、民生银行、浙商银行、兴业银行、光大银行、中信银行、华夏银行、浦发银行、宁波银行、北京银行和南京银行。*BI* 则代表 Wind 银行指数收益率。下同。

　　其次，在对银行系统收益率和单个银行收益率时间序列数据进行回归分析之前，需要先检验各序列的平稳性，以避免伪回归问题的出现。本章使用 ADF 方法进行单位根检验，结果如表 10.11 所示。从中可以看出，各序列 ADF 检验的 p 值均为 0，拒绝"存在单位根"的原假设，即各序列均平稳。另外，本章还针对各银行每一年的收益率时间序列做了

ADF 检验，结果亦表明各序列为平稳时间序列。

表 10.11　16 家较早上市银行的收益率序列平稳性检验

银行	ADF	p 值	银行	ADF	p 值
GS	− 60. 644	0. 000	XY	− 59. 115	0. 000
NY	− 52. 679	0. 000	GD	− 51. 224	0. 000
ZG	− 62. 164	0. 000	ZX	− 60. 670	0. 000
JS	− 57. 924	0. 000	HX	− 62. 053	0. 000
JT	− 59. 019	0. 000	PF	− 59. 953	0. 000
PA	− 59. 642	0. 000	NB	− 60. 317	0. 000
MS	− 60. 652	0. 000	BJ	− 60. 750	0. 000
ZS	− 60. 883	0. 000	NJ	− 58. 922	0. 000
BI	− 61. 032	0. 000			

再次，取 $q = 0.05$，对式（10.6）进行分位数回归。例如，针对 2015 年银行业指数收益率序列和工商银行股价收益率序列进行分位数回归，得系数 $\alpha = -0.019$，$\beta = 0.8246$。各银行各年份的计算方法同理。

最后，利用式（10.7）至式（10.10），可计算商业银行系统性风险 *SYSRISK* 及其标准化百分比 *PSYSRISK*，结果如表 10.12 和表 10.13 所示。利用表中的数据进行横向对比可知，各商业银行的系统性风险贡献值存在一定程度的差异。

为了更清楚地观测商业银行系统性风险变化趋势以及各类银行间的具体差异，我们在图 10.1 中绘制了商业银行系统性风险年度均值的时间趋势图。从变化趋势来看，我国商业银行的系统性风险在 2008 年受到美国次贷危机的影响大幅攀升，之后我国推出扩张性经济刺激政策，商业银行系统性风险呈下降趋势，但在 2012 年之后受到经济增速放缓等因素的影响，又呈现上升趋势。之后，得益于我国大力推进供给侧改革，"三去一降一补"效果开始显现，再加上监管部门"三三四十"专项治理行动的作用，银行业系统性风险在 2017 年明显下降；但之后金融业改革进一步推进且监管趋严，再加上 2018 年贸易摩擦及股灾发生，导致商业银行系统性风险有所提升。2020 年的新冠疫情又将系统性风险推向了高点。针对疫情冲击，我国采取了强有力的防控措施，社会和经济逐步趋向

表 10.12　商业银行系统性风险（$SYSRISK$）计算结果

银行	2007年	2008年	2009年	2010年	2011年	2012年	2013年	2014年	2015年	2016年	2017年	2018年	2019年	2020年	2021年
GS	0.028	0.038	0.034	0.016	0.013	0.012	0.024	0.014	0.028	0.016	0.008	0.017	0.014	0.015	0.007
NY		0.052	0.023	0.014	0.012	0.008	0.021	0.012	0.033	0.015	0.008	0.019	0.016	0.016	0.007
ZG	0.027	0.058	0.024	0.024	0.014	0.008	0.026	0.013	0.033	0.014	0.007	0.020	0.011	0.015	0.007
JS		0.048	0.024	0.020	0.013	0.011	0.020	0.009	0.032	0.013	0.006	0.020	0.014	0.016	0.008
JT	0.023	0.055	0.026	0.021	0.016	0.010	0.025	0.012	0.029	0.012	0.007	0.018	0.013	0.015	0.007
PA	0.026	0.054	0.022	0.016	0.013	0.008	0.020	0.019	0.032	0.015	0.006	0.015	0.013	0.020	0.013
MS	0.038	0.054	0.027	0.021	0.014	0.010	0.023	0.014	0.032	0.012	0.007	0.017	0.015	0.018	0.015
ZS	0.038	0.052	0.028	0.021	0.015	0.009	0.021	0.017	0.030	0.016	0.008	0.021	0.015	0.016	0.018
XY	0.030	0.050	0.030	0.021	0.015	0.009	0.019	0.016	0.035	0.016	0.010	0.014	0.015	0.015	0.015
GD				0.011	0.015	0.011	0.022	0.011	0.031	0.014	0.008	0.015	0.012	0.015	0.009
ZX	0.017	0.049	0.026	0.017	0.012	0.012	0.020	0.009	0.029	0.014	0.006	0.014	0.013	0.013	0.012
HX	0.029	0.060	0.028	0.017	0.014	0.011	0.027	0.015	0.036	0.014	0.007	0.017	0.014	0.017	0.011
PF	0.038	0.056	0.034	0.019	0.015	0.009	0.023	0.017	0.030	0.012	0.008	0.019	0.014	0.015	0.013
NB		0.045	0.024	0.015	0.014	0.007	0.020	0.015	0.032	0.011	0.005	0.017	0.012	0.014	0.016
BJ		0.048	0.024	0.021	0.015	0.007	0.025	0.015	0.031	0.016	0.007	0.023	0.016	0.018	0.013
NJ			0.026	0.020	0.014	0.009	0.024	0.013	0.029	0.013	0.009	0.013	0.011	0.017	0.012

注：由于 $\Delta CoVaR$ 为负值，所以此处取其绝对值计算 $SYSRISK$。

表 10.13　商业银行标准化系统性风险（*PSYSRISK*）计算结果

银行	2007 年	2008 年	2009 年	2010 年	2011 年	2012 年	2013 年	2014 年	2015 年	2016 年	2017 年	2018 年	2019 年	2020 年	2021 年
GS	0.527	0.586	0.709	0.596	0.599	0.706	0.522	0.582	0.571	0.684	0.484	0.669	0.582	0.629	0.298
NY				0.460	0.530	0.488	0.546	0.554	0.629	0.656	0.481	0.653	0.630	0.635	0.299
ZG	0.513	0.618	0.577	0.692	0.613	0.521	0.595	0.531	0.621	0.699	0.472	0.658	0.526	0.631	0.312
JS	0.494	0.707	0.616	0.690	0.558	0.560	0.516	0.405	0.666	0.589	0.384	0.667	0.637	0.653	0.343
JT	0.483	0.681	0.659	0.709	0.681	0.593	0.629	0.537	0.628	0.640	0.485	0.604	0.636	0.654	0.308
PA	0.685	0.678	0.564	0.522	0.573	0.495	0.574	0.705	0.669	0.711	0.451	0.602	0.569	0.718	0.516
MS	0.707	0.706	0.643	0.703	0.585	0.599	0.608	0.618	0.618	0.546	0.452	0.592	0.669	0.702	0.545
ZS	0.573	0.742	0.702	0.695	0.662	0.578	0.556	0.701	0.644	0.679	0.562	0.677	0.665	0.684	0.666
XY	0.360	0.686	0.695	0.668	0.662	0.560	0.593	0.717	0.686	0.725	0.592	0.576	0.682	0.616	0.592
GD				0.446	0.636	0.642	0.613	0.492	0.625	0.683	0.500	0.586	0.521	0.550	0.383
ZX	0.520	0.638	0.569	0.604	0.513	0.611	0.534	0.369	0.565	0.630	0.432	0.496	0.553	0.564	0.491
HX	0.677	0.633	0.664	0.522	0.610	0.618	0.684	0.579	0.716	0.693	0.451	0.614	0.630	0.625	0.430
PF		0.744	0.738	0.654	0.675	0.558	0.652	0.697	0.595	0.512	0.528	0.608	0.639	0.612	0.485
NB		0.662	0.589	0.537	0.617	0.455	0.550	0.605	0.591	0.538	0.374	0.567	0.521	0.527	0.519
BJ		0.577	0.568	0.683	0.637	0.460	0.657	0.585	0.564	0.601	0.478	0.676	0.661	0.693	0.479
NJ		0.632	0.606	0.654	0.622	0.544	0.631	0.551	0.547	0.586	0.537	0.469	0.506	0.600	0.439

于稳定，因此在 2021 年银行业系统性风险又有所下滑。综上分析可知，本章测度的商业银行系统性风险与实际情况较为吻合。另外，从各类银行的系统性风险来看，其变化趋势与总体趋势大体相似；从大小来看，在大部分时期股份制商业银行和国有商业银行的系统性风险都相对较高，地方性商业银行的系统性风险则较低。这主要是由于前两类银行规模相对较大，对金融系统更加重要，系统性风险贡献也相对更高。

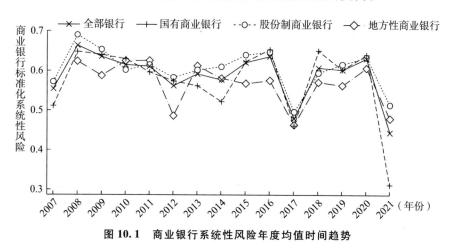

图 10.1　商业银行系统性风险年度均值时间趋势

二　非利息业务对商业银行系统性风险的影响

表 10.14 报告了非利息业务对商业银行系统性风险影响的回归结果。从中可以看出，变量 NII 和 NFC 的估计系数均显著为负，TNI 的估计系数并不显著，这一结果表明总体非利息业务和手续费及佣金业务显著降低了商业银行的系统性风险，但交易性业务的影响并不显著。手续费及佣金业务的研究结果与研究假设 4 具有一致性，其原因在于，此类业务与市场的关联性相对较弱，总体上更依赖于商业银行个体的经营水平。商业银行通过开展此类业务降低了与其他商业银行以及金融市场之间的关联性，因此降低了自身的系统性风险。

但值得注意的是，交易性业务和总体非利息业务的研究结果与研究假设 4 并不完全一致。可能的原因在于，本节所使用的样本为上市银行，样本期内手续费及佣金业务占非利息业务规模的比重均值高达 73.12%。由于样本银行对手续费及佣金业务的重视程度远远高于交易性业务，所以交易性业务的影响效果并不显著。另外，受这一因素影响，手续费及佣金业务的影响效应远远超过交易性业务，因此总体非利息业务对商业银行系统性风险也产生了显著的负向影响。

表 10.14　非利息业务对银行系统性风险的影响

变量	（1）	（2）	（3）
	SYSRISK	SYSRISK	SYSRISK
L. SYSRISK	-0.169***	-0.174***	0.210***
	(0.0231)	(0.0352)	(0.0536)
NII	-0.0381***		
	(0.0147)		
NFC		-0.0277**	
		(0.0130)	
TNI			-0.00180
			(0.0287)
ROA	-0.556	-0.281	-0.298
	(0.381)	(0.241)	(0.524)
EA	-0.116**	-0.173***	-0.130
	(0.0573)	(0.0570)	(0.140)
lnTA	-0.0132	-0.0693	-0.0129
	(0.0653)	(0.0606)	(0.212)
CIR	0.00504	0.00910	0.00981
	(0.0219)	(0.0223)	(0.0286)
DGDP	0.0559**	0.0615***	0.0199
	(0.0231)	(0.0192)	(0.0284)
CPI	0.0170	0.0349	0.142***
	(0.0421)	(0.0492)	(0.0513)
常数项	2.300	0.849	-12.19*
	(4.851)	(5.945)	(7.189)

续表

变量	（1）	（2）	（3）
	SYSRISK	SYSRISK	SYSRISK
N	214	214	214
AR（1）	0.006	0.003	0.000
AR（2）	0.030	0.012	0.003
Hansen	0.489	0.486	1.000

注：＊＊＊、＊＊、＊分别表示在1%、5%、10%的水平下显著，括号中为估计系数对应的稳健标准误。L. 表示滞后一期。另外，考虑到 SYSRISK 的量级较小，我们在回归过程中对其进行了扩大 100 倍的处理。AR（1）、AR（2）及 Hansen 检验中给出的是其统计量所对应的 p 值。

三　非利息业务对银行系统性风险周期性的影响

表 10.15 报告了非利息业务对商业银行系统性风险周期性影响的回归结果，其中 Panel A 为商业银行系统性风险周期性的检验结果，Panel B 则为非利息业务对周期性的影响结果。从 Panel A 各列结果来看，变量 Cycle 的回归系数均显著为负，这表明商业银行系统性风险具有显著的顺周期性，即经济繁荣时期系统性风险下降，经济萧条时期系统性风险上升，再次验证了研究假设 1。其原因在于，第一，资产和业务同质性的影响。在经济繁荣时期，银行拥有更多的投资渠道，资产和业务的同质性降低，系统性风险下降，但衰退时期则相反。第二，部分高收益业务增强了银行之间的关联性，提升了系统性风险水平。在经济繁荣时期，银行开展此类业务相对较少，因此系统性风险会降低，但衰退时期则相反。第三，存款客户传染效应的影响。在经济衰退时期，存款客户信心不足，而客户之间也存在一定的溢出和传染效应，此效应的增强将会导致银行之间溢出和传染效应的增强，从而提升其系统性风险，但经济繁荣时期则相反。

从 Panel B 各列结果来看，交互项 NII × Cycle 和 NFC × Cycle 的回归系数均显著为正，TNI × Cycle 的回归系数为负但并不显著。这一结果表明，总体非利息业务和手续费及佣金业务都在一定程度上削弱了商业银行系统性风险的顺周期性，而交易性业务的影响并不显著，但单从系数符号来看则增强了商业银行系统性风险的顺周期性。该结果基本验证了研究假设 5。其原因在于，手续费及佣金业务相对稳定，具有占用银行本金较少、单笔金额相对较低、客户违约概率较小等特点，与经济周期的关联性相对较弱，因此削弱了商业银行系统性风险的周期性。交易性业务则与市场联系较为紧密，更易受到经济周期的影响，因此增强了商业银行系统性风险的顺周期性。与上一小节相同，交易性业务及总体非利息业务的回归结果与研究假设并不完全一致，可能是由于本节所使用的样本为上市银行，其对手续费及佣金业务的重视程度要远高于交易性业务，因此交易性业务的影响效果不够显著，总体非利息业务的影响效果由手续费及佣金业务主导。

表 10.15　非利息业务对银行系统性风险周期性的影响

变量	Panel A 系统性风险周期性检验			Panel B 非利息业务对周期性的影响		
	SYSRISK	SYSRISK	SYSRISK	SYSRISK	SYSRISK	SYSRISK
L. SYSRISK	-0.239***	-0.266***	0.0568	0.130**	0.0632	0.103**
	(0.0436)	(0.0366)	(0.0772)	(0.0602)	(0.0635)	(0.0495)
Cycle	-0.552***	-0.755***	-1.099***	-1.794***	-1.540***	-0.673***
	(0.0514)	(0.0991)	(0.159)	(0.280)	(0.205)	(0.142)
NII	-0.0382***			-0.0216**		
	(0.0141)			(0.00972)		
NFC		-0.0766***			-0.0378***	
		(0.0265)			(0.00925)	
TNI			0.0550			0.0347*
			(0.0348)			(0.0207)
NI × Cycle				0.0344***	0.0315**	-0.0154
				(0.0120)	(0.0127)	(0.0155)
ROA	-1.193***	-1.314***	-1.042*	-1.166***	-1.159***	-0.767**
	(0.429)	(0.443)	(0.604)	(0.337)	(0.392)	(0.301)
EA	0.0893	0.0456	0.0848	0.141*	0.166**	0.0883
	(0.0767)	(0.0507)	(0.139)	(0.0776)	(0.0763)	(0.0582)
lnTA	-0.0227	0.0449	-0.0305	0.0175	0.0362	-0.0971
	(0.0791)	(0.0749)	(0.758)	(0.0525)	(0.0576)	(0.0654)

续表

变量	Panel A 系统性风险周期性检验			Panel B 非利息业务对周期性的影响		
	SYSRISK	*SYSRISK*	*SYSRISK*	*SYSRISK*	*SYSRISK*	*SYSRISK*
CIR	0.0166	− 0.00496	0.0224	0.0230 *	0.0261 *	0.00885
	(0.0224)	(0.0268)	(0.0385)	(0.0137)	(0.0148)	(0.0191)
DGDP	0.149 ***	0.216 ***	0.186	0.136 ***	0.156 ***	0.134 ***
	(0.0334)	(0.0532)	(0.183)	(0.0405)	(0.0446)	(0.0365)
CPI	0.0304	− 0.0340	0.166 ***	0.201 ***	0.157 ***	0.147 ***
	(0.0455)	(0.0800)	(0.0482)	(0.0432)	(0.0423)	(0.0453)
常数项	− 0.289	6.445	− 16.19	− 19.81 ***	− 15.67 ***	− 12.81 **
	(5.417)	(8.987)	(13.17)	(4.140)	(4.033)	(5.698)
N	214	214	214	214	214	214
AR（1）	0.001	0.001	0.000	0.000	0.000	0.001
AR（2）	0.013	0.001	0.005	0.001	0.001	0.001
Hansen	0.496	0.491	1.000	1.000	1.000	0.973

注：＊＊＊、＊＊、＊ 分别表示在 1%、5%、10% 的水平下显著，括号中为估计系数对应的稳健标准误。L. 表示滞后一期。另外，考虑到 *SYSRISK* 的量级较小，我们在回归过程中对其进行了扩大 100 倍的处理。Panel B 中 *NI × Cycle* 分别对应 *NII × Cycle*、*NFC × Cycle* 和 *TNI × Cycle*。AR（1）、AR（2）及 Hansen 检验中给出的是其统计量所对应的 p 值。

第六节　本章小结

在理论分析的基础上，本章利用我国商业银行的非平衡面板数据，并采用 HP 滤波、分位数回归、ΔCoVaR 模型、静态及动态面板回归等具体方法，从周期性视角出发，研究了市场竞争环境下非利息业务对金融系统稳定的影响。

研究结果表明，从总体层面来看，非利息业务的发展降低了商业银行系统性风险，同时还削弱了商业银行收益及系统性风险的顺周期性，但对个体风险顺周期性的影响并不显著。综合而言，非利息业务在一定程度上促进了金融系统稳定。

但从分类层面来看，以上影响在各类业务之间及各类银行之间存在异质性。首先，对于国有及股份制商业银行，手续费及佣金业务在一定程度上削弱了其收益的顺周期性，但交易性业务的影响并不显著，并未表现出明显的削弱效果；对于地方性商业银行，两类非利息业务都削弱了其收益的顺周期性。其次，对于国有及股份制商业银行，手续费及佣金业务的发展明显削弱了其风险的顺周期性，而交易性业务的发展则显著增强了其风险的顺周期性；对于地方性商业银行，交易性业务的发展显著增强了其风险的顺周期性，手续费及佣金业务的影响则并不显著，但如果单从系数符号来看则削弱了风险的顺周期性。最后，手续费及佣金业务降低了商业银行的系统性风险，但交易性业务的影响并不显著。同时，手续费及佣金业务削弱了商业银行系统性风险的顺周期性，交易性业务则在一定程度上增强了系统性风险的顺周期性。上述结果进一步表明，手续费及佣金业务的发展能够在一定程度上促进金融系统的稳定，但交易性业务的发展则有可能导致金融系统波动加剧。

第十一章 非利息业务对货币政策信贷 传导效果的影响

第一节 非利息业务与货币政策传导：理论推演

本部分从宏观层面的货币政策出发，依据前文第三章中构建的基本理论框架，即业务多元化条件下的商业银行最优综合经营决策模型，探究市场竞争环境下商业银行非利息业务对货币政策信贷传导效果的影响及作用机制。[①]

货币政策传导渠道主要包括货币视角下的利率渠道、资产价格渠道和汇率渠道，以及信贷视角下的银行信贷渠道和企业资产负债表渠道。其中，银行信贷渠道重点关注货币政策对商业银行信贷供给的影响（Bernanke and Blinder, 1988）。Bernanke 和 Blinder（1988）将资产形式设定为货币、债券和贷款三种，从而甄别出信贷市场，并在 IS - LM 模型的基础上将其进一步扩展为 CC - LM 模型，以分析货币政策传导过程中信贷规模发挥的作用。其研究结果表明，传统的利率渠道并不能完全解释货币政策传导过程中的所有问题。紧缩性货币政策会降低商业银行的准备金和可贷资金，但是由于金融市场存在信息不对称和市场摩擦等问题，而且贷款和债券之间不能完全替代，所以商业银行无法完全补充由紧缩性货币政策导致的资金量减少，从而使得贷款规模缩减。因此，可将货币政策银行信贷渠道的传导机制总结为，货币政策冲击改变商业银行的准备金水平和可贷资金水平，进而影响其信贷规模并作用于实体经济的投资、消费与产出。[②] 部分学者在后续研究中进一步验证了货币政策

---

① 其实，货币政策的信贷渠道又可以分为银行信贷渠道和企业资产负债表渠道两种。根据研究目的，本章主要关注非利息业务对货币政策银行信贷渠道传导效果的影响。

② 由此可见，货币政策银行信贷渠道传导可进一步细分为"货币政策冲击→银行信贷供给决策变化""银行信贷供给决策变化→企业或家庭决策变化"两个阶段。根据研究目的，本章主要关注第一阶段的有效性问题。

信贷渠道的存在性和有效性，并对该理论做出了补充和完善（Ehrmann et al., 2001；Tornell, 2003；Disyatat, 2011）。[①]

在本章的分析中，我们假定银行的损失概率 q 保持不变，同时不再考虑银行的管理及服务成本 C。在此基础上，参照前文的理论框架设定，假设代表性商业银行同时开展存款业务（D）、贷款业务（L）和非利息业务（N），并追求综合效用最大化：

$$\max U = (1 - q)(r_L \times L + r_N \times N) - r_D \times D - r_E \times E \tag{11.1}$$

其中，r_L 和 r_D 分别代表商业银行的贷款利率和存款利率，r_N 代表商业银行非利息业务的价格水平。q 代表商业银行在开展贷款业务或者非利息业务的过程中发生损失的概率，能够在一定程度上表征风险状况。E 代表商业银行的权益资本，r_E 则代表权益资本成本。

同时，我们进一步假定商业银行的非利息业务规模不仅受到其价格水平 r_N 的影响，还受到基准利率 r 的影响。综合而言，其规模与相对价格（r_N/r）之间呈负相关关系：

$$N = n_0 - n_1 \times \frac{r_N}{r} \tag{11.2}$$

进一步地，我们假定商业银行的贷款业务规模不仅受到其价格水平 r_L 的影响，还受到基准利率 r 的影响。同时，我们认为其还受到非利息业务价格水平 r_N 的影响。其作用机理为，贷款业务与部分非利息业务之间存在一定的可替代性，当此类非利息业务价格过高时，客户会转向贷款业务领域。因此，商业银行面临的贷款业务需求函数为：

$$L = l_0 - l_1 \times \frac{r_L}{r} + l_2 \times \frac{r_N}{r} \tag{11.3}$$

其中，l_1 和 l_2 分别代表两类相对价格对贷款业务规模的影响系数。但值得注意的是，与传统的贷款业务相比，非利息业务的市场化程度相对更高，因此其价格敏感性也相对较高。此类业务价格发生变化时，市场的反应效果更加显著。因此，我们假定 r_N/r 对贷款业务的影响效果强于

---

① 例如，Disyatat（2011）发现，除直接作用外，货币政策还会间接影响商业银行的外部融资溢价，从而改变其可贷资金水平和信贷规模，进而作用于实体经济。

r_N/r 的影响效果，即 $l_1 < l_2$。

根据前文章节中的相关设定及式（11.2）和式（11.3），代表性商业银行面临的约束条件为：

$$
\text{s. t.}
\begin{cases}
L + N + R = D + E \\
R = \rho \times D \\
L = l_0 - l_1 \times (r_L/r) + l_2 \times (r_N/r) \text{ 且 } l_1 < l_2 \\
D = d_0 + d_1 \times r_D \\
r_D = a_D + r \\
l_1 = l_1(comp) \text{ 且 } \partial l_1/\partial comp > 0 \\
d_1 = d_1(comp) \text{ 且 } \partial d_1/\partial comp > 0 \\
N = n_0 - n_1 \times (r_N/r) \\
E = e_0 + e_1 \times r_E \\
E = \theta \times (L + N) \\
\delta = N/(L + N)
\end{cases}
\tag{11.4}
$$

其中，r 代表基准利率水平，为货币政策的代理变量。ρ 代表法定存款准备金率，$comp$ 代表市场竞争度，θ 代表监管部门要求的资本充足率，δ 代表非利息业务规模占比。其余参数的含义详见前文第三章第三节。

在上述框架下，商业银行通过决定其各类业务的价格水平和发展规模来获得最大效用。在本章的分析中，我们假定 q 保持不变，将综合效用 U 对经营决策变量即贷款 L 求导数，可得商业银行综合效用最大化的一阶必要条件为：

$$
\frac{\partial U}{\partial L} = (1 - q)\left(\frac{\partial r_L}{\partial L} \times L + r_L + \frac{\partial r_N}{\partial L} \times N + r_N \times \frac{\partial N}{\partial L}\right) - \frac{\partial r_E}{\partial L} \times E - r_E \times \frac{\partial E}{\partial L} = 0
$$

$$
\tag{11.5}
$$

然后将式（11.4）中的约束条件代入式（11.5）并进行整理，可得：

$$
\frac{l_2 rL + l_2(n_0 - N)r + n_1 l_0 r + 2l_1 rN - l_1 n_0 r}{l_1 n_1} = 0
\tag{11.6}
$$

式（11.6）左右两端分别对基准利率 r 求导可得：

$$l_2\left(L + r\frac{\partial L}{\partial r}\right) + (2l_1 - l_2)\left(N + r\frac{\partial N}{\partial r}\right) + l_2 n_0 + l_0 n_1 - l_1 n_0 = 0 \qquad (11.7)$$

结合式（11.4）中的约束条件进行计算并整理可得：

$$\frac{\partial L}{\partial r} = \frac{(1-\theta)\left[2(l_2 - l_1)L + (l_2 - l_1)n_0\right] + (l_2 L + l_0 n_1)(1-\theta) + (1-\rho)\left[(4l_1 - 3l_2)d_1 r - 2l_2 d_0 + 2l_1 d_0\right]}{2(1-\theta)(l_1 - l_2)r} < 0$$

$$(11.8)$$

式（11.8）的结果表明，基准利率提升对我国商业银行的贷款业务规模具有显著的负向影响，我国货币政策的银行信贷传导渠道具备有效性。在我国的融资体系中，间接融资始终占据主导地位，银行贷款则是其主要表现形式。由于我国资本市场起步较晚且门槛较高，很多企业依然对银行贷款具有强依赖性。因此在我国的货币政策传导机制中，银行信贷渠道具有举足轻重的地位。同时，我国的银行业市场呈现较强的分化特征，国有商业银行和全国性股份制商业银行占有较大的市场份额，在货币政策的银行信贷传导渠道中也显得更为重要。大量研究已经证实，在我国的金融市场中，货币政策的信贷传导渠道确实存在并发挥着重要作用（王振山、王志强，2000；周英章、蒋振声，2002；周孟亮、李明贤，2006；胡晓阳、谢宇，2009；王江，2017）。据此，本章提出如下研究假设。

假设1：我国货币政策的信贷传导渠道存在且有效。

在货币政策的信贷传导效果方面，扩张性和紧缩性货币政策之间可能存在非对称性。虽然西方国家基于其现实背景多认为紧缩性货币政策比扩张性货币政策更加有效，但在我国这一结论却未必适用。其原因在于，首先，从贷款需求角度来看，我国的间接融资规模依然庞大，借款者尤其是借款企业的贷款需求存在"棘轮效应"，信贷规模容易扩大，但收缩则较为困难，可能导致扩张性货币政策比紧缩性货币政策更加有效；其次，从贷款供给角度来看，商业银行的贷款利率水平具有价格粘性特征，向上调整的难度要大于向下调整，这也导致扩张性政策更加有效（刘忠璐，2017；赵胜民、陈蒨，2019）。据此，本章提出如下研究假设。

假设2：我国货币政策信贷传导效果在不同类型的货币政策之间存在非对称性，扩张性货币政策比紧缩性货币政策更加有效。

进一步地，结合式（11.4）和式（11.8），将 $\partial L/\partial r$ 对非利息业务规模占比 δ 求导可得：

$$\frac{\partial^2 L}{\partial r \partial \delta} = \frac{(3l_2 - 2l_1)(\rho - 1)(d_0 + d_1 a_D + d_1 r)}{2(1 - \theta)(l_2 - l_1)r} > 0 \qquad (11.9)$$

上述结果表明，随着非利息业务规模占比 δ 的提升，$\partial L/\partial r$ 增大。根据式（11.8）可知，$\partial L/\partial r$ 小于 0。这说明随着 δ 的提升，$\partial L/\partial r$ 的绝对值下降。据此，本章提出如下研究假设。

假设 3：总体而言，商业银行非利息业务发展会削弱货币政策信贷传导效果。

但值得注意的是，上述分析关注的是总体层面的影响效果。从分类角度来看，由于手续费及佣金业务和交易性业务的性质存在差异，二者对货币政策信贷传导效果的影响可能并不一致。首先，交易性业务对传统的贷款业务会产生一定程度的挤出效应，从而削弱货币政策的传导效果。具体而言，交易性业务对货币政策银行信贷传导效果的影响路径主要包括资金占用效应和渠道替代效应。第一，资金占用效应。相对于传统的贷款业务，非利息业务是一种较为新颖的业务，其收益水平也相对较高，因此商业银行出于营利的目的更倾向于发展此类业务，从而占用商业银行部分可贷资金，缩减其信贷规模。第二，渠道替代效应。非利息业务中的部分业务属于"类信贷"业务。例如，在 2018 年"资管新规"出台之前，商业银行通过"通道"或者"同业—委外"等方式开展了大量的影子银行业务（王喆等，2017）[①]，其中的部分资金流向了企业，但是在商业银行的资产负债表中却以信托受益权、买入返售金融资产、应收款项类投资等科目出现，属于非利息业务。此类业务相当于为借款人提供了其他融资渠道，也会缩减商业银行的信贷规模。虽然监管部门已经进行了规制，但其中的部分交易性业务仍在开展，对传统贷款业务造成了一定冲击。

其次，与交易性业务不同，许多手续费及佣金业务与传统存贷款业务的关系较为紧密，其发展可能会增强货币政策信贷渠道的传导效果。

---

① 近年来，随着"三三四十"专项治理活动的完满收官和"资管新规"等政策文件的发布，影子银行业务的规模已经开始逐步缩减。

例如，商业银行"交叉补贴策略"的使用就可能导致这一结果。在实际经营活动中，银行往往会选择降低传统业务产品尤其是贷款产品的价格来吸引客户，进而通过提高非利息收入来弥补相关损失（Petersen and Rajan，1995；Lepetit et al.，2008；Nguyen，2012；程茂勇、赵红，2012）。在扩张性货币政策时期，市场竞争较为激烈，手续费及佣金业务发展程度较高的银行将会更多地使用"交叉补贴策略"，进一步提升信贷规模的增幅。而在紧缩性货币政策时期，商业银行出现惜贷等行为，较少地使用"交叉补贴策略"，甚至有可能同时提升贷款利率和手续费及佣金业务费率，亦会增强紧缩性政策的传导效果。另外，手续费及佣金业务中的一些或有负债业务同样会强化货币政策的信贷传导效果。综合上述分析，本章提出如下研究假设。

假设4：商业银行手续费及佣金业务的发展会增强货币政策信贷传导效果。

假设5：商业银行交易性业务的发展会削弱货币政策信贷传导效果。

另外，正如前文所述，在我国银行业中，国有商业银行、股份制商业银行和地方性商业银行在资产规模、资源约束、客户基数、成立时间、技术水平和政府政策方面都存在一些差异，在非利息业务发展方面的策略并不一致。各类商业银行在发展非利息业务时的资源占用、风险偏好、重视程度并不一致，因此非利息业务对货币政策信贷传导效果的影响在各类银行之间可能并不一致。据此，本章提出如下研究假设。

假设6：非利息业务对货币政策信贷传导效果的影响在不同类型的商业银行之间存在异质性。

同时，在非利息业务对货币政策信贷传导效果产生影响的过程中，市场竞争环境可能会产生一定程度的调节效应。其原因在于，随着商业银行经营模式的改变，银行业的竞争不仅体现在利息业务领域，同时也开始逐步扩散至非利息业务领域。随着市场竞争度的提高，非利息业务领域的价格竞争日趋激烈，边际收益将会逐渐降低，但投入成本却不断升高，资金占用效应、渠道替代效应和交叉补贴效应有可能更加明显，导致非利息业务的影响效果进一步增强。据此，本章提出如下研究假设。

假设 7：随着市场竞争度的提高，非利息业务对货币政策信贷传导效果的影响程度将进一步提升。

第二节　实证研究设计

一　变量选取与模型构建

（一）商业银行信贷变量

借鉴现有文献，本章选取商业银行信贷规模的自然对数增长率（$GLOAN$）作为被解释变量，具体计算方法为：

$$GLOAN_{it} = \ln(loan)_{it} - \ln(loan)_{i,t-1} \tag{11.10}$$

其中，$\ln(loan)_{it}$ 代表 i 银行在第 t 期的信贷规模的自然对数值。

（二）货币政策变量

在货币政策（MP）的代理变量方面，本章借鉴相关研究（陈雄兵，2017；Zhang and Zheng，2020），选取 7 天期银行间同业拆借利率的年度加权均值（$CHIBOR$）这一价格型指标来衡量货币政策状况。在货币政策立场的识别方面，我们将 $CHIBOR$ 的年度差分值（$\Delta CHIBOR$）作为基准进行衡量。如果 $\Delta CHIBOR$ 的值大于 0，则表明该年为货币政策紧缩时期，反之则为货币政策扩张时期。

此外，我国长期以来将货币供应量设定为货币政策的主要中间目标。作为货币政策工具的重要传导变量，货币供应量的变化也能够较好地反映中国的实际货币政策状况。因此，借鉴相关文献的做法（赵胜民、陈蒨，2019；Chen et al.，2019；何运信等，2020），本章还选择 M2 增长率（$\Delta M2$）这一数量型指标作为货币政策的代理变量进行稳健性检验。

（三）非利息业务变量

在衡量非利息业务水平方面，比较常用的指标有两个：非利息收入占营业收入比重（孙浦阳等，2011；Apergis，2014）和其他盈利资产占总资产比重（Nguyen，2012；李明辉等，2014）。本章选取较为常用的非利息收入占比（NII）作为非利息业务代理变量。在分类非利息业务发展中，分别选择手续费及佣金收入占比（NFC）和交易性收入占比（TNI）作为代理变量。

（四）市场竞争度变量

在衡量银行业市场竞争度的指标方面，正如前文所述，集中度指数 CR_n、HHI 指数存在理论缺陷，H 统计量和 Lerner 指数假定过于严格。因此，本章最终选择经效率调整的 Lerner 指数即 ELerner 指数来衡量市场竞争度水平，同时选择 Boone 指数作为稳健性检验指标，具体计算方法详见第五章。

（五）控制变量

本章主要选择如下变量作为控制变量。首先，银行的资本充足率将会对贷款增长率产生重要影响，因此我们选择权益资产比率（EA）作为代理变量来控制这一因素的影响。其次，管理效率对商业银行贷款规模的扩大有重要影响，因此我们选择成本收入比（CIR）作为代理变量来控制这一因素的影响。再次，信用风险也是影响银行贷款发放的重要因素，因此本章选择不良贷款率（NONPL）作为相应的代理变量。另外，流动性水平和资产规模也会影响银行的贷款增长率，因此本章选择存贷比（LDR）和资产规模（lnTA）来控制其影响。最后，经济发展水平和繁荣程度会改变银行的经营决策和贷款意愿，因此本章选择实际 GDP 的年度增长率（DGDP）来控制这一因素的影响。

在表 11.1 中，我们给出了上述各变量的定义及计算方法。

表 11.1 变量定义及计算方法

变量	定义	计算方法
GLOAN	银行贷款增长率	$\ln(loan)_{it} - \ln(loan)_{i,t-1}$
CHIBOR	货币政策变量	7 天期银行间同业拆借利率的年度加权均值
$\Delta M2$	货币政策变量	M2 增长率
NII	非利息业务水平	非利息收入/营业收入
NFC	手续费及佣金业务水平	手续费及佣金收入/营业收入
TNI	交易性业务水平	交易性收入/营业收入

变量	定义	计算方法
$ELerner$	市场竞争度	$(PBT + C - MC \times Q) / (PBT + C)$
$\ln TA$	资产规模	资产规模的自然对数值
EA	权益资产比率	权益资本/资产规模
CIR	成本收入比	营业费用/营业收入
LDR	存贷比	存款规模/贷款规模
$NONPL$	不良贷款率	不良贷款/总贷款
$DGDP$	GDP 增长率	实际 GDP 年度增长率

（六）模型构建

首先，本章建立如下基准模型，以研究货币政策银行信贷传导渠道的存在性和非对称性。

$$GLOAN_{it} = \alpha_0 + \alpha_1 CHIBOR_t + \alpha_2 EA_{it} + \alpha_3 NONPL_{it} + \alpha_4 CIR_{it} +$$
$$\alpha_5 LDR_{it} + \alpha_6 \ln TA_{it} + \alpha_7 DGDP_{it} + \xi_{it} \tag{11.11}$$

其中，i 和 t 分别代表银行个体和年份；$GLOAN_{it}$ 代表 i 银行在 t 时期的贷款规模自然对数增长率，$CHIBOR$ 代表货币政策变量，其余控制变量的含义如表 11.1 所示，ξ_{it} 为随机误差项。

其次，本章建立如下交互项模型，以研究非利息业务发展对货币政策银行信贷传导效果的影响及其非对称性。

$$GLOAN_{it} = \alpha_0 + \alpha_1 CHIBOR_t + \alpha_2 NI_{it} + \alpha_3 NI \times CHIBOR_{it} + \alpha_4 EA_{it} + \alpha_5 NONPL_{it} +$$
$$\alpha_6 CIR_{it} + \alpha_7 LDR_{it} + \alpha_8 \ln TA_{it} + \alpha_9 DGDP_{it} + \xi_{it} \tag{11.12}$$

其中，NI_{it} 为非利息业务水平指标，包括 NII、NFC 和 TNI，$NI_{it} \times CHIBOR_{it}$ 代表非利息业务变量与货币政策变量的交互项。

最后，本章建立如下三重交互项模型，以研究市场竞争环境对非利息业务影响货币政策信贷传导效果的调节效应。

$$GLOAN_{it} = \alpha_0 + \alpha_1 CHIBOR_t + \alpha_2 NI_{it} + \alpha_3 NI \times CHIBOR_{it} + \beta_1 NI \times CHIBOR_{it} \times ELerner_{it} +$$
$$\beta_2 ELerner_{it} + \alpha_4 EA_{it} + \alpha_5 NONPL_{it} + \alpha_6 CIR_{it} + \alpha_7 LDR_{it} + \alpha_8 \ln TA_{it} +$$
$$\alpha_9 DGDP_{it} + \xi_{it} \tag{11.13}$$

二 样本、数据及描述性统计

与前文一致，本章使用 2007~2021 年我国 166 家商业银行的非平衡面板数据。在数据来源方面，样本银行的总体及分类非利息收入占营业收入比重、贷款规模、不良贷款率和权益资产比率等内部变量数据主要来自 Wind 金融数据库及各商业银行年报，对于其中不一致的数据均以商业银行年报为准。同时，本章对数据进行上下各 1% 的缩尾处理以减小极端值的影响。经过上述处理，本章最后共获得 1395 个"银行—年度"观测值，在动态面板中损失了少量数据，共计得到 1205 个观测值。

在表 11.2 中，我们给出了各变量的描述性统计值。从中可以看出，我国商业银行在信贷规模增长率、非利息业务规模占比、手续费及佣金业务规模占比、交易性业务规模占比、资本充足率、流动性水平、不良贷款率和管理效率上都存在一定程度的差异。

表 11.2　变量描述性统计

变量	均值	标准差	最小值	25% 分位数	中位数	75% 分位数	最大值	样本量
GLOAN	0.170	0.109	-0.260	0.113	0.156	0.206	2.006	1395
CHIBOR	3.176	0.631	1.275	2.547	3.264	3.542	4.194	1395
ΔM2	11.89	4.089	8.100	8.700	11.30	13.59	28.50	1395
ELerner	0.426	0.216	-0.679	0.303	0.452	0.577	0.924	1395
NII	22.08	17.86	-2.022	9.148	17.88	30.04	87.05	1395
NFC	7.033	7.302	-7.383	1.678	4.964	11.09	27.43	1373
TNI	14.91	17.88	-2.465	2.218	8.172	20.62	84.31	1373
lnTA	12.11	1.803	8.255	10.80	11.72	13.10	16.55	1395
LDR	67.25	11.83	34.55	60.01	68.22	73.33	98.92	1395
EA	7.246	1.679	3.321	6.094	7.105	8.151	14.64	1395
NONPL	1.569	0.955	0.140	0.990	1.450	1.880	8.820	1395
CIR	34.51	7.608	19.24	29.49	33.40	38.52	65.09	1394
DGDP	7.080	1.724	2.200	6.700	6.900	7.800	10.60	1395

注：TA 单位为百万元，GLOAN、NII、NFC、TNI、ΔM2、LDR、EA、NONPL、CIR 和 DGDP 的单位皆为%。

第三节　货币政策信贷传导渠道的存在性
和非对称性检验

表 11.3 报告了全部银行样本的实证结果。第（1）至（3）列分别对应货币政策全部时期、扩张时期和紧缩时期的回归结果。从各检验结果来看，模型中不存在序列相关和工具变量有效性问题，模型设定较为合理，估计结果可信度较高。在货币政策信贷传导渠道的存在性方面，从表 11.3 中第（1）列的结果可以看出，货币政策代理变量 *CHIBOR* 的回归系数显著为负，这表明利率水平的上升对商业银行信贷规模产生了显著的负向影响，证实了我国金融市场中货币政策信贷传导渠道的存在性和有效性，研究假设 1 得以验证。

在货币政策信贷传导渠道的非对称性方面，从表 11.3 中可以看出，第（2）列中 *CHIBOR* 的回归系数显著为负，第（3）列中 *CHIBOR* 的回归系数为正但并不显著。这说明在货币政策信贷传导渠道中，扩张性货币政策比紧缩性货币政策更有效，验证了研究假设 2。其原因在于，在贷款需求方面，借款者的需求存在"棘轮效应"，增长较易，收缩却难；在贷方供给方面，商业银行的贷款利率具有价格粘性，向上调整的难度要大于向下调整（刘忠璐，2017；赵胜民、陈蒨，2019）。银行出于逐利的动机，在扩张性货币政策时期会顺势扩大信贷规模，但在紧缩性货币政策时期则不愿大幅度缩减信贷规模。以上两个因素共同导致在信贷传导渠道中扩张性货币政策的效果更加显著。

表 11.3　货币政策信贷传导渠道的存在性及非对称性检验

变量	（1）全部时期	（2）扩张期	（3）紧缩期
	GLOAN	*GLOAN*	*GLOAN*
L. *GLOAN*	0.318***	0.362***	0.276***
	(0.0421)	(0.0646)	(0.0747)
CHIBOR	−0.0111**	−0.0245***	0.00261
	(0.00495)	(0.00740)	(0.00658)
ln*TA*	−0.00422**	−0.00466*	−0.00496
	(0.00209)	(0.00280)	(0.00363)

变量	（1）全部时期	（2）扩张期	（3）紧缩期
	GLOAN	GLOAN	GLOAN
LDR	-0.000121	8.70e-05	2.64e-05
	(0.000435)	(0.000696)	(0.000651)
EA	-0.00131	-0.00302	-0.00128
	(0.00251)	(0.00391)	(0.00426)
NONPL	-0.0251***	-0.0340***	-0.0188***
	(0.00437)	(0.00679)	(0.00640)
CIR	1.05e-05	5.53e-05	-0.000214
	(0.000444)	(0.000580)	(0.000709)
DGDP	0.00409***	0.00690***	0.00194
	(0.00130)	(0.00216)	(0.00212)
常数项	0.226***	0.255***	0.197**
	(0.0510)	(0.0531)	(0.0874)
N	1205	678	527
AR（1）	0.000	0.000	0.000
AR（2）	0.704	0.556	0.843
Hansen	0.771	0.170	0.237

注：***、**、*分别表示在1%、5%、10%的水平下显著，括号中为估计系数对应的稳健标准误。L.表示滞后一期。AR（1）、AR（2）及Hansen检验中给出的是其统计量所对应的p值。

第四节　非利息业务对货币政策信贷
传导效果的影响分析

一　全部银行样本下的基准分析

表11.4报告了在全部银行样本下总体及分类非利息业务发展对货币政策信贷传导效果的影响的实证回归结果。第（1）至（3）列分别对应总体非利息业务、手续费及佣金业务和交易性业务作为自变量的回归结果。从各检验结果来看，模型中不存在序列相关和工具变量有效性问题，模型设定较为合理，估计结果可信度较高。从表11.4中可以看出，第

（1）列和第（3）列中 *CHIBOR* 的回归系数均显著为负，再次验证了我国货币政策信贷传导渠道的有效性。

在非利息业务对货币政策信贷传导效果的影响方面，从表 11.4 中可以看出，第（2）列中手续费及佣金业务变量和货币政策变量的交互项 *NFC* × *CHIBOR* 的回归系数在 1% 的水平下显著为负，这表明手续费及佣金业务的发展会明显增强货币政策信贷传导效果。从第（3）列中可以看出，交易性业务变量和货币政策变量的交互项 *TNI* × *CHIBOR* 的估计系数在 1% 的水平下显著为正，这说明交易性业务的发展明显削弱了货币政策的信贷传导效果。在两类非利息业务的综合作用下，第（1）列中总体非利息业务变量和货币政策变量的交互项 *NII* × *CHIBOR* 的回归系数在 1% 的水平下显著为正，这说明从总体层面来看，商业银行非利息业务的发展削弱了货币政策的信贷传导效果。

上述结果验证了研究假设 3、假设 4 和假设 5。正如前文所述，其背后的逻辑在于，手续费及佣金业务与传统业务联系较为紧密，银行在发展此类业务的过程中会产生一定程度的"联动效应"，因此会增强货币政策的传导效果。与之相反，交易性业务则会发挥"蓄水池效应"，在货币政策扩张时期帮助银行储存流动性，而在货币政策紧缩时期则能够为其提供流动性，因此在一定程度上削弱了货币政策的传导效果。由于交易性业务的"蓄水池效应"超越了手续费及佣金业务的"联动效应"，在上述两种效应的综合作用下，总体非利息业务的发展明显削弱了货币政策的传导效果。

表 11.4　非利息业务对货币政策信贷传导效果的影响（全部银行）

变量	（1）总体非利息业务	（2）手续费及佣金业务	（3）交易性业务
	GLOAN	*GLOAN*	*GLOAN*
L. *GLOAN*	0. 345 ***	0. 376 ***	0. 345 ***
	(0. 0463)	(0. 0460)	(0. 0397)
CHIBOR	− 0. 0280 ***	0. 00397	− 0. 0253 ***
	(0. 00782)	(0. 00733)	(0. 00543)
NII	− 0. 00308 ***		
	(0. 00101)		
NFC		0. 00701 ***	
		(0. 00191)	

变量	(1) 总体非利息业务	(2) 手续费及佣金业务	(3) 交易性业务
	GLOAN	GLOAN	GLOAN
TNI			-0.00503***
			(0.00113)
NI × CHIBOR	0.00100***	-0.00183***	0.00160***
	(0.000307)	(0.000535)	(0.000346)
lnTA	-0.00375*	-0.00789***	-0.00375*
	(0.00200)	(0.00269)	(0.00209)
LDR	-0.000248	-0.000399	-0.000365
	(0.000385)	(0.000273)	(0.000377)
EA	-0.00174	-0.00375*	-0.00325
	(0.00237)	(0.00200)	(0.00223)
NONPL	-0.0227***	-0.0253***	-0.0224***
	(0.00454)	(0.00418)	(0.00449)
CIR	2.04e-05	4.14e-05	1.93e-05
	(0.000444)	(0.000374)	(0.000474)
DGDP	0.00300**	0.00197	0.00212
	(0.00129)	(0.00124)	(0.00130)
常数项	0.282***	0.255***	0.299***
	(0.0600)	(0.0492)	(0.0506)
N	1205	1187	1187
AR (1)	0.000	0.000	0.000
AR (2)	0.976	0.919	0.741
Hansen	1.000	1.000	1.000

注：***、**、*分别表示在1%、5%、10%的水平下显著，括号中为估计系数对应的稳健标准误。L. 表示滞后一期。第 (1) 至 (3) 列中 NI × CHIBOR 分别对应 NII × CHIBOR、NFC × CHIBOR 和 TNI × CHIBOR。AR (1)、AR (2) 及 Hansen 检验中给出的是其统计量所对应的 p 值。

二　各类银行间的异质性分析

表 11.5 报告了分类银行样本下非利息业务发展对货币政策信贷传导

效果的影响的回归结果。Panel A 对应国有及股份制商业银行样本的回归结果，Panel B 则对应地方性商业银行样本的回归结果，每一面板中的三列分别对应总体非利息业务、手续费及佣金业务和交易性业务作为自变量的回归结果。从中可以看出，一阶序列相关检验 AR（1）对应的 p 值均小于 0.05，二阶序列相关检验 AR（2）对应的 p 值均大于 0.05，Hansen 检验对应的 p 值均大于 0.05，这表明模型中不存在序列相关和工具变量有效性问题，总体设定较为合理。从表 11.5 中可以看出，大部分结果中 CHIBOR 的回归系数显著为负，再次验证了我国货币政策信贷传导渠道的有效性。

从非利息业务对货币政策信贷传导效果的影响来看，在 Panel A 的国有及股份制商业银行样本中，总体及分类非利息业务变量与货币政策变量的交互项 NII × CHIBOR、NFC × CHIBOR 和 TNI × CHIBOR 的回归系数均不显著。与之不同，在 Panel B 的地方性商业银行样本中，总体非利息业务、交易性业务与货币政策变量的交互项 NII × CHIBOR 和 TNI × CHIBOR 的回归系数均在 1% 的水平下显著为正。这一结果表明，总体非利息业务及交易性业务的发展对货币政策信贷传导效果的影响在地方性商业银行样本中非常明显，但在国有及股份制商业银行中并不显著。在不同类型的银行之间出现显著差异的原因在于，与地方性商业银行相比，国有及股份制商业银行在资产规模、资源约束、客户基数、成立时间、技术水平和政府政策方面都存在一定的优势（陈雄兵，2017；申创等，2020），对非利息业务这一流动性渠道的依赖程度相对较低，因此非利息业务对信贷渠道的影响效果在此类银行中并不明显。

表 11.5　非利息业务对货币政策信贷传导效果的影响（分类银行）

变量	Panel A 国有及股份制商业银行			Panel B 地方性商业银行		
	GLOAN	*GLOAN*	*GLOAN*	*GLOAN*	*GLOAN*	*GLOAN*
L. *GLOAN*	0.0313	0.0299	0.0217	0.359***	0.372***	0.371***
	(0.0612)	(0.0620)	(0.0607)	(0.0438)	(0.0473)	(0.0419)
CHIBOR	− 0.0255*	− 0.0278**	− 0.0290***	− 0.0207**	0.00228	− 0.0160**
	(0.0135)	(0.0136)	(0.00692)	(0.00883)	(0.00838)	(0.00767)

变量	Panel A 国有及股份制商业银行			Panel B 地方性商业银行		
	GLOAN	*GLOAN*	*GLOAN*	*GLOAN*	*GLOAN*	*GLOAN*
NII	0.00244			−0.00363***		
	(0.00196)			(0.00112)		
NFC		0.00292			0.00338	
		(0.00251)			(0.00353)	
TNI			0.00499			−0.00403***
			(0.00355)			(0.00118)
NI × CHIBOR	−0.000578	−0.000654	−0.00132	0.00120***	−0.000699	0.00132***
	(0.000620)	(0.000805)	(0.00115)	(0.000342)	(0.00105)	(0.000361)
ln*TA*	−0.0192***	−0.0181***	−0.0190***	0.00149	−0.00260	0.00125
	(0.00567)	(0.00566)	(0.00587)	(0.00271)	(0.00418)	(0.00313)
LDR	−0.000481	−0.000366	−0.000306	4.33e−05	−0.000183	−9.29e−05
	(0.000440)	(0.000407)	(0.000413)	(0.000416)	(0.000343)	(0.000415)
EA	−0.00955*	−0.0100*	−0.0102*	−0.00122	−0.00234	−0.00245
	(0.00538)	(0.00540)	(0.00532)	(0.00254)	(0.00246)	(0.00219)
NONPL	−0.0166	−0.0174	−0.0103	−0.0227***	−0.0256***	−0.0234***
	(0.0104)	(0.0107)	(0.0102)	(0.00430)	(0.00443)	(0.00452)
CIR	0.000302	0.000448	0.000261	1.43e−05	8.14e−05	−1.02e−06
	(0.000565)	(0.000573)	(0.000560)	(0.000478)	(0.000464)	(0.000548)
DGDP	0.00505***	0.00432**	0.00607***	0.00335**	0.00235	0.00267
	(0.00190)	(0.00189)	(0.00196)	(0.00169)	(0.00165)	(0.00168)
常数项	0.574***	0.561***	0.571***	0.170**	0.172***	0.181***
	(0.107)	(0.100)	(0.109)	(0.0674)	(0.0657)	(0.0650)
N	193	193	193	1012	994	994
AR(1)	0.000	0.001	0.040	0.000	0.000	0.000
AR(2)	0.561	0.148	0.651	0.901	0.799	0.850
Hansen	1.000	1.000	1.000	1.000	1.000	1.000

注：***、**、*分别表示在1%、5%、10%的水平下显著，括号中为估计系数对应的稳健标准误。L. 表示滞后一期。在每一面板的三列中 *NI × CHIBOR* 分别对应 *NII × CHIBOR*、*NFC × CHIBOR* 和 *TNI × CHIBOR*。AR(1)、AR(2) 及 Hansen 检验中给出的是其统计量所对应的 p 值。

三 进一步分析：非对称性及调节效应

在上述基准分析的基础上，本部分进一步研究非利息业务对货币政策信贷渠道传导效果的非对称性以及市场竞争环境的调节效应。

根据前文的分析可知，我国的货币政策银行信贷传导渠道在扩张性货币政策时期比紧缩性货币政策时期更加有效。有鉴于此，我们认为非利息业务对货币政策信贷传导效果的影响可能也会存在一定程度的非对称性。据此，我们对样本时期进行分类并进行实证分析，结果如表 11.6 所示。其中 Panel A 和 Panel B 分别对应扩张性货币政策时期和紧缩性货币政策时期的回归结果。每一面板中的三列分别对应 NII、NFC 和 TNI 作为自变量的回归结果。从各检验结果可以看出，模型中不存在序列相关和工具变量有效性问题。从 $CHIBOR$ 的回归系数来看，Panel A 中其估计系数在第一列和第三列中显著为负，但在 Panel B 中则均不显著。这再次验证了研究假设 2，即货币政策信贷传导效果的非对称性。

从非利息业务对货币政策信贷传导效果的影响来看，在 Panel A 中，$NII \times CHIBOR$ 和 $TNI \times CHIBOR$ 的回归系数均显著为正，$NFC \times CHIBOR$ 的估计系数则显著为负。这一结果表明，在扩张性货币政策时期，总体非利息业务及交易性业务的发展都显著削弱了货币政策信贷渠道的传导效果，而手续费及佣金业务的发展则明显增强了货币政策信贷渠道的传导效果。与之不同，在 Panel B 中总体及分类非利息业务变量与货币政策变量的交互项 $NII \times CHIBOR$、$NFC \times CHIBOR$ 和 $TNI \times CHIBOR$ 的回归系数均不显著。上述结果表明，非利息业务对货币政策信贷传导效果的影响存在明显的非对称性，具体表现为在扩张性货币政策时期显著强于紧缩性货币政策时期。

表 11.6 非利息业务影响货币政策信贷传导效果的非对称性

变量	Panel A 扩张性货币政策时期			Panel B 紧缩性货币政策时期		
	$GLOAN$	$GLOAN$	$GLOAN$	$GLOAN$	$GLOAN$	$GLOAN$
L. $GLOAN$	0.345*** (0.0469)	0.374*** (0.0528)	0.355*** (0.0466)	0.319*** (0.0809)	0.366*** (0.0826)	0.322*** (0.0634)
$CHIBOR$	−0.0615*** (0.0116)	0.00484 (0.0107)	−0.0532*** (0.00865)	0.00700 (0.00885)	0.00472 (0.00931)	0.00575 (0.00564)

续表

变量	Panel A 扩张性货币政策时期			Panel B 紧缩性货币政策时期		
	GLOAN	GLOAN	GLOAN	GLOAN	GLOAN	GLOAN
NII	-0.00588***			0.00108		
	(0.00142)			(0.00169)		
NFC		0.0114***			0.00188	
		(0.00276)			(0.00280)	
TNI			-0.00880***			0.00111
			(0.00141)			(0.00193)
NI × CHIBOR	0.00198***	-0.00317***	0.00291***	-0.000216	-7.83e-05	-0.000268
	(0.000454)	(0.000811)	(0.000452)	(0.000478)	(0.000679)	(0.000566)
lnTA	-0.00410*	-0.00978***	-0.00439	-0.00327	-0.00875**	-0.00431
	(0.00249)	(0.00317)	(0.00283)	(0.00294)	(0.00352)	(0.00307)
LDR	-0.000421	-4.72e-05	-0.000283	-0.000393	-0.000693	-0.000266
	(0.000623)	(0.000462)	(0.000584)	(0.000479)	(0.000475)	(0.000497)
EA	-0.00285	-0.00489	-0.00562*	0.000276	-0.000857	-0.00159
	(0.00288)	(0.00298)	(0.00297)	(0.00359)	(0.00288)	(0.00441)
NONPL	-0.0330***	-0.0291***	-0.0348***	-0.0178***	-0.0192***	-0.0187***
	(0.00717)	(0.00627)	(0.00712)	(0.00595)	(0.00562)	(0.00619)
CIR	-8.17e-05	-0.000211	-1.51e-05	-2.17e-05	-7.54e-05	-0.000176
	(0.000532)	(0.000525)	(0.000549)	(0.000588)	(0.000575)	(0.000574)
DGDP	0.00549***	0.00531**	0.00474***	0.00183	-0.00215	0.00150
	(0.00198)	(0.00221)	(0.00175)	(0.00204)	(0.00238)	(0.00206)
常数项	0.408***	0.248***	0.402***	0.158*	0.282***	0.193**
	(0.0625)	(0.0553)	(0.0556)	(0.0842)	(0.0634)	(0.0752)
N	678	668	668	527	519	519
AR (1)	0.000	0.000	0.000	0.000	0.000	0.000
AR (2)	0.961	0.812	0.648	0.888	0.922	0.902
Hansen	0.556	0.864	0.715	0.096	0.234	0.112

注：***、**、*分别表示在1%、5%、10%的水平下显著，括号中为估计系数对应的稳健标准误。L. 表示滞后一期。在每一面板的三列中 NI × CHIBOR 分别对应 NII × CHIBOR、NFC × CHIBOR 和 TNI × CHIBOR。AR (1)、AR (2) 及 Hansen 检验中给出的是其统计量所对应的 p 值。

同时，本章还进一步分析了在非利息业务影响货币政策信贷传导效果的过程中市场竞争环境是否具有一定程度的调节效应，回归结果如表11.7所示。从表中可以看出，第（1）列中 $NII \times CHIBOR \times ELerner$ 的估计系数并不显著。这表明总体来看市场竞争环境的调节效应并不明显。但进一步观察第（2）列的回归结果可以发现，$NFC \times CHIBOR \times ELerner$ 的估计系数在5%的水平下显著为正。由于 $NFC \times CHIBOR$ 的系数显著为负，而且 $ELerner$ 指数越小代表市场竞争度越高，因此这一结果表明随着市场竞争度的提高，手续费及佣金业务发展对货币政策信贷渠道的影响效果进一步增强。在第（3）列中，$TNI \times CHIBOR \times ELerner$ 的估计系数在5%的水平下显著为负。这一结果表明，随着市场竞争度的提高，交易性业务发展对货币政策信贷渠道的影响效果也进一步增强。

表 11.7　市场竞争环境的调节效应

变量	（1）总体非利息业务	（2）手续费及佣金业务	（3）交易性业务
	$GLOAN$	$GLOAN$	$GLOAN$
L. $GLOAN$	0.331 ***	0.363 ***	0.350 ***
	(0.0459)	(0.0482)	(0.0379)
$CHIBOR$	− 0.0228 ***	0.00616	− 0.0255 ***
	(0.00861)	(0.00733)	(0.00652)
NII	− 0.00285 ***		
	(0.00104)		
NFC		0.00721 ***	
		(0.00192)	
TNI			− 0.00556 ***
			(0.00136)
$NI \times CHIBOR$	0.000828 *	− 0.00261 ***	0.00238 ***
	(0.000462)	(0.000681)	(0.000595)
$NI \times CHIBOR \times ELerner$	0.000167	0.00202 **	− 0.00127 **
	(0.000527)	(0.000978)	(0.000597)
$ELerner$	− 0.0929 **	− 0.0762	− 0.0211
	(0.0462)	(0.0519)	(0.0372)

续表

变量	（1）总体非利息业务 GLOAN	（2）手续费及佣金业务 GLOAN	（3）交易性业务 GLOAN
$\ln TA$	-0.0106***	-0.00963**	-0.00807**
	(0.00318)	(0.00388)	(0.00325)
LDR	-0.000338	-0.000198	-0.000536
	(0.000420)	(0.000298)	(0.000387)
EA	-0.000917	-0.00269	-0.00194
	(0.00242)	(0.00231)	(0.00232)
NONPL	-0.0252***	-0.0262***	-0.0257***
	(0.00421)	(0.00395)	(0.00424)
CIR	-0.000423	-7.73e-05	-0.000234
	(0.000449)	(0.000440)	(0.000493)
DGDP	0.00356***	0.00294**	0.00279**
	(0.00133)	(0.00123)	(0.00131)
常数项	0.408***	0.281***	0.371***
	(0.0648)	(0.0715)	(0.0625)
N	1205	1187	1187
AR（1）	0.000	0.000	0.000
AR（2）	0.903	0.892	0.852
Hansen	1.000	1.000	1.000

注：***、**、*分别表示在1%、5%、10%的水平下显著，括号中为估计系数对应的稳健标准误。L. 表示滞后一期。第（1）至（3）列中 NI 分别对应 NII、NFC 和 TNI。AR（1）、AR（2）及 Hansen 检验中给出的是其统计量所对应的 p 值。

第五节　稳健性检验

为确保估计结果的有效性，本部分进行以下稳健性检验。

（1）替代指标。本章选取了以下两个关键变量的替代指标对模型重新进行估计：首先，选取 M2 增长率的 HP 滤波周期项作为 CHIBOR 的替代指标；其次，选取非利息收入与总资产的比值作为非利息业务水平的替代指标。

（2）替代方法。除系统 GMM 方法之外，本章还使用了静态面板估计方法、动态面板水平 GMM 方法以及动态面板差分 GMM 方法对模型进行估计。

在以上稳健性检验的结果中，本章关于市场竞争环境下非利息业务影响货币政策信贷传导效果的相关结论依然成立。限于篇幅和结构，不再一一列出，下面仅展示以 M2 增长率的 HP 滤波周期项作为 *CHIBOR* 的替代指标的回归结果。

在借鉴王元（2012）、陈国进等（2020）做法的基础上，我们利用 HP 滤波对 M2 增长率序列进行分解，以求得货币政策变量并识别货币政策立场。由于所使用的 M2 增长率为年度数据，因此取 $\lambda = 100$。本章将 M2 增长率分解为趋势项和周期项，其中周期项即为本章所使用的货币政策变量指标（*MP*）。*MP* 越大，代表货币政策越宽松。另外，在货币政策立场的识别方面，当 *MP* 小于 0 时，可以认为处于紧缩性货币政策时期；当其大于 0 时，可以认为处于扩张性货币政策时期。利用 M2 增长率的 HP 滤波周期项（*MP*）作为替代变量的回归结果如表 11.8 所示。第（1）列对应货币政策存在性及有效性的结果，第（2）列、第（3）列则对应不同货币政策时期的结果，最后三列对应总体非利息业务、手续费及佣金业务和交易性业务的影响结果。表 11.9 则报告了分类银行样本的回归结果。从两表中可以看出，各关键变量的系数符号和显著性与前文基本一致，证明了本章结果具有稳健性。

表 11.8　非利息业务影响货币政策信贷传导效果的稳健性检验（全部银行）

变量	有效性	紧缩期	扩张期	非利息业务的影响		
	GLOAN（1）	*GLOAN*（2）	*GLOAN*（3）	*GLOAN*（4）	*GLOAN*（5）	*GLOAN*（6）
L. *GLOAN*	0.272 *** (0.0513)	0.303 *** (0.0597)	0.170 ** (0.0804)	0.318 *** (0.0522)	0.367 *** (0.0507)	0.325 *** (0.0440)
MP	0.00589 *** (0.00166)	−0.00149 (0.00300)	0.00843 *** (0.00177)	0.00871 *** (0.00236)	0.00173 (0.00259)	0.00821 *** (0.00188)
NII				−8.02e−05 (0.000245)		

续表

变量	有效性	紧缩期	扩张期	非利息业务的影响		
	GLOAN (1)	GLOAN (2)	GLOAN (3)	GLOAN (4)	GLOAN (5)	GLOAN (6)
NFC					0.00129 *	
					(0.000765)	
TNI						−0.000230
						(0.000247)
NI × MP				−0.000182 *	0.000410 **	−0.00031 ***
				(0.000101)	(0.000207)	(0.000100)
lnTA	−0.00488 **	−0.00457	−0.00529	−0.00393 *	−0.00825 ***	−0.00467 **
	(0.00230)	(0.00281)	(0.00434)	(0.00203)	(0.00302)	(0.00213)
LDR	9.54e−05	−4.60e−05	0.000195	−0.000131	−0.000288	−0.000171
	(0.000476)	(0.000549)	(0.000907)	(0.000407)	(0.000311)	(0.000398)
EA	−0.00205	0.000182	−0.00933 **	−0.00164	−0.00349 *	−0.00372
	(0.00288)	(0.00291)	(0.00431)	(0.00248)	(0.00208)	(0.00245)
NONPL	−0.0198 ***	−0.0211 ***	−0.00751	−0.0188 ***	−0.0229 ***	−0.0196 ***
	(0.00489)	(0.00520)	(0.0124)	(0.00512)	(0.00418)	(0.00509)
CIR	−0.000161	8.37e−05	−0.000991 *	−0.000204	−0.000123	−0.000341
	(0.000493)	(0.000609)	(0.000566)	(0.000465)	(0.000401)	(0.000493)
DGDP	0.00477 ***	0.000834	0.00422 **	0.00345 **	0.00183	0.00234 *
	(0.00134)	(0.00225)	(0.00212)	(0.00143)	(0.00119)	(0.00132)
常数项	0.192 ***	0.193 ***	0.267 ***	0.195 ***	0.268 ***	0.234 ***
	(0.0505)	(0.0599)	(0.0711)	(0.0474)	(0.0445)	(0.0458)
N	1205	757	448	1205	1187	1187
AR (1)	0.000	0.000	0.001	0.000	0.000	0.000
AR (2)	0.659	0.846	0.443	0.917	0.902	0.989
Hansen	0.783	0.111	0.071	1.000	1.000	1.000

注: *** 、** 、* 分别表示在1%、5%、10%的水平下显著，括号中为估计系数对应的稳健标准误。L. 表示滞后一期。AR（1）、AR（2）及 Hansen 检验中给出的是其统计量所对应的 p 值。最后三列中 NI × MP 分别对应 NII × MP、NFC × MP 和 TNI × MP。

表 11.9　非利息业务影响货币政策信贷传导效果的稳健性检验（分类银行）

变量	Panel A 国有及股份制商业银行			Panel B 地方性商业银行		
	GLOAN	GLOAN	GLOAN	GLOAN	GLOAN	GLOAN
L. GLOAN	0.133 **	0.136 **	0.110 *	0.343 ***	0.362 ***	0.357 ***
	(0.0586)	(0.0595)	(0.0578)	(0.0495)	(0.0519)	(0.0449)
MP	0.00941 ***	0.00966 ***	0.00735 ***	0.00740 **	0.00150	0.00563 **
	(0.00330)	(0.00334)	(0.00192)	(0.00294)	(0.00326)	(0.00270)
NII	0.000839 *			− 0.000175		
	(0.000450)			(0.000252)		
NFC		0.000953			0.00108	
		(0.000630)			(0.00117)	
TNI			0.00116			− 0.000159
			(0.000798)			(0.000231)
NI × MP	2.94e − 05	2.53e − 05	0.000361	− 0.00029 ***	0.000181	− 0.00028 ***
	(0.000154)	(0.000214)	(0.000294)	(0.000107)	(0.000533)	(0.000107)
lnTA	− 0.0165 ***	− 0.0149 ***	− 0.0168 ***	0.00188	− 0.00260	0.00119
	(0.00558)	(0.00553)	(0.00577)	(0.00293)	(0.00423)	(0.00308)
LDR	− 0.000384	− 0.000188	− 0.000173	0.000225	− 8.48e − 05	0.000125
	(0.000445)	(0.000411)	(0.000404)	(0.000415)	(0.000351)	(0.000395)
EA	− 0.00735	− 0.00773	− 0.00903 *	− 0.00133	− 0.00201	− 0.00260
	(0.00545)	(0.00541)	(0.00527)	(0.00242)	(0.00213)	(0.00236)
NONPL	− 0.00386	− 0.00247	0.00219	− 0.0201 ***	− 0.0240 ***	− 0.0215 ***
	(0.00995)	(0.0100)	(0.00960)	(0.00502)	(0.00414)	(0.00498)
CIR	0.000577	0.000770	0.000510	− 0.000149	− 4.77e − 05	− 0.000145
	(0.000552)	(0.000562)	(0.000543)	(0.000503)	(0.000491)	(0.000553)
DGDP	0.00358 *	0.00319 *	0.00482 ***	0.00420 **	0.00282 *	0.00372 **
	(0.00185)	(0.00187)	(0.00183)	(0.00179)	(0.00163)	(0.00164)
常数项	0.396 ***	0.356 ***	0.398 ***	0.0931	0.173 ***	0.119 **
	(0.0930)	(0.0916)	(0.0981)	(0.0605)	(0.0591)	(0.0588)
N	193	193	193	1012	994	994
AR (1)	0.000	0.000	0.113	0.000	0.000	0.000

变量	Panel A 国有及股份制商业银行			Panel B 地方性商业银行		
	GLOAN	*GLOAN*	*GLOAN*	*GLOAN*	*GLOAN*	*GLOAN*
AR（2）	0.694	0.423	0.684	0.937	0.796	0.945
Hansen	1.000	1.000	1.000	1.000	1.000	1.000

注：***、**、* 分别表示在 1%、5%、10% 的水平下显著，括号中为估计系数对应的稳健标准误。L. 表示滞后一期。AR（1）、AR（2）及 Hansen 检验中给出的是其统计量所对应的 p 值。每一面板的三列中 $NI \times MP$ 分别对应 $NII \times MP$、$NFC \times MP$ 和 $TNI \times MP$。

第六节　本章小结

在理论分析的基础上，本章利用我国 2007～2021 年 166 家商业银行的非平衡面板数据，并采用静态面板及动态面板系统 GMM 等估计方法，研究了市场竞争环境下商业银行总体及分类非利息业务对货币政策信贷传导效果的影响。

研究结果表明，首先，我国的货币政策信贷传导渠道存在且有效，而且具有一定的非对称性，具体表现为扩张性货币政策比紧缩性货币政策更加有效，这与我国的金融环境、企业融资模式以及银行经营模式等因素都有一定的关系。其次，在非利息业务对货币政策信贷传导效果的影响方面，手续费及佣金业务的发展通过"联动效应"增强了货币政策信贷传导效果，而交易性业务的发展则通过"资金占用效应"和"渠道替代效应"明显削弱了货币政策信贷传导效果。在上述两种效应的综合作用下，总体非利息业务的发展削弱了货币政策信贷传导效果。再次，从分类银行样本来看，与国有及股份制商业银行相比，总体及分类非利息业务对货币政策信贷传导效果的影响在地方性商业银行中更加明显。这与国有及股份制商业银行和地方性商业银行的发展模式、融资渠道、流动性水平等因素密切相关。进一步分析表明，非利息业务对货币政策信贷传导效果的影响在不同的货币政策时期也存在非对称性，具体表现为在扩张性货币政策时期的影响大于在紧缩性货币政策时期的影响。最后，随着市场竞争度的提升，手续费及佣金业务和交易性业务对货币政策信贷传导效果的影响程度都进一步提升。

第十二章　非利息业务发展过程中的
宏微观综合协调机制

第一节　宏微观综合协调问题的界定

非利息业务本身是一把"双刃剑",其积极效应和消极效应并存。从微观视角来看,非利息业务对商业银行的收益水平、风险承担和经营效率都产生了一定程度的影响(李志辉、李梦雨,2014;程茂勇,2015;申创、赵胜民,2017b)。但是,商业银行对以上各经营目标的重视程度并不一致。而且某些非利息业务的发展可能对部分目标具有积极影响,而对其他目标则具有消极影响。例如,部分交易性业务可能会提升商业银行的收益,但同时也提升了其风险。那么,从微观视角出发,在上述多维度之间进行协调,便成为商业银行在发展非利息业务过程中面临的重要问题。

从宏观视角来看,非利息业务对银行综合经营、金融系统稳定和货币政策传导效果都产生了一定程度的影响。监管当局对以上监管目标的重视程度也并不一致。例如,近年来我国对金融业的系统性风险问题极其重视,因此相对于银行综合经营而言,监管当局对金融系统稳定这一因素的关注程度明显更高。另外,部分非利息业务对各类监管目标同样会产生差异化的影响。那么,从宏观视角出发,在上述多维度之间进行协调,便成为监管当局在监管银行非利息业务发展过程中面临的重要问题。

从综合视角来看,商业银行的经营目标和监管当局的监管目标之间存在非一致性。一般而言,监管当局从宏观视角出发,更重视金融系统稳定和货币政策传导效果,对银行综合经营的关注略有不足。而商业银行局限于自身发展的微观视角,对金融系统稳定和货币政策传导效果的考虑较少。即使聚焦于银行的发展领域,监管当局也是更加注重银行的风险层面，对其收益和效率重视不足，而商业银行虽然也重视其风险水平，但与监管当局相比则略显不足。由此可见，商业银行和监管当局的利益并不一致。那么，在目标和利益非一致性的条件下，商业银行根据自身的微观协调机制确定非利息业务的发展方向，而监管当局则根据自身的宏观协调机制确定非利息业务的监管方向，二者之间可能会存在一定的冲突，需要在权衡各方利益的基础上进行综合协调。

第二节　非利息业务发展过程中银行经营目标的微观协调机制

本部分在对商业银行进行实地调研和专家访谈的基础上，从微观角度分析我国的商业银行在发展非利息业务的过程中对收益水平、风险承担和经营效率等经营目标的重视程度，进而探索银行非利息收入占营业收入比重的合理范围。

一　问卷、调研与数据处理

首先，为了分析商业银行在经营期间对各目标的重视程度，我们在设计调查问卷的基础上（问卷调查的具体内容见附录），综合采用实地调研法、问卷调查法和专家访谈法进行分析。在调研和访谈的过程中，我们遵循如下原则。第一，在样本银行的选取方面，由于本章的研究需要从全局性视角进行分析，所以我们主要采用分层抽样的方法从国有商业银行、股份制商业银行和地方性商业银行中都选择了相应的样本。第二，考虑到我国商业银行经营的区域性差异，我们在选择样本银行时还考虑了地域多样性因素，最终选择的样本银行的总部分别坐落于北京、天津、河北、山东、山西、河南、安徽、江苏、江西、广东等多个省市。第三，在专家访谈环节，我们选择的对象主要是各样本银行的管理人员。其背后的逻辑在于，本部分是从综合经营的角度来研究商业银行的微观协调机制，而管理层往往具有全局性视角，与本章的研究目的更加契合。同时，为了进一步保证研究的准确性，我们还选择了少量学术界研究人员进行访谈。第四，为了保证问卷的有效性，我们采用的方法是先让受访对象填写调查问卷，然后在此基础上进行专家访谈。部分专家在访谈过程中对我们的研究目标有了更加深入的了解，进一步修正了其事先填写的问卷。第五，受到新冠疫情冲击等客观因素的影响，部分商业银行不适合进行现场调研和访谈。对于这部分商业银行样本，我们在专家填写问卷的基础上进行了电话访谈。第六，如果专家的问卷调查结果存在明显的逻辑问题，或者与后续访谈内容的倾向性差异过大，我们将其认定为无效样本。经过上述设计和筛选，我们通过调研最终共得到 42 份有效的调查问卷，在银行性质、经营区域、专家范围等多方面都对我国银行业的实际状况和经营管理者具有良好的代表性。

其次，为确定指标的相对重要性，根据问卷调查和专家访谈的具体结果构造判断矩阵。判断矩阵的标度及含义如表 12.1 所示。

表 12.1　判断矩阵标度及定义

标度	定义
1	两因素同等重要
3	两因素相比，前者比后者稍微重要
5	两因素相比，前者比后者明显重要
7	两因素相比，前者比后者强烈重要
9	两因素相比，前者比后者极端重要
2、4、6、8	上述两相邻判断的中值
倒数	因素 i 与 j 比较得判断值 a_{ij}，则 j 与 i 比较得 $a_{ji} = 1/a_{ij}$

进而根据判断矩阵，先计算各行的几何平均值 w'_i：

$$w'_i = \sqrt[n]{\prod_{j=1}^{n} a_{ij}} \tag{12.1}$$

再计算各因素的目标权重 w_i：

$$w_i = \frac{w'_i}{\sum_{i=1}^{n} w'_i} \tag{12.2}$$

同时，对矩阵进行一致性检验。定义一致性指标 CI 和一致性比率 CR：

$$CI = \frac{\lambda_{\max} - n}{n - 1} ， \quad CR = \frac{CI}{RI} \tag{12.3}$$

其中，λ_{max} 代表判断矩阵的最大特征值，n 代表矩阵的秩，RI 代表随机一致性指标。

本章根据调查问卷和专家访谈报告的结果，确定各银行在经营过程中对收益水平、风险承担和经营效率的重视程度，进而利用层次分析法确定各指标权重。在构造判断矩阵的过程中，本章对各专家的问卷调查结果采用加权平均方法计算。同时，矩阵的一致性检验结果如表 12.2 所示。从中可以看出，一致性比率 CR 的值为 0.0096，远小于 0.1，证明判断矩阵通过了一致性检验，由此得到的权重值具有合理性。

表 12.2　微观协调层面判断矩阵一致性检验结果

最大特征值	CI	RI	CR	一致性检验结果
3.009	0.005	0.520	0.0096	通过

依据判断矩阵计算得到的各目标权重如图 12.1 所示。从中可以看出，我国商业银行在经营过程中对个体风险的重视程度最高，其权重为 45.77%。这主要是由于我国在《中华人民共和国商业银行法》中明确规定商业银行经营的"三性"原则，即安全性、流动性和营利性，其中安全性居于首位。因此，我国商业银行在经营过程中对风险承担极其重视。从收益水平来看，其指标权重为 41.60%，略低于风险指标权重。这说明我国商业银行对收益水平也非常重视，市场化经营程度相对较高。在经营效率方面，其指标权重为 12.63%，说明我国商业银行在经营过程中对效率的重视程度不高。

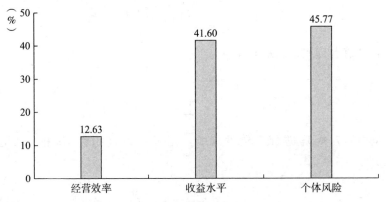

图 12.1　商业银行微观协调权重

二　商业银行微观经营层面的综合效用

进一步地，依据上述权重对商业银行的收益水平、风险承担和经营效率指标进行加权求和，即可得到商业银行微观经营层面的综合效用指标。但值得注意的是，由于各指标的量级并不一致，我们首先要对其进行标准化处理。其中，收益和效率指标的标准化公式为：

$$Re'_{it} = \frac{Re_{it} - Re_{min}}{Re_{max} - Re_{min}} \qquad Eff'_{it} = \frac{Eff_{it} - Eff_{min}}{Eff_{max} - Eff_{min}} \tag{12.4}$$

其中，Re_{it}、Eff_{it} 分别代表 i 银行在 t 时期的收益水平和经营效率值。关于银行的收益水平 Re_{it}，与前文保持一致，我们选择 ROA 作为代理变量。关于银行的经营效率 Eff_{it}，依据前文求得的利润效率和成本效率，求其均值作为代理变量。Re_{min} 和 Eff_{min} 分别代表样本期内银行收益水平和经营效率的最小值，Re_{max} 和 Eff_{max} 则分别代表样本期内银行收益水平和经营效率的最大值。

与收益水平和经营效率不同，风险承担给商业银行带来了一定程度的负面影响效果，所以商业银行在这一方面的经营目标是降低风险水平。基于这一分析，我们在对风险指标进行标准化的过程中取负值：

$$Rs'_{it} = \frac{-(Rs_{it} - Rs_{min})}{Rs_{max} - Rs_{min}} \tag{12.5}$$

其中，Rs_{it} 代表 i 银行在 t 时期的风险承担水平。与前文一致，我们选择 Z 值作为其代理变量。Rs_{min} 和 Rs_{max} 则分别代表样本期内银行风险承担水平的最小值和最大值。

最终，根据各目标的权重，构建微观经营层面的综合效用指标 $MICI$：

$$MICI_{it} = w_1 \times Re'_{it} + w_2 \times Rs'_{it} + w_3 \times Eff'_{it} \tag{12.6}$$

三　非利息业务发展过程中的微观协调机制分析

在调研分析并依据商业银行对各经营目标的重视程度构建微观经营层面综合效用指标的基础上，我们进一步构建如下面板门槛模型，探索非利息业务对商业银行综合效用指标的非线性影响，以期能够在多目标条件下确定非利息收入占营业收入的最优比重或者最优比重区间。

$$MICI_{it} = \beta_0 + \beta_1 NII_{it} I \cdot (NII_{it} \leqslant \gamma) + \beta_2 NII_{it} I \cdot (NII_{it} > \gamma) + \sum_{j=3}^{k} \beta_j X_{it} + \varphi_{it}$$

$$(12.7)$$

其中，$MICI_{it}$ 代表 i 银行在 t 时期的微观经营层面综合效用指标；NII 代表总体非利息业务发展水平，计算方法为总体非利息收入占营业收入的比重。根据研究目的，我们将 NII 设置为门槛变量。γ 为门槛值，I（·）则代表示性函数。X_{it} 代表根据前文内容所选取的一系列控制变量，包括成本收入比（CIR）、贷款资产比率（LA）、权益资产比率（EA）、资产规模（$\ln TA$）、实际 GDP 增长率（$DGDP$）以及居民消费价格指数（CPI）等。具体计算方法不再一一列出，详见前文章节。样本及数据来源亦与前文类似，此处不再赘述。

首先，为了确定模型的具体形式，需要利用"格点搜索法"对门槛效应的存在性及门槛个数进行检验（Hansen，1999）。我们假设分别存在一个或两个门槛值，进而利用 Bootstrap 自助抽样法（1000 次）得到似然比统计量（LR）及其临界值进行检验和判断。检验结果如表 12.3 所示。从中可见，模型中单一门槛效应在 1% 的水平下显著，双重门槛效应则在 5% 的水平下显著。另外，我们还进行了三重门槛效应检验，发现三重门槛结果并不显著。

表 12.3　微观协调：面板门槛效应检验（总体非利息业务）

模型	门槛值（%）	F 值	p 值	10% 临界值	5% 临界值	1% 临界值
单一门槛	25.17	17.06***	0.000	9.793	12.789	14.964
双重门槛	25.17 和 25.49	11.54**	0.024	7.789	9.605	12.696

注：**、***分别表示在 5%、1% 的水平下显著。

进一步地，我们在图 12.2 中绘制了门槛效应检验的具体结果及门槛值的置信区间。当似然比检验 LR 统计量为 0 时，对应的 NII 即为门槛值。曲线与虚线交叉的部分即为其在 95% 水平下的置信区间。从图中可以看出，第一门槛值 25.17% 的置信区间为 [25.09%，25.49%]，第二门槛值 25.49% 的置信区间则为 [25.10%，25.62%]。

依据上述检验，我们将模型设定为双重面板门槛模型并进行实证分析，回归结果如表 12.4 所示。从第（1）列中的基准回归结果可以

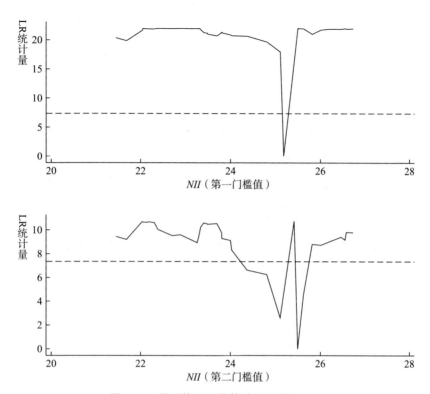

图 12.2 微观协调门槛估计值及置信区间

看出，当非利息收入占营业收入的比重小于等于第一门槛值（$NII \leq$
25.17%）时，非利息业务的发展对银行的综合经营效用指标产生了正
向影响但并不显著；当非利息收入占营业收入的比重位于第一门槛值
和第二门槛值之间（25.17% < $NII \leq$ 25.49%）时，非利息业务的发展
对银行的综合经营效用指标产生了显著的负向影响；当非利息收入占
营业收入的比重超过第二门槛值（$NII >$ 25.49%）时，非利息业务发
展对银行的综合经营效用指标的影响虽然并不显著，但依然为负值。
另外，由于我国商业银行在 2008 年受到美国次贷危机的影响，且该影
响直至 2010 年才基本消失。因此，我们剔除了 2011 年之前的样本进
行稳健性检验，结果如表 12.4 的第（2）列所示。从中可以看出，在
非利息收入占比的各区间内，非利息业务对银行综合经营指标的影响
依然与第（1）列保持一致，证明研究结果具有稳健性。

　　上述结果表明，从微观层面来看，我国商业银行非利息业务的发展

对综合经营指标的影响存在明显的非线性特征。商业银行发展非利息业务的临界值为 25.17%。当银行的非利息收入占比超过这一临界值后，非利息业务对银行总体效用的影响将由正转负。其原因在于，在非利息业务发展的初始阶段，其面临的竞争相对较弱，边际收益较高，对银行的收益水平和经营效率都能够产生显著的正向影响，而且提升银行风险的效果并不明显。但随着非利息业务发展规模的持续扩大，边际收益逐渐下降，其带来的风险提升效应可能会进一步增强，对收益水平和经营效率的积极影响则进一步减小。由此可以得出，我国商业银行发展非利息业务的合理范围为 25.17% 以内。

表 12.4　微观协调：面板门槛模型回归结果（总体非利息业务）

变量	（1）基准回归结果	（2）稳健性检验
	$MICI$	$MICI$
LA	0.0483	0.0877
	(0.148)	(0.163)
EA	-0.0362^{***}	-0.0387^{***}
	(0.00894)	(0.00966)
$\ln TA$	-0.0491^{*}	-0.0526^{*}
	(0.0259)	(0.0276)
CIR	0.00392^{**}	0.00527^{***}
	(0.00168)	(0.00175)
$DGDP$	0.00783^{**}	0.00672^{**}
	(0.00300)	(0.00295)
CPI	-0.0150^{***}	-0.00901
	(0.00421)	(0.00642)
NII（$NII \leqslant 25.17\%$）	0.126	0.0759
	(0.130)	(0.131)
NII（$25.17\% < NII \leqslant 25.49\%$）	-0.433^{**}	-0.469^{***}
	(0.173)	(0.171)
NII（$NII > 25.49\%$）	-0.0475	-0.0627
	(0.0980)	(0.0980)

续表

变量	（1）基准回归结果	（2）稳健性检验
	MICI	*MICI*
常数项	2.331 ***	1.746 **
	(0.592)	(0.778)
R^2	0.797	0.805
F 值［p］	46.93［0.00］	43.31［0.00］

注：＊＊＊、＊＊、＊分别表示在1%、5%、10%的水平下显著，括号中为估计系数对应的标准误。

根据上述分析可知，虽然我们设定了双重门槛效应模型，但发挥主要作用的是第一门槛值25.17%。超过该临界值后，非利息业务对银行综合经营指标的影响由正转负。由此可见，其函数对应的曲线可能为"倒U"形曲线。为了进一步验证这一区间范围的稳健性，我们进一步设定如下二次函数模型进行回归分析：

$$MICI_{it} = \beta_0 + \beta_1 NIIsq_{it} + \beta_2 NII_{it} + \sum_{j=3}^{k} \beta_j X_{it} + \varphi_{it} \qquad (12.8)$$

其中，*NII* 代表非利息业务发展水平，以非利息收入占营业收入比重作为其代理变量；*NIIsq* 代表 *NII* 的平方项。*X* 代表一系列的控制变量，其含义与式（12.7）保持一致。

二次函数模型的回归结果如表12.5所示。为了保证结果的稳健性，我们在第（1）至（3）列中分别采用了最小二乘法（OLS）、静态面板固定效应回归以及动态面板系统 GMM 方法进行估计。从中可以看出，在各列的回归结果中，非利息业务平方项（*NIIsq*）的回归系数均显著为负。这一结果表明，非利息业务发展与银行综合经营效用之间存在明显的"倒U"形关系。换言之，在达到临界值之前，非利息业务发展对银行综合效用的影响显著为正，但超过临界值之后则会产生负向影响。进一步地，根据回归结果可以求得第（1）至（3）列中非利息业务发展规模占比的临界值分别为22.16%、21.24%和24.52%。在上述三种回归方法中，系统 GMM 模型在一定程度上克服了模型中可能存在的内生性等问题，结果更加准确，根据这一方法估计出的临界值24.52%与面板门槛模型估计出的临界值25.17%也更加接近。总体而言，对于我们前面求得的银行发展非利息业务的合理区间，表 12.5 的回归结果在一定程度上验证了其稳健性。

表 12.5 微观协调：二次函数模型回归结果

变量	（1） OLS	（2） 固定效应回归	（3） 系统 GMM
	MICI	MICI	MICI
L. MICI			- 0. 0349
			(0. 0225)
NIIsq	- 0. 713**	- 0. 386*	- 1. 085***
	(0. 352)	(0. 221)	(0. 243)
NII	0. 316	0. 164	0. 532***
	(0. 207)	(0. 140)	(0. 149)
LA	- 0. 0832	0. 122*	- 0. 273***
	(0. 0772)	(0. 0682)	(0. 0475)
EA	0. 00669	0. 000484	0. 00997**
	(0. 00617)	(0. 00410)	(0. 00412)
lnTA	0. 0221***	- 0. 0130	0. 0273***
	(0. 00480)	(0. 0120)	(0. 00277)
CIR	- 0. 00167*	0. 000322	0. 00234***
	(0. 000847)	(0. 000781)	(0. 000752)
DGDP	0. 00787***	0. 00518***	0. 00539***
	(0. 00191)	(0. 00138)	(0. 000954)
CPI	0. 000458	- 0. 00568***	0. 00423*
	(0. 00313)	(0. 00198)	(0. 00237)
常数项	- 0. 214	0. 873***	- 0. 737***
	(0. 329)	(0. 275)	(0. 252)
R^2/ AR （2）	0. 375	0. 281	0. 241
Hansen			0. 762

注：***、**、* 分别表示在 1%、5%、10% 的水平下显著，括号中为估计系数对应的标准误。L. 表示滞后一期。第（1）列和第（2）列中汇报了相应的 R^2，第（3）列中则汇报了二阶序列相关对应的 p 值。Hansen 检验中给出的是其统计量所对应的 p 值。

　　以上主要是从总体非利息业务角度进行分析。进一步地，我们将其分为手续费及佣金业务和交易性业务两类，从分类角度进行分析。与前文一致，我们构建如下面板门槛模型，探索分类非利息业务对商业银行综合经营指标是否存在非线性影响，以期能够在多目标条件下确定手续费及佣金收入和交易性收入占营业收入的最优比重或者最优比重区间。

$$MICI_{it} = \beta_0 + \beta_1 NFC_{it} I \cdot (NFC_{it} \leq \gamma) + \beta_2 NFC_{it} I \cdot (NFC_{it} > \gamma) + \sum_{j=3}^{k} \beta_j X_{it} + \varphi_{it}$$

(12.9)

$$MICI_{it} = \beta_0 + \beta_1 TNI_{it} I \cdot (TNI_{it} \leq \gamma) + \beta_2 TNI_{it} I \cdot (TNI_{it} > \gamma) + \sum_{j=3}^{k} \beta_j X_{it} + \varphi_{it}$$

(12.10)

　　其中，$MICI_{it}$ 代表 i 银行在 t 时期的微观经营层面的综合效用指标；NFC 代表手续费及佣金业务发展水平，计算方法为手续费及佣金收入占营业收入的比重；TNI 代表交易性业务发展水平，计算方法为交易性收入占营业收入的比重。根据研究目的，我们将 NFC 和 TNI 设置为门槛变量。γ 为门槛值，$I(\cdot)$ 则代表示性函数。X_{it} 则代表根据前文内容所选取的一系列控制变量。

　　我们利用"格点搜索法"对手续费及佣金业务模型中的门槛效应存在性及门槛个数进行检验，结果如表 12.6 所示。从中可以看出，无论是单一门槛效应还是双重门槛效应，在 10% 的水平下均不显著。这一结果表明，手续费及佣金业务对银行综合经营指标的影响是线性影响，不存在门槛值。另外，我们从回归结果中发现，手续费及佣金业务对银行综合经营指标产生了正向影响。

表 12.6　微观协调：面板门槛效应检验（手续费及佣金业务）

模型	门槛值（%）	F 值	p 值	10% 临界值	5% 临界值	1% 临界值
单一门槛	16.33	6.91	0.363	13.223	14.750	22.315
双重门槛	16.33 和 19.90	2.34	0.747	10.607	13.788	18.149

注：Bootstrap 自助抽样次数为 1000 次。

　　进一步地，我们利用"格点搜索法"对交易性业务模型中的门槛效应存在性及门槛个数进行检验，结果如表 12.7 所示。从中可见，模型中单一门槛效应在 10% 的水平下显著，双重门槛效应则并不显著。

表 12.7　微观协调：面板门槛效应检验（交易性业务）

模型	门槛值（%）	F 值	p 值	10% 临界值	5% 临界值	1% 临界值
单一门槛	5.33	12.83*	0.063	11.291	14.341	21.697
双重门槛	3.05 和 5.33	4.72	0.207	6.273	8.820	11.035

注：* 表示在 10% 的水平下显著。Bootstrap 自助抽样次数为 1000 次。

　　根据上述检验结果，我们将模型确定为单一门槛模型，以研究交易性业务对商业银行综合经营指标的非线性影响，回归结果如表 12.8 所示。从中可以看出，当交易性收入占营业收入的比重小于等于临界值 5.33% 时，交易性业务发展对商业银行的综合效用指标产生了显著的正向影响；当交易性收入占营业收入的比重超过临界值 5.33% 时，交易性业务对综合效用指标的影响由正转负。进一步地，我们剔除了 2011 年之前的样本进行稳健性检验，结果如表 12.8 的第（2）列所示。从中可以看出，交易性业务对银行综合效用指标的影响依然与第（1）列保持一致，证明研究结果具有稳健性。

表 12.8　微观协调：面板门槛模型回归结果（交易性业务）

变量	（1）基准回归结果 MICI	（2）稳健性检验结果 MICI
LA	0.122 (0.150)	0.149 (0.166)
EA	-0.0377*** (0.00904)	-0.0415*** (0.00967)
lnTA	-0.0465** (0.0208)	-0.0480** (0.0239)
CIR	0.00404** (0.00173)	0.00509*** (0.00180)
DGDP	0.00549** (0.00265)	0.00439* (0.00262)

续表

变量	（1）基准回归结果	（2）稳健性检验结果
	MICI	*MICI*
CPI	-0.0111***	-0.00341
	(0.00422)	(0.00645)
TNI（*TNI*≤5.33%）	0.506*	0.434
	(0.302)	(0.317)
TNI（*TNI*＞5.33%）	-0.292**	-0.264*
	(0.130)	(0.134)
常数项	1.889***	1.113
	(0.587)	(0.784)
R²	0.797	0.805
F 值［p］	44.37［0.00］	40.57［0.00］

注：***、**、*分别表示在1%、5%、10%的水平下显著，括号中为估计系数对应的标准误。

上述结果表明，从微观层面来看，无论是总体非利息业务还是交易性业务对银行综合效用指标的影响都存在明显的非线性特征，曲线形状更偏向于"倒 U"形，即影响效果先正后负。其中，总体非利息业务（*NII*）的临界值为25.17%，交易性业务（*TNI*）的临界值为5.33%。手续费及佣金业务对商业银行综合效用指标的影响为正向的线性影响。综上可知，我国商业银行发展非利息业务的合理范围为（0，25.17%］，其中交易性业务的合理范围为（0，5.33%］。当然，上述分析主要是基于我国整体银行业的状况。个体商业银行则可以进一步依据上述方法，构建自身的综合效用指标，进而探索其非利息业务发展的最优规模并与实际状况进行对比分析。

第三节 非利息业务发展过程中监管目标的宏观协调机制

本节在对监管当局工作人员进行调研和访谈的基础上，从宏观角度分析监管当局对金融体系稳定发展、货币政策有效传导、商业银行综合实力提升等目标的重视程度，以银行非利息业务发展对上述目标的影响效果为切入点，探索监管视角下商业银行非利息收入占营业收入的最优比重或者最优比重区间，分析非利息业务发展过程中监管目标的宏观协调机制。

一　问卷、调研与数据处理

一般而言，金融监管的目标是建立稳定高效的金融体系，保证金融市场健康发展，与经济和社会发展相适应。但就具体的宏观目标而言，我国金融监管当局的监管目标具有多样化的特点，例如，防范化解系统性风险、促进货币政策有效实施和传导、提升金融市场运行效率、稳定物价水平等。

本书的主要研究内容是商业银行的非利息业务。虽然监管当局的监管目标较多，但本节在分析过程中主要选择与商业银行非利息业务发展关系较为紧密的监管目标进行研究。具体而言，首先，银行业务模式的改变将会影响商业银行的系统性风险贡献，进而作用于金融系统稳定这一监管目标；其次，非利息业务并非传统的存贷款业务，其发展对货币政策有效传导这一监管目标也具有重要作用；最后，商业银行在我国的金融体系中依然处于核心地位，其经营状况的改善和综合实力的提升也是监管当局的监管目标。因此，结合本书的研究主题，本节在构建监管当局综合效用指标的过程中，在第一层次主要选择了金融系统稳定、货币政策传导效果与商业银行综合经营状况三个指标。当然，在第二层次中，商业银行综合经营状况指标又包括商业银行的收益水平、个体风险以及经营效率三个指标。

与微观协调部分相似，为了分析监管当局对各目标的重视程度，我们在设计调查问卷的基础上（问卷调查的具体内容见附录），综合采用实地调研法、问卷调查法和专家访谈法进行分析。在实施上述调研和访谈的过程中，我们遵循如下几个原则。第一，对象选取的针对性。本节的调研目的主要是考察商业银行监管当局对各项监管目标的重视程度，因此我们选择的访谈对象主要是中国人民银行的工作人员和中国银行保险监督管理委员会[①]的工作人员。与银保监会相比，央行的监管更趋向

[①]　2023 年 3 月，国家机构改革方案公布，撤销了中国银行保险监督管理委员会，组建国家金融监督管理总局。但在此之前，本书的调研工作已基本完成，所以此处仍沿袭银保监会的称谓。

于宏观和全局视角，因此在受访对象中央行工作人员占比略高。第二，地域多样性。无论是在经济发展还是在商业银行经营方面，我国都存在明显的区域性差异特征，不同地区的监管力度也可能因此有所不同。所以我们在调研过程中不仅对中国人民银行总行和银保监会的工作人员进行了调研，同时还选取了很多地区的人民银行分行、银保监局以及地区人民政府金融工作办公室，对其管理人员进行调研访谈。第三，确保调研结果的有效性。我们在设计问题时，力求与本书的研究主题契合。例如，在金融稳定方面，其内涵为非利息业务发展导致银行系统性风险状况的变化，主要考察监管当局对这一问题的重视程度。因此我们并非简单地要求受访者将这一目标与其他目标进行对比，而是向其阐述了银行非利息业务发展这一现实背景，将前提界定为非利息业务对金融稳定的影响，然后询问监管者对这一方面影响效果的重视程度。另外，如果专家的问卷调查结果存在明显的逻辑问题，或者与后续访谈内容的倾向性差异过大，我们将其认定为无效样本。

本章根据问卷调查和专家访谈报告的结果，采用层次分析法，构造判断矩阵，确定监管当局在监管过程中对金融系统稳定、货币政策传导效果、银行综合经营状况等多项指标的重视程度。判断矩阵的标度及含义如前文表 12.1 所示。在构造判断矩阵的过程中，我们对各专家的问卷调查结果采用加权平均方法进行计算。矩阵一致性检验的结果如表 12.9 所示。从中可见，一致性比率 CR 的值为 0.074，小于 0.1 的临界标准，通过了一致性检验。

表 12.9　宏观协调层面判断矩阵一致性检验结果

最大特征值	CI	RI	CR	一致性检验结果
5.333	0.083	1.120	0.074	通过

依据判断矩阵计算得到的各目标权重如图 12.3 所示。从中可以看出，在第一层次中，监管当局对金融系统稳定的重视程度最高，其权重为 58.71%。自党的十八大以来，习近平总书记多次指出"要有效防范化解重大经济金融风险，牢牢守住不发生系统性风险的底线"。这一调研结果与党中央和政府部门对当前经济工作的要求非常契合，监管当局对

金融稳定状况极其重视。对于货币政策传导效果，监管当局也较为重视，因为其关乎我国的经济发展、物价稳定以及充分就业等目标的实现。这一目标的权重为 19.52%。在银行综合经营方面，总体来看监管当局也较为关注，但对各项分指标的重视程度存在差异。从最终结果来看，监管当局对银行个体风险的重视程度非常高，其权重值为 11.88%；对银行经营效率的重视程度次之，其权重值为 5.95%；对银行收益水平的重视程度最低，其权重值为 3.94%。而在前文的微观协调层面，商业银行对银行个体风险、经营效率和收益水平的重视程度分别为 45.77%、12.63% 和 41.60%。由此可见，在各项指标的重视程度上，商业银行经营者与监管当局之间存在明显的差异。综上可知，监管当局从宏观视角出发，对金融系统稳定的重视程度远远高于货币政策传导效果和商业银行综合经营状况。

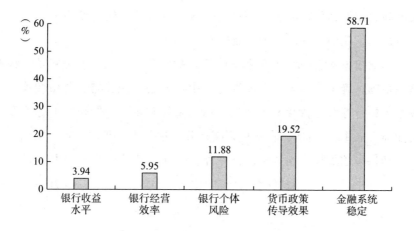

图 12.3　监管当局宏观协调权重

注：第一层次包含金融系统稳定、货币政策传导效果和银行综合经营状况三个指标；第二层次中，银行综合经营状况又包含银行收益水平、个体风险和经营效率三个指标。

二　监管当局宏观监管层面的综合效用

进一步地，依据上述权重对金融系统稳定、货币政策传导效果以及银行综合经营状况等指标进行加权求和，即可得到监管当局在宏观监管层面的综合效用指标。但值得注意的是，由于各指标的量级并不一致，所以我们需要对其进行标准化处理。

首先，在金融系统稳定方面，由于本书的主要研究对象为商业银行，所以我们主要采用商业银行的系统性风险贡献来衡量，而非金融行业的总体风险状况。其内在逻辑为，非利息业务影响金融稳定的主要途径即是通过改变商业银行的系统性风险贡献进而作用于整个金融业的风险水平。同时，由于较高的商业银行系统性风险贡献给监管当局带来了负面效应，所以我们在标准化的过程中对其取负值：

$$SYS'_{it} = \frac{-\left(SYS_{it} - SYS_{\min}\right)}{SYS_{\max} - SYS_{\min}} \tag{12.11}$$

其中，SYS_{it} 代表 i 银行在 t 时期的系统性风险贡献水平，计算方法为 $\Delta CoVaR$，详见前文第十章。$SYS_{\min}$ 和 $SYS_{\max}$ 分别代表样本期内商业银行系统性风险水平的最小值和最大值。

其次，在各银行的货币政策传导效果方面，在前文第十一章中我们主要根据货币政策变量对银行贷款增长率的影响进行衡量，进而通过加入交互项来研究非利息业务对其效果的影响。但此处我们需要将其明确量化为一个具体的指标，上述方法并不适合。因此，我们创新性地采用如下三步法进行构建。

第一，对于第 i 家商业银行，选择贷款增长率（GLOAN）作为其被解释变量，选择我国 7 天期银行间同业拆借利率的年度均值（CHIBOR）作为核心解释变量，同时加入控制变量进行回归分析，由此可得 i 银行的贷款增长率对货币政策的反应程度 λ_i。由于贷款增长率与利率水平之间呈负相关，所以我们对 λ_i 取相反数，即可得到货币政策通过该商业银行进行传导的基础效果 $BMPT_i$。

$$GLOAN_t = \alpha_0 + \lambda_i CHIBOR_t + \sum_{j=1}^{N} \alpha_j Control_t + \xi \tag{12.12}$$

$$BMPT_i = -\lambda_i \tag{12.13}$$

其中，$GLOAN_t$ 代表该银行在第 t 年的贷款增长率；$CHIBOR_t$ 代表第 t 年的 7 天期银行间同业拆借利率的加权均值；$Control$ 代表一系列控制变量，包括权益资产比率、资产规模等，详见前文第十一章。

值得注意的是，经过第一个步骤，i 银行在整个样本期内只得到一个相同的值，即其基础传导效果。但这并未反映其随时间变化的状况，因此我们需要实施第二个步骤来进一步厘清各银行历年的相对状况。

第二，在第 t 年中，不同商业银行面临的货币政策状况基本一致，所以我们可以从截面角度利用各银行的贷款增长率来反映其货币政策传导效果的相对大小。因此，我们对样本银行在第 t 年的贷款增长率进行标准化处理，即可得到每家银行在第 t 年的货币政策传导效果的相对值 $RMPT_{it}$。其标准化处理方法为：

$$RMPT_{it} = \frac{GLOAN_{it} - GLOAN_{\min,t}}{GLOAN_{\max,t} - GLOAN_{\min,t}} \qquad (12.14)$$

其中，$RMPT_{it}$ 代表第 i 家银行在第 t 年中货币政策传导效果的相对值，$GLOAN_{it}$ 代表贷款增长率，$GLOAN_{\max,t}$ 和 $GLOAN_{\min,t}$ 分别代表第 t 年中各样本银行贷款增长率的最大值和最小值。

第三，将 i 银行对货币政策的基础传导效果 $BMPT_i$ 和第 t 年的相对传导效果 $RMPT_{it}$ 相乘，即可得 i 银行在第 t 年对货币政策的总体传导效果 MPT_{it}：

$$MPT_{it} = BMPT_i \times RMPT_{it} \qquad (12.15)$$

进一步地，对各银行的总体传导效果进行标准化处理：

$$MPT'_{it} = \frac{MPT_{it} - MPT_{\min}}{MPT_{\max} - MPT_{\min}} \qquad (12.16)$$

其中，$MPT_{\max}$ 和 $MPT_{\min}$ 分别代表样本期内各商业银行的货币政策传导效果的最大值和最小值。

再次，在银行的综合经营方面，我们也分别对其收益水平、个体风险和经营效率进行了标准化处理。与微观协调层面相似，收益、风险和效率指标的标准化处理方法为：

$$Re'_{it} = \frac{Re_{it} - Re_{\min}}{Re_{\max} - Re_{\min}}; Rs'_{it} = \frac{-(Rs_{it} - Rs_{\min})}{Rs_{\max} - Rs_{\min}}; Eff'_{it} = \frac{Eff_{it} - Eff_{\min}}{Eff_{\max} - Eff_{\min}} \qquad (12.17)$$

其中，Re_{it}、Rs_{it} 和 Eff_{it} 分别代表 i 银行在 t 时期的收益水平、个体风险和经营效率值。$Re_{\min}$、$Rs_{\min}$ 和 $Eff_{\min}$ 分别代表样本期内银行收益、个体风险和经营效率的最小值，$Re_{\max}$、$Rs_{\max}$ 和 $Eff_{\max}$ 则分别代表样本期内银行收益、个体风险和经营效率的最大值。由于风险承担给银行和监管者带来的是负面效应，所以我们对其取负值。银行收益、个体风险和经营效率的具体计算方法见前文微观协调部分。

最后，根据各目标的权重构建宏观监管层面的综合效用指标 $MACI$：

$$MACI_{it} = w_1 \times SYS'_{it} + w_2 \times MPT_{it} + w_3 \times Re'_{it} +$$
$$w_4 \times Rs'_{it} + w_5 \times Eff'_{it} \tag{12.18}$$

三　监管目标的宏观协调机制分析

在调研分析并依据监管当局对监管目标的重视程度构建综合效用指标的基础上，我们进一步构建如下面板门槛模型，探索非利息业务对监管当局综合效用指标的非线性影响，以期能够在多目标条件下确定商业银行非利息收入占营业收入的最优比重或者最优比重区间。

$$MACI_{it} = \beta_0 + \beta_1 NII_{it} I \cdot (NII_{it} \leq \gamma) + \beta_2 NII_{it} I \cdot (NII_{it} > \gamma) + \sum_{j=3}^{k} \beta_j X_{it} + \varphi_{it}$$
$$\tag{12.19}$$

其中，$MACI_{it}$ 代表监管当局在 t 时期对 i 银行进行监管的过程中获得的综合效用；NII 代表总体非利息业务发展水平，计算方法为总体非利息收入占营业收入的比重。根据研究目的，我们将 NII 设置为门槛变量。γ 为门槛值，I（·）则代表示性函数。X_{it} 则代表根据前文内容所选取的一系列控制变量，包括成本收入比（CIR）、贷款资产比率（LA）、权益资产比率（EA）、资产规模（$\ln TA$）、实际 GDP 增长率（$DGDP$）以及居民消费价格指数（CPI）等。具体计算方法不再一一列出，详见前文章节。样本及数据来源亦与前文类似。

首先，利用"格点搜索法"对门槛效应的存在性及门槛个数进行检验，以确定模型的具体形式。我们假设分别存在一个或两个门槛值，进而利用 Bootstrap 自助抽样法（1000 次）得到似然比统计量（LR）及其临界值，并进行检验和判断，检验结果如表 12.10 所示。从中可见，模型中单一门槛效应并不显著，而双重门槛效应则在 5% 的水平下显著。其次，为了进一步保证门槛选择的合理性，我们还进行了三重门槛效应检验，发现三重门槛结果并不显著，具体结果不再列出。同时，从表 12.10 中还可以看出，第一门槛值为 19.70%，第二门槛值为 30.04%。另外，两个门槛值的置信区间分别为 [19.18%，20.19%] 和 [29.98%，30.17%]。

表 12.10　宏观协调：面板门槛效应检验（总体非利息业务）

模型	门槛值（%）	F 值	p 值	10% 临界值	5% 临界值	1% 临界值
单一门槛	19.70	2.64	0.803	8.484	10.098	12.168
双重门槛	19.70 和 30.04	8.53 **	0.037	6.525	7.899	9.355

注：** 表示在 5% 的水平下显著。

依据上述检验，我们将模型设定为双重面板门槛模型并进行实证分析，回归结果如表 12.11 所示。从第（1）列中的基准回归结果可以看出，当非利息收入占营业收入的比重小于等于第一门槛值（$NII \leqslant 19.70\%$）时，非利息业务的发展对监管当局的综合效用指标的影响并不显著；当非利息收入占营业收入的比重位于第一门槛值和第二门槛值之间（$19.70\% < NII \leqslant 30.04\%$）时，非利息业务的发展对监管当局的综合效用指标产生了显著的正向影响；当非利息收入占营业收入的比重超过第二门槛值（$NII > 30.04\%$）时，非利息业务的发展对监管当局的综合效用指标的影响也不显著。另外，由于我国商业银行在 2008 年受到美国次贷危机的影响，且该影响直至 2010 年之后才基本消失。因此，我们剔除了 2011 年之前的样本进行稳健性检验，结果如表 12.11 的第（2）列所示。从中可以看出，在非利息收入占比的各区间内，非利息业务对监管当局综合效用指标的影响依然与第（1）列保持一致，证明研究结果具有稳健性。

上述结果表明，从宏观层面来看，商业银行非利息业务的发展对由金融系统稳定、货币政策传导效果和银行经营状况构成的综合效用指标的影响存在明显的非线性特征。从监管当局的角度出发，商业银行发展非利息业务的合理区间为 [19.70%，30.04%]。无论非利息收入占比是小于 19.70% 还是大于 30.04%，非利息业务带来的影响均不明显。而在这一区间内，非利息业务则对监管当局的综合效用指标产生了显著的积极作用，且其影响系数远大于另外两个区间的影响系数。

表 12.11　宏观协调：面板门槛模型回归结果（总体非利息业务）

变量	（1）基准回归结果	（2）稳健性检验
	MACI	*MACI*
LA	0.996 ** (0.418)	1.342 *** (0.461)

变量	（1）基准回归结果	（2）稳健性检验
	MACI	*MACI*
EA	− 0.0146	− 0.0237
	(0.0250)	(0.0273)
lnTA	− 0.0700	− 0.0810
	(0.0718)	(0.0779)
CIR	0.0146 ***	0.0124 **
	(0.00478)	(0.00498)
DGDP	− 0.00987	− 0.00668
	(0.00836)	(0.00832)
CPI	− 0.0414 ***	− 0.0921 ***
	(0.0121)	(0.0183)
NII（NII≤19.70%）	0.266	0.192
	(0.337)	(0.343)
NII（19.70% < NII≤30.04%）	0.875 **	0.768 **
	(0.358)	(0.361)
NII（NII > 30.04%）	0.219	0.169
	(0.266)	(0.269)
常数项	4.157 **	9.440 ***
	(1.698)	(2.219)
R^2	0.291	0.370
F 值［p］	2.60 [0.004]	2.46 [0.007]

注：***、** 分别表示在1%、5%的水平下显著，括号中为估计系数对应的标准误。

以上主要是从总体非利息业务角度进行分析。进一步地，我们将其分为手续费及佣金业务和交易性业务两类，从分类角度进行分析。与前文一致，我们构建如下面板门槛模型，探索分类非利息业务对监管当局综合效用指标是否存在非线性影响，以期能够在多目标条件下确定手续费及佣金收入和交易性收入占营业收入的最优比重或者最优比重区间。

$$MACI_{it} = \beta_0 + \beta_1 NFC_{it} I \cdot (NFC_{it} \leq \gamma) + \beta_2 NFC_{it} I \cdot (NFC_{it} > \gamma) + \sum_{j=3}^{k} \beta_j X_{it} + \varphi_{it}$$

$$(12.20)$$

$$MACI_{it} = \beta_0 + \beta_1 TNI_{it} I \cdot (TNI_{it} \leq \gamma) + \beta_2 TNI_{it} I \cdot (TNI_{it} > \gamma) + \sum_{j=3}^{k} \beta_j X_{it} + \varphi_{it}$$

$$(12.21)$$

其中，$MACI_{it}$代表监管当局在 t 时期对 i 银行进行监管的过程中获得的综合效用；NFC 代表手续费及佣金业务发展水平，计算方法为手续费及佣金收入占营业收入的比重；TNI 代表交易性业务发展水平，计算方法为交易性收入占营业收入的比重。根据研究目的，我们将 NFC 和 TNI 设置为门槛变量。γ 为门槛值，I（·）则代表示性函数。X_{it}代表一系列控制变量。

我们利用"格点搜索法"对手续费及佣金业务模型中的门槛效应存在性及门槛个数进行检验，结果如表 12.12 所示。从中可以看出，无论是单一门槛效应还是双重门槛效应，在 10% 的水平下均不显著。这一结果表明，手续费及佣金业务对监管当局综合效用指标的影响是线性影响，不存在门槛值。另外，我们从回归结果中发现，手续费及佣金业务对监管当局综合效用指标产生了正向影响。

表 12.12　宏观协调：面板门槛效应检验（手续费及佣金业务）

模型	门槛值（%）	F 值	p 值	10% 临界值	5% 临界值	1% 临界值
单一门槛	14.74	5.10	0.443	10.297	13.018	15.534
双重门槛	14.74 和 15.82	1.74	0.867	6.583	7.965	11.298

注：Bootstrap 自助抽样次数为 1000 次。

进一步地，我们利用"格点搜索法"对交易性业务模型中的门槛效应存在性及门槛个数进行检验，结果如表 12.13 所示。从中可见，模型中单一门槛效应在 5% 的水平下显著，双重门槛效应则并不显著。

表 12.13　宏观协调：面板门槛效应检验（交易性业务）

模型	门槛值（%）	F 值	p 值	10% 临界值	5% 临界值	1% 临界值
单一门槛	3.20	12.23 **	0.023	9.725	11.176	15.287

模型	门槛值（%）	F值	p值	10% 临界值	5% 临界值	1% 临界值
双重门槛	3.20 和 5.52	9.47	0.163	10.669	12.084	16.366

注：**表示在 5% 的水平下显著。Bootstrap 自助抽样次数为 1000 次。

　　根据上述检验结果，我们将模型确定为单一门槛模型，以研究交易性业务对监管当局综合效用指标的非线性影响，回归结果如表 12.14 所示。从中可以看出，当交易性收入占营业收入的比重小于等于临界值 3.20% 时，*TNI* 的估计系数在 1% 的水平下显著为正，即交易性业务发展对监管当局的综合效用指标产生了显著的正向影响；当交易性收入占营业收入的比重超过临界值 3.20% 时，*TNI* 的估计系数并不显著，且交易性业务对综合效用指标的影响由正转负。同时，我们剔除了 2011 年之前的样本进行稳健性检验，结果如表 12.14 的第（2）列所示。从中可以看出，交易性业务对监管当局综合效用指标的影响依然与第（1）列保持一致，证明研究结果具有稳健性。

表 12.14　宏观协调：面板门槛模型回归结果（交易性业务）

变量	（1）基准回归结果	（2）稳健性检验
	MACI	*MACI*
LA	0.333***	0.414***
	(0.114)	(0.126)
EA	−0.0112	−0.0130*
	(0.00684)	(0.00735)
ln*TA*	−0.0219	−0.0279
	(0.0157)	(0.0182)
CIR	0.00329**	0.00447***
	(0.00131)	(0.00137)
DGDP	0.00413**	0.00310
	(0.00200)	(0.00199)
CPI	−0.00324	0.00115
	(0.00321)	(0.00490)

变量	(1) 基准回归结果	(2) 稳健性检验
	MACI	*MACI*
TNI（*TNI*≤3.20%）	1.001 ***	0.473 **
	(0.365)	(0.238)
TNI（*TNI*>3.20%）	−0.0804	−0.0643
	(0.0986)	(0.102)
常数项	0.547	0.133
	(0.446)	(0.597)
R²	0.482	0.466
F 值［p］	12.23 ［0.00］	12.44 ［0.00］

注：***、**、*分别表示在 1%、5%、10% 的水平下显著，括号中为估计系数对应的标准误。

　　上述结果表明，从宏观层面来看，无论是总体非利息业务还是交易性业务对监管当局综合效用指标的影响都存在明显的非线性特征。其中，总体非利息业务的影响大体上偏向于正面，但仅在合理区间内具有显著性，且其影响系数也明显大于其他区间的影响系数；交易性业务对监管当局综合效用指标的影响更偏向于"倒 U"形，即影响效果先正后负。另外，手续费及佣金业务对监管当局综合效用指标的影响为正向的线性影响。从门槛值来看，总体非利息业务（*NII*）的门槛值为 19.70% 和 30.04%，交易性业务（*TNI*）的门槛值为 3.20%。不同种类的非利息业务对监管当局的综合效用指标产生了差异化影响，这主要是由于两类非利息业务之间存在一定程度的性质差异。总体而言，从宏观监管的角度来看，我国商业银行发展非利息业务的合理范围为 ［19.70%，30.04%］，其中交易性业务的合理范围为（0，3.20%］。

第四节　非利息业务发展过程中经营和监管目标的综合协调机制

　　前文分别对非利息业务发展过程中商业银行经营目标的微观协调机制和监管当局监管目标的宏观协调机制进行了分析。从中可以看出，二者对各项指标的重视程度存在明显的差异，因此本节需要进一步从综合视角出发，在目标非一致性的基础上构建非利息业务发展进程中商业银行和监管当局的综合协调机制。本部分先从理论角度采用博弈论方法来刻画非利息业务发展进程中商业银行与监管当局之间的博弈过程，进而结合调研结果探索综合视角下商业银行发展非利息业务的合理范围，以期实现商业银行与监管当局共赢的良好局面。

一　目标非一致性条件下的静态与动态博弈分析

本部分主要利用静态博弈模型、传统动态博弈模型以及动态演化博弈模型，从理论角度进一步分析商业银行经营目标和监管当局监管目标的非一致性，并刻画商业银行在发展非利息业务的过程中与监管当局之间形成的"管制—创新—再管制—再创新"的博弈过程。

非利息业务对商业银行的经营目标和监管当局的监管目标均会产生多维度的影响。与前文研究相一致，本部分假设商业银行在赋予各经营目标权重的基础上构建经营层面的综合效用指标，监管当局在赋予各监管目标权重的基础上构建监管层面的综合效用指标。在博弈分析过程中，参照惯例，我们将综合效用等同于商业银行或者监管当局的综合收益。

当某类非利息业务的发展能够同时提升商业银行和监管当局的综合收益时，此类业务必然得到大力发展。而本部分所分析的非利息业务则是存在差异化影响的业务，即假定该非利息业务对商业银行的综合收益会产生正（负）向影响，但对监管当局的综合收益会产生负（正）向影响。

（一）静态博弈分析

本部分进行静态博弈分析，并进行以下设定。

（1）对于该非利息业务，商业银行的策略包括发展和不发展两种，监管当局的策略包括强监管模式和弱监管模式两种。

（2）利用特定的人力、技术和资金等资源，商业银行发展该非利息业务的收益为 Rn，成本为 Cn。

（3）利用同等的人力、技术和资金等资源，商业银行发展传统业务的收益为 Ri，成本为 Ci，而且 $Rn > Ri$，$Cn < Ci$。

（4）商业银行发展该非利息业务相对于传统业务的超额收益为 $M = $

$(Rn - Cn) - (Ri - Ci)$。

（5）当商业银行未发展该非利息业务或者发展该非利息业务但监管当局并未实施强监管模式时，商业银行将得到综合奖励收益 R。当商业银行发展该非利息业务且监管当局实施强监管模式时，此时商业银行可能受到惩罚，即使未受到惩罚也会被要求整改。商业银行受到惩罚以及后续整改所付出的总成本为 P。

（6）监管当局限制商业银行发展该非利息业务获得的收益为 L。监管当局实施弱监管模式的成本为 Cw，实施强监管模式的成本为 Cs。Cs 大于 Cw，因为在强监管模式下，监管当局在调查、研究、出台政策等多个方面要支付更多成本。实施强监管模式相对于实施弱监管模式付出的额外成本为 $N = Cs - Cw$。

（7）在混合策略分析部分，假设商业银行发展该非利息业务的概率为 α，不发展的概率为 $1 - \alpha$；监管当局实施强监管模式的概率为 β，实施弱监管模式的概率为 $1 - \beta$。

1. 纯策略均衡分析

根据设定，我们在表 12.15 中给出了纯策略情况下的收益矩阵。由收益矩阵可知，商业银行与监管当局的策略组合共四种。第一种策略组合为（发展，强监管），在此情况下，虽然商业银行通过发展该业务得到了收益 Rn，消耗了成本 Cn，但由于监管者实施了强监管模式，商业银行失去奖励 R，而且需要支出惩罚及后续整改的成本 P，因此其总收益为 $Rn - Cn - P$；监管当局实施强监管模式付出了超额成本 Cs，但也获得了限制银行发展该业务带来的收益 L，因此其总收益为 $L - Cs$。第二种策略组合为（不发展，强监管），商业银行利用同样的资源发展传统业务，获得收益 Ri，消耗成本 Ci，同时得到相应的综合奖励 R，因此其总收益为 $Ri - Ci + R$；监管当局实施强监管模式付出了超额成本 Cs，但未获得收益 L，因此其总收益为 $-Cs$。第三种策略组合为（发展，弱监管），商业银行通过发展该业务得到了收益 Rn，消耗了成本 Cn，而且由于监管力度较小，依然能够得到奖励 R，因此其总收益为 $Rn - Cn + R$，监管当局付出监管成本 Cw，因此其总收益为 $-Cw$。第四种策略组合为（不发展，弱监管），商业银行发展传统业务且得到奖励，总收益为 $Ri - Ci + R$，监管当局总收益为 $-Cw$。

表 12.15　纯策略收益矩阵

		监管当局	
		强监管	弱监管
商业银行	发展	$(Rn - Cn - P,\ L - Cs)$	$(Rn - Cn + R,\ -Cw)$
	不发展	$(Ri - Ci + R,\ -Cs)$	$(Ri - Ci + R,\ -Cw)$

若 $L < Cs - Cw$ 即 $L < N$，受到新业务监管难度较大等因素的影响，政府实施强监管模式需要耗费过多的成本，因此将实行弱监管模式，此时存在唯一的纳什均衡（发展，弱监管）。

若 $L > Cs - Cw$ 即 $L > N$，又分为两种情况。第一种情况为 $Rn - Cn - P > Ri - Ci + R$，即 $M > R + P$，商业银行发展此类非利息业务相对于传统业务的超额收益大于银行被强监管之后的惩罚与整改成本加上银行不发展该类业务时的奖励之和，此时存在唯一的纳什均衡（发展，强监管）。这一情况表明，在非利息业务带来的收益足够高的情况下，商业银行即使面临较大的监管力度，依然有动力去发展此类业务。第二种情况为 $Rn - Cn - P < Ri - Ci + R$，即 $M < R + P$，商业银行发展此类非利息业务相对于传统业务的超额收益小于银行被强监管之后的惩罚与整改成本加上银行不发展该类业务时的奖励之和，此时不存在纯策略纳什均衡解。

2. 混合策略贝叶斯均衡分析

根据设定，我们在表 12.16 中给出了混合策略情况下的收益矩阵。

表 12.16　混合策略收益矩阵

		监管当局	
		强监管 β	弱监管 $1 - \beta$
商业银行	发展 α	$(Rn - Cn - P,\ L - Cs)$	$(Rn - Cn + R,\ -Cw)$
	不发展 $1 - \alpha$	$(Ri - Ci + R,\ -Cs)$	$(Ri - Ci + R,\ -Cw)$

商业银行的混合策略组合为 $(\alpha,\ 1 - \alpha)$，其期望收益 Eb 为：

$$Eb = \alpha \times [\beta(Rn - Cn - P) + (1 - \beta)(Rn - Cn + R)] + (1 - \alpha) \times (Ri - Ci + R)$$
$$= \alpha \times [M - \beta(P + R)] + Ri - Ci + R \tag{12.22}$$

商业银行的期望收益函数对发展该非利息业务的概率 α 求偏导，并令其为 0，则有：

$$\frac{\partial Eb}{\partial \alpha} = M - \beta \times (P + R) = 0 \quad 解得 : \beta^* = \frac{M}{P + R} \quad (12.23)$$

监管当局的混合策略组合为 $(\beta, 1 - \beta)$，其期望收益 Es 为：

$$Es = \beta \times [\alpha(L - Cs) + (1 - \alpha)(-Cs)] = \beta \times (\alpha L - Cs + Cw) - Cw$$
$$= \beta \times (\alpha L - N) - Cw \quad (12.24)$$

监管当局的期望收益函数对实施强监管模式的概率 β 求偏导，并令其为 0，则有：

$$\frac{\partial Es}{\partial \beta} = \alpha L - N = 0 \quad 解得 : \alpha^* = \frac{N}{L} \quad (12.25)$$

据此，在商业银行的策略选择方面，当 $\beta > M / (P + R)$ 时，商业银行的期望收益与发展该非利息业务的概率 α 成反比，其最优策略是不发展该非利息业务；当 $\beta < M / (P + R)$ 时，商业银行的期望收益与发展该非利息业务的概率 α 成正比，其最优策略是发展该非利息业务。这一结果表明，在监管当局实施强监管模式的概率较大的情况下，商业银行考虑到失去奖励、受到惩罚以及后续整改等因素，将倾向于不发展非利息业务；而在监管当局实施强监管模式的概率较小的情况下，以上因素影响较小，商业银行出于逐利动机倾向于发展非利息业务。

在监管当局的策略选择方面，当 $\alpha > N/L$ 时，监管当局的期望收益与实施强监管模式成正比，其最优策略是实施强监管模式；当 $\alpha < N/L$ 时，监管当局的期望收益与实施强监管模式成反比，其最优策略是实施弱监管模式。N 为监管当局实施强监管模式需要支付的额外成本，L 则是限制银行发展该非利息业务给监管当局带来的综合收益。因此，N/L 是监管当局对监管成本和综合收益的具体权衡。这一结果表明，当商业银行发展该非利息业务的概率大于这一权衡指标时，监管当局实施强监管模式的收益相对较高，因此倾向于强监管；反之，监管当局实施强监管模式的成本相对较高，因此倾向于弱监管。

（二）传统动态博弈分析

在实际监管过程中，监管当局对商业银行的监管并非只有一次，因此会产生重复博弈。商业银行和监管当局也可以根据对方的策略再调整自身策略。因此，本部分在静态博弈的基础上增加以下设定，对二者进行动态博弈分析。

（1）商业银行在第 1 期就选择了是否发展该非利息业务。之所以如此设定，是因为即使商业银行是在第 x 期选择是否发展，那么在 x 之前的时期对本模型的分析并无意义，我们可以删除前置时期并将第 x 期重新设定为第 1 期。

（2）监管当局的监管模式在第 T 期由弱监管转变为强监管。

（3）监管当局实施强监管模式的成本变为 Cs（T），即该成本是 T 的函数。

（4）引入贴现因子 δ，且其取值范围为 $(0, 1)$。

根据以上设定可知，如果商业银行选择发展该非利息业务，则其收益为：

$$
\begin{aligned}
\sum_{i=1}^{T-1} & \delta^{i-1}(Rn - Cn + R) + \delta^{T-1}(Rn - Cn - P) \\
&= \frac{1 - \delta^{T-1}}{1 - \delta}(Rn - Cn + R) + \delta^{T-1}(Rn - Cn - P)
\end{aligned} \tag{12.26}
$$

如果商业银行选择不发展该非利息业务，则其收益为：

$$
\sum_{i=1}^{T} \delta^{i}(Ri - Ci + R) = \frac{1 - \delta^{T}}{1 - \delta}(Ri - Ci + R) \tag{12.27}
$$

两种情况下商业银行收益的差值为：

$$
\begin{aligned}
\frac{1 - \delta^{T-1}}{1 - \delta}(Rn - Cn + R) &+ \delta^{T-1}(Rn - Cn - P) - \frac{1 - \delta^{T}}{1 - \delta}(Ri - Ci + R) \\
&= \frac{1 - \delta^{T}}{1 - \delta}M - \delta^{T-1}(P + R)
\end{aligned} \tag{12.28}
$$

监管者在前期选择弱监管模式，在第 T 期选择强监管模式的收益为：

$$
\sum_{i=1}^{T-1} \delta^{i-1}(-Cw) + \delta^{T-1}[L - Cs(n)] = \frac{1 - \delta^{T-1}}{1 - \delta}(-Cw) + \delta^{T-1}[L - Cs(n)] \tag{12.29}
$$

监管者始终选择弱监管模式的收益为：

$$
\sum_{i=1}^{T} \delta^{i}(-Cw) = -\frac{1 - \delta^{T}}{1 - \delta}Cw \tag{12.30}
$$

两种情况下监管者收益的差值为：

$$\frac{1-\delta^{T-1}}{1-\delta}(-Cw)+\delta^{T-1}[L-Cs(n)]+\frac{1-\delta^{T}}{1-\delta}Cw=\delta^{T-1}[L-Cs(T)+Cw]$$

(12.31)

若 $(1-\delta^{T})M/(1-\delta)>\delta^{T-1}(P+R)$，即商业银行发展该非利息业务的累计超额收益的现值大于在第 T 期被强监管之后所造成的惩罚及整改成本的现值之和，则商业银行的最优策略为发展该非利息业务。若 $(1-\delta^{T})M/(1-\delta)<\delta^{T-1}(P+R)$，即商业银行发展该非利息业务的累计超额收益的现值小于在第 T 期被强监管之后所造成的惩罚及整改成本的现值之和，则商业银行的最优策略为不发展该非利息业务。

由此可知，超额收益 M 越多，商业银行发展该非利息业务的动力越大；监管当局给予的综合奖励越多以及商业银行发展非利息业务被强监管之后的整改成本越高，商业银行发展该非利息业务的动力越小；贴现因子 δ 越小，商业银行越注重短期利益，发展该非利息业务的动力越大。另外，值得注意的是，监管当局实施强监管模式的时期 T 越晚，商业银行发展该业务的累计超额收益的现值越高，被强监管之后所造成的惩罚及整改成本的现值之和越小，从而也越有动力去发展该非利息业务。

此外，监管当局在第 T 期实施强监管模式，此时有 $L-Cs(T)+Cw>0$，即 $L>Cs(T)-Cw=N$。这一结果表明，监管当局实施强监管模式的时期必然是收益 L 高于额外成本 N 的时期。值得注意的是，$Cs'(T)$ 小于零，即该函数为减函数。其原因在于，该非利息业务的发展时间越长，监管当局对其了解和研究越多，监管成本必然呈现下降趋势。所以，随着 T 的增大，$L-Cs(T)+Cw$ 逐渐增大。但与之相反，随着 T 的增大，δ^{T} 却逐渐减小。因此，监管当局会选择最有利的时期实施强监管模式，以最大化其综合收益。

（三）动态演化博弈分析

传统博弈模型假定参与人完全理性，且其策略均是在完全信息的条件下制定的。但在实际博弈过程中，商业银行和监管当局并非完全理性，而且双方掌握的信息也不完全一致。因此，本部分在传统博弈的基础上进一步增加以下假定，对非利息业务发展进程中商业银行和监管当局的行为进行动态演化博弈分析。

（1）在发展或监管非利息业务的过程中，商业银行和监管当局都是有限理性的，即存在人性边界的内在约束。

（2）在非利息业务的发展和监管方面，商业银行和监管当局之间存在一定程度的信息不对称。

（3）商业银行和监管当局的博弈过程是一个双方不断学习与调整策略的过程，具有长期性和连续性特点。

结合前文的假定可知，商业银行发展策略与监管当局监管策略可以衍生出四种不同的组合。由表 12.16 的收益矩阵可得，当商业银行发展非利息业务时，其期望收益为：

$$U_{bn} = \beta(Rn - Cn - P) + (1 - \beta)(Rn - Cn + R) = Rn - Cn + R - \beta(P + R)$$

$$(12.32)$$

当商业银行不发展非利息业务时，其期望收益为：

$$U_{bi} = \beta(Ri - Ci + R) + (1 - \beta)(Ri - Ci + R) = Ri - Ci + R \qquad (12.33)$$

因此，当商业银行实施混合策略时，其平均收益为：

$$\bar{U}_b = \alpha U_{bn} + (1 - \alpha) U_{bi} \qquad (12.34)$$

同理，监管当局实施强监管时的期望收益为：

$$U_{ss} = \alpha(L - Cs) + (1 - \alpha)(- Cs) = \alpha L - Cs \qquad (12.35)$$

监管当局实施弱监管的期望收益为：

$$U_{sw} = \alpha(- Cw) + (1 - \alpha)(- Cw) = - Cw \qquad (12.36)$$

因此，当监管当局实施混合策略时，其平均收益为：

$$\bar{U}_s = \beta U_{ss} + (1 - \beta) U_{sw} \qquad (12.37)$$

进而，结合式（12.29）、式（12.30）和式（12.31），商业银行的协同发展过程可用复制动态方程表达为：

$$f(\alpha) = \frac{d\alpha}{dt} = \alpha(U_{bn} - \bar{U}_b) = \alpha(1 - \alpha)(U_{bn} - U_{bi})$$

$$= \alpha(1 - \alpha)[Rn - Cn - Ri + Ci - \beta(P + R)]$$

$$= \alpha(1 - \alpha)[M - \beta(P + R)] \qquad (12.38)$$

同理，结合式（12.32）、式（12.33）和式（12.34），监管当局的协同过程可用复制动态方程表达为：

$$f(\beta) = \frac{d\beta}{dt} = \beta(U_{ss} - \bar{U}_s) = \beta(1-\beta)(U_{ss} - U_{sw}) = \beta(1-\beta)(\alpha L - Cs + Cw)$$

$$= \beta(1-\beta)(\alpha L - N) \tag{12.39}$$

进一步地，利用雅可比矩阵的局部稳定性来分析博弈模型均衡点的稳定性，雅可比矩阵是以 n 个 n 元函数的偏导数为元素的一种矩阵形式。所以，将 $f(\alpha)$、$f(\beta)$ 分别对 α、β 求偏导，可得雅可比矩阵 J 为：

$$J = \begin{bmatrix} (1-2\alpha)[M-\beta(P+R)] & \alpha(1-\alpha)(-P-R) \\ \beta(1-\beta)L & (1-2\beta)(\alpha L - N) \end{bmatrix} \tag{12.40}$$

联立式（12.38）、式（12.39）两个复制动态方程，构造方程组，令 $f(\alpha)=0$，$f(\beta)=0$，可以求出以下 5 个均衡点 N_1（0，0）、N_2（0，1）、N_3（1，0）、N_4（1，1）、N_5（N/L，M/（P+R））。

将 5 个均衡点分别代入雅可比矩阵 J 中，可得特征根情况如下所示。

（1）对于均衡点 N_1（0，0），其雅可比矩阵为：

$$J_{N_1} = \begin{bmatrix} M & 0 \\ 0 & -N \end{bmatrix} \tag{12.41}$$

可求得其特征根为 $\lambda_1 = M$，$\lambda_2 = -N$。

（2）对于均衡点 $N_2(0,1)$，其雅可比矩阵为：

$$J_{N_2} = \begin{bmatrix} M-P-R & 0 \\ 0 & -N \end{bmatrix} \tag{12.42}$$

可求得其特征根为 $\lambda_1 = M-P-R$，$\lambda_2 = -N$。

（3）对于均衡点 $N_3(1,0)$，其雅可比矩阵为：

$$J_{N_3} = \begin{bmatrix} -M & 0 \\ 0 & L-N \end{bmatrix} \tag{12.43}$$

可求得其特征根为 $\lambda_1 = -M$，$\lambda_2 = L-N$。

（4）对于均衡点 $N_4(1,1)$，其雅可比矩阵为：

$$J_{N_4} = \begin{bmatrix} P+R-M & 0 \\ 0 & N-L \end{bmatrix} \tag{12.44}$$

可求得其特征根为 $\lambda_1 = P + R - M$，$\lambda_2 = N - L$。

（5）对于均衡点 N_5（N/L，$M/$（$P+R$）），其雅可比矩阵为：

$$J_{N_5} = \begin{bmatrix} 0 & \dfrac{N(N-L)(P+R)}{L^2} \\ \dfrac{M(P+R-M)L}{(P+R)^2} & 0 \end{bmatrix} \qquad (12.45)$$

已知 N_5 为系统演化区域内的一点，所以 $0 < \dfrac{N}{L} \leqslant 1$，$0 < \dfrac{M}{P+R} \leqslant 1$。

根据特征根的求解公式得 $\lambda^2 = \dfrac{N(N-L)(P+R)}{L^2} \times \dfrac{M(P+R-M)L}{(P+R)^2}$，

只有当 $N > L$ 且 $P + R > M$，或者 $N < L$ 且 $P + R < M$ 时，

$\dfrac{N(N-L)(P+R)}{L^2} \times \dfrac{M(P+R-M)L}{(P+R)^2} > 0$ 才能成立，所以可得特征根为：

$$\lambda_1 = \sqrt{\dfrac{N(N-L)(P+R)}{L^2} \times \dfrac{M(P+R-M)L}{(P+R)^2}}$$

$$\lambda_2 = -\sqrt{\dfrac{N(N-L)(P+R)}{L^2} \times \dfrac{M(P+R-M)L}{(P+R)^2}} \qquad (12.46)$$

微分方程的局部稳定性可以通过由其构成的矩阵的特征根的符号情况确定，若一均衡点所对应的特征根均具有负实部，则为局部渐进稳定点；若其至少有一个正实部，说明该点为不稳定点，其中，特征根有异号实根时，该点为鞍点。由此可知，5 个均衡点中 N_1（0，0）恒为局部渐进稳定点，而 N_2（0，1）、N_3（1，0）两点均满足两个特征根中至少有一个正实部根，则这两点均为不稳定点；N_4（1，1）在满足 $N > L$ 且 $P + R > M$，或者 $N < L$ 且 $P + R < M$ 时，可为局部渐进稳定点；至于 N_5（N/L，$M/$（$P+R$）），由于其两个特征根为异号实根，则其为鞍点，也即不稳定点。

综合分析，在 5 个均衡点中有 2 个演化稳定策略（ESS），分别为（发展，强监管）、（不发展，弱监管）这两种纳什均衡结果，即当系统处于稳定状态时，商业银行和监管当局的最终决策或者是商业银行发展非利息业务，同时监管当局进行强监管，或者是商业银行不发展非利息业务，同时监管当局进行弱监管。具体的动态演化相位图如图 12.4 所示。

从图中可以看出，由 N_1（0，0）、N_2（0，1）、N_3（1，0）和 N_4（1，

1）四个均衡点构成的总面积为系统演化趋势变动区域，N_5 为区域中的鞍点。当鞍点（初始状态）在该区域的左下方时，系统倾向收敛于 N_1（0，0）点，意味着商业银行不会发展非利息业务，监管当局采取弱监管措施；当初始状态位于该区域的右上方时，系统倾向收敛于 N_4（1，1）点，意味着双方分别采取发展非利息业务和实施强监管措施。由此可见，系统的演化方向对初始状态有一定的敏感性，初始状态的变动会影响演化均衡的结果。当然，从现实角度来看，金融行业的业务创新和监管当局的监管方式均在不断演化。尤其是在金融与科技迅速融合的当下，我国商业银行的非利息业务发展状况以及监管当局的监管模式与力度也在不断发生变化，双方的博弈将会长期持续。

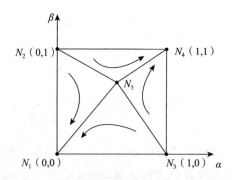

图 12.4　商业银行与监管当局动态演化相位图

二　共赢目标下的综合协调机制分析

根据静态博弈模型和动态博弈模型的分析结果可知，从理论角度来看，在非利息业务的发展过程中，商业银行和监管当局之间存在较强的目标和利益的非一致性。一般而言，监管当局在监管目标方面更注重金融稳定和服务实体经济，而商业银行在经营目标方面对风险的重视程度低于监管当局，对收益和效率的重视程度高于监管当局。因此，本部分将在上文商业银行经营目标的微观协调机制和监管当局监管目标的宏观协调机制的基础上，从综合视角出发进一步构建非利息业务发展进程中的综合协调机制，以期实现多方共赢。具体而言，本部分的内容既包括对银行业发展非利息业务的合理范围的探究，还包括与之配套的宏微观协调、指标体系协调和监管机构协调等相关制度的完善。

当然，本章第二节和第三节中的问卷调研结果也从现实角度验证了商业银行与监管当局之间存在明显的目标非一致性。在商业银行的经营层面，其在收益水平、个体风险和经营效率三个指标上分配的效用权重分别为41.60%、45.77%和12.63%。而在监管当局的监管层面，其对金融系统稳定分配的效用权重高达58.71%，对货币政策传导效果分配的效用权重为19.52%，对收益水平、个体风险和经营效率分配的权重分别为3.94%、11.88%和5.95%。即使只关注第二层次的银行综合经营指标，监管当局对收益水平、个体风险和经营效率分配的效用权重也分别为18.10%、54.57%和27.33%，与商业银行的效用权重结果存在很大差异，尤其是在收益水平和经营效率两个方面。上述结果进一步验证了构建综合协调机制的必要性。

（一）综合协调视角下非利息业务发展的合理范围

首先，我们将结合前文微观协调和宏观协调的研究，进一步探究综合协调情形下银行业发展非利息业务的合理区间，以期能够兼顾监管当局与商业银行的利益，实现业务发展与监管的共赢。从商业银行经营指标的微观协调机制来看，银行业发展非利息业务的合理范围为（0，25.17%]，即临界值为25.17%，超过该临界值之后非利息业务对银行综合效用开始产生负面影响；从监管当局监管指标的宏观协调机制来看，银行业发展非利息业务的合理范围为[19.70%，30.04%]，在此区间内非利息业务对监管当局的综合效用能够产生显著的促进作用。（0，25.17%]和[19.70%，30.04%]的交叉区间为[19.70%，25.17%]，它便可以在一定程度上初步代表综合视角下我国银行业非利息业务发展的合理区间。

为了保证研究结果的准确性，我们进一步结合问卷调查和专家调研的现实结果进行分析。为了构建综合协调机制，我们在问卷调查部分为商业银行和监管当局都设计了相应的问题（具体见附录部分）。问题的核心思想为，商业银行在发展非利息业务的过程中需要兼顾监管当局的利益，因此需要其进一步考虑货币政策传导效果和金融系统稳定因素；监管当局在监管非利息业务的过程中亦需适当兼顾商业银行的利益，以实现双方效用水平的均衡。在此基础上，受访者对金融系统稳定、货币政策传导效果、银行收益、个体风险和经营效率等指标间的重要程度重新进行了判断和比较。当然，与前文一致，如果专家的问卷调查结果存在明显的逻辑问题，或者与后续访谈内容的倾向性差异过大，我们将其认定为无效样本。

本节根据问卷调查和专家访谈报告的结果，采用层次分析法，构造判断矩阵，确定综合协调视角下各方对金融系统稳定、货币政策传导效果、银行综合经营状况等多项指标的重视程度。在构造判断矩阵的过程中，我们对商业银行经营领域的专家问卷调查结果求均值；同样，我们也对监管领域的专家问卷调查结果求均值。由于商业银行和监管当局的地位并不对等，所以计算最终结果会牵涉两组均值的赋权问题。考虑这一因素，我们从两个领域的受访者中进行筛选，找出同时拥有商业银行工作经历和监管当局工作经历的 7 位专家，让其对综合协调过程中监管当局和商业银行双方的效用权重进行分配。然后求其均值，得到综合协调过程中监管当局和商业银行的效用权重分别为 68.2% 和 31.8%。据此，我们对两组均值再进行加权平均，最终求得综合协调视角下的判断矩阵。矩阵一致性检验结果如表 12.17 所示。从中可以看出，一致性比率 CR 的值为 0.078，小于 0.1，通过了一致性检验。

表 12.17　综合协调层面判断矩阵一致性检验结果

最大特征值	CI	RI	CR	一致性检验结果
5.346	0.087	1.120	0.078	通过

依据判断矩阵计算得到的各目标权重如图 12.5 所示。从中可以看出，在对商业银行和监管当局进行综合协调之后，金融系统稳定的效用权重依然最高，为 41.01%。这主要是由于我国要求"牢牢守住不发生系统性风险的底线"，商业银行和监管当局对此具备共识，因此其重要程度居于首位。货币政策传导效果的效用权重为 19.72%，证明金融服务实体经济较为重要。同时，从银行的具体指标来看，其收益水平、个体风险和经营效率的权重分别为 10.40%、20.52% 和 8.34%。这说明在综合协调视角下，监管当局和商业银行对个体风险均保持较高的关注度，明显高于收益水平和经营效率。

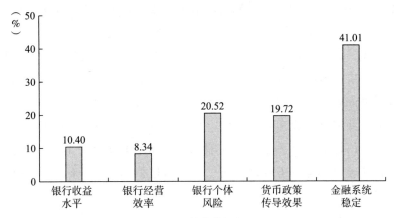

图 12.5　综合协调权重

进一步地，对金融系统稳定、货币政策传导效果、银行收益水平、个体风险及经营效率等指标进行标准化处理。其中，货币政策传导效果指标的计算方法与前文保持一致，即利用"三步法"构建并进行标准化处理。同时，由于较高的银行个体风险和系统性风险贡献给商业银行和监管当局带来的是负面效应，所以我们在标准化之后对其取负值。依据上述权重值即可求得非利息业务发展进程中商业银行和监管当局综合协调下的效用指标 $CCUI$：

$$CCUI_{it} = w'_1 \times SYS'_{it} + w'_2 \times MPT'_{it} + w'_3 \times Re'_{it} + w'_4 \times Rs'_{it} + w'_5 \times Eff'_{it}$$

$$(12.47)$$

其中，i 和 t 分别代表银行和年份，SYS'、MPT'、Re'、Rs' 和 Eff' 则分别代表金融系统稳定、货币政策传导效果、银行收益水平、个体风险和经营效率等指标，w' 则代表图 12.5 中各指标的权重值。

在此基础上，我们进一步构建如下面板门槛模型，探索非利息业务对综合协调效用指标的非线性影响，以期能够在多目标条件下确定商业银行非利息收入占营业收入的最优比重或者最优比重区间。

$$CCUI_{it} = \beta_0 + \beta_1 NII_{it}I \cdot (NII_{it} \leqslant \gamma) + \beta_2 NII_{it}I \cdot (NII_{it} > \gamma) + \sum_{j=3}^{k} \beta_j X_{it} + \varphi_{it}$$

$$(12.48)$$

其中，$CCUI_{it}$ 代表商业银行和监管当局综合协调下的效用指标，NII 代表总体非利息业务发展水平。根据研究目的，我们将 NII 设置为门槛变量。γ 为门槛值，I（·）则代表示性函数。X_{it} 则代表根据前文内容所选取的一系列控制变量，详见前文章节。样本及数据来源亦与前文类似。

　　首先，利用"格点搜索法"对门槛效应的存在性及门槛个数进行检验，以确定模型的具体形式。我们假设分别存在一个或两个门槛值，进而利用 Bootstrap 自助抽样法（1000 次）得到似然比统计量（LR）及其临界值，并进行检验和判断，检验结果如表 12.18 所示。从中可见，模型中单一门槛效应并不显著，而双重门槛效应则在 5% 的水平下显著。同时，从表 12.18 中还可以看出，第一门槛值为 22.20%，第二门槛值为 26.74%。

表 12.18　综合协调：面板门槛效应检验（总体非利息业务）

模型	门槛值（%）	F 值	p 值	10% 临界值	5% 临界值	1% 临界值
单一门槛	22.20	1.58	0.903	8.304	9.622	13.342
双重门槛	22.20 和 26.74	6.09**	0.030	4.365	5.525	7.716

　　注：** 表示在 5% 的水平下显著。

　　依据上述检验，我们将模型设定为双重面板门槛模型并进行实证分析，回归结果如表 12.19 所示。从第（1）列中的基准回归结果可以看出，当非利息收入占营业收入的比重小于等于第一门槛值（$NII \leqslant$ 22.20%）时，非利息业务的发展对综合协调下的效用指标的影响并不显著；当非利息收入占营业收入的比重位于第一门槛值和第二门槛值之间（22.20% $< NII \leqslant$ 26.74%）时，非利息业务的发展对综合协调下的效用指标产生了显著的正向影响；当非利息收入占营业收入的比重超过第二门槛值（$NII >$ 26.74%）时，非利息业务的发展对综合协调下的效用指标的影响也不显著。另外，由于我国商业银行在 2008 年受到美国次贷危机的影响，且该影响直至 2010 年之后才基本消失。因此，我们剔除了 2011 年之前的样本进行稳健性检验，结果如表 12.19 的第（2）列所示。从中可以看出，在非利息收入占比的各区间内，非利息业务对综合协调下的效用指标的影响依然与第（1）列保持一致，证明研究结果具有稳健性。

　　上述结果表明，从综合协调层面来看，商业银行非利息业务的发展对由金融系统稳定、货币政策传导效果和银行经营状况构成的综合效用指标的影响存在明显的非线性特征。在综合协调视角下，商业银行发展非利息业务的合理区间为［22.20%，26.74%］。无论非利息收入占比是小于22.20%还是大于26.74%，非利息业务带来的影响均不明显。而在这一区间内，非利息业务则对综合协调下的效用指标产生了显著的积极作用，且其影响系数远大于另外两个区间的影响系数。究其原因，可能是由于在初始阶段非利息业务发展虽然对金融系统稳定和银行经营都有一定的积极影响，但其对货币政策传导效果的负面影响也较大，产生了一定的抵消作用；而随着非利息业务规模的扩大，正向影响效果明显超越了负面影响效果；但随着规模继续扩大，非利息收入占比超过第二门槛值之后，其边际效应逐步减弱，影响效果不再显著。

表 12.19 综合协调：面板门槛模型回归结果（总体非利息业务）

变量	（1）基准回归结果 CCUI	（2）稳健性检验 CCUI
LA	0.507 ** (0.230)	0.604 ** (0.293)
EA	0.0234 * (0.0138)	0.0214 (0.0181)
lnTA	− 0.00650 (0.0413)	− 0.0164 (0.0517)
CIR	0.00329 (0.00262)	0.00249 (0.00313)
DGDP	− 0.00360 (0.00497)	− 0.00531 (0.00501)
CPI	− 0.0383 *** (0.00655)	− 0.0557 *** (0.0108)
NII（NII≤22.20%）	0.00222 (0.00198)	0.000667 (0.00221)
NII（22.20% < NII≤26.74%）	0.00582 *** (0.00207)	0.00491 * (0.00280)

变量	（1）基准回归结果	（2）稳健性检验
	CCUI	CCUI
NII（$NII > 26.74\%$）	0.00214	0.00119
	(0.00152)	(0.00170)
常数项	3.823***	5.785***
	(0.944)	(1.382)
R^2	0.674	0.538
F 值［p］	5.20［0.00］	4.05［0.00］

注：***、**、*分别表示在 1%、5%、10% 的水平下显著，括号中为估计系数对应的标准误。

以上主要是从总体非利息业务角度进行分析。进一步地，我们将其分为手续费及佣金业务和交易性业务两类，从分类角度进行分析。与前文一致，我们构建如下面板门槛模型，探索分类非利息业务对综合协调下的效用指标是否存在非线性影响，以期能够在多目标条件下确定手续费及佣金收入和交易性收入占营业收入的最优比重或者最优比重区间。

$$CCUI_{it} = \beta_0 + \beta_1 NFC_{it} I \cdot (NFC_{it} \leq \gamma) + \beta_2 NFC_{it} I \cdot (NFC_{it} > \gamma) + \sum_{j=3}^{k} \beta_j X_{it} + \varphi_{it}$$
$$(12.49)$$

$$CCUI_{it} = \beta_0 + \beta_1 TNI_{it} I \cdot (TNI_{it} \leq \gamma) + \beta_2 TNI_{it} I \cdot (TNI_{it} > \gamma) + \sum_{j=3}^{k} \beta_j X_{it} + \varphi_{it}$$
$$(12.50)$$

其中，$CCUI_{it}$ 代表商业银行和监管当局综合协调下的效用指标；NFC 代表手续费及佣金业务发展水平，TNI 代表交易性业务发展水平。根据研究目的，我们将 NFC 和 TNI 设置为门槛变量。γ 为门槛值，I（·）则代表示性函数。X_{it} 代表一系列控制变量。

我们利用"格点搜索法"对手续费及佣金业务模型中的门槛效应存在性及门槛个数进行检验，结果如表 12.20 所示。从中可以看出，无论是单一门槛效应还是双重门槛效应，在 10% 的水平下均不显著。这一结果表明，手续费及佣金业务对综合协调下的效用指标的影响是线性影响，不存在门槛值。另外，我们从回归结果中发现，手续费及佣金业务对效用值产生了正向影响。

表 12.20　综合协调：面板门槛效应检验（手续费及佣金业务）

模型	门槛值（%）	F 值	p 值	10% 临界值	5% 临界值	1% 临界值
单一门槛	14.70	5.10	0.260	10.364	11.234	13.277
双重门槛	14.70 和 16.08	− 2.94	1.000	7.607	9.915	12.956

注：Bootstrap 自助抽样次数为 1000 次。

进一步地，我们对交易性业务模型中的门槛效应存在性及门槛个数进行检验，结果如表 12.21 所示。从中可见，模型中单一门槛效应在 10% 的水平下显著，双重门槛效应则并不显著。

表 12.21　综合协调：面板门槛效应检验（交易性业务）

模型	门槛值（%）	F 值	p 值	10% 临界值	5% 临界值	1% 临界值
单一门槛	4.06	8.42 *	0.063	7.040	8.952	12.424
双重门槛	1.92 和 4.06	1.65	0.570	5.477	8.070	12.684

注：* 表示在 10% 的水平下显著。Bootstrap 自助抽样次数为 1000 次。

根据上述检验结果，我们将模型确定为单一门槛模型，以研究交易性业务对综合协调下的效用指标的非线性影响，回归结果如表 12.22 所示。从中可以看出，当交易性收入占营业收入的比重小于等于临界值 4.06% 时，TNI 的估计系数在 10% 的水平下显著为正，即交易性业务发展对综合协调下的效用指标产生了显著的正向影响；当交易性收入占营业收入的比重超过临界值 4.06% 时，TNI 的估计系数并不显著，且交易性业务对综合协调效用指标的影响由正转负。与前文一致，我们剔除了 2011 年之前的样本进行稳健性检验，结果如表 12.22 的第（2）列所示。从中可以看出，交易性业务对银行综合效用指标的影响依然与第（1）列保持一致，证明研究结果具有稳健性。

表 12.22　综合协调：面板门槛模型回归结果（交易性业务）

变量	（1）基准回归结果	（2）稳健性检验
	CCUI	CCUI
LA	0.448 ***	0.250 *
	(0.156)	(0.134)

续表

变量	（1）基准回归结果	（2）稳健性检验
	CCUI	CCUI
EA	− 0.0425 ***	− 0.0259 ***
	(0.00931)	(0.00805)
lnTA	− 0.0579 ***	− 0.0332 *
	(0.0214)	(0.0185)
CIR	0.00726 ***	0.00496 ***
	(0.00178)	(0.00154)
DGDP	0.00308	0.00346
	(0.00272)	(0.00236)
CPI	− 0.0200 ***	− 0.00531
	(0.00436)	(0.00376)
TNI（TNI ≤ 4.06%）	0.00758 *	0.00626 **
	(0.00391)	(0.00270)
TNI（TNI > 4.06%）	− 0.00163	− 0.000826
	(0.00134)	(0.00116)
常数项	2.663 ***	0.957 *
	(0.605)	(0.522)
R^2	0.722	0.669
F 值［p］	28.01 [0.00]	27.97 [0.00]

注：＊＊＊、＊＊、＊分别表示在1%、5%、10%的水平下显著，括号中为估计系数对应的标准误。

综合上述研究结果来看，无论是总体非利息业务还是交易性业务都对综合协调下的效用指标产生了明显的非线性影响。其中，总体非利息业务（NII）的影响总体偏向于正面，但仅在合理区间内具有显著性，且该区间内的影响系数明显大于其他区间。从门槛值来看，总体非利息业务（NII）的门槛值为 22.20% 和 26.47%，因此其合理区间为 ［22.20%，26.47%］。同时，前文微观及宏观协调机制的交叉区间为 ［19.70%，25.17%］。为了进一步提升研究结果的准确性，我们再求上述两个区间的交叉区间为 ［22.20%，25.17%］，它可代表综合协调视角下我国银行业发展非利息业务的合理范围。

交易性业务（*TNI*）对综合协调下的效用指标的影响更偏向于"倒U"形，即影响效果先正后负，其门槛值为4.06%。另外，手续费及佣金业务对综合效用指标的影响为正向的线性影响。手续费及佣金业务和交易性业务对综合协调效用指标产生了差异化影响，主要是因为其业务性质不同。正如前文所述，手续费及佣金业务与传统业务联系较为紧密，且发展较为成熟，存在成本低、稳定性强等特点，因此对金融系统稳定、货币政策传导效果、银行综合经营都存在一定的积极影响，所以对综合协调下的效用指标产生了正向作用。与之不同，我国商业银行在交易性业务发展方面起步较晚，且此类业务存在投入资金多、波动性强等特点，适当的发展能够在一定程度上提升商业银行的综合实力，但超过一定的界限之后则会对金融系统稳定、货币政策传导效果以及银行经营产生一定的负面影响。

综上可知，从综合协调的角度来看，我国商业银行发展非利息业务的合理范围为［22.20%，25.17%］，其中交易性业务的合理范围为（0，4.06%］。根据这一结果，商业银行可以根据自身发展情况进行适当调整，从而确定自身最优的非利息业务发展规模；而监管当局也可以进一步根据各商业银行的重要程度，估算出所期望的各商业银行的非利息业务合理规模，并与其现存的业务规模进行比较，以计算其潜在缺口或超出的额度，从而进行精细化监管。

（二）综合协调视角下非利息业务发展及监管的制度完善

本部分将从宏微观协调、指标体系协调和监管机构协调三个层面，在综合协调视角下进一步完善非利息业务发展及监管进程中的相关制度体系。

首先，在宏微观协调方面，根据前文分析可知，利用微观协调机制可以初步估算出商业银行期望的非利息业务规模，利用宏观协调机制可以初步估算出监管当局期望的非利息业务规模。结合微观协调与宏观协调，我们进一步考察了综合协调视角下银行业非利息业务发展的合理规模。在此基础上，商业银行的微观经营和监管当局的宏观监管在一定程度上实现了统一。换言之，在对非利息业务的发展或监管层面，双方达到了一定程度的利益均衡。当然，上述合理范围仅仅是初步的估算，商业银行和监管当局可以据此做出进一步的调整。尤其是在经济发展日新月异的当下，需要构建相应的动态调整体系，以实现宏观层面与微观层面的进一步协调。总之，宏微观协调的主要目的是进一步促进宏观经济运行和微观主体发展的融合，使商业银行在发展非利息业务的同时能够兼顾金融体系的稳定和宏观经济的发展，也使监管当局在监管非利息业务的同时能够兼顾商业银行的利润增长和效率提升。

其次，在指标体系协调方面，商业银行在经营过程中必然根据其经营偏好制定相应的经营指标评价体系，而监管当局也必然根据其监管偏好制定相应的监管指标评价体系，利益的非一致性导致两类评价体系之间存在一定程度的差异性。在两类评价体系中，关于部分非利息业务的导向也存在一定程度的差异性。在经营指标评价体系中，商业银行可能给予收益较高的权重，因此部分高收益、高风险的非利息业务将会受到青睐。但与之相反，在监管指标评价体系中，监管当局对银行风险和金融系统稳定更加重视，因此对高收益、高风险的非利息业务持负面态度。本书的问卷调查及专家访谈结果也在一定程度上验证了这一结论。因此，监管当局可以对商业银行的经营指标评价体系进行调查和分析，并以此为基础进一步完善自身的监管指标评价体系。总之，指标体系协调的主要目的是进一步促进监管当局的监管指标体系和商业银行的经营指标体系之间的融合，提升两者在非利息业务评价方面的协调性。

最后，在监管机构协调方面，长期以来我国实行"一行三会"的分业监管模式，但随着业务交流的日益密切，各行业之间的关联性日益增强，监管机构之间的协调问题越发突出。随着 2017 年金融稳定发展委员会的成立和 2018 年银监会和保监会的合并，我国的"一委一行两会"金融监管框架形成。2023 年 3 月，我国对金融监管体系再次进行改革，撤销银保监会并设立国家金融监管总局，同时对各部门的职能重新进行了划分，"一行一局一会"的金融框架就此确立。此外，我国还设立了中央金融委员会和中央金融工作委员会，并将金融稳定委员会职能并入中央金融委员会。这是我国在金融监管领域的又一次升级。但是，由于该框架成立时间较短，因此仍需进一步磨合与协调。在商业银行的监管方面，不同部门拥有不同的职责，金融监管总局更多负责微观审慎层面，而央行则更多负责宏观调控层面，中央金融委员会和中央金融工作委员会负责顶层设计和统筹协调。但是，根据前文的分析可知，非利息业务在微观层面产生的影响和在宏观层面产生的影响并不一致。在对该业务进行监管的过程中，各部门的评价体系可能存在差异，在监管导向上也会存在差异。因此，金融监管总局和中国人民银行等部门需要进一步对该业务的监管进行协调。另外，由于部分非利息业务与资本市场联系较为紧密，因此在监管过程中也需要证监会的参与和协助。中央金融委员会则应当从总体上进行把控，统筹各方的利益和职能。总之，监管机构协调的主要目的是进一步促进新金融监管框架内"一行一局一会"的深度融合，在规范非利息业务发展的过程中做到协调一致和权责分明。

第五节　本章小结

本章基于非利息业务发展产生的多维度影响，分别从微观、宏观和综合视角进行分析，并构建相应的宏微观综合协调机制。首先，从微观视角出发，在问卷调查和专家访谈的基础上，分析商业银行在经营过程中对收益水平、风险承担和经营效率等指标的重视程度，构建微观经营层面的效用指标，进而探索商业银行发展非利息业务的合理范围。其次，从宏观视角出发，分析监管当局在监管非利息业务的过程中对金融系统稳定、货币政策传导效果及商业银行综合经营状况等监管目标的重视程度，构建宏观层面的效用指标，进而探索监管当局期望商业银行发展非利息业务的合理范围。最后，从综合视角出发，在理论层面利用静态和动态博弈模型，分析商业银行和监管当局在目标非一致性条件下关于非利息业务的策略选择，进而在实践层面构建商业银行和监管当局综合协调视角下的效用指标，并探索我国银行业发展非利息业务的合理范围及规模，最终在制度层面从宏微观协调、指标体系协调和监管机构协调三个方面完善综合协调机制，以充分协调各方利益，完善现有的评价体系，规范非利息业务的发展与监管，实现多方共赢。

第十三章　结论、建议及展望

第一节　研究结论

近年来，随着利率市场化进程的不断推进、互联网金融的迅速发展和民营银行体系的逐步建立，我国银行业的市场竞争环境发生了较大变化，商业银行开始实施多元化经营战略，大力发展非利息业务。本书遵循规范到实证的研究范式，在理论分析的基础上，以我国 2007～2021 年166 家商业银行为样本，综合运用 OLS 估计方法、静态面板估计方法、动态面板系统广义矩估计方法（SYS‐GMM）、随机前沿分析方法（SFA）、分位数回归、ΔCoVaR、HP 滤波、AHP 法、面板门槛模型以及静态与动态博弈分析等多种方法，从发展、影响和协调三个维度，以及微观、中观、宏观和综合四重视角，对市场竞争环境下商业银行的非利息业务进行了全面深入的研究。主要研究结论如下。

第一，在发展历程方面，我国商业银行非利息业务的发展历程主要包括萌芽期、停滞期、过渡期、快速发展期和高质量发展期五个阶段；在发展现状方面，我国商业银行非利息业务的发展具有绝对规模和相对规模均快速增长、手续费及佣金业务和交易性业务的发展存在差异、各类商业银行非利息业务的发展存在差异、与国际银行业非利息业务发展状况存在一定的差异等特点；国内外对比分析表明，我国银行业非利息业务发展与其他金砖国家较为相似，但与欧美等发达国家差异明显；在问题方面，我国商业银行的非利息业务发展存在业务结构失衡、业务种类较少、风控能力不足、发展战略模糊和法律法规不够完善等问题。

第二，在非利息业务发展动因方面，本书主要从市场竞争的中观视角进行分析。研究结果表明，市场竞争度的提升对不同类型银行及不同种类非利息业务的影响并不一致。从总体层面来看，市场竞争促进了商业银行非利息业务的发展。但该影响在各类商业银行之间存在一定的异质性，与国有及股份制商业银行相比，地方性商业银行受到的影响更大。从分类非利息业务层面来看，对于全部银行样本，市场竞争度的提升同时促进了手续费及佣金业务的发展和交易性业务的发展；对于国有及股份制商业银行，市场竞争度的提升促进了手续费及佣金业务的发展，但对交易性业务的影响效果较弱；而对于地方性商业银行，市场竞争度的提升促进了交易性业务的发展，但对手续费及佣金业务的影响效果较弱。另外，制度环境以及数字金融发展也是影响银行非利息业务发展的重要因素。

第三，在非利息业务对商业银行净息差的影响方面，首先，非利息业务对我国商业银行的净息差产生了显著的负向影响，而且随着市场竞争的加剧，其效果进一步增强。手续费及佣金业务主要通过"交叉补贴效应"对净息差产生影响，而交易性业务则主要通过"资源替代效应"对净息差产生影响。其次，对于国有商业银行和股份制商业银行，手续费及佣金业务对其净息差水平产生了显著的负向影响，但交易性业务对其净息差水平的影响并不显著；对于地方性商业银行，交易性业务对其净息差水平产生了显著的负向影响，但手续费及佣金业务的影响效果较弱。最后，虽然随着市场竞争度的提升，非利息业务对净息差的负向替代作用进一步增强，但从分类银行样本的回归结果来看，这种效应主要表现在地方性商业银行中。另外，市场竞争度的提升对银行净息差也产生了显著的负向影响，但各类银行受到的冲击程度并不一致。

第四，在非利息业务对商业银行总收益的影响方面，首先，从总体上来看，非利息业务的发展提高了我国各类商业银行的收益水平，但随着市场竞争度的提升，这一积极效果将会越来越弱。其次，不同种类的非利息业务对不同类型银行的收益水平产生了不同影响。对于国有商业银行样本和股份制商业银行样本，手续费及佣金业务的发展明显提高了商业银行的收益水平，但随着市场竞争度的提升，积极效果越来越弱；交易性业务的发展对其收益水平的影响并不显著，但仅从系数符号来看则降低了其收益水平。对于地方性商业银行样本，交易性业务的发展明显提高了其收益水平，但随着市场竞争度的提升其效果逐步减弱；手续费及佣金业务的发展对地方性商业银行收益水平的影响并不显著，但仅从系数符号来看也提高了其收益水平。最后，市场竞争度对商业银行的总收益产生了负面影响，而且地方性商业银行受到的冲击最大。另外，不同类型的手续费及佣金业务对银行收益的影响也存在差异。

第五，在非利息业务对商业银行个体风险的影响方面，首先，非利息业务发展对我国商业银行风险的影响并不显著，但如果仅从系数符号来看则提升了风险水平。其次，市场竞争的加剧提升了我国商业银行的风险，但地方性商业银行受到的冲击明显强于国有及股份制商业银行。最后，不同种类的非利息业务对不同类型银行的风险产生了差异化影响。对于国有及股份制商业银行，手续费及佣金业务的发展对其风险的影响并不显著，而交易性业务的发展则提升了其风险，而且随着市场竞争度的提升，这种消极的影响效果将会逐步增强。对于地方性商业银行，手续费及佣金业务的发展显著降低了其风险，但是随着市场竞争度的提升，这种积极效应将会逐步减弱；交易性业务的发展对地方性商业银行风险的影响并不显著，但如果单从系数符号来看则提升了其风险水平。

第六，在非利息业务对商业银行效率的影响方面，首先，对于全部商业银行而言，总体非利息业务的发展同时提升了其利润效率和成本效率；手续费及佣金业务的发展也明显提高了其利润效率和成本效率，但随着市场竞争度的提升其效果越来越弱；交易性业务的发展明显降低了银行的利润效率，但对成本效率的影响并不显著。其次，对于国有及股份制商业银行，手续费及佣金业务的发展明显提高了其利润效率和成本效率，但随着市场竞争度的提升其积极效果逐渐减弱；交易性业务的发展则明显降低了国有及股份制商业银行的利润效率和成本效率，而且随着市场竞争度的提升，这一负面影响效果将会被强化。最后，对于地方性商业银行，手续费及佣金业务的发展明显提升了其利润效率和成本效率，但效果弱于国有及股份制商业银行；交易性业务的发展则明显提高了地方性商业银行的利润效率，但对其成本效率的影响并不显著。同时，随着市场竞争度的提升，非利息业务对地方性商业银行的积极影响效果将被削弱。

第七，在非利息业务对金融系统稳定的影响方面，从总体层面来看，非利息业务的发展降低了商业银行系统性风险，同时还削弱了商业银行收益及系统性风险的顺周期性，但对个体风险顺周期性的影响并不显著。综合而言，非利息业务在一定程度上促进了金融系统稳定。

　　但从分类层面来看，以上影响在各类业务之间及各类银行之间存在异质性。首先，对于国有及股份制商业银行，手续费及佣金业务的发展在一定程度上削弱了其收益的顺周期性，但交易性业务的影响并不显著；对于地方性商业银行，两类非利息业务的发展都削弱了其收益的顺周期性。其次，手续费及佣金业务的发展明显削弱了国有及股份制商业银行风险的顺周期性，而交易性业务的发展则显著增强了其风险的顺周期性。交易性业务的发展显著增强了地方性商业银行风险的顺周期性，手续费及佣金业务的影响则并不显著。最后，手续费及佣金业务的发展降低了商业银行的系统性风险，但交易性业务的影响并不显著。同时，手续费及佣金业务的发展削弱了商业银行系统性风险的顺周期性，交易性业务的发展则在一定程度上增强了系统性风险的顺周期性。

　　第八，在非利息业务对货币政策信贷传导效果的影响方面，首先，货币政策信贷传导渠道在我国确实存在并发挥着重要作用，而且具有一定的非对称性，具体表现为扩张性货币政策比紧缩性货币政策更加有效。其次，在非利息业务对货币政策信贷传导效果的影响方面，手续费及佣金业务的发展通过"联动效应"增强了货币政策信贷传导效果，而交易性业务的发展则通过"资金占用效应"和"渠道替代效应"明显削弱了货币政策信贷传导效果。在上述两种效应的综合作用下，总体非利息业务的发展削弱了货币政策信贷传导效果。再次，与国有及股份制商业银行相比，总体及分类非利息业务对货币政策信贷传导效果的影响在地方性商业银行中更加明显。另外，非利息业务对货币政策信贷传导效果的影响在不同时期也存在非对称性，具体表现为在扩张性货币政策时期强于紧缩性货币政策时期。最后，随着市场竞争度的提升，手续费及佣金业务和交易性业务对货币政策信贷传导效果的影响程度都进一步提升。

　　第九，在非利息业务发展过程中的宏微观综合协调机制构建方面，首先，从微观视角来看，非利息业务对商业银行的收益、风险和效率产生了多维度影响，商业银行主要在以上经营目标的基础上构建微观协调机制。其次，从宏观视角来看，非利息业务对银行综合经营、金融系统稳定和货币政策传导效果产生了多维度影响，监管当局主要在以上监管目标的基础上构建宏观协调机制。最后，从综合视角来看，商业银行的经营目标和监管当局的监管目标之间存在非一致性，需要构建综合协调机制。我们在问卷调查和专家访谈的基础上，分析博弈双方对各项指标的重视程度，构建综合协调层面的效用指标，研究发现，综合协调视角下我国银行业非利息收入占营业收入比重的合理范围为 22.20% ~ 25.17%。当然，这一区间仅是从总体层面根据历史数据和部分专家意见进行的大致估算，在实际应用过程中需要结合各商业银行的实际情况进行再评估。另外，从制度层面来看，需要从宏微观协调、指标体系协调和监管机构协调三个方面完善综合协调机制。

第二节　政策建议

　　基于上述结论，本书为商业银行和监管当局提出合理化政策建议。首先，对于国有商业银行和股份制商业银行而言，在今后的经营过程中应该把握以下发展方向。第一，平衡非利息业务发展结构。虽然手续费及佣金业务的发展对国有商业银行和股份制商业银行产生了一些积极影响，但是由于传统业务的发展已经到了瓶颈期，而手续费及佣金业务与传统业务联系相对紧密，所以其发展必然会受到一定限制。因此，国有及股份制商业银行应该平衡非利息业务发展结构，适时发展投资业务、汇兑业务、资产证券化业务等交易性业务，在稳健经营的基础上为客户提供全面、精准、多样化的服务。第二，提升自身投资能力和汇率风险管理能力。国有及股份制商业银行在未来的发展中要加强对资本市场、货币市场和外汇市场的研究和实践，以期能够通过发展与之相关的非利息业务带来更多积极效应，并应对由市场竞争加剧所带来的不利影响。第三，密切关注市场竞争度变化情况。随着市场竞争度的提升，非利息业务对商业银行的影响效果更趋向于负面，所以国有及股份制商业银行在发展的过程中应当密切关注竞争状况，以避免盲目发展所带来的不良效应。第四，充分利用现有的人才优势和技术优势，加强对金融市场以及整体宏观经济的研究，在客观调查和科学分析基础上提升定价能力，在多种业务类型上开展合理的价格竞争。第五，在非利息业务对商业银行收益、风险和效率等因素的影响之间构建微观协调机制，寻找最佳的业务规模均衡点，以充分提升其总体实力。同时，进一步关注非利息业务与传统利息业务之间存在的协同效应和挤出效应，在二者之间也要寻找最佳均衡点。例如，商业银行的抵押贷款资产证券化业务能够分散风险、提升资产流动性，能够与传统存贷款业务协同发展，但需要注意的是，其规模过于庞大时也有可能造成无序扩张，因此商业银行要寻求均衡点。再如，部分投资业务占用银行较多资金，可能对传统贷款业务形成挤出效应，因此商业银行也需要适当控制此类业务的规模。另外，在发展各类业务的过程中，商业银行还应当适度提升国际化经营水平，优化自身资产负债结构，进一步提升综合实力。

其次，对于地方性商业银行，在日后的发展中应当做好以下工作。第一，维护原有客户群体并挖掘潜在客户。随着市场竞争度的提升，国有及股份制商业银行必然会进一步争抢优质的小微企业客户和个人客户，所以地方性商业银行需利用好自身的地域优势以及与客户所形成的长期关系，打造精准定位型服务模式，通过建立客户信息数据库、深入分析客户需求、提高自身服务水平、完善信息反馈机制等多种方式来提升服务质量和稳定客户群体。第二，增加业务种类，拓展业务范围。地方性商业银行在未来的发展中应当积极开展私人银行、资产管理、财务顾问以及保险、证券和基金的代销等风险相对较小的业务，为客户提供更全面的服务，以发挥范围经济效应，提升自身的利润效率和成本效率。第三，提高技术水平。在数字化时代，地方性商业银行应当正视自身的技术劣势，增加电子设备及信息技术的投入，积极引进高水平人才，优化自身的技术结构，为各类业务的良好发展提供技术支持。第四，地方性商业银行在发展非利息业务的过程中并不顺利，而且部分非利息业务甚至对其产生了较大的负面影响，原因之一就在于资金约束较大。因此，地方性商业银行还应当利用自身的地域优势和"精准"优势，积极拓展资金来源，改善资金约束环境。第五，市场竞争度的提升给地方性商业银行带来了更大的冲击，所以其应当密切关注市场竞争度变化情况，以制定合理的业务发展战略。第六，地方性商业银行也应当在非利息业务对商业银行收益、风险和效率的影响之间构建微观协调机制，寻找与传统业务之间的最佳均衡点。在精准定位自身实力的基础上优先发展部分优势型非利息业务，尤其是能够与传统业务形成协同效应的业务，为客户提供更全面的服务，以打造传统利息业务与新兴非利息业务协同共进的发展模式。

最后，对于监管当局而言，应当把握以下几个方面。第一，银行业竞争程度近年来不断攀升，监管当局应当通过循序渐进地推动利率市场化、逐步提高经济政策效力和实行道义劝告等措施来控制市场竞争水平处于合理范围之内，构建公平规范的市场秩序，引导商业银行有序竞争，以避免过度竞争对银行业造成冲击并影响金融行业的整体稳定。第二，非利息业务中的部分交易性业务具有较高的风险，所以监管当局应当对此类业务从严监管，密切关注银行的业务范围及风险状况。第三，各类商业银行在发展非利息业务方面的优势和劣势不尽一致，监管当局应当引导商业银行认清自身的实际状况，合理发展非利息业务。第四，部分非利息业务在一定程度上降低了金融系统稳定水平，因此监管当局在对金融系统风险进行预警和防控的过程中应当考虑此类业务对金融系统稳定的影响，将其纳入预警和防控模型。第五，非利息业务的发展削弱了货币政策的信贷渠道传导效果，因此监管当局在实施宏观货币政策的过程中应该适当关注非利息业务的作用。第六，非利息业务会产生多维度的影响，而且商业银行的经营目标和监管当局的监管目标存在非一致性，所以监管当局需要考虑这一因素，并从宏微观协调、指标体系协调和监管机构协调等多方面构建综合协调机制。另外，监管当局在未来还应当根据银行业的实际发展状况进一步完善现有的法律法规体系，使其走出一条具有中国特色的银行业非利息业务高质量发展道路。

第三节　未来展望

在中国金融市场改革加速和对外开放的背景下，我国银行业的发展日新月异，市场竞争环境和经营模式都发生了重大改变，商业银行的非利息业务也成为学术研究的一个热点问题。本书在考虑市场竞争环境的基础上对商业银行非利息业务的发展、影响和协调进行了深入分析，但也存在一些局限性，未来还可以从以下几个方面进行拓展。

第一，本书在研究过程中将手续费及佣金业务分为七类，但囿于数据披露和统计口径等问题，仅手工整理了部分较早上市的商业银行的数据进行分析。在未来，待银行业的数据披露更加完整、统一时，可进行更加深入的研究。

第二，部分非利息业务与国际市场紧密相连，但本书主要局限于国内框架进行研究，并未涉及开放市场的情况。在未来的研究中，可进一步拓展研究范围，开展关于非利息业务的跨国视角的分析。

第三，在宏观影响部分，本书主要研究了与非利息业务紧密关联的金融系统稳定和货币政策信贷传导效果。如果将研究视域继续拓展，可进一步分析非利息业务对货币政策各渠道传导效果的影响，或者进一步分析非利息业务对货币政策与物价稳定、就业水平等经济目标之间关系的影响。

参考文献

曹玉平，徐宏亮．股权结构对商业银行非利息业务发展的影响——基于预算软约束视角的研究［J］.当代财经，2019（11）：49-60.

陈芙．中国商业银行非利息收入业务影响研究——基于上市商业银行的数据［D］.辽宁大学，2015.

陈国进，蒋晓宇，赵向琴．货币政策、宏观审慎监管与银行系统性风险承担［J］.系统工程理论与实践，2020，40（6）：1419-1438.

陈雄兵．银行竞争、市场力量与货币政策信贷传导［J］.财贸经济，2017，38（2）：63-76.

程茂勇．非利息业务与银行效率研究：来自中国银行业的实证证据［J］.当代经济科学，2015，37（4）：49-59+126.

程茂勇，赵红．交叉补贴视角的非利息业务与传统业务定价［J］.系统工程，2012，30（4）：1-9.

程茂勇，赵红．市场势力对银行效率影响分析——来自我国商业银行的经验数据［J］.数量经济技术经济研究，2011，28（10）：78-91.

程茂勇，赵红．我国商业银行利差影响因素研究［J］.数量经济技术经济研究，2010，27（5）：73-87.

丁尚宇．银行情绪、信贷供给与经济周期［D］.吉林大学，2020.

杜群阳，朱佳钰．外资进入与银行业效率的实证研究［J］.国际贸易问题，2010（2）：114-121.

方意，陈敏．经济波动、银行风险承担与中国金融周期［J］.世界经济，2019，42（2）：3-25.

方意，荆中博．外部冲击下系统性金融风险的生成机制［J］.管理世界，2022，38（5）：19-35+102+36-46.

冯科，何理．我国银行上市融资、信贷扩张对货币政策传导机制的影响［J］.经济研究，2011，46（S2）：51-62.

傅利福，韦倩，魏建．银行业的集中与竞争：一个分析框架和实证检验

[J].经济学家,2015(4):64-73.

耿宏艳,马晨,程茂勇.境外战略投资者能否促进中资银行非利息业务发展——基于多视角的研究[J].当代经济科学,2018,40(2):57-68+126.

郭品,沈悦.互联网金融对商业银行风险承担的影响:理论解读与实证检验[J].财贸经济,2015(10):102-116.

郭甦,许争.商业银行的流动性风险是否存在顺周期特征?——一个来自中国的证据[J].金融与经济,2017(5):26-31.

何运信,贾富成,耿中元.货币政策冲击、银行风险承担与企业研发创新[J].财经论丛,2020(2):53-63.

赫国胜,马妍妮.非利息收入与商业银行经营效率测度[J].统计与决策,2020,36(8):137-141.

侯晓辉,李婉丽,王青.所有权、市场势力与中国商业银行的全要素生产率[J].世界经济,2011,34(2):135-157.

胡题,谢赤.基于GMM方法的银行业竞争程度对银行风险影响的研究[J].中国管理科学,2013,21(S1):249-254.

胡晓阳,谢宇.我国信贷市场货币政策传导有效性的实证分析[J].中南财经政法大学学报,2009(4):58-63+144.

黄隽,白冰心.银行业的市场竞争度:基于韩国、中国内地和中国台湾的比较分析[J].经济理论与经济管理,2007(4):40-44.

黄隽,李慧,徐俊杰.美国银行业市场结构分析[J].国际金融研究,2010(7):89-96.

黄隽,汤珂.商业银行竞争、效率及其关系研究——以韩国、中国台湾和中国大陆为例[J].中国社会科学,2008(1):69-86+206.

黄隽,章艳红.商业银行的风险:规模和非利息收入——以美国为例[J].金融研究,2010(6):75-90.

纪洋,徐建炜,张斌.利率市场化的影响、风险与时机——基于利率双轨制模型的讨论[J].经济研究,2015,50(1):38-51.

蒋海,刘雅晨.宏观经济波动、内部治理与银行风险承担的顺周期性[J].金融经济学研究,2018,33(2):60-70.

李北伟,耿爽.利率并轨政策对银行稳健性的冲击[J].南京师大学报

（社会科学版），2020（3）：127-141.

李国栋，陈辉发．我国银行业市场竞争度估计不一致检验与实证——基于 Panzar-Rosse 模型的一个讨论 [J]．数量经济技术经济研究，2012，29（6）：3-8+10-11+14-18+101.

李国栋，惠亨玉，肖俊极．中国银行业市场竞争程度及其顺周期性——以勒纳指数为衡量指标的重新考察 [J]．财经研究，2009，35（3）：16-26.

李国栋．基于 Boone 指数的中国银行业贷款市场竞争度估计 [J]．数量经济技术经济研究，2015，32（5）：131-146.

李宏瑾．利率市场化对商业银行的挑战及应对 [J]．国际金融研究，2015（2）：65-76.

李久林．商业银行规模和收入结构对系统性风险的影响研究 [J]．金融监管研究，2019（3）：39-53.

李明辉，黄叶苨．商业银行系统性风险溢出及系统重要性研究——来自中国 16 家上市银行 CoVaR 的证据 [J]．华东师范大学学报（哲学社会科学版），2017，49（5）：106-116+176.

李明辉，刘莉亚，孙莎．发展非利息业务对银行有益吗？——基于中国银行业的实证分析 [J]．国际金融研究，2014（11）：11-22.

李宁果．商业银行非利息收入、收入结构多元化与经营绩效 [J]．金融监管研究，2021（10）：76-96.

李萍，冯梦黎．利率市场化对我国经济增长质量的影响：一个新的解释思路 [J]．经济评论，2016（2）：74-84+160.

李双建，田国强．银行竞争与货币政策银行风险承担渠道：理论与实证 [J]．管理世界，2020，36（4）：149-168.

李炫榆，童玉芬，朱亚杰．风险视角下贷款市场竞争对银行效率的影响——基于非期望产出 DEA 的研究 [J]．华东经济管理，2019，33（1）：112-118.

李政，涂晓枫，卜林．金融机构系统性风险：重要性与脆弱性 [J]．财经研究，2019，45（2）：100-112+152.

李志辉，李梦雨．我国商业银行多元化经营与绩效的关系——基于 50 家商业银行 2005—2012 年的面板数据分析 [J]．南开经济研究，2014

（1）：74 - 86.

李志辉，李源，李政. 中国银行业系统性风险监测研究——基于 SCCA 技术的实现与优化 [J]. 金融研究，2016（3）：92 - 106.

李仲林. 利率市场化与商业银行风险承担 [J]. 财经科学，2015（1）：36 - 46.

刘傲琼，刘新宇. 我国上市商业银行多元化经营与系统风险研究 [J]. 商业研究，2017（4）：63 - 72.

刘海明. 信用担保网络的经济效应分析 [D]. 山东大学，2016.

刘莉亚，李明辉，孙莎，等. 中国银行业净息差与非利息收入的关系研究 [J]. 经济研究，2014，49（7）：110 - 124.

刘莉亚，余晶晶. 银行竞争对货币政策传导效率的推动力效应研究——利率市场化进程中银行业的微观证据 [J]. 国际金融研究，2018（3）：57 - 67.

刘孟飞，张晓岚，张超. 我国商业银行业务多元化、经营绩效与风险相关性研究 [J]. 国际金融研究，2012（8）：59 - 69.

刘忠璐. 存贷款市场竞争对货币政策信贷渠道的影响是非对称的吗——基于中国利率市场化改革的讨论 [J]. 财贸研究，2017，28（6）：65 - 73.

陆正飞，杨德明. 商业信用：替代性融资，还是买方市场？[J]. 管理世界，2011（4）：6 - 14 + 45.

欧朝敏. 银行业竞争对单个银行和银行体系稳定的影响 [D]. 浙江大学，2007.

彭建刚，王舒军，关天宇. 利率市场化导致商业银行利差缩窄吗？——来自中国银行业的经验证据 [J]. 金融研究，2016（7）：48 - 63.

齐树天. 商业银行绩效、效率与市场结构——基于中国 1994 ~ 2005 年的面板数据 [J]. 国际金融研究，2008（3）：48 - 56.

尚妍，段忠辉，李斌，等. 多元化经营对商业银行绩效影响的实证研究——基于国内商业银行与国外商业银行对比的视角 [J]. 管理评论，2016，28（5）：3 - 12.

申创，刘笑天. 互联网金融、市场势力与商业银行绩效 [J]. 当代经济科学，2017，37（5）：16 - 29 + 124.

申创. 市场集中度、竞争度与银行风险的非线性关系研究 [J]. 国际金融研究, 2018 (6): 65 – 75.

申创, 赵胜民, 李莹. 利率市场化、非利息收入与银行净息差——兼论分类非利息收入的差异化影响路径 [J]. 统计研究, 2020, 37 (5): 68 – 81.

申创, 赵胜民. 市场竞争度、非利息收入对银行收益的影响研究 [J]. 南开经济研究, 2018 (1): 50 – 66.

申创, 赵胜民. 市场竞争度与银行非利息收入关系研究 [J]. 经济评论, 2017a (1): 53 – 67.

申创, 赵胜民. 市场竞争度、非利息业务对商业银行效率的影响研究 [J]. 数量经济技术经济研究, 2017b, 34 (9): 145 – 161.

宋长青. 银行业市场集中度对货币政策传导有效性影响研究——基于信贷传导视角 [J]. 财经理论与实践, 2019, 40 (3): 32 – 38.

孙浦阳, 靳一, 张亮. 金融服务多样化是否能真正改善银行业绩? ——基于 OECD359 家银行的实证研究 [J]. 金融研究, 2011 (11): 112 – 124.

孙秀峰, 冯浩天, 王华夏. 非利息收入对中国商业银行风险的影响研究——基于面板门限回归模型的实证分析 [J]. 大连理工大学学报 (社会科学版), 2018, 39 (2): 12 – 18.

谭鹏万. 中国银行业的市场结构与银行绩效关系研究——基于 33 家商业银行面板数据的实证检验 [J]. 南方经济, 2006 (12): 70 – 83.

陶雄华, 陈明珏. 中国利率市场化的进程测度与改革指向 [J]. 中南财经政法大学学报, 2013 (3): 74 – 79 +160.

王兵, 朱宁. 不良贷款约束下的中国上市商业银行效率和全要素生产率研究——基于 SBM 方向性距离函数的实证分析 [J]. 金融研究, 2011 (1): 110 – 130.

王江. 中国货币政策信贷传导渠道研究 [D]. 吉林大学, 2017.

王瑞雪, 张桥云. 商业银行盈利模式分化——基于我国上市银行的实证分析 [J]. 经济学家, 2016 (2): 50 – 59.

王相宁, 张志洋. 中国商业银行市场势力对其效率和稳定性的影响 [J]. 金融论坛, 2010, 15 (12): 16 – 23.

王元. 货币政策非对称效应研究 [D]. 中国社会科学院研究生院, 2012.

王喆，张明，刘士达. 从"通道"到"同业"——中国影子银行体系的演进历程、潜在风险与发展方向 [J]. 国际经济评论，2017（4）：128 – 148 + 8.

王振山，王志强. 我国货币政策传导途径的实证研究 [J]. 财经问题研究，2000（12）：60 – 63.

危平，曾妙琴. 基于 Boone 指数解析中国银行业竞争度的变动趋势 [A]. 中国工业经济学会 2012 年学术年会，2012.

魏成龙，刘建莉. 我国商业银行的多元化经营分析 [J]. 中国工业经济，2007（12）：85 – 93.

魏琪，傅强，林荫华. 审慎性监管有助于改善银行效率吗？——基于门限模型的实证研究 [J]. 经济科学，2014（3）：85 – 96.

吴成颂，汪翔宇. 市场竞争、商业银行金融创新与银行业系统性风险——基于 14 家商业银行的实证研究 [J]. 经济与管理评论，2019，35（2）：118 – 127.

吴恒宇. 商业银行市场竞争与风险行为关系研究 [D]. 重庆大学，2013.

夏德海. 银行竞争浅析 [J]. 金融研究，1998（7）：59 – 60.

项后军，陈简豪，杨华. 银行杠杆的顺周期行为与流动性关系问题研究 [J]. 数量经济技术经济研究，2015，32（8）：57 – 72 + 148.

肖欣荣，伍永刚. 美国利率市场化改革对银行业的影响 [J]. 国际金融研究，2011（1）：69 – 75.

熊启跃，黄宪. 资本监管下货币政策信贷渠道的"扭曲"效应研究——基于中国的实证 [J]. 国际金融研究，2015（1）：48 – 61.

许友传，刘庆富，王智鑫. 基于动态和前瞻性的贷款损失拨备适度性研究 [J]. 金融研究，2011（12）：100 – 114.

杨天宇，钟宇平. 中国银行业的集中度、竞争度与银行风险 [J]. 金融研究，2013（1）：122 – 134.

姚禄仕，王璇，宁霄. 银行信贷资产证券化效应的实证研究——基于美国银行业的面板数据 [J]. 国际金融研究，2012（9）：71 – 78.

殷孟波，石琴. 金融业全面开放对我国银行业竞争度的影响——基于 Panzar-Rosse 模型的实证研究 [J]. 财贸经济，2009（11）：12 – 18 + 136.

于良春, 鞠源. 垄断与竞争: 中国银行业的改革和发展 [J]. 经济研究, 1999 (8): 48 - 57.

余道先, 胡惠敏. 银行业结构与系统性风险 [J]. 湖北社会科学, 2018 (3): 115 - 121.

张娜. 货币政策银行信贷渠道传导效应分析——基于银行微观竞争水平的视角 [J]. 国际金融研究, 2019 (2): 54 - 65.

张晓玫, 李梦渝. 银行业市场结构与资产风险研究 [J]. 国际金融研究, 2013 (4): 83 - 95.

张晓玫, 毛亚琪. 我国上市商业银行系统性风险与非利息收入研究——基于 LRMES 方法的创新探讨 [J]. 国际金融研究, 2014 (11): 23 - 35.

张宇驰, 揭月慧. 监管改革、银行竞争与风险承担 [J]. 财经问题研究, 2011 (10): 52 - 59.

张羽, 李黎. 非利息收入有利于降低银行风险吗?——基于中国银行业的数据 [J]. 南开经济研究, 2010 (4): 69 - 91.

张宗益, 吴恒宇, 吴俊. 商业银行价格竞争与风险行为关系——基于贷款利率市场化的经验研究 [J]. 金融研究, 2012 (7): 1 - 3 + 5 - 14.

赵红, 汪玉, 付俊文, 等. 我国商业银行非利息业务影响因素研究: 基于区域经济发展的视角 [J]. 湖南大学学报 (社会科学版), 2021, 35 (5): 69 - 76.

赵利娟. 融资约束对企业并购的影响——基于宏观经济周期的实证研究 [D]. 辽宁大学, 2018.

赵胜民, 陈蒨. 利率市场化进程中货币政策信贷渠道的传导效果 [J]. 当代经济科学, 2019, 41 (4): 109 - 117.

赵胜民, 申创. 发展非利息业务对银行收益和风险的影响——基于我国 49 家商业银行的实证研究 [J]. 经济理论与经济管理, 2016a (2): 83 - 97.

赵胜民, 申创. 市场竞争度、非利息收入对银行风险的影响 [J]. 中南财经政法大学学报, 2016b (5): 54 - 65 + 126 + 159.

赵旭, 蒋振声, 周军民. 中国银行业市场结构与绩效实证研究 [J]. 金融研究, 2001 (3): 59 - 67.

赵旭. 银行利差多维度量及影响因素: 基于中国银行业 1998 - 2006 年经

验证据 [J].金融研究，2009（1）：66－80.

赵玉龙.我国银行业结构：竞争与效率的实证研究 [D].吉林大学，2009.

赵子铱，彭琦，邹康.我国银行业市场竞争结构分析——基于 Panzar-Rosse 范式的考察 [J].统计研究，2005（6）：69－73.

郑荣年，牛慕鸿.中国银行业非利息业务与银行特征关系研究 [J].金融研究，2007（9）：129－137.

郑玉华，崔晓东.我国商业银行非利息收入影响因素的实证分析 [J].南京审计学院学报，2014，11（5）：55－62.

周安.银行竞争、影子银行与货币政策有效性分析 [J].中央财经大学学报，2019（11）：40－56.

周凡.竞争对银行风险的影响及传导机制研究 [J].金融经济学研究，2019，34（1）：121－137.

周好文，王菁.中国银行业非利息收入与利息收入相关性研究 [J].广东金融学院学报，2009，24（1）：46－53.

周建松，郭福春.民营经济与地方性商业银行协同发展——浙商银行成立与运行状况引发的思考 [J].金融研究，2005（5）：111－119.

周开国，李琳.中国商业银行收入结构多元化对银行风险的影响 [J].国际金融研究，2011（5）：57－66.

周开国，李涛，何兴强.什么决定了中国商业银行的净利差？[J].经济研究，2008（8）：65－76.

周孟亮，李明贤.我国货币政策传导途径的实证研究——基于1998年以来的实际情况 [J].山西财经大学学报，2006（3）：49－53.

周孟亮，王凯丽.货币政策传导机制理论中的结构因素及其应用分析 [J].中央财经大学学报，2006（1）：45－49.

周晔，郑军丽.非利息业务会降低银行的风险吗——基于53家商业银行的实证研究 [J].经济理论与经济管理，2014（4）：76－87.

周英章，蒋振声.货币渠道、信用渠道与货币政策有效性——中国1993－2001年的实证分析和政策含义 [J].金融研究，2002（9）：34－43.

周正清.商业银行盈利模式转型研究——基于非利息业务的影响因素、收益与风险的实证分析 [D].上海社会科学院，2017.

朱波，杨文华，邓叶峰. 非利息收入降低了银行的系统性风险吗？——基于规模异质的视角 [J]. 国际金融研究，2016（4）：62 – 73.

朱宏泉，周丽，余江. 我国商业银行非利息收入及其影响因素分析 [J]. 管理评论，2011，23（6）：23 – 30.

朱卫东，陈龙. 中国银行业非利息收入影响因素比较分析 [J]. 金融论坛，2013，18（7）：34 – 39.

邹晓梅，张明，高蓓. 资产证券化与商业银行盈利水平：相关性、影响路径与危机冲击 [J]. 世界经济，2015，38（11）：144 – 167.

Abdesslem, R. B. , Dabbou, H. , Gallali, M. I. The impact of market concentration on bank risk-taking: Evidence from a panel threshold model [J]. Journal of the Knowledge Economy, 2022.

Acharya, V. V. , Schnabl, P. , Suarez, G. Securitization without risk transfer [J]. Journal of Financial Economics, 2013, 107（3）：515 – 536.

Adrian, T. , Brunnermeier, M. K. CoVaR [J]. Staff Reports, 2011, 106（7）：1705 – 1741.

Aiello, F. , Bonanno, G. Looking at the determinants of efficiency in banking: Evidence from Italian mutual cooperatives [J]. International Review of Applied Economics, 2016, 30（4）：507 – 526.

Akerlof, G. A. The market for "lemons": Quality uncertainty and the market mechanism [J]. The Quarterly Journal of Economics, 1970, 84（3）：488 – 500.

Akhigbe, A. , Stevenson, B. A. Profit efficiency in U. S. BHCs: Effects of increasing non-traditional revenue sources [J]. Quarterly Review of Economics & Finance, 2010, 50（2）：132 – 140.

Allen, F. , Gale, D. Competition and financial stability [J]. Journal of Money Credit & Banking, 2004, 36（3）：453 – 480.

Allen, L. , Jagtiani, J. The risk effects of combining banking, securities, and insurance activities [J]. Journal of Economics & Business, 2000, 52（6）：485 – 497.

Andrieș, A. M. , Căpraru, B. The nexus between competition and efficiency: The European banking industries experience [J]. International Business

Review, 2014, 23 (3): 566 – 579.

Angbazo, L. Commercial bank net interest margins, default risk, interest-rate risk, and off-balance sheet banking [J]. Journal of Banking & Finance, 1997, 21 (1): 55 – 87.

Ansoff, H. I. Strategies for diversification [J]. Harvard Business Review, 1957, 35 (5): 113 – 124.

Apergis, N. The long-term role of non-traditional banking in profitability and risk profiles: Evidence from a panel of U. S. banking institutions [J]. Journal of International Money and Finance, 2014, 45: 61 – 73.

Ariff, M. , Can, L. Cost and profit efficiency of Chinese banks: A non-parametric analysis [J]. China Economic Review, 2008, 19 (2): 260 – 273.

Ariss, R. T. On the implications of market power in banking: Evidence from developing countries [J]. Journal of Banking & Finance, 2010, 34 (4): 765 – 775.

Athanasoglou, P. P. , Brissimis, S. N. , Delis, M. D. Bank-specific, industry-specific and macroeconomic determinants of bank profitability [J]. Journal of International Financial Markets Institutions & Money, 2008, 18 (18): 121 – 136.

Aurelien, L. Competition and the bank lending channel in Eurozone [J]. Journal of International Financial Markets, Institutions & Money, 2014, 31 (Jul.): 296 – 314.

Ayadi, I. Determinants of Tunisian bank efficiency: A DEA analysis [J]. International Journal of Financial Research, 2013, 4: 95 – 125.

Baele, L. , De Jonghe, O. , Vennet, R. V. Does the stock market value bank diversification? [J]. Journal of Banking & Finance, 2007, 31 (7): 1999 – 2023.

Barth, J. R. , Prabha, A. , Swagel, P. Just how big is the too-big-to-fail problem? [J]. Journal of Banking Regulation, 2012, 13 (4): 265 – 299.

Battese, G. E. , Coelli, T. J. Frontier production functions, technical efficiency and panel data: With application to paddy farmers in India [J]. Journal of Productivity Analysis, 1992, 3 (1): 153 – 169.

Beck, T. Bank competition and financial stability: Friends or foes? [J]. Social Science Electronic Publishing, 2008, 35 (2): 1 – 32.

Beck, T. , Demirgüç-Kunt, A. , Levine, R. Bank concentration, competition, and crises: First results [J]. Journal of Banking & Finance, 2006, 30 (5): 1581 – 1603.

Berger, A. N. , Klapper, L. F. , Turk-Ariss, R. Bank competition and financial stability [J]. Journal of Financial Services Research, 2009, 35 (2): 99 – 118.

Berger, A. N. The relationship between capital and earnings in banking [J]. Journal of Money Credit and Banking, 1995, 27 (2): 432 – 456.

Bernanke, B. S. , Blinder, A. S. Is it money or credit, or both, or neither? Credit, money, and aggregate demand [J]. American Economic Review, 1988, 78 (2): 435 – 439.

Bikker, J. A. , Haaf, K. Competition, concentration and their relationship: An empirical analysis of the banking industry [J]. Journal of Banking & Finance, 2002, 26 (11): 2191 – 2214.

Boone, J. A new way to measure competition [J]. Economic Journal, 2008, 118 (531): 1245 – 1261.

Boone, J. , Griffith, R. , Harrison, R. Measuring competition [J]. SSRN Electronic Journal, 2004.

Boot, A. W. A. , Thakor, A. V. Can relationship banking survive competition? [J]. None, 2000, 55 (2): 679 – 713.

Boyd, J. H. , De Nicoló, G. The theory of bank risk taking and competition revisited [J]. Journal of Finance, 2005, 60 (60): 1329 – 1343.

Bresnahan, T. F. Empirical studies of industries with market power [J]. Handbook of Industrial Organization, 1989, 2 (89): 1011 – 1057.

Bresnahan, T. F. The oligopoly solution concept is identified [J]. Economics Letters, 1982, 10 (1): 87 – 92.

Broecker, T. Credit-worthiness tests and interbank competition [J]. Econometrica: Journal of the Econometric Society, 1990, 58 (2): 429 – 452.

Cetorelli, N. , Hirtle, B. , Morgan, D. P. , et al. Trends in financial market concentration and their implications for market stability [J]. Economic Policy Review, 2007 (1): 33 –51.

Cheng, M. , Zhao, H. , Zhou, M. Foreign strategic investors, state owner-ship, and non-Interest activities: Evidence from China [J]. Journal of Financial Stability, 2020, 50: 100779.

Chen, H. , Li, R. , Tillmann, P. Pushing on a string: State-owned enterprises and monetary policy transmission in China [J]. China Economic Review, 2019, 54: 26 –40.

Chirwa, E. W. Determinants of commercial banks' profitability in Malawi: A cointegration approach [J]. Applied Financial Economics, 2003, 13 (8): 565 –571.

Christensen, L. R. , Jorgenson, D. W. , Lau, L. J. Conjugate duality and the transcendental logarithmic production function [J]. Econometrica, 1971, 39 (2): 255 –256.

Claessens, S. , Laeven, L. What drives bank competition? Some international evidence [J]. Proceedings, 2004, 36 (3): 563 –592.

Cornett, M. M. , Ors, E. , Tehranian, H. Bank performance around the intro-duction of a section 20 subsidiary [J]. The Journal of Finance, 2002, 57 (1): 501 –521.

Corts, K. S. Conduct parameters and the measurement of market power [J]. Journal of Econometrics, 1999, 88 (2): 227 –250.

Cuñat, V. , Guadalupe, M. Executive compensation and competition in the banking and financial sectors [J]. Journal of Banking & Finance, 2009, 33 (3): 495 –504.

Davidovic, M. , Uzelac, O. , Zelenovic, V. Efficiency dynamics of the Croa-tian banking industry: DEA investigation [J]. Economic Research-Ekon-omska Istrazivanja, 2019, 32 (1): 33 –49.

Davis, E. P. , Tuori, K. The Changing Structure of Banks' Income: An Empiri-cal Investigation [M]. Brunel University, Department of Economics and Finance, 2000.

De Jonghe, O. , Diepstraten, M. , Schepens, G. Banks' size, scope and systemic risk: What role for conflicts of interest? [J]. Journal of Banking & Finance, 2015, 61: S3 – S13.

De Jonghe, O. Back to the basics in banking? A micro-analysis of banking system stability [J]. Journal of Financial Intermediation, 2010, 19 (3): 387 – 417.

De Nicoló, G. , Bartholomew, P. , Zaman, J. , et al. Bank consolidation, internationalization, and conglomeration: Trends and implications for financial risk [J]. Finance Markets Institutions & Instruments, 2003, 13 (4): 173 – 217.

Demirgüç-Kunt, A. , Huizinga, H. Do we need big banks? Evidence on performance, strategy and market [J]. Journal of Financial Intermediation, 2011, 22 (4): 532 – 558.

Deng, S. , Elyasiani, E. , Mao, C. X. Diversification and the cost of debt of bank holding companies [J]. Journal of Banking & Finance, 2007, 31 (8): 2453 – 2473.

DeYoung, R. , Rice, T. Noninterest income and financial performance at US commercial banks [J]. Financial Review, 2004, 39 (1): 101 – 127.

DeYoung, R. , Roland, K. P. Product mix and earnings volatility at commercial banks: Evidence from a degree of leverage model [J]. Journal of Financial Intermediation, 2001, 10 (1): 54 – 84.

DeYoung, R. , Torna, G. Nontraditional banking activities and bank failures during the financial crisis [J]. Journal of Financial Intermediation, 2013, 22 (3): 397 – 421.

Diamond, D. W. Financial intermediation and delegated monitor [J]. Review of Economic Studies, 1984, 51 (3): 393 – 414.

Disyatat, P. The bank lending channel revisited [J]. Journal of Money, Credit and Banking, 2011, 43 (4): 711 – 734.

Duygun, M. , Sena, V. , Shaban, M. Schumpeterian competition and efficiency among commercial banks [J]. Journal of Banking & Finance, 2013, 37 (12): 5176 – 5185.

Eatwell, J. , Milgate, M. , Newman, P. , et al. The New Palgrave Dictionary of Economics [M]. Palgrave Macmillan, 2008.

Edirisuriya, P. , Gunasekarage, A. , Dempsey, M. Bank diversification, performance and stock market response: Evidence from listed public banks in South Asian countries [J]. Journal of Asian Economics, 2015, 41: 69 – 85.

Ehrmann, M. , Ellison, M. , Valla, N. Regime-dependent impulse response functions in a Markov-switching vector autoregression model [J]. Economics Letters, 2001, 78 (3): 295 – 299.

Entrop, O. , Memmel, C. , Ruprecht, B. , et al. Determinants of bank interest margins: Impact of maturity transformation [J]. Journal of Banking & Finance, 2015, 54: 1 – 19.

Fungáčová, Z. , Pessarossi, P. , Weill, L. Is bank competition detrimental to efficiency? Evidence from China [J]. China Economic Review, 2013, 27 (27): 121 – 134.

Fu, X. , Heffernan, S. Cost X-efficiency in China's banking sector [J]. China Economic Review, 2007, 18 (1): 35 – 53.

Gallo, J. G. , Apilado, V. P. , Kolari, J. W. Commercial bank mutual fund activities: Implications for bank risk and profitability [J]. Journal of Banking & Finance, 1996, 20 (10): 1775 – 1791.

Gambacorta, L. , Rixtel, A. V. Structural bank regulation initiatives: Approaches and implications [J]. Social Science Electronic Publishing, 2013, 6: 14 – 27.

García-Herrero, A. , Gavilá, S. , Santabárbara, D. What explains the low profitability of Chinese banks? [J]. Journal of Banking & Finance, 2009, 33 (11): 2080 – 2092.

Gelos, R. G. , Roldós, J. Consolidation and market structure in emerging market banking systems [J]. Emerging Markets Review, 2002, 5 (1): 39 – 59.

Gerek, C. The effects of bundling strategy on bank interest margins: Theoretical and empirical evidence [J]. European Journal of Finance, 2022, 29 (15): 1 – 25.

Girardone, C. , Molyneux, P. , Gardener, E. P. M. Analysing the determinants of bank efficiency: The case of Italian banks [J]. Applied Economics, 2004, 36 (3): 215 –227.

Gort, M. Diversification and Integration in American Industry [M]. Princeton University Press, 1962.

Guidi, F. Concentration, competition and financial stability in the South-East Europe banking context [J]. International Review of Economics & Finance, 2021, 76: 639 –670.

Haghnejad, A., Samadi, S., Nasrollahi, K., et al. Market power and efficiency in the Iranian banking industry [J]. Emerging Markets Finance and Trade, 2020, 56 (13): 3217 –3234.

Hannan, T., McDowell, J. Market concentration and the diffusion of new technology in the banking industry [J]. Review of Economics & Statistics, 1984, 66 (4): 686 –691.

Hansen, B. E. Threshold effects in non-dynamic panels: Estimation, testing, and inference [J]. Journal of Econometrics, 1999, 93 (2): 345 –368.

Hasan, I., Marton, K. Development and efficiency of the banking sector in a transitional economy: Hungarian experience [J]. SSRN Electronic Journal, 2003, 27 (12): 2249 –2271.

Hassan, M. K., Sackley, W. H. A methodological investigation of risk exposure of bank off-balance sheet loan commitment activities [J]. Quarterly Review of Economics & Finance, 1994, 34 (3): 283 –299.

Heffernan, S. A., Fu, X. Determinants of financial performance in Chinese banking [J]. Applied Financial Economics, 2010, 20 (20): 1585 –1600.

Hellmann, T. F., Murdock, K. C., Stiglitz, J. E. Liberalization, moral hazard in banking, and prudential regulation: Are capital requirements enough? [J]. American Economic Review, 2000, 90 (1): 147 –165.

Hicks, J. R. A suggestion for simplifying the theory of money [J]. Economica, 1935, 2 (5): 1 –19.

Hidayat, W. Y., Kakinaka, M., Miyamoto, H. Bank risk and non-interest income activities in the Indonesian banking industry [J]. Journal of Asian Economics, 2012, 23 (4): 335 –343.

Ho, T. S. Y. , Saunders, A. The determinants of bank interest margins: Theory and empirical evidence [J]. Journal of Financial and Quantitative Analysis, 1981, 16 (4): 581 – 600.

Hodrick, R. J. , Prescott, E. C. Postwar U. S. business cycles: An empirical investigation [J]. Journal of Money, Credit and Banking, 1997, 29 (1): 1 – 16.

Hsieh, M. F. , Lee, C. C. The puzzle between banking competition and profitability can be solved: International evidence from bank-level data [J]. Journal of Financial Services Research, 2010, 38 (2): 135 – 157.

Inklaar, R. , Koetter, M. , Noth, F. Bank market power, factor reallocation, and aggregate growth [J]. Journal of Financial Stability, 2015, 19: 31 – 44.

Jensen, M. C. , Meckling, W. H. Theory of the Firm: Managerial Behavior, Agency Costs, and Ownership Structure [M]. Blackwell Publishing Ltd, 1976.

Jiménez, G. , Lopez, J. A. , Saurina, J. How does competition affect bank risk-taking? [J]. Journal of Financial Stability, 2013, 9 (2): 185 – 195.

Kane, E. J. Impact of regulation on economic-behavior-accelerating inflation, technological innovation, and the decreasing effectiveness of banking regulation [J]. Journal of Finance, 1981, 36 (2): 355 – 367.

Kane, E. J. Redefining and containing systemic risk [J]. Atlantic Economic Journal, 2010, 38 (3): 251 – 264.

Keeley, M. C. Deposit insurance, risk, and market power in banking [J]. American Economic Review, 1990, 80 (5): 1183 – 1200.

Kishan, R. P. , Opiela, T. P. Bank size, bank capital, and the bank lending channel [J]. Journal of Money, Credit and Banking, 2000, 32 (1): 121 – 141.

Kodde, D. A. , Palm, F. C. Wald criteria for jointly testing equality and inequality restrictions [J]. Econometrica, 1986, 54 (54): 1243 – 1248.

Koetter, M. , Kolari, J. W. Testing the quiet life of U. S. banks with adjusted Lerner indices [A]. Proceedings 44th Bank Structure and Competition

Conference [C]. 2008, pp. 234 – 252.

Koetter, M. , Spierdijk, L. Enjoying the quiet life under deregulation? Evidence from adjusted Lerner indices for U. S. banks [J]. Review of Economics & Statistics, 2012, 94 (2): 462 – 480.

Kristo, S. , Gruda, S. Competition, efficiency and stability in Albanian banking system [J]. Journal of Academic Research in Economics, 2010, 2 (3): 281 – 296.

Kumbhakar, S. C. , Denny, M. , Fuss, M. Estimation and decomposition of productivity change when production is not efficient: A panel data approach [J]. Econometric Reviews, 2000, 19 (4): 312 – 320.

Kwan, S. H. Securities activities by commercial banking firms'section 20 subsidiaries: Risk, return, and diversification benefits [J]. Applied Economic Theory, 1998, 3 (2): 531 – 552.

Laeven, L. , Levine, R. Is there a diversification discount in financial conglomerates? [J]. Journal of Financial Economics, 2007, 85 (2): 331 – 367.

Lau, L. J. On identifying the degree of competitiveness from industry price and output data [J]. Economics Letters, 1982, 10 (1 – 2): 93 – 99.

Lee, C. C. , Hsieh, M. F. Beyond bank competition and profitability: Can moral hazard tell us more? [J]. Journal of Financial Services Research, 2013, 44 (1): 87 – 109.

Lepetit, L. , Nys, E. , Rous, P. , et al. Bank income structure and risk: An empirical analysis of European banks [J]. Journal of Banking & Finance, 2008, 32 (8): 1452 – 1467.

Lerner, A. P. The concept of monopoly and the measurement of monopoly power [J]. Review of Economic Studies, 1934, 1 (3): 157 – 175.

Leuvensteijn, M. , Bikker, J. A. , Rixtel, A. A. R. J. , et al. A new approach to measuring competition in the loan markets of the euro area [J]. Applied Economics, 2011, 43 (23): 3155 – 3167.

Lozano-Vivas, A. , Pasiouras, F. The impact of non-traditional activities on the estimation of bank efficiency: International evidence [J]. Journal of Banking & Finance, 2010, 34 (7): 1436 – 1449.

Markowitz, H. Portfolio selection [J]. The Journal of Finance, 1952, 7 (1): 77 - 91.

Martinez-Miera, D. , Repullo, R. Does competition reduce the risk of bank failure? [J]. Review of Financial Studies, 2010, 23 (10): 3638 - 3664.

Matutes, C. , Vives, X. Imperfect competition, risk taking, and regulation in banking [J]. European Economic Review, 2000, 44 (1): 1 - 34.

Maudos, J. , Guevara, J. F. D. The cost of market power in banking: Social welfare loss vs. cost inefficiency [J]. Journal of Banking & Finance, 2007, 31 (7): 2103 - 2125.

Maudos, J. , Solís, L. The determinants of net interest income in the Mexican banking system: An integrated model [J]. Journal of Banking & Finance, 2009, 33 (10): 1920 - 1931.

Mercieca, S. , Schaeck, K. , Wolfe, S. Small European banks: Benefits from diversification? [J]. Journal of Banking & Finance, 2007, 31 (7): 1975 - 1998.

Mester, L. J. Scale economies in banking and financial regulatory reform [J]. The Region, 2010, 24: 10 - 13.

Mishkin, F. S. The Next Great Globalization: How Disadvantaged Nations Can Harness Their Financial Systems to Get Rich [M]. Princeton University Press, 2006.

Molyneux, P. , Thornton, J. Determinants of European bank profitability: A note [J]. Journal of Banking & Finance, 1992, 16 (6): 1173 - 1178.

Méon, P. G. , Weill, L. Does better governance foster efficiency? An aggregate frontier analysis [J]. Economics of Governance, 2005, 6 (6): 75 - 90.

Nakamura, L. Loan Screening within and outside of Customer Relationships [R]. Federal Reserve Bank of Philadelphia, 1993.

Nguyen, J. The relationship between net interest margin and noninterest income using a system estimation approach [J]. Journal of Banking & Finance, 2012, 36 (9): 2429 - 2437.

Olivero, M. P. , Li, Y. , Jeon, B. N. Banking competition and the lending channel: Evidence from bank-level data in Asia and Latin America [J].

Journal of Banking & Finance, 2011, 35 (3): 560 – 571.

Panzar, J. C. , Rosse, J. N. Testing for "monopoly" equilibrium. [J]. Journal of Industrial Economics, 1987, 35 (4): 443 – 456.

Petersen, M. A. , Rajan, R. G. The effect of credit market competition on lending relationships [J]. Quarterly Journal of Economics, 1995, 110 (3): 407 – 443.

Piloff, S. J. , Rhoades, S. A. Do large, diversified banking organizations have competitive advantages? [J]. Review of Industrial Organization, 2000, 16 (3): 287 – 302.

Raffestin, L. Diversification and systemic risk [J]. Journal of Banking & Finance, 2014, 46: 85 – 106.

Rakshit, B. , Bardhan, S. Does bank competition affect the transmission mechanism of monetary policy through bank lending channel? Evidence from India [J]. Journal of Asian Economics, 2023, 86: 101595.

Ramakrishnan, R. T. S. , Thakor, A. V. Information reliability and a theory of financial intermediation [J]. Review of Economic Studies, 1984, 51 (3): 415 – 432.

Rivard, R. J. , Thomas, C. R. The effect of interstate banking on large bank holding company profitability and risk [J]. Journal of Economics & Business, 1997, 49 (1): 61 – 76.

Rogers, K. , Sinkey, J. F. An analysis of nontraditional activities at U. S. commercial banks [J]. Review of Financial Economics, 1999, 8 (1): 25 – 39.

Rosenblum, H. Choosing the road to prosperity: Why we must end too big to fail-now [R]. Federal Reserve Bank of Dallas 2011 Annual Report, 2011, pp. 2 – 23.

Saif-Alyousfi, A. Y. H. , Saha, A. , Md-Rus, R. The impact of bank competition and concentration on bank risk-taking behavior and stability: Evidence from GCC countries [J]. North American Journal of Economics and Finance, 2020, 51: 100867.

Salas, V. , Saurina, J. Deregulation, market power and risk behaviour in Spanish banks [J]. European Economic Review, 2003, 47 (6): 1061 –1075.

Samad, A. Bank board structure and performance: Evidence from large bank holding [J]. Reviews of Business Research, 2005, 2 (1): 151 –156.

Santomero, A. M. , Chung, E. Banking and insurance: A banking industry perspective [J]. Financial Markets, Institutions and Instruments, 1993 (1): 1 –69.

Saunders, A. , Schmid, M. , Walter, I. Strategic scope and bank performance [J]. Journal of Financial Stability, 2020, 46: 100715.

Saunders, A. , Schumacher, L. The determinants of bank interest rate margins: An international study [J]. Journal of International Money and Finance, 2000, 19 (6): 813 –832.

Schmalensee, R. Antitrust and the new industrial economics [J]. American Economic Review, 1982, 72 (2): 24 –28.

Schmid, M. M. , Walter, I. Do financial conglomerates create or destroy economic value? [J]. Journal of Financial Intermediation, 2009, 18 (2): 193 –216.

Shepard, R. Cost and Production Functions [M] . Princeton University Press, 1953.

Silber, W. L. The process of financial innovation [J]. American Economic Review, 1983, 73 (2): 89 –95.

Sinkey, J. F. , Carter, D. The derivatives activities of U. S. commercial banks [J]. Proceedings, 1994, 187 (2): 165 –185.

Smirlock, M. Evidence on the (non) relationship between concentration and Profitability in banking [J] . Journal of Money, Credit and Banking, 1985, 17 (1): 69 –83.

Smith, R. , Staikouras, C. , Wood, G. Non-interest income and total income stability [J]. Bank of England, 2003, 3 (2): 40 –51.

Stiroh, K. J. Diversification in banking: Is noninterest income the answer? [J]. Journal of Money, Credit, and Banking, 2004, 36 (5): 853 –882.

Stiroh, K. J. , Rumble, A. The dark side of diversification: The case of US financial holding companies [J]. Journal of Banking & Finance, 2006, 30

(8): 2131 - 2161.

Sudrajad, O. Y. , Hubner, G. Empirical evidence on bank market power, business models, stability and performance in the emerging economies [J]. Eurasian Business Review, 2019, 9 (2): 213 - 245.

Tabak, B. M. , Fazio, D. M. , Cajueiro, D. O. The relationship between banking market competition and risk-taking: Do size and capitalization matter? [J]. Journal of Banking & Finance, 2012, 36 (12): 3366 - 3381.

Teece, D. J. Economies of scope and the scope of the enterprise [J]. Journal of Economic Behavior & Organization, 1980, 1 (3): 223 - 247.

Tornell, A. Credit Market Imperfections in Middle Income Countries [R]. NBER Working Paper, 2003 (6) .

Tran, D. V. Bank business models and liquidity creation [J]. Research in International Business and Finance, 2020, 53: 101205.

Valverde, S. C. , Fernández, F. R. The determinants of bank margins in European banking [J]. Journal of Banking & Finance, 2007, 31 (7): 2043 - 2063.

Vives, X. Innovation and competitive pressure [J]. Journal of Industrial Economics, 2008, 56 (3): 419 - 469.

Wagner, W. Diversification at financial institutions and systemic crises [J]. Journal of Financial Intermediation, 2010, 19 (3): 373 - 386.

Werthamer, N. R. , Raymond, S. U. Technology and finance: The electronic markets [J]. Technological Forecasting & Social Change, 1997, 55 (1): 39 - 53.

Williams, B. The impact of non-interest income on bank risk in Australia [J]. Journal of Banking & Finance, 2016, 73: 16 - 37.

Williamson, S. D. Costly monitoring, financial intermediation, and equilibrium credit rationing [J]. Journal of Monetary Economics, 1984, 18 (2): 159 - 179.

Wooldridge, J. M. Econometric Analysis of Cross Section and Panel Data [M]. MIT Press, 2010.

Yang, J. , Shao, H. Impact of bank competition on the bank lending channel of monetary transmission: Evidence from China [J]. International Review of Economics & Finance, 2016, 43: 468 –481.

Yin, H. The impact of competition and bank market regulation on banks' cost efficiency [J]. Journal of Multinational Financial Management, 2021, 61: 100677.

Zhang, C. , Zheng, N. Monetary policy and financial investments of nonfinancial firms: New evidence from China [J]. China Economic Review, 2020, 60: 101420.

附　录

尊敬的受访者：

非常感谢您抽出宝贵时间参与此次问卷调查，您的意见对我们的研究工作非常重要！

众所周知，商业银行的传统主营业务为存贷款业务。但近年来随着市场竞争的加剧，商业银行的非利息业务迅速发展。非利息业务不仅包括转账支付、结算清算、代理销售等手续费及佣金业务，同时还包括投资业务、衍生品业务等业务类型。

基于这一现实背景，本问卷调查的目的是考察在非利息业务发展或监管进程中，商业银行或监管当局对各项经营目标或监管目标的重视程度。

在问卷中，需要您对各目标进行两两比较并给出相应的分值。分值的具体含义如表 1 所示。例如，对于 A 因素和 B 因素，如果您给出的分值为 5 分，那表明您认为与 B 因素相比，A 因素明显更重要。如果您认为相对于 B 因素，A 因素的重要程度介于明显重要和强烈重要之间，那么分值应为 6 分。

表 1　分值及定义

分值	定义
1	两因素同等重要
3	两因素相比，前者比后者稍微重要
5	两因素相比，前者比后者明显重要
7	两因素相比，前者比后者强烈重要
9	两因素相比，前者比后者极端重要
2、4、6、8	上述两相邻判断的中值
倒数	因素 i 与 j 比较得判断值 a_{ij}，则 j 与 i 比较得 $a_{ji} = 1/a_{ij}$

感谢您的参与！下面是请您回答的题目：

1. 您目前的工作性质为：

A. 商业银行管理人员　　B. 监管部门工作人员　　C. 研究人员

如果您的答案是 A 或 C，请继续回答第 2 ~ 4 题；如果您的答案是 B，请直接跳转至第 5 题。

2. 在非利息业务发展进程中，请您比较商业银行收益水平和个体风险承担两个指标的重要程度并给出分值：（　　　）分。

3. 在非利息业务发展进程中，请您比较商业银行个体风险承担和经营效率两个指标的重要程度并给出分值：（　　　）分。

4. 在非利息业务发展进程中，请您比较商业银行收益水平和经营效率两个指标的重要程度并给出分值：（　　　）分。

在您回答完本题之后，请直接跳转至第 11 题之前的说明部分。

5. 非利息业务发展对金融系统稳定、货币政策传导效果及商业银行综合经营状况都会产生一定的影响。在监管当局对非利息业务实施监管的过程中，请您比较金融系统稳定与货币政策传导效果两个指标的重要程度并给出分值：（　　　）分。

6. 在监管当局对非利息业务实施监管的过程中，请您比较金融系统稳定与商业银行综合经营状况两个指标的重要程度并给出分值：（　　　）分。

7. 在监管当局对非利息业务实施监管的过程中，请您比较货币政策传导效果与商业银行综合经营状况两个指标的重要程度并给出分值：（　　　）分。

8. 在监管当局实施监管的过程中，具体至商业银行的经营层面，请您比较商业银行收益水平和个体风险承担两个指标的重要程度并给出分值：（　　　）分。

9. 在监管当局实施监管的过程中，具体至商业银行的经营层面，请您比较商业银行个体风险承担和经营效率两个指标的重要程度并给出分值：（　　　）分。

10. 在监管当局实施监管的过程中，具体至商业银行的经营层面，请您比较商业银行收益水平和经营效率两个指标的重要程度并给出分值：（　　　）分。

说明：如果您是商业银行经营管理者或研究者，请您在综合协调视角下适当兼顾监管当局的效用水平，同时考虑金融系统稳定、货币政策传导效果等因素，然后回答第 11 ~ 16 题；如果您是监管当局工作人员，请您在综合协调视角下兼顾商业银行的利益诉求和效用水平，然后回答第 11 ~ 16 题。

11. 从利益均衡和综合协调的视角出发，在发展或监管非利息业务的过程中，请您比较金融系统稳定与货币政策传导效果两个指标的重要程度并给出分值：（　　　）分。

12. 从利益均衡和综合协调的视角出发，在发展或监管非利息业务的过程中，请您比较金融系统稳定与商业银行综合经营状况两个指标的重要程度并给出分值：（　　　）分。

13. 从利益均衡和综合协调的视角出发，在发展或监管非利息业务的过程中，请您比较货币政策传导效果与商业银行综合经营状况两个指标的重要程度并给出分值：（　　　）分。

14. 从利益均衡和综合协调的视角出发，在发展或监管非利息业务的过程中，请您比较商业银行收益水平和风险承担两个指标的重要程度并给出分值：（　　　）分。

15. 从利益均衡和综合协调的视角出发，在发展或监管非利息业务的过程中，请您比较商业银行风险承担和经营效率两个指标的重要程度并给出分值：（　　　）分。

16. 从利益均衡和综合协调的视角出发，在发展或监管非利息业务的过程中，请您比较商业银行收益水平和经营效率两个指标的重要程度并给出分值：（　　　）分。

保密声明：我们承诺所有填写的信息将仅用于此次研究目的，且在使用数据的过程中均会采用匿名方式，不会泄露给任何第三方。

感谢：为表示感谢，我们将为每位参与调查的受访者提供一份小礼物。祝您生活愉快，再次感谢您的参与！